普通高等教育交通类专业规划教材

汽车检测与诊断（下册）

第3版

主　编　陈焕江
副主编　李冠峰

机 械 工 业 出 版 社

本书是《汽车检测与诊断》（第3版）的下册，主要介绍了汽车故障的诊断与分析方法，包括汽车电源系统、汽车起动系统、发动机燃油供给系统、发动机点火系统、汽车变速系统、汽车制动系统、汽车转向系统及巡航控制系统、汽车悬架系统的简要工作原理、主要故障类型和故障诊断分析方法等。

《汽车检测与诊断》（第3版）分为具有相对独立性的上、下两册出版。上册以汽车技术状况的检测与诊断为主，下册以汽车各总成的故障诊断为主。本书既可作为高等院校交通运输（汽车运用工程）和其他相关专业“汽车检测与诊断技术”课程的教材，也可供汽车检测诊断行业、汽车维修行业、汽车运输行业的技术人员和管理人员参考。

图书在版编目（CIP）数据

汽车检测与诊断．下册/陈焕江主编．—3版．—北京：机械工业出版社，2014.4（2018.1重印）

普通高等教育交通类专业规划教材

ISBN 978-7-111-45875-3

Ⅰ.①汽…　Ⅱ.①陈…　Ⅲ.①汽车-故障检测-高等学校-教材②汽车-故障诊断-高等学校-教材　Ⅳ.①U472.9

中国版本图书馆CIP数据核字（2014）第030245号

机械工业出版社（北京市百万庄大街22号　邮政编码100037）
策划编辑：赵　鹏　责任编辑：赵海青
版式设计：常天培　责任校对：胡艳萍
责任印制：常天培
北京京丰印刷厂印刷
2018年1月第3版·第4次印刷
169mm×239mm·19.5印张·371千字
7 001—8 900册
标准书号：ISBN 978-7-111-45875-3
定价：49.00元

凡购本书，如有缺页、倒页、脱页，由本社发行部调换

电话服务
服务咨询热线：010-88379833
读者购书热线：010-88379649

网络服务
机工官网：www.cmpbook.com
机工官博：weibo.com/cmp1952
教育服务网：www.cmpedu.com
金书网：www.golden-book.com

前　言

《汽车检测与诊断》（第1版）根据全国高等院校汽车运用工程专业教学指导委员会第二届六次会议通过的编写大纲和普通高等教育交通类“十五”教材编写规划编写。《汽车检测与诊断》（第2版）是普通高等教育“十一五”国家级规划教材，并获“陕西省优秀教材一等奖”。本书是《汽车检测与诊断》（第3版）的下册。

《汽车检测与诊断》（第2版）出版5年以来，汽车技术和汽车检测诊断技术有了新的发展，对汽车的技术管理和检测诊断提出了一些新问题、新要求，也产生了一些新的研究成果，有关技术标准和规范得以进一步完善，这些都需要及时纳入《汽车检测与诊断》教材中，以使本书反映时代特色，继续保持内容的先进性；作为教授“汽车检测与诊断技术”课程的教师，在该教材的使用中，注意、发现并想到一些有待改进的地方，同行们也提出过一些可以使该教材得以进一步改善的建议；随着教学改革研究的深入，我们对教学规律和“汽车检测和诊断技术”课程的教学经验也在不断积累和深化。这些是本次修订再版的出发点。

《汽车检测与诊断》（第3版）仍分为上、下两册出版。上册以汽车技术状况的检测与诊断为主，下册以汽车各总成的故障诊断为主。两册具有一定的相对独立性，以满足不同学校的不同专业“汽车检测与诊断技术”课程的教学需求。

本次再版，《汽车检测与诊断》（第3版）下册在以下方面进行了修订：

1. 结合第2版出版以来已经修订更新了的汽车检测诊断标准和汽车维修质量标准，对各章内容进行了更新。

2. 根据各章所涉及内容的内在联系，对每章的内容安排进行了调整，使逻辑性和系统性更好。特别是增强了有关基础知识的介绍，使各章内容更符合教学规律，更便于理解；同时进一步加强了汽车电控系统故障诊断的新技术和方法等方面内容，力求反映汽车行业、汽车检测诊断和维修行业、汽车运输行业的新技术、新发展。

3. 对在教学过程中发现的原书中的一些不当之处、一些陈述繁琐之处进行了修改和删减。

《汽车检测与诊断》（第3版）下册由长安大学陈焕江教授任主编，河南农业大学李冠峰教授任副主编。本书第一、二、七、八章由陈焕江教授编写，第三章由河南机电高等专科学校张松青教授编写、第四章由长安大学蹇小平教授编写，第五、六章由李冠峰教授编写；陈焕江负责统稿。参加编写的还有任军、邱兆文、王来军、肖梅、陈昊、朱彤、沈小燕、何天仓。

编写过程中，长安大学汽车综合性能检测站董元虎教授、汽车学院运输工程实验室李春明高级工程师等许多老师提供了大量资料，提出了许多宝贵建议；长安大学汽车学院和河南农业大学机电工程学院有关领导对本教材的出版非常关心并提供了许多帮助。作者对此深表谢意。

恳请使用本教材的师生对教材内容、章节安排等提出宝贵意见，以便再版修订时参考。

编　者

目　　录

第一章　汽车电源系统故障诊断

第一节　汽车电源系统的构成

一、汽车电源

汽车电源由蓄电池和发电机通过导线和搭铁并联而成，如图 1-l 所示。发电机负极、蓄电池负极连接发动机机体、车身或车架，利用这些金属构件形成的回路称为负极搭铁。汽车用电设备一端通过导线连接电源的正极，另一端则通过搭铁连接电源的负极。

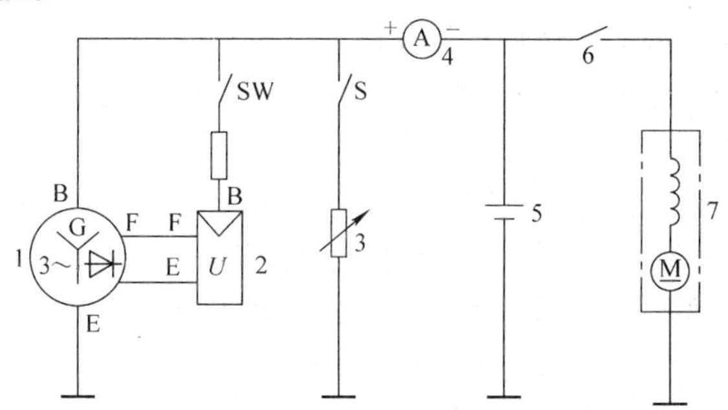

图 1-1　汽车电源系统的组成

1—发电机　2—调节器　3—用电设备　4—电流表

5—蓄电池　6—起动开关　7—起动机

发动机工作时，发动机带动发电机发电，由发电机向汽车用电设备提供电能，并向蓄电池充电；而起动发动机时，则由蓄电池向起动机及点火系统（汽油发动机）等提供电能。

二、汽车用电设备

汽车的用电设备及其功能如下：

（1）起动系统　主要包括起动机及其控制电路，用于使发动机顺利起动。

（2）点火系统　点火系统分为传统点火系统、电子点火系统和微机控制点火系统，用来产生具有足够能量的电火花，以点燃汽油发动机气缸中的可燃混合气。

（3）照明、信号装置　照明系统包括车外和车内的照明灯具，提供车辆夜间安全行驶必要的照明；信号装置包括音响信号和灯光信号，提供安全行车所必需的信号。

（4）仪表及报警装置　主要包括车速里程表、发动机转速表、冷却液温度表、燃油表、电压（电流）表、机油压力表、气压表及各种警告灯等。用于监测发动机及汽车的工作情况，掌握发动机及汽车的各种运行参数，以及时发现异常情况。

（5）辅助电器　包括散热器风扇、风窗清洁装置（刮水器、洗涤器、除霜装置）、空调、低温起动预热装置、汽车声像、电动车窗、电动后视镜、中央门锁、电动座椅、防盗装置等，以保障汽车使用的安全性、舒适性、方便性。

（7）电子控制系统　主要指利用微机控制的各个系统，包括电控燃油喷射系统、电子点火系统、电控自动变速器、制动防抱死系统、驱动防滑系统、电控悬架系统、自动巡航系统及安全气囊等。其功能是使汽车的各个系统均处于最佳工作状态，达到提高汽车动力性、经济性、安全性、舒适性和降低排放污染的目的。

三、汽车电源系统的工作特点和要求

现代汽车普遍采用工作电压为 12V 的电源系统，只有部分大型柴油车采用电压为 24V 的电源系统。

蓄电池用作发动机的起动电源，需要在短时间内向起动机提供大电流（汽油发动机为 100～600A，大型柴油发动机可达 1000A）。因此，要求其内阻要小，大电流输出时电压要稳定，以确保有良好的起动性能。此外，还要求蓄电池的充电性能良好、使用寿命长、维护方便或少维护。

发动机工作转速变化很大，要求发电机在转速变化范围内都能正常发电且电压稳定，以满足用电设备的用电需求；此外，要求发电机的体积小、重量轻、故障率低、发电效率高、使用寿命长。

第二节　汽车蓄电池及其故障诊断

一、汽车蓄电池的作用、类型和结构

1. 汽车蓄电池的作用

蓄电池既能将化学能转换为电能，也能把电能转换为化学能，是一种可逆的低压直流电源。汽车上装用蓄电池的作用如：

①发动机起动时，向起动机、仪表和点火系统供电。

②发动机低速运转时，发电机电压较低，蓄电池向用电设备和发电机磁场绕组供电。

③发动机中、高速运转时，把发电机供给用电设备后的剩余电能转换为化学能存储起来。

④发电机负载增多或过载时，与发电机一起向用电设备供电。

⑤稳定电源电压，保护电器部件。

2. 汽车蓄电池的结构

在汽车上使用最广泛的是起动型铅酸蓄电池。

铅酸蓄电池由正负极板组、隔板、电解液、外壳等部分组成，如图 1-2 所示。正负极板是蓄电池的基本部件，数片正极板焊接在同一横板上构成正极板组，数片负极板焊接在另一横板上构成负极板组，正、负极板相互插在一起，使每片正极板都在两片负极板之间，并以隔板隔开。隔板用多孔性绝缘材料制成，以利于电解液渗透。负极板上所填充的活性物质（指能参加电化学反应的物质）为多孔性海绵状纯铅（Pb），正极板上填充有细小结晶二氧化铅（PbO_2）。电解液由高纯度的硫酸（H_2SO_4）和蒸馏水按比例配制而成。铅酸蓄电池是在盛有稀硫酸的容器中插入两组铅制极板而构成的电能储存器。

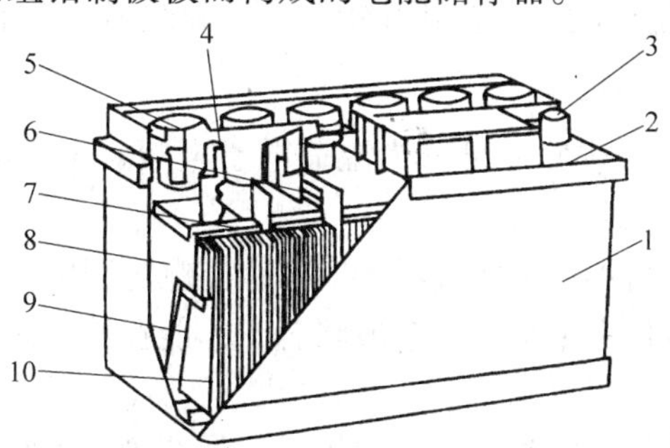

图 1-2　铅酸蓄电池的结构

1—塑料电池槽　2—塑料电池盖　3—正极柱　4—负极柱　5—加液孔螺塞
6—穿臂连条　7—汇流条　8—负极板　9—隔板　10—正极板

汽车用铅酸蓄电池由 6 个单格电池串联而成，每个单格电池的标称电压为 2V。使用 12V 电系的汽车装用一只蓄电池，而使用 24V 电系的汽车则装用两只蓄电池。

3. 蓄电池的基本工作原理

铅酸蓄电池的核心部分是极板和电解液。极板上的活性物质与电解液发生电化学反应建立电动势；在不同条件下，二者可发生完全相反的电化学反应，进行放电和充电过程。

极板上浸入电解液后，会有少量的活性物质溶解电离。二氧化铅溶解、电离后产生四价铅离子（Pb^{4+}），并沉附于正极板，使正极板相对于电解液的电位高；而 Pb 溶解、电离后产生电子（e），存留于负极板，使负极板相对于电解液的电位低。因此，正负极板间产生电动势。

把用电设备接入蓄电池两极间使用电设备工作的过程称为放电。放电过程中，在电动势的作用下，负极板上的电子（e）经外电路和负载流向正极板，形成放电电流。放电过程中，正极板上的二氧化铅和负极板上的海绵状铅逐渐变为硫酸铅（$PbSO_4$），电解液中的硫酸逐渐消耗，同时放电过程中又生成了水，因此电解液变稀、密度变小。

把直流电源的正、负极分别与蓄电池的正、负极相连，直流电流强制流过蓄电池的过程称为充电。当接通充电电源后，电源力使正极板的电子（e）经充电电路流向负极板，形成充电电流。充电过程中，正极板上的硫酸铅逐渐变为二氧化铅，负极板上的硫酸铅逐渐变为海绵状铅，电解液中的硫酸浓度不断增加。

充、放电过程的化学反应式如下：

$$\underset{\text{二氧化铅}}{\overset{\text{正极板}}{PbO_2}} + \underset{\text{稀硫酸}}{\overset{\text{电解液}}{H_2SO_4}} + \underset{\text{海绵状纯铅}}{\overset{\text{负极板}}{Pb}} \underset{\text{充电}}{\overset{\text{放电}}{\rightleftharpoons}} \underset{\text{硫酸铅}}{\overset{\text{正极板}}{PbSO_4}} + \underset{\text{水}}{\overset{\text{电解液}}{H_2O}} + \underset{\text{硫酸铅}}{\overset{\text{负极板}}{PbSO_4}}$$

4. 汽车蓄电池的类型

（1）铅酸蓄电池　按性能可分为湿荷电蓄电池、干荷电蓄电池和免维护蓄电池三类。

①湿荷电蓄电池指加注电解液后才能保存充电过程中所得电量的蓄电池。

②干荷电蓄电池指在未加注电解液状态下，能在较长时间内保存制造过程中所得电量的蓄电池。

③免维护蓄电池指在有效使用期内无需添加蒸馏水等维护工作的蓄电池，简称 MF 蓄电池。

干荷电蓄电池加足电解液后，静放 20～30min 即可使用，不需初充电工序；免维护蓄电池除无需维护（主要指使用中不需补加蒸馏水）外，还具有自放电少、耐过充电性能好和使用寿命长的优点。因此，现代汽车普遍采用干荷电蓄电池和免维护蓄电池。

（2）碱性蓄电池　碱性蓄电池（如镍氢蓄电池、锂离子蓄电池、锌空气蓄电池、铁镍蓄电池、铁空气蓄电池等）在能量密度、使用寿命等方面都要优于铅酸蓄电池，但由于其内阻较大，不适合用作起动电源。目前，碱性蓄电池只是在电动汽车上使用。

5. 蓄电池的型号

国产蓄电池型号由三段五部分构成，每段之间以短线相连，如 6-QA-80G。其排列及含义如下：①串联的单格电池数；②电池类型；③电池特征；④额定容量；⑤特殊特性。

串联的单格电池数，用阿拉伯数字表示。如：6 表示有 6 个单格，工作电压为 12V 的蓄电池。

蓄电池类型以主要用途划分，用汉语拼音字母表示。如：Q 表示用作起动电源的起动型蓄电池；D 表示电动车用蓄电池；M 表示摩托车用蓄电池；N 表示内燃机车用蓄电池；B 表示航标用蓄电池。

蓄电池的特征为附加说明，用以说明该蓄电池在同类用途的产品中具有某种特征需要加以区别。蓄电池的特征也以汉语拼音字母表示（表 1-1）。如果产品同时具有两种特征，则将两个代号并列标示。

表 1-1　铅酸蓄电池特征代号

特征代号	A	H	W	S	J	M
蓄电池特征	干荷电	湿荷电	免维护	少维护	胶体电解液	密封式
特征代号	B	F	D	Y	Q	I
蓄电池特征	半密封式	防酸式	带液式	液密式	气密式	激活式

额定容量用阿拉伯数字表示，其单位为 A·h（安培·小时）。

蓄电池的特征性能用在额定容量后的拼音字母表示。如“G”表示薄型极板，高起动率；“S”表示塑料外壳；“D”表示低温起动性能好。

二、蓄电池的容量及影响因素

1. 蓄电池的容量

蓄电池的容量 C(A·h) 指在规定的放电条件下，完全充足电的蓄电池所能提供的电量，等于放电电流 I_f 与持续放电时间 t_f 的乘积。即：

$$C = I_f t_f$$

根据 GB/T5008.1—2005《起动型用铅酸蓄电池技术条件》，蓄电池的额定容量可以用 20h 放电率额定容量 C_{20} 和储备容量 C_m 表示。

（1）20h 放电率额定容量 C_{20}　指完全充足电的蓄电池，在电解液温度为 25℃时，以 20h 放电率（$I_f = 0.05C$）连续放电到单格电池电压降至 1.75V（即 12V 蓄电池端电压降至 10.50V ±0.05V；6V 蓄电池降至 5.25V ±0.02V），蓄电池所输出的电量（A·h）。

（2）储备容量 C_m　指完全充足电的蓄电池，在电解液温度为 25℃时，以 25A 电流连续放电到单格电池电压降至 1.75V 所持续的时间，其单位为 min。蓄电池的储备容量表示了在汽车充电系失效时蓄电池尚能持续供电的能力。

在 $C_m < 480$min，且 $C_{20} \leqslant 200$A·h 时，储备容量与额定容量有如下换算关系：

$$C_{20} = \sqrt{17778 + 208.3C_m} - 133.3$$

2. 影响蓄电池容量的因素

蓄电池的实际容量取决于在允许放电范围内，极板上参与电化学反应的活性物质量。因此，影响蓄电池容量的主要因素如下：

（1）极板的构造　极板的面积大，在允许放电范围内能参与电化学反应的活性物质就多，其容量也就大。因此，采用薄形极板、增加极板的片数及提高活性物质的孔率，均能提高蓄电池的容量。

（2）放电电流　放电电流越大，单位时间里所消耗的 H_2SO_4 越多，且 $PbSO_4$ 的产生率也高。由于 $PbSO_4$ 对极板孔隙的阻塞作用，使孔隙内的电解液密度急剧下降，极板孔隙内的一些活性物质未能参加电化学反应，导致了蓄电池容量的下降。蓄电池容量与放电电流的关系如图 1-3 所示。

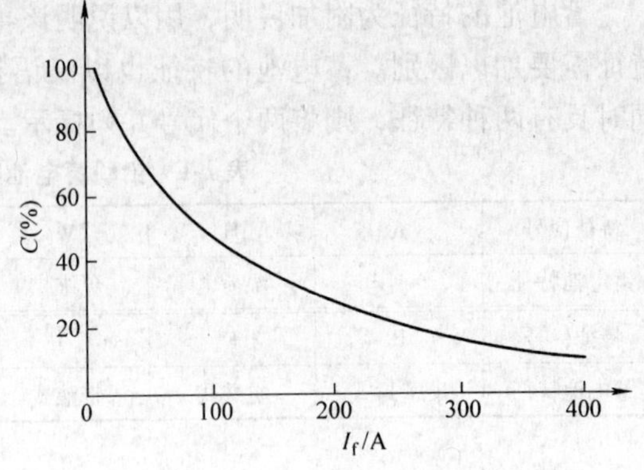

图 1-3　蓄电池容量与放电电流的关系

发动机起动时为大电流放电，因此，一次起动的时间不应超过 5s；连续两次起动应间隔 15s 以上，以使电解液有时间渗透到极板孔隙内层，提高极板内层活性物质的利用率和再次起动的端电压。

（3）电解液的温度　电解液温度低时，其粘度大，渗透能力下降。因此，极板内层的活性物质不能充分利用，容量降低。此外，温度越低，电解液的溶解度与电离度也越低，从而进一步加剧了容量的下降。小电流放电时，温度每下降 1℃，容量下降约为 1%；而大电流放电时，温度每下降 1℃，容量下降约为 2%。蓄电池容量与温度的关系如图 1-4 所示。

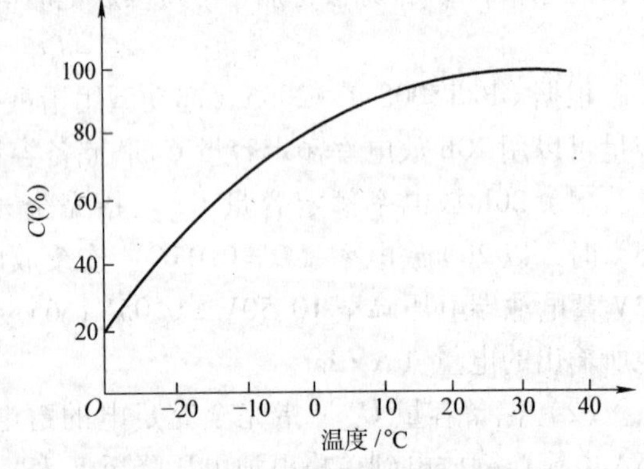

图 1-4　蓄电池容量与温度的关系

（4）电解液密度　电解液密度过低时，因 H^+ 和 HSO_4^- 离子数量少，容量下降；密度过高，则又会因其粘度增大、渗透能力降低、内阻增大、极板容易硫化，而导致容量下降。蓄电池容量与电解液密度的关系如图 1-5 所示。实际使用中，电解液的密度一般为 1.26 ~ 1.285g/cm³（充电状态）。

三、铅酸蓄电池的常见故障及其原因

蓄电池常见故障可分为外部故障和内部故障：外部故障有壳体破裂、封口胶破裂、极桩松动或腐蚀等；内部故障有极板硫化、活性物质脱落、极板短路、自放电等。

（1）内部短路　蓄电池正、负极板间直接接触或被其他导体搭接使之短路的故障称为内部短路。内部短路的蓄电池，极板间通过短路点直接放电而消耗电能，除蓄电池容量变小外，充电时电压上升缓慢，难以达到规定的终止电压。

内部短路的主要原因有隔板破损、脱落的活性物质沉积在极板组底缘或粘附在负极板上缘、极板组严重弯曲等。

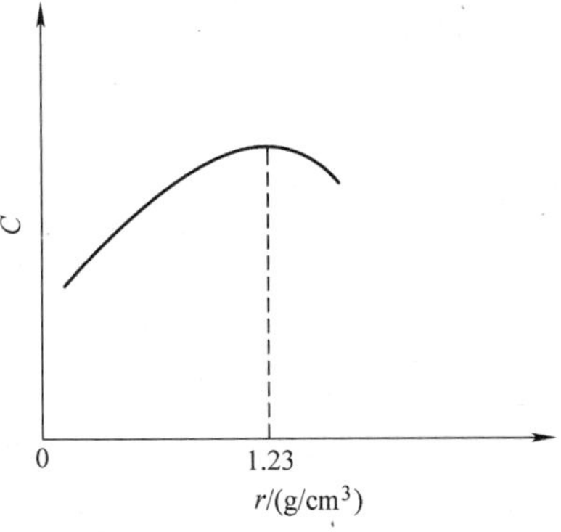

图 1-5　蓄电池容量与电解液密度的关系

（2）极板活性物质脱落　在使用过程中，由于极板上的活性物质脱落而使蓄电池容量逐渐降低。活性物质脱落的基本原因：充放电时，极板上的活性物质的体积总在不断膨胀和收缩；充足电后，极板孔隙中逸出大量气泡，在极板内部形成压力，使活性物质容易脱落。电解液密度过高、温度过低、充放电电流过大等都会使脱落速度加快；蓄电池制造质量的高低、汽车行驶中的振动、电解液结冰等也是影响活性物质脱落的重要因素。活性物质脱落主要发生在正极板上。

活性物质脱落较少时，可以倒出全部电解液，用蒸馏水冲洗后重新加注电解液，充足电后继续使用。如果活性物质脱落过多，则需更换极板组。

（3）正极板弯曲　在使用中，若蓄电池经常以大电流放电，因极板表面各部位的电流密度不同而使各部位活性物质转变为硫酸铅的量不同，由于硫酸铅膨胀系数大从而使极板各部位的体积膨胀量不同，引起极板弯曲。正极板弯曲严重时会迫使负极板随之弯曲。

（4）极板硫化　蓄电池极板上生成白色粗晶粒硫酸铅的现象称为极板硫酸铅硬化，简称为极板硫化。粗晶粒硫酸铅导电性能差，正常充电时很难还原为二氧化铅和海绵状纯铅。因此充电时电解液密度上升很慢，温度却上升很快；同时，由于粗晶粒堵塞活性物质孔隙，阻碍电解液渗透和扩散，使内阻增大。由于内阻大，放电时电压急剧下降，不能持续供给起动电流；充电时，单格电池的充电电压高达 2.8V 以上。极板硫化主要在负极板上发生。极板硫化的主要原因如下：

①蓄电池长期充电不足或放电后充电不及时。正常放电时，极板上形成的硫酸铅晶粒较小，导电性和还原性均较好。蓄电池长期处于放电状态时，极板上的部分硫酸铅将溶解，温度越高则溶解度越大，温度降低后则溶解度随之减小，以致出现过饱和现象，部分硫酸铅从电解液中析出并再结晶成粗晶粒硫酸铅附在极

板表面使之硫化。

②蓄电池电解液液面高度过低。电解液液面高度过低时，极板露出液面部分与空气接触而氧化，氧化部分与波动的电解液接触，便会在极板上部逐渐形成粗晶粒硫酸铅硬化层。

③电解液密度过高或电解液不纯，气温变化大等。

避免蓄电池极板硫化的主要措施是保持蓄电池经常处于充足电状态。对于硫化不严重的蓄电池，可采用去硫充电法通过充电予以排除。硫化严重的蓄电池只能报废。

（5）极板栅腐蚀　极板由栅架和活性物质组成，栅架一般由铅钙合金或铅钙锡合金浇铸而成。在使用过程中，极板栅架逐渐氧化腐蚀直至报废。极板腐蚀后，强度降低，出现变形或活性物质脱落现象，甚至发生折断。

电解液中混入有害酸类（如硝酸）和有机盐类、电解液密度过高、蓄电池长时间过充电等是引起极板栅早期腐蚀的主要原因。

（6）单体电池极性颠倒　若电池组中某单体电池容量过低，放电时便会先放完所储存的电量，电压降至远低于其他单体电池。此时，电池组继续放电过程中，该单体电池会被其他单体电池反充电，把原来的正极板变为负极板，原负极板变为正极板，从而使电池组的电压迅速下降。

未能发现并排除电池组中个别单体电池的故障（如内部短路、活性物质脱落）或充电时电极接反是造成极性颠倒的主要原因。

（7）自放电　电路未接通时，蓄电池所储存的电量随存放时间增长而逐渐下降的现象称为自放电。

自放电是由于极板上的活性物质慢慢与电解液发生化学反应生成硫酸铅引起的。电解液不纯（含铁、铜、锰、砷、镍以及硝酸、盐酸、醋酸或其他有机物），存放温度过高，隔板破裂使正负极板短路，壳体底部沉积物过多使正负极板短路，蓄电池盖表面有油污、尘土、电解液等，都会加速蓄电池的自放电。

针对引起自放电的原因，可以采用清洁蓄电池盖表面和壳体内部，清除壳体底部沉积物，更换电解液等方法排除自放电故障。

除以上故障外，蓄电池外壳破裂、封口剂开裂和极桩断头等都是常见的外部机械损坏故障。

四、蓄电池技术状况检测诊断

1. 外观检查

蓄电池外观检查的内容包括：外壳破裂、封口剂开裂、穿臂连条断裂和极桩损坏等。

2. 电解液密度检查

配制铅酸蓄电池电解液的材料为高纯度的硫酸和蒸馏水，两者配制成的电解液密度一般在1.21～1.30g/cm^{3}之间，可根据蓄电池的用途、工作环境温度而选用不同密度的电解液。起动用铅酸蓄电池要求重量轻，又要求瞬时放电能力强，故采用浓电解液，选用的电解液密度范围为1.26～1.29g/cm^3（全充电状态）。

我国南方气温高，应选用密度较低的电解液；北方全年温差变化大，夏季与冬季应选用密度不同的电解液，见表1-2。不同电解液密度的配制比例见表1-3。

表1-2　适应不同气温的电解液密度（25℃）

地区气候条件/℃	冬季密度/(g/cm^3)	夏季密度/(g/cm^3)
冬季温度低于-40	1.30	1.26
冬季温度高于-40	1.28	1.24
冬季温度低于-30	1.27	1.24
冬季温度低于-20	1.26	1.23
冬季温度低于0	1.23	1.23

表1-3　电解液配制比例（25℃）

电解液密度/(g/cm^3)	硫酸与蒸馏水的容积比	硫酸与蒸馏水的重量比	电解液密度/(g/cm^3)	硫酸与蒸馏水的容积比	硫酸与蒸馏水的重量比
1.10	1:9.80	1:6.82	1.21	1:4.07	1:2.22
1.11	1:8.80	1:5.84	1.22	1:3.83	1:2.09
1.12	1:8.00	1:5.40	1.23	1:3.60	1:1.97
1.13	1:7.28	1:4.40	1.24	1:3.40	1:1.86
1.14	1:6.68	1:3.98	1.25	1:3.22	1:1.76
1.15	1:6.15	1:3.63	1.26	1:3.05	1:1.60
1.16	1:5.70	1:3.35	1.27	1:2.80	1:1.57
1.17	1:5.30	1:3.11	1.28	1:2.75	1:1.47
1.18	1:4.95	1:2.90	1.29	1:2.60	1:1.41
1.19	1:4.63	1:2.52	1.30	1:2.47	1:1.34
1.20	1:4.33	1:2.36	1.40	1:1.60	1:1.02

注：本表是以密度为1.830g/cm^3（25℃）的纯硫酸为依据而编制的，在按容积比配制时，以25℃为准。

在放电过程中，正、负极板上的活性物质与电解液中的硫酸作用生成硫酸铅，电解液中硫酸成分减少，密度降低，见表1-4。因此，可以根据电解液密度与放电程度的关系判断蓄电池的放电程度。

表 1-4 电解液密度随放电程度的变化

放电程度(放电率占20%放电率的额度容量百分数)		标准温度(25℃)下电解液的密度/(g/cm³)				
全充电状态的密度		1.30	1.290	1.280	1.270	1.260
放电	25%	1.275	1.255	1.240	1.225	1.210
	50%	1.245	1.225	1.200	1.180	1.160
	75%	1.215	1.185	1.160	1.135	1.110
全放电状态的密度		1.190	1.150	1.120	1.000	1.000

蓄电池电解液的密度可用吸式密度计检测，检测方法如图 1-6 所示。检测时，先压扁密度计的橡胶球，并把密度计的吸管插入电解液中，然后缓慢松开橡胶球，电解液被吸入玻璃管直至管内浮子浮起，此时浮子与液面相交处的刻度即为电解液的密度值。

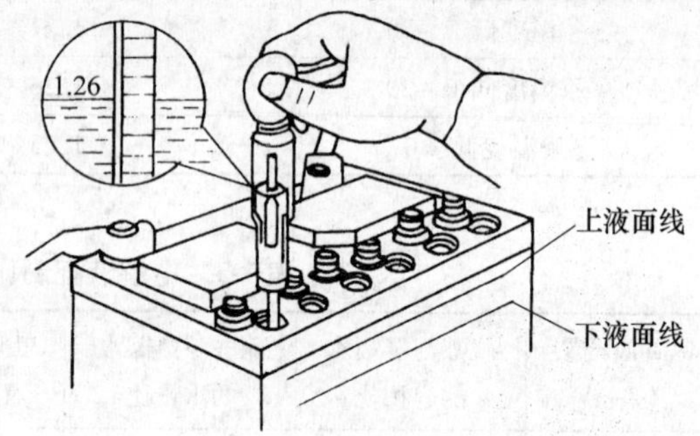

图 1-6 电解液密度测量

电解液的密度与温度有关，因此在配制电解液和检查电解液密度时，应同时测量电解液的温度，以便换算成标准温度（25℃）时的密度。电解液温度每上升 1℃，电解液密度下降 0.007g/cm³，二者的关系为

$$\rho_{25} = \rho_t + 0.007 \cdot (t - 25)$$

式中 ρ_{25}——换算至标准温度（25℃）下的密度（g/cm³）；

ρ_t——实测密度（g/cm³）；

t——测量时电解液的温度（℃）。

应注意的是，对于刚进行过强电流放电或刚加注过蒸馏水的蓄电池，不宜进行电解液密度检测，否则会因电解液混合不匀而影响测量数据的准确性。

3. 放电程度检查

（1）密度法 把全充电状态的电解液密度值与测得并经校正的电解液密度值比较（表 1-4），即可知蓄电池的放电程度；一般密度每下降 0.01g/cm³，相当于蓄电池放电 6%。亦可把测得的电解液密度值经校正后代入下式，求出蓄电池放电量的安培·小时数，即

$$Q = \frac{\rho_b - \rho_{25}}{\rho_b - \rho_0} \cdot Q_0$$

式中 Q——放电量（A·h）；

Q_0——额定容量（A·h）；

ρ_b——全充电密度（g/cm^3）；

ρ_0——全放电密度（g/cm^3）；

ρ_{25}——测得并换算为标准温度（25℃）下的密度（g/cm^3）。

（2）放电计法　采用高率放电计测量各单格电池在大电流放电时的电压值，可以判断蓄电池的放电程度。

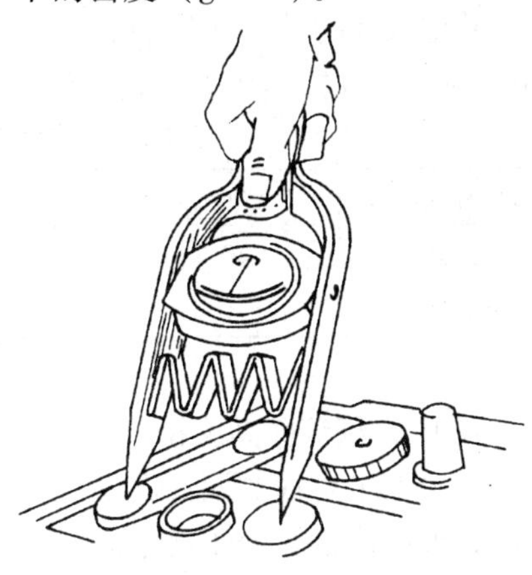

图 1-7　用放电计检查单格电池电压

检查时，应旋下注液口盖，把放电计的两尖抵牢同一单体的两个极柱，当指针稳定后（应能稳定 3～5s），迅速读数并移开放电计开放电叉，如图 1-7 所示。测出的电压读数与放电程度间的关系见表 1-5。

高率放电计测量单格电池电压，实际上是模拟起动机空载状态的电流负载来检查放电程度，能较准确地反映蓄电池的实际技术状况。放电计读数在 1.75V 以上，说明该单格电池完好；读数在 1.5～1.75V 之间时，属于容量不足，应补充充电；读数在 1.5V 以下时，说明该单格电池存在故障。各单格电池读数之差大于 0.1V 时，也说明蓄电池存在故障；指针不稳、电压迅速下降，说明该单格电池接触不良（如极桩焊接不牢等）或极板硫化。

表 1-5　放电计读数与放电程度的关系

蓄电池放电程度(%)	0	25	50	75	100
放电计电压读数/V	1.7～1.8	1.6～1.7	1.5～1.6	1.4～1.5	1.3～1.4

（3）蓄电池测试仪检测法　利用蓄电池测试仪可实现对蓄电池起动放电的模拟。

蓄电池测试仪是当蓄电池承受负荷之后测定其端电压，以了解蓄电池充、放电情况的检测仪器。测试仪由可动线圈型电压表与可变电阻并联而成。可变电阻作为蓄电池的负荷，控制蓄电池的放电电流；电压表的两个端子通过导线与蓄电池的正、负极桩相连，以测试蓄电池的端电压。

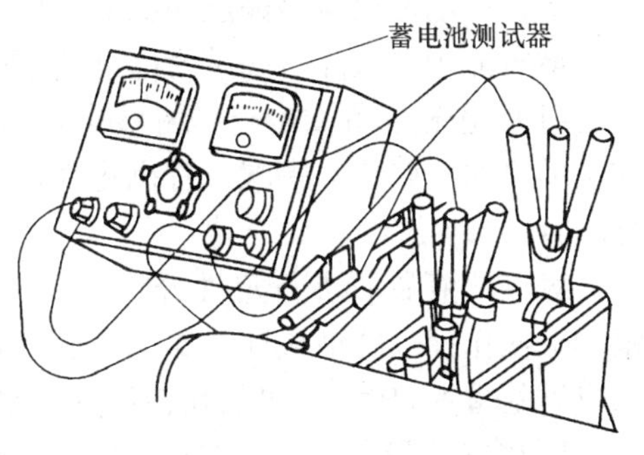

图 1-8　蓄电池模拟起动测试

图 1-8 为使用蓄电池测试仪进行模

拟起动测试的线路连接图。检测时，首先把测试仪的调节旋钮沿逆时针方向旋到底，切断放电电路；再把电流检测夹和电压检测夹的正极夹子（红色）、负极夹子（黑色）分别夹紧蓄电池的正极极桩、负极极桩；然后沿顺时针方向转动测试仪的调节旋钮，把放电电流调节到被测蓄电池额定容量的三倍数值连续放电5s，并记录此时蓄电池的端电压。测得的蓄电池端电压与放电程度间的关系见表1-6。对于起动能力较好的蓄电池，其放电电压应高于9.6V。

表1-6　蓄电池放电电压与放电程度的关系

放电程度(%)	0	25	50	75	100
放电电压/V	≥10.2	9.6～10.2	9.0～9.6	8.4～9.0	7.2～8.4
起动能力	优	良	中	差	坏

4. 电解液液面高度检查

蓄电池电解液的液面高度直接影响蓄电池的供电能力和使用寿命。在使用过程中，液面高度应处于蓄电池壳体上的上、下液面线标记之间，或超出极板上缘10～15mm，不允许极板露出液面，以防极板硫化。

液面高度检查方法如图1-9所示。用内径为5～6mm的玻璃管从注液口插入，直至压下防护板顶住极板为止，然后以手指堵住管的上口提出玻璃管，若玻璃管下端液柱长度在10～15mm之间，说明液面高度正确。

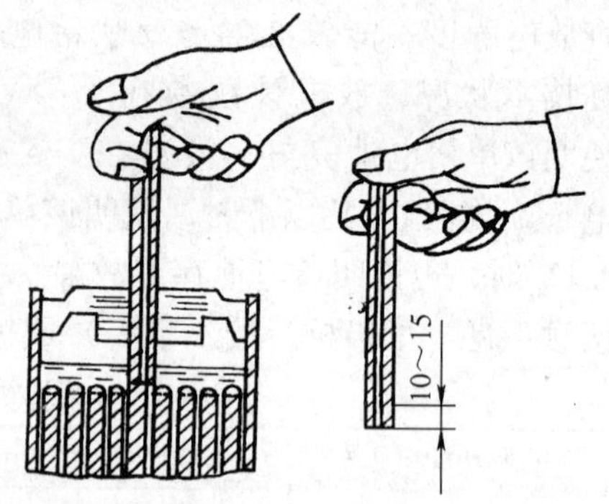

图1-9　液面高度检查

采用透明耐酸塑料容器的蓄电池可以从容器侧面直接观察液面高度。一些蓄电池容器侧面有液面高度指示线，有少量蓄电池可以从加液孔检查液面高度。

五、蓄电池电解液品质和极板故障的诊断

蓄电池主要故障可归结为电解液不纯和极板故障两种类型。

（1）电解液品质检查　解液中含铁、铜、砷、盐酸等是引起不正常自放电的主要原因；硝酸、醋酸、有机化合物和锰则是腐蚀正、负极板和隔板的主要成分。

对电解液品质进行定性分析时，需准备的试剂有硫酸、硝酸、盐酸、硝酸银、硫氰化钾、高锰酸钾、氨水、固体硫化钠、固体三氯化铁、马钱子碱（即二甲氧基番木鳖碱）、过氧化铅和蒸馏水。

1）含铁试验。把0.316g高锰酸钾溶入1000mL水中制成A溶液；把9.72g硫氰化钾溶入100mL水中制成B溶液；将受检电解液加水稀释至密度为1.20g/

cm^3 的电解液试样。

取稀释后的电解液试样 10mL 倒入试管；滴入 3 ~4 滴 A 溶液；颜色消失后，再倒入 10mLB 溶液，若出现较深的红色，则表明电解液中含铁。

2）含铜试验。在电解液试样中注入少量氨水，若形成白色沉淀并逐渐变为蓝色，则表明电解液中含铜。

3）含砷试验。在烧杯中注入一定量的电解液试样（25mm 深），再加入容积为试样液的$\frac{1}{10}$的浓盐酸，然后在烧杯中放入一段铜丝并加热 15min，若铜丝变色，则表示含砷。

4）含盐酸试验。把 25mL 稀释电解液试样倒入试管，再加入 25mL 蒸馏水稀释；取 5.1g 硝酸银溶入 100mL 水中制成试液。在稀释后的电解液试样中倒入 0.5 ~1mL 硝酸银试液，若出现明显乳白色，则表明含有盐酸。

5）含锰试验。若经试验，电解液不含铁和盐酸，则可在电解液试剂中加入少量的浓硝酸和过氧化铅，并加热至沸腾状态。如果溶液呈现淡红色，则表明其含有微量锰。

6）含硝酸试验。在浓硫酸中加入 0.4% 的马钱子碱制成试剂，取一滴试剂滴在点滴板上，再加入一滴电解液试样。若呈现红色并迅速变为橙色，最后变黄，则表明试样中含有硝酸。

7）含醋酸试验。用氨水中和电解液试样，然后加入少量三氯化铁，待溶液变为红色再加入盐酸，若红色立即消失，则说明试样中含有醋酸。

8）含有机物试验。取 25mL 电解液试样置于烧杯中，并加入 100mL 蒸馏水稀释，加热至沸腾后，用滴定管滴入 A 溶液，直至红色能暂时存留而不立即消失为止。若滴入的 A 溶液的量超过 6mL，则为不合格。

（2）极板故障检查　由于蓄电池极板的一切故障均会影响蓄电池的充放电性能，因此充放电检查是判断蓄电池工作状态和诊断极板故障的可靠方法。

1）充放电检查。所谓充放电检查是对蓄电池进行一次充放电循环，记录该过程中蓄电池的运行参数和表现出的现象，并据此分析蓄电池的状态和故障。

①把蓄电池充电至全充电状态，测量并记录每个单格电池的电解液密度、温度及开路电压后，将电解液的密度调为 $1.28g/cm^3$（25℃）。

②以 20h 放电率放电$\left(\text{即电流}=\text{额定容量数}\times\frac{1}{20}\text{A}\right)$并保持恒定。

③放电开始时，记录每个单格电池的电压值；在放电过程中，每小时测量并记录一次放电电流、单格电池电压、电解液密度和温度等；若单格电池电压降至 1.9V，则每隔 15min 测量并记录一次。

④当多数单格电池的电压降至 1.75V 或某单格电池的电压急降时，即停止

放电。记录总放电小时数，蓄电池的实际放电容量（A·h）为放电小时数（h）与放电电流（A）的乘积。

2）故障分析

①极板硫化。蓄电池极板硫化后，内阻显著增大。此时若以正常充电电流充电时，端电压迅速上升至充电终止电压（单格电池电压甚至高达2.7V），并过早冒出大量气泡，电解液温度上升很快、温度很高，但相对密度基本不变；放电过程中的实际放电容量明显偏低。

②内部短路。蓄电池某单格电池内部短路后，在充电过程中，该单格电池端电压上升很慢或升不到充电终止电压（2.5V），电解液密度上升也很慢并无气泡产生；在放电过程中，蓄电池容量明显偏低，该单格电池电压迅速降至放电终止电压（1.75V），用高率放电计检查时，则迅速降为零。

③活性物质脱落。蓄电池极板活性物质脱落后，电解液中沉淀物较多，因此充电时电解液浑浊并呈棕色，充电终了现象提前出现；放电时，实际放电容量减小。

④极性颠倒。蓄电池放电过程中，在短时间（如不足1h）内即出现电压大幅度下降，且某单体电池端电压明显低于其他单格电池，则该单格电池极性颠倒。可对此单格电池进行单独充放电循环以恢复性能。

若蓄电池同时存在几种故障，充放电过程中所表现出的现象就较复杂，必须仔细观察、认真分析才能得到正确结论。

若充电至全充电状态后，所测各单格电池的开路电压相差大于0.05V，说明蓄电池的寿命将终结。

第三节　汽车发电机故障诊断

汽车发电机的作用：发动机在怠速或以高于怠速的转速运转时，与电压调节器互相配合工作，向除起动机以外的用电设备供电，同时还向蓄电池充电。现代汽车上普遍采用硅二极管整流的三相同步交流发电机。发电机的电枢产生交变频率与转子转速同步的三相交流电，并由二极管组成的整流器把交流电转变为直流电。

一、汽车交流发电机的结构和类型

1. 汽车交流发电机的结构

各类交流发电机的局部结构虽有所差别，但基本结构都是由定子、转子、整流器和端盖四部分组成，如图1-10所示。

（1）定子　由定子铁心和定子绕组构成。定子铁心由内圆带槽的环状硅钢片叠压而成；定子绕组为三相对称绕组，按一定规律和要求绕制在定子铁心的槽内。三相绕组的连接方式有Y形联结和△形联结两种。大部分汽车交流发电机采用Y形联结。

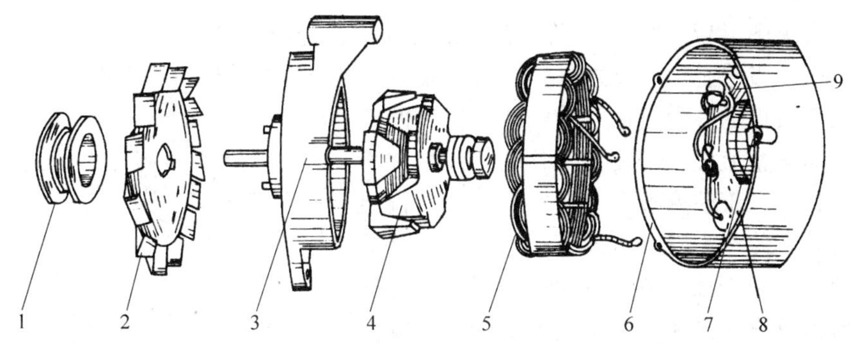

图 1-10　交流发电机的结构

1—带轮　2—风扇　3—前端盖　4—转子　5—定子　6—后端盖

7—电刷架　8—元件板　9—整流器

（2）转子　由转子轴、爪形磁极、磁扼（转子铁心）、磁场绕组和集电环构成（图 1-11）。

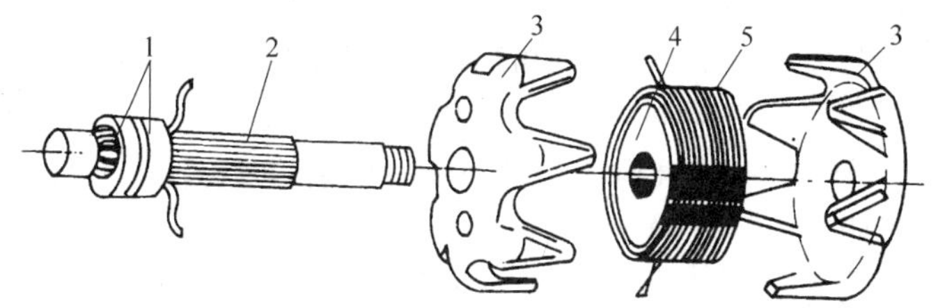

图 1-11　转子的结构

1—集电环　2—转子轴　3—爪极　4—磁轭　5—磁场绕组

爪形磁极压装在转子轴上；磁场绕组绕在磁扼上构成电磁铁，安装在两块爪形磁极间的空腔内，磁场绕组两端分别连接在转子轴上的一对集电环上；集电环是两个相互绝缘的铜环，压装在转子轴一端并与转子轴绝缘，两铜环分别与发电机的两个电刷接触。当两个电刷与直流电源接通时，磁场绕组中便有定向电流通过，从而产生轴向磁场（图 1-12），使两块爪极被分别磁化为 N 极和 S 极，从而形成犬牙交错的 6 对磁极（爪极上一般有 6 对爪），并沿圆周方向均匀分布。

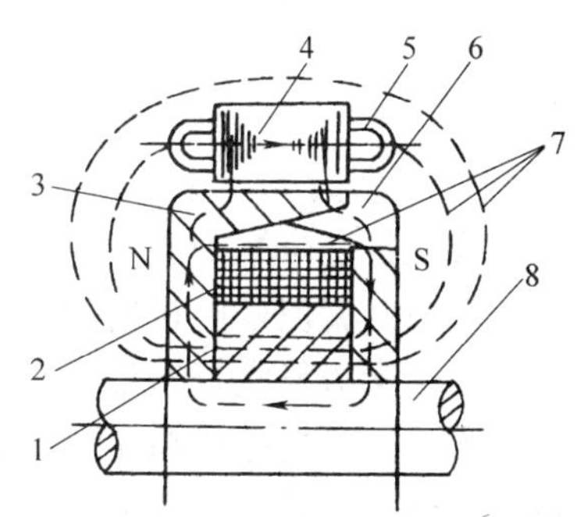

图 1-12　交流发电机的磁路

1—磁扼　2—磁场绕组　3—爪极

4—定子铁心　5—三相绕组

6—爪极　7—漏磁　8—转子轴

（3）整流器　由整流二极管和整流板构成，由于定子产生的是三相交流电，因此由六只二极管组成的三相桥式整流电路是基本整流电路，参见图1-17。图1-13所示为交流发动机整流器总成。

整流二极管有正、负之分。引出电极为二极管正极的称为正极管，引出电极为二极管负极的称为负极管；安装正极管的整流板称为正整流板，安装负极管的整流板称为负整流板。在正整流板上制有一个螺孔，输出端子安装于此作为发电机的正极。目前，整流器总成大多数都安装在发电机后端盖的外侧，在整流器总成外再加装一个金属防护盖，既便于散热，又便于检修。

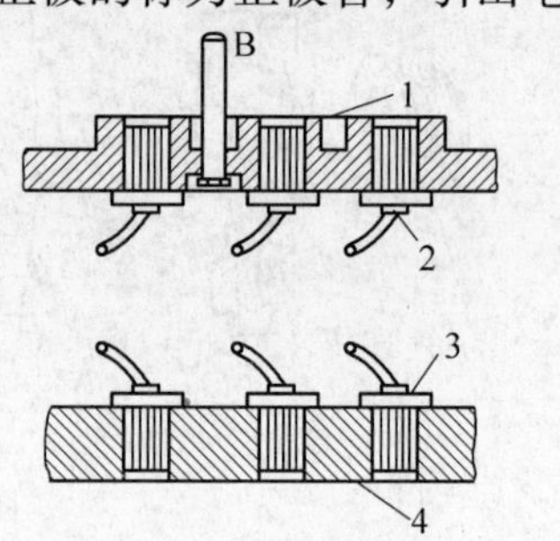

图1-13　交流发电机整流器总成
1—绝热散热板　2—正极管　3—负极管
4—后端盖（或搭铁散热板）
B—电枢接线柱

（4）端盖　发电机的前、后端盖均用铝合金材料铸造或锻造而成。电刷组件和整流器均安装在后端盖上，二者均有外装式和内装式两种安装形式。外装式因拆装检修方便而得到广泛应用。此外，各种不同的接线柱或端子一般也设置在后端盖上。

除以上外，在交流发电机转子轴的前端还安装有带轮、风扇等部件。

2. 汽车交流发电机的型号

根据QC/T 73—1993《汽车电气设备产品型号编制方法》规定，汽车交流发电机的型号组成如下：

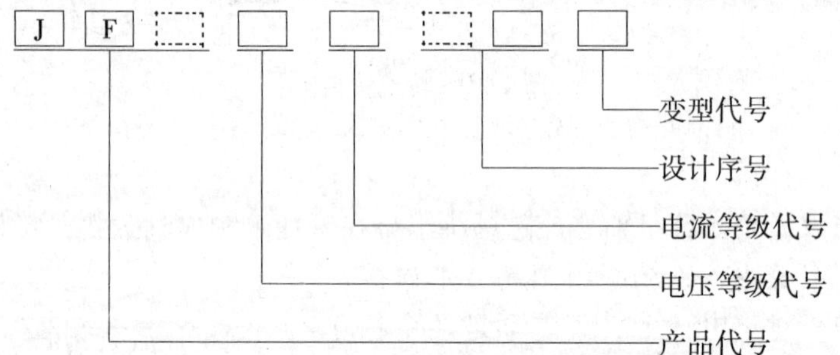

（1）产品代号　有JF、JFZ、JFB、JFW四种，分别表示交流发电机、整体式交流发电机、带泵交流发电机、无刷交流发电机。其中：

①整体式交流发电机指内装电子调节器的交流发电机。

②带泵交流发电机指带真空制动助力泵的交流发电机。

③无刷交流发电机指无电刷和集电环结构的交流发电机。如采用永磁材料制造转子磁极的永磁交流发电机。

（2）电压等级和电流等级代号　分别用一位数字表示。

电压等级12V和24V分别用1和2表示。

电流等级代号有1、2、……、9共9个数字，分别表示电流等级为＜19A、≥20～29A、≥30～39A、……、≥90A。

（3）设计序号　按产品设计先后顺序，用一位或二位阿拉伯数字表示。

（4）变型代号　表示交流发电机调整臂位置。从驱动端看，调整臂位于右侧时用 Y 表示；调整臂位于左侧时，用 Z 表示；无字母则表示在中间位置。

如：JFZ1913Z 型交流发电机表示为电压等级为 12V、电流等级大于等于 90A、第 13 次设计、调整臂在左侧的整体式交流发电机。常用交流发电机的规格及性能指标见表 1-7。

3. 汽车交流发电机的分类

（1）按整流器结构不同分类

1）六管整流交流发电机。指整流器由 6 只硅整流二极管组成三相桥式全波整流电路的交流发电机，其六管整流器仅有整流功能。

2）八管整流交流发电机。指整流器由 8 只二极管构成的交流发电机，如图 1-14a 所示。八管整流器除具有整流功能外，还能提高发电机功率。这是因为八管整流器把 Y 形联结定子线圈的“中性点”引出，也接一对整流二极管组成整流桥。在高转速下采用八管整流器比用六管整流器能提高约 15% 的发电量。

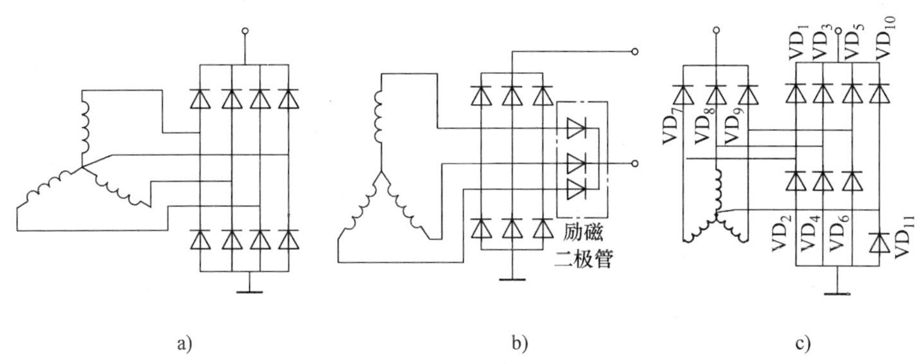

图 1-14　采用不同数量二极管的交流发电机

a）八管交流发电机　b）九管交流发电机　c）十一管交流发电机

3）九管整流交流发电机。即整流器由 9 只二极管构成的交流发电机。如图 1-14b 所示，九管整流器在六管整流电路的基础上，从每一相端头上接出一条线，分别串接一个小功率二极管后汇为一点，向磁场绕组供电。九管整流器与内置式调节器相结合，可使发电机的结构更为紧凑，其对外接线少，还具有控制充电指示灯的功能。其电路连接方式如图 1-15 所示。

4）十一管整流交流发电机。即整流器由 11 只二极管构成的交流发电机，如图 1-14c 所示。十一管整流器既有八管整流器的功能，又有九管整流器的功能。

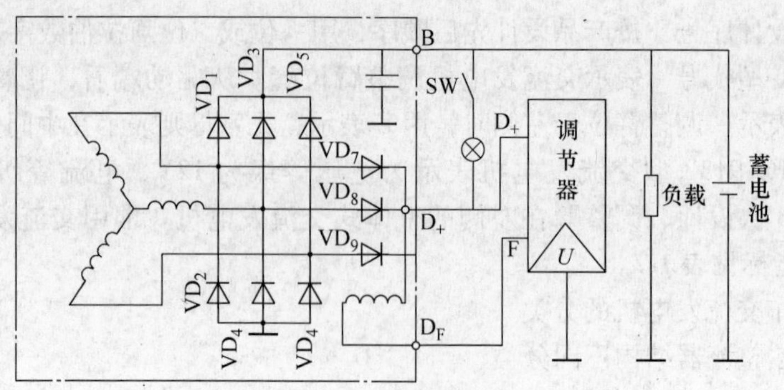

图 1-15　九管交流发电机充电电路

（2）按磁场绕组搭铁形式分类

1）内搭铁式交流发电机。即磁场绕组的一端经集电环和电刷在发电机端盖上搭铁的交流发电机（图 1-16a）。

2）外搭铁式交流发电机。即磁场绕组的两端均与端盖绝缘，其中一端经调节器后搭铁的交流发电机（图 1-16b）。

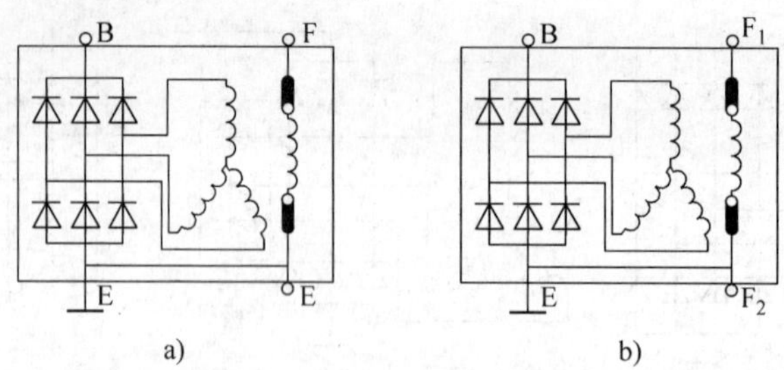

图 1-16　交流发电机的搭铁形式

a）内搭铁　b）外搭铁

（3）根据励磁方式不同分类　普通励磁式、无刷励磁式、和永磁式几种，以普通励磁式使用最多。

目前，国内外汽车大都采用普通励磁式内搭铁式交流发电机，搭铁极性均为负极搭铁。

二、汽车交流发电机的工作原理和特性

1. 工作原理

如图 1-17 所示，发电机的转子上的磁场绕组通过电刷和集电环引入直流电而产生磁场；发电机定子上的三相电枢绕组按一定的规律分布在定子的槽中，使其产生的感应电动势彼此相差 120°的角度。汽车发动机起动或运转时，通过转子前端的带轮带动发电机转子轴旋转，从而使转子上的磁场绕组通入励磁电流后

产生的磁场在定子绕组中旋转，使磁力线切割定子绕组而在定子绕组中产生交变电动势 U_{Φ}。由于磁极铁心的特殊设计使磁极磁场近似于正弦规律分布，因此三相电枢绕组产生的感应电动势按正弦规律变化。

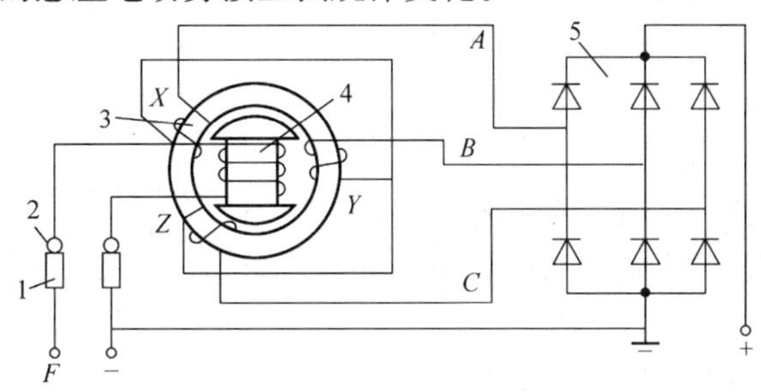

图 1-17　交流发电机的工作原理

1—电刷　2—集电环　3—定子　4—转子　5—整流电路

实际使用的交流发电机的定子绕组有三组，因此在定子绕组中产生三相交流电。随磁极对数增多，定子绕组中产生的三相交流电的交变周期也以相应倍数缩短（有六对转子磁极时，交变周期从 360°缩短为 60°）。

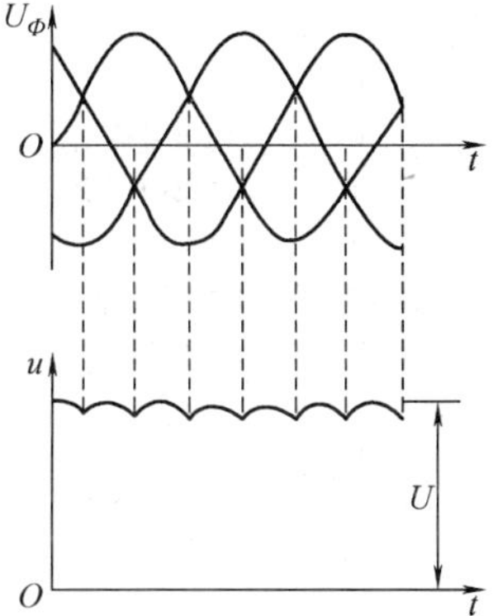

图 1-18　三相交流发电机的直流输出电压

根据二极管的单向导电性，负极连接在一起的 3 个二极管在任一瞬时只能是正极电位最高的那只二极管导通，因为该二极管导通后，就使另两只二极管的负极电位高于正极而不能导通；而正极连接在一起的 3 个二极管在任一瞬时只能是负极电位最低的那只三极管导通，因为该二极管导通后，就使另两只二极管的正极电位低于负极而不能导通。据此原理构成三相桥式整流电路（图 1-17），经硅二极管整流后便可得到输出电压近似稳定的直流电，如图 1-18 所示。

2. 工作特性

汽车交流发电机的工作特性有空载特性、输出特性和外特性，其中，输出特性最为重要。

（1）输出特性　输出特性指当交流发电机保持输出电压一定时，发电机输出电流与转速之间的关系，如图 1-19 所示。

一般来说，标称电压为 12V 的交流发电机，其输出电压恒定在 14V；标称电压为 24V 的发电机，其输出电压恒定在 28V。发电机的空载转速 n_1 和满载（电压和电流达到额定值）转速 n_2 是发电机的重要参数。

发电机转速达到空载转速 n_1 后，电压达到蓄电池电压值，开始向外供电，且输出电流随转速升高而增大；转速达到额定转速 n_2 时，输出额定电压和额定电流。当转速升高到某一值后，输出电流则不再随转速升高而增大，其最大输出电流约为额定电流的 1.5 倍。

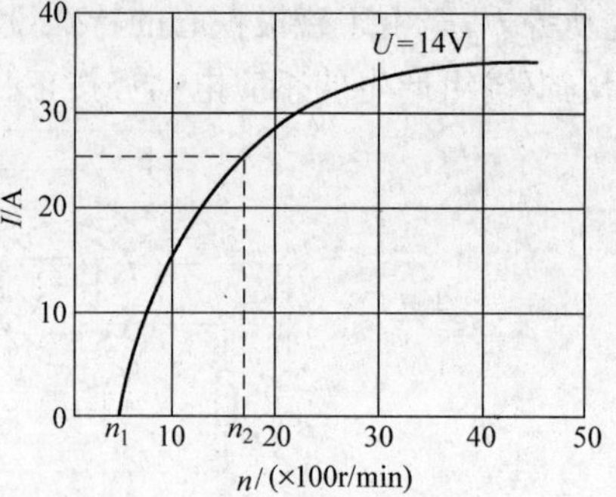

图 1-19　交流发电机的输出特性

(2) 空载特性　空载特性指无负荷时，发电机端电压与转速之间的关系，如图 1-20 所示。

从特性曲线可以看出，随着转速升高，端电压上升较快。由他励转入自励发电时，即能向蓄电池进行补充充电。说明交流发电机具有低速充电性能好的优点。

(3) 外特性　外特性指发电机转速保持一定时，发电机的端电压与输出电流的关系，如图 1-21 所示。

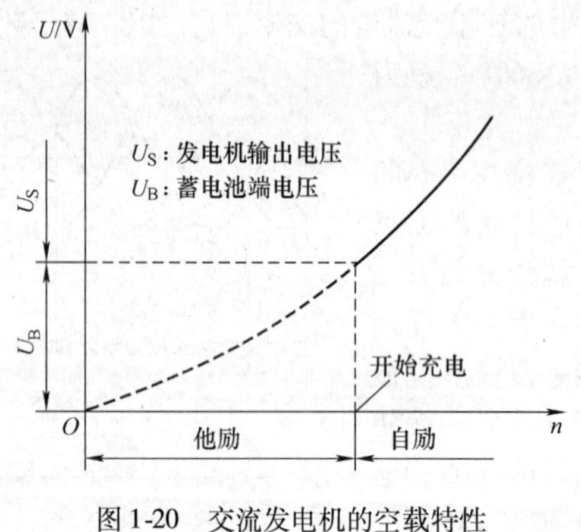

图 1-20　交流发电机的空载特性

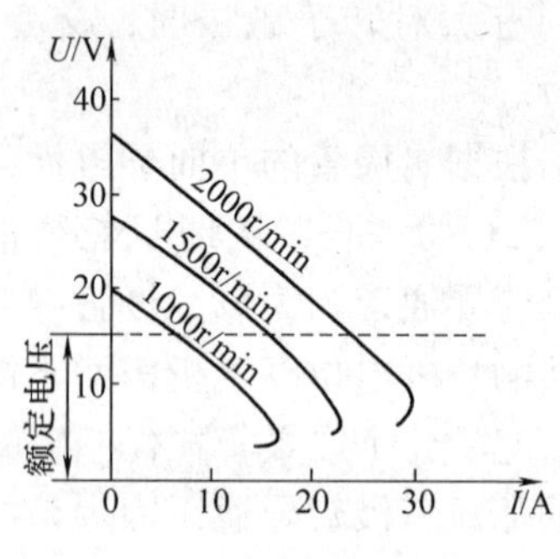

图 1-21　交流发电机的外特性

①发电机的转速越高，在相同电压下其输出电流越大或相同电流下其输出电压越高。

②当保持在某一转速时，端电压均随输出电流的增大而相应下降得较快。这是由于：输出电流增大，发电机内压降增大；而当端电压下降较多时导致励磁电流减小，磁场减弱。

此外，发电机输出电流增加到一定值时，若再继续增加负载，输出电流不再增加，反而随端电压一起下降。

三、汽车交流发电机技术状况检测

汽车交流发电机的技术状况应通过台架试验检测，应在交流发电机专用试验台上进行。试验电路的连接如图 1-22 所示，其检测项自主要包括空载性能和负载性能两项。

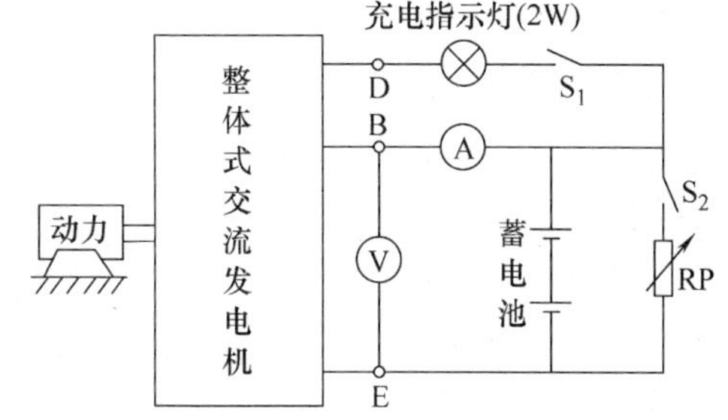

图 1-22　交流发电机试验电路

（1）空载性能试验　交流发电机空载性能的试验步骤如下：

①按要求连接交流发电机、调节器和试验台。

②断开开关 S_2，并接通开关 S_1，使蓄电池通过 S_1 向发电机提供励磁电流。

③起动动力（调速电动机），并逐渐调高发电机转速；其空载转速值（即充电指示灯由亮到灭时交流发电机的转速）应符合表 1-7 或维修手册规定。

表 1-7　交流发电机技术规格与性能参数

发动机型号	搭铁极性	规格		空载性能		负载性能			配用调节器型号	适用车型
		额定电压/V	额定功率/W	电池电压/V	转速不大于/(r/min)	试验电压/V	额定电流/A	转速不大于/(r/min)		
JF1518	—	14	500	12	1150	13.5	50	5000	JFT106	CA1091
JF1522A	—	14	500	12	1150	13.5	50	5000	JFT106	CA1091
JF1521	—	14	500	12	1150	13.5	50	5000	JFT149	EQ1092
JF132N	—	14	350	12	1000	13.5	25	2500	FT61	EQ1090
JF132C	—	14	350	12	1000	13.5	25	2500	FT61	CA1090
JF132	—	14	350	12	1000	13.5	25	2500	FT61	EQ2100E
JF13E	—	14	350	12	1000	13.5	25	2500	FT61	BJ2100E
JFZ1913Z	—	14	1000	12	1050	13.5	90	6000	内装式	桑塔纳
JFZ192A	—	14	1000	12	1050	13.5	90	6000	内装式	切诺基
JFZ194	—	14	1000	12	1050	13.5	90	6000	内装式	BJ2021
JFZ2814	—	28	1000	24	1050	27	35	5000	JFT251	JN1510

若交流发电机的空载转速高于规定值，则说明其性能降低或出现故障，如：磁场电路接触不良、定子绕组断路、整流二极管断路或短路等。

由于空载转速与励磁电流的强弱有关，因此调节器大功率晶体管的管压降应低于 1.5V。因为管压降越大，励磁电流越小，空载转速就越高。

（2）负载性能试验　经试验，在交流发电机满足空载性能要求的前提下，还应进行负载性能试验。其试验步骤与发电机空载试验的步骤相同。

起动调速电动机，逐渐升高发电机转速，当输出电压达到试验电压时（12V 电系为 13.5V；24V 电系为 27V），接通开关 S_2，并调节负载电阻使输出电流达到额定电流值，同时调节发电机转速使输出电压保持试验电压值，此时发电机转速应符合规定（表 1-7）。若转速高于规定值，说明发电机性能降低或有故障。

（3）输出电压波形检测　交流发电机有故障时，输出电压波形将出现异常，因此，可用示波器观察发电机的输出电压波形，判断交流发电机内部故障是整流器故障还是定子绕组故障，如图 1-23 所示。

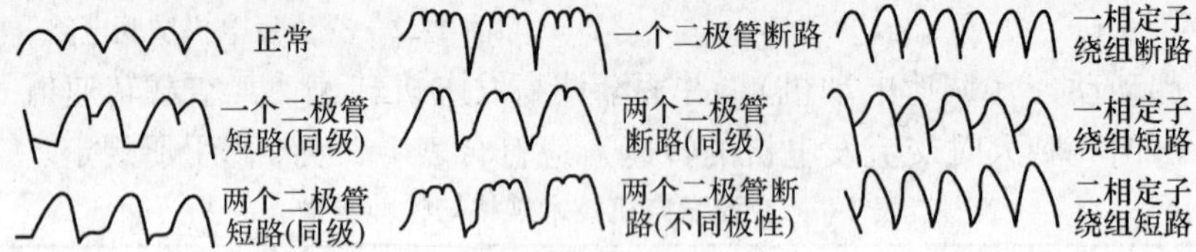

图 1-23　交流发电机各种故障时的电压波形

四、汽车交流发电机的常见故障及诊断方法

汽车交流发电机的常见故障有机械部分的轴承磨损、电刷磨损、电刷弹簧弹力不足和电气部分的绕组断路或短路、硅整流二极管损坏等。

1. 磁场绕组短路与断路故障诊断

（1）磁场绕组搭铁短路故障诊断　用万用表测量集电环与转子铁心（或转子轴）之间的电阻（图 1-24a），阻值应为无穷大，否则说明绕组或引出线搭铁短路或绝缘不良。

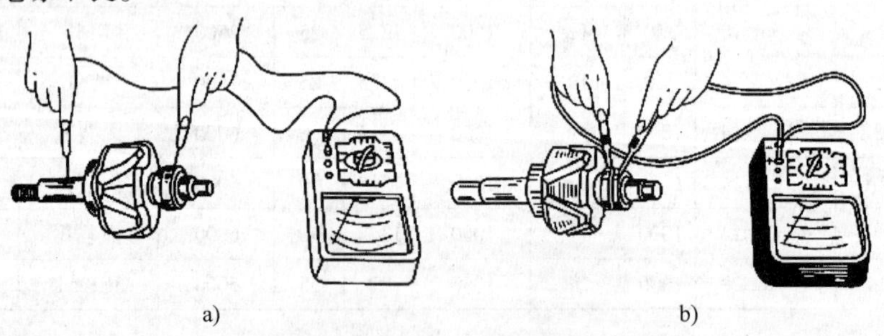

图 1-24　磁场绕组检查

a）磁场绕组搭铁检查　b）磁场绕组断路与短路

（2）磁场绕组断路与短路故障诊断　用万用表测得的两集电环之间（图 1-24b）的电阻值应符合表 1-8 给出的数值。测试值大于规定值时，说明存在断路；若小于规定值，则说明存在短路。

表 1-8　部分 JF 系列交流发电机磁场绕组电阻参数

型　　号	JF01C	JF12	JF22	JF17	JF27	JF21	JF210	JFZ1813Z	JFZ1815Z	JF13E
磁场绕组电阻（20℃）/Ω	5 ±0.25	20 ±0.3	18 ±0.2	5	13	5 ±0.2	13	2.7	3.3	5.6 ±0.3

对于外搭铁非整体式交流发电机，可以在未拆开的发电机上用万用表测量电刷的两个接线柱间的电阻。如果电阻为零或很小，说明存在短路故障；如果电阻在 5 ~6Ω 之间，说明无故障；若电阻大于 10Ω 可以边转动发电机带轮边测量，电阻变化不定说明接触不良，电阻非常大则说明磁场绕组内部有断路故障。

2. 定子绕组的断路与短路故障诊断

（1）电枢绕组断路故障诊断　用万用表测量电枢绕组 3 个引线之间的电阻（图 1-25a），若电阻值无穷大，则说明电枢绕组断路。

（2）电枢绕组搭铁短路故障诊断　测量电枢绕组引线与铁心之间的电阻（图 1-25b），其阻值应为无穷大。否则，说明电枢绕组绝缘不良或搭铁短路。

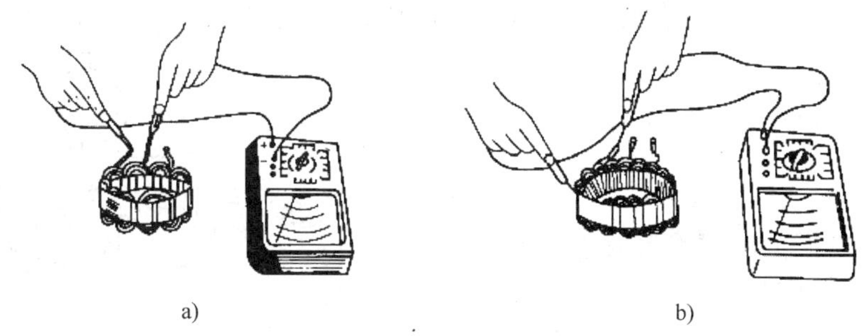

a)　　b)

图 1-25　电枢绕组检查

a）电枢绕组断路检查　b）电枢绕组搭铁检查

为进一步检出上述故障绕组组内发生搭铁的单绕组，可把一个 6V 蓄电池与电流表和 5Ω 可变电阻串接在所测绕组首端与铁心之间。调整可变电阻使电流指示值达到 5A 左右，然后用旋具测试各铁心掌面上的磁力，记下距首端最远的有磁掌面；再把蓄电池、电流表和可变电阻串接在所测绕组末端与铁心之间，重复上述试验，并记下距末端最远的有磁掌面。接地故障就发生在两掌面本组绕组之间。

3. 硅整流二极管失效故障诊断

在不拆散发电机的情况下，可以用万用表检查硅整流二极管失效故障。用正端表笔接触发电机电枢接线柱，另一表笔接触后端盖，测量其电阻值。若电阻值在 30Ω 以上，则可认为无故障；若电阻值为 10Ω 左右，说明有的二极管失效；

若电阻值为0，则说明有不同极性的硅整流二极管击穿；若电阻值正常但发电机不发电，说明整流元件和电路中有断路故障。

为检查确定发生短路或断路故障的二极管，应进行拆检，即拆下发电机的后端盖和元件板，逐一检查每个二极管，如图1-26所示。

首先，从接线柱上拆下每个二极管的中心电极线，再用万用表的一支表笔接触后端盖或元件板，另一支表笔接触二极管的中心电极线，测试二极管的电阻；第一次测试后，交换两只表笔的接触位置后再测。比较二次测量所得电阻值，若一次在10kΩ以上，而另一次在10Ω以下，且差值较大，则说明二极管良好；若两次测试值均在1000Ω以上，说明该管断路；若二次测试值均很低时，说明该管已被击穿。

4. 其他故障诊断

①电刷的检查。检查电刷轴承的磨损情况和电刷弹簧的弹力，若电刷磨损量超过限值、电刷弹簧失效或轴承松旷，则应更换。

②转子轴弯曲检查。用百分表检查转子轴弯曲故障时（图1-27），百分表的摆差应小于0.1mm。否则，应予以校正或更换转子总成。

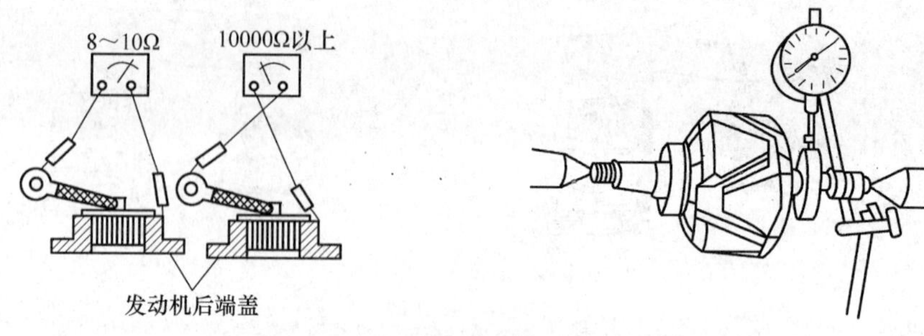

图1-26　整流二极管检查

图1-27　转子摆动检查

第四节　电压调节器故障诊断

一、电压调节器的作用和工作原理

汽车电器都是以一定的直流电压设计的，发电机既是用电器的电源，又是蓄电池的充电装置，因此供电电压和电流的变化范围应有一定限制。发电机调节器的作用就在于使发电机的输出电压值稳定不变，不受转速和用电设备负荷变化的影响。使其不因发电机转速高时，输出电压过高而烧坏用电设备，并导致蓄电池过充电；也不会因转速低时，输出电压过低而导致用电设备工作失常。

1. 触点振动式电压调节器

图1-28为双级振动式电压调节器原理图。触点式调节器利用触点的开、闭

作用，在发电机转速变化时，改变励磁电路的电阻，用改变励磁电流的方法维持发电机电压稳定。

当发电机转速很低时，磁场绕组由蓄电池供电产生磁场；当发电机转速升高，端电压高于蓄电池电压时，磁场绕组由发电机自给；发电机输出电压升至工作电压上限 U_{12}（14V 左右）时，调节器磁化线圈 3 电流增大、电磁吸力加强，从而克服活动触点臂弹簧4 的拉力，使触点 K_1 分开，此时励磁电路串入电阻 R_1 和 R_2，励磁电流减小，发动机输出电压下降。发电机输出电压降低到工作电压下限 U_{11}时，流经调节器磁化线圈的电流减小，电磁吸力减弱，触点 K_1 在弹簧作用下又闭合，电阻 R_1 和 R_2 被短路，使励磁电流增强，发电机输出电压升高；电压升高至调节器工作电压后，触点 K_1 又被吸开；如此往复，使发电机输出电压稳定。发电机转速更高时，电阻 R_1 和 R_2 串入励磁电路后，发电机输出电压仍高于调节值，使调节器磁化线圈产生的吸力增大，触点 K_2 闭合。此时，原通过磁场绕组的电流被短路，发动机仅靠剩磁发电，输出电压急剧下降，磁化线圈吸力下降使触点 K_2 重新断开，磁场绕组又有电流通过，发动机电压又升高。如此循环，使发电机电压保持稳定。双触点式电压调节器电压波动情况如图 1-29 所示。但触点式电压调节器触点振动频率慢，存在机械惯性和电磁惯性，触点易产生火花，可靠性差、寿命短。

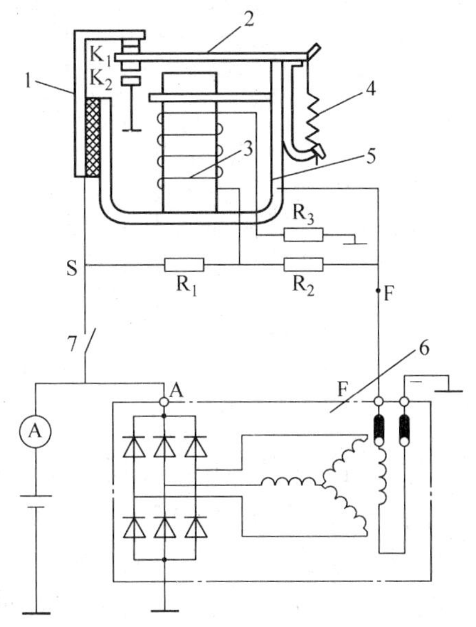

图 1-28　双级振动式电压调节器

1—固定触点支架　2—活动触点臂　3—磁化线圈　4—弹簧　5—磁轭　6—交流发电机　7—点火开关

R_1—加速电阻　R_2—调节电阻　R_3—补偿电阻

K_1—低速触点　K_2—高速触点

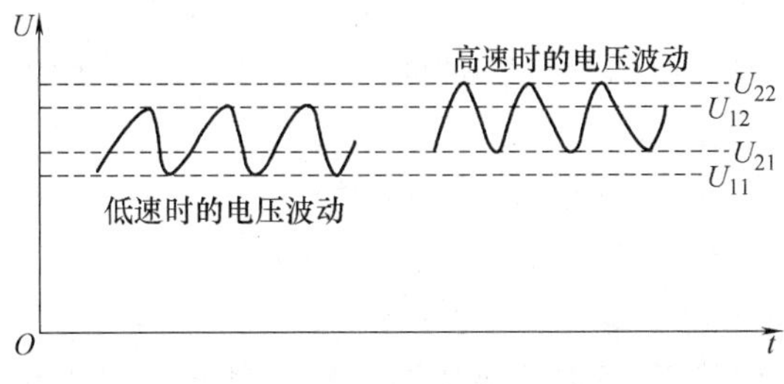

图 1-29　双触点式电压调节器电压波动情况

2. 晶体管电压调节器

晶体管电压调节器利用晶体管的开关作用控制和调节发电机励磁电流，在发动机转速变化时维持其端电压稳定。图 1-30 为晶体管调节器的电路原理图。

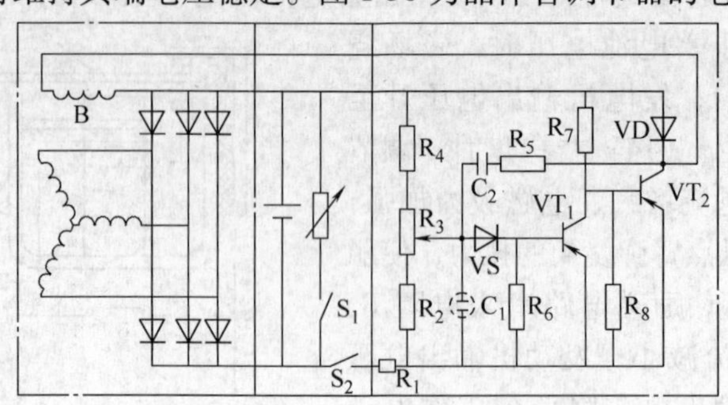

图 1-30 晶体管电压调节器电路原理图

发动机转速为零时、接通点火开关 S_2，蓄电池电压加到由电阻 R_2、R_3、R_4 组成的分压器及晶体管 VT_2 的偏置电路电阻 R_7、R_8 上。此时分压器加至稳压管 VS 的反向电压低于稳压管的击穿电压，反向电流为零，即晶体管 VT_1 基极电流为零，VT_1 截止，VT_2 处于正向偏置而导通，蓄电池通过 VT_2 向磁场绕组供电。

当发电机转速逐渐升高至电压高于蓄电池电压时，便自己供给磁场绕组电流。发电机的电压升至调节器的调节电压时（13.5 ~ 14.5V），分压器 R_2、R_3、R_4 加至稳压管 VS 两端的反向电压达到其击穿电压，稳压管被击穿。

晶体管 VT_1 产生基极电流而导通。此时 VT_2 的发射极与基极被管 VT_1 短路，基极电流为零，VT_2 截止，切断发电机励磁电路，使发电机电压下降。当发电机电压低于调节电压时，加在稳压管 VS 两端的反向电压低于其击穿电压，稳压管截止，VT_1 基极电流为零，使 VT_1 截止，VT_2 又导通，发电机励磁电流上升，输出电压升高。如此反复，使发电机电压稳定在分压器、电位器预先调好的数值上。

为了提高晶体管调节器的调节灵敏度、改善调节电压波形，设置 C_2、R_5 反馈电路。

二极管 VD 的作用是当磁场绕组电流突然变化时，使产生的自感电动势构成回路，以免击穿晶体管 VT_2。

为了降低晶体管的开关频率，减小损耗，在分压器的下半部分并联电容 C_1。

在分压器前设置电阻 R_1，以改善发电机的负载特性。

3. 集成电路电压调节器

集成电路电压调节器又称 IC 电压调节器，其基本组成和工作原理与晶体管电压调节器相似。

集成电路调节器可分为全集成电路调节器和混合集成电路调节器两种。全集成电压调节器的所有晶体管、二极管、电阻都集成制在一块基片上；混合集成电路调节器由厚膜或薄膜电阻与集成的单片芯片或分立元器件组成。目前国内外生产的集成电路调节器大多数是混合式，一般由一个集成块、一个晶体管、一个稳压管、一个续流二极管和若干电阻构成。

集成电路电压调节器结构紧凑、体积小、电压调节精度高、故障率低，并可装于发电机内部，构成整体式发电机。

二、电压调节器的检测诊断

交流发电机电压调节器的常见故障及影响见表1-9。

表1-9 电压调节器的常见故障及影响

调节器类别	常见的故障	对发电机及充电系统的影响
双触点式调节器	低速触点接触不良	低速时不充电或充电不良
	高速触点接触不良	发电机电压过高或失控
	高速触点焊接	发电机不发电
	调节器电磁线圈断路、短路	发电机电压过高或失控
	加速电阻或温度补偿电阻烧断	发电机电压失控
	调节电阻烧断	发电机电压不稳定
电子式调节器	开关晶体管断路、其他电子元件有断路成短路而使开关晶体管不能导通或不能饱和导通	发电机不发电或发电不良
	开关晶体管短路或其他电子元件有断路或短路而使开关晶体管不能截止	发电机电压失控

1. 触点式电压调节器的故障诊断

触点式调节器的主要检查内容如下：

（1）检查触点有无烧蚀、氧化　触点轻微烧蚀，可用砂纸打磨并清洁后继续使用；如果烧蚀比较严重或触点的厚度小于0.4mm，则应更换。

（2）检查调节器线圈和电阻　如果调节器线圈或电阻有断路，则应更换。

（3）调节器各部间隙的检查与调整　除衔铁与铁心之间的气隙外，双触点调节器高速触点间隙也是检查和调整的内容。各间隙的调整参数见表1-10。

表1-10 触点式调节器调整参数

型　号	规格/V	高速触点间隙/mm	衔铁与铁心间气隙/mm	低载时调节电压值/V	低载时调节电压与半载调节电压差值/V
FT70	12	0.3~0.4	1.2~1.3	13.8~14.5	≤0.5
FT70A	24	0.3~0.4	1.2~1.3	27.6~29.0	≤1.0

（续）

型　　号	规格/V	高速触点间隙/mm	衔铁与铁心间气隙/mm	低载时调节电压值/V	低载时调节电压与半载调节电压差值/V
FT61	12	0.25~0.3	1.05~1.15	13.2~14.2	≤0.5
FT61A	24	0.2~0.3	1.2~1.3	27.6~29.0	≤1.0
FT121	14	0.25	1.0~1.2	13.5~14.5	≤0.5
FT221	28	0.25	1.0~1.2	27.0~29.0	≤1.0

（4）调节电压的检查与调整　交流发电机调节器需要检测和调整的性能参数是低载和半载时的调节电压值，可用交流发电机试验设备和性能良好的交流发电机进行检测，检测电路如图1-31所示。下面以双触点式调节器为例予以说明。

闭合S_1后使发电机转动，待发电机自励发电（发电机电压高于蓄电池电压）时断开S_1并接通S_2，然后将发电机转速提高至3000r/min。调整负载电阻使发电机处于低载状态（12V交流发电机为4A，24V交流发电机为2A），并记录调节电压值。如果低载调节电压不符合规定值，应通过改变弹簧拉力予以调整。调节电压过低可适当增大弹簧拉力；若调节电压过高则应适当减小弹簧拉力。低载调节电压调好后，增大负载，使发电机处于半载状态（交流发电机额定输出电流的一半），记录调节电压值。如果半载调节电压与低载调节电压的差值超过限定值，应通过改变衔铁与铁心之间的气隙进行调整。若差值超过+0.5V，可适当减小衔铁与铁心之间的气隙；若差值超过-0.5V，则适当增大衔铁与铁心之间的气隙。

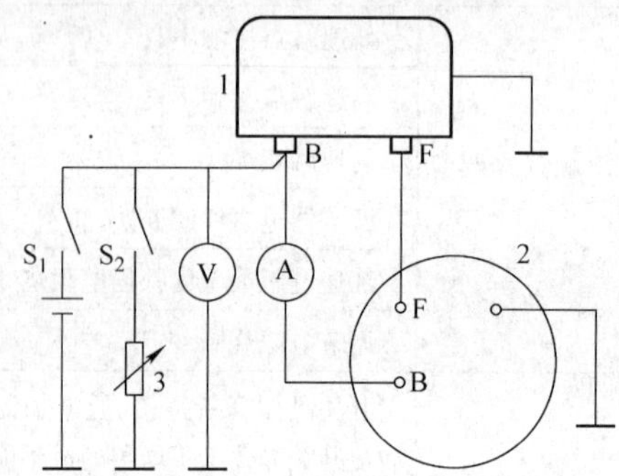

图1-31　触点式调节器实验电路
1—被测调节器　2—发电机　3—电阻器

2. 电子调节器技术状况检测

检测调节器技术状况时，外搭铁型调节器按图1-32a所示电路连接，内搭铁型调节器按图1-32b所示电路连接。

接好检测电路后，接通开关SW，然后由零逐渐调高直流电源电压，此时小灯泡发亮且亮度随之增强。当电压调节到调节电压值或略高于调节电压值时，若灯泡熄灭，则调节器技术状况良好；若始终发亮，则说明调节器已损坏。若继续装车使用，使励磁电流始终接通，发电机输出电压随转速升高而升高，会损坏用电设备。在检测过程中，如果小灯泡始终熄灭且灯泡未坏，则说明调节器存在故障，故障原因或者是大功率晶体管断路或者是前级驱动电路短路。若继续装车使用，励磁电路不能接通，发电机仅靠剩磁发电并因电压低而不能向外供电，长期使用时会缩短蓄电池的使用寿命。

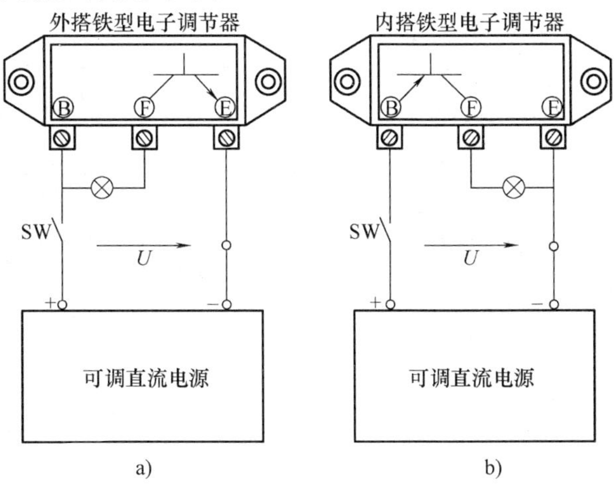

图 1-32　电子式调节器检测电路

a）外搭铁型　b）内搭铁型

当不知电子调节器的搭铁形式时，可按图 1-32a 所示电路进行检测。方法是把电源电压调到 12V，接通开关 SW，若灯泡不亮则为内搭铁型，否则为外搭铁型。

3. 集成电路电压调节器性能检测

（1）集成电路电压调节器电压检测方法　分为发电机电压检测法和蓄电池电压检测法两类。

1）发电机电压检测法。检测电路如图 1-33 所示。加在分压器 R_1、R_2 上的电压是发电机励磁输出端 L 的电压 U_1，而发电机输出电压为 U_B。因为 $U_1 = U_B$，因此，调节器检测点 P 的电压加到稳压管 VS_1 上，其电压 U_P 与发电机的端电压 U_B 成正比，所以该线路称为发电机电压检测法线路。该检测方式线路简单，但当发电机与蓄电池间的连接线路接触不良而有较大电压降时，会引起蓄电池段的电压偏低而导致充电不足。

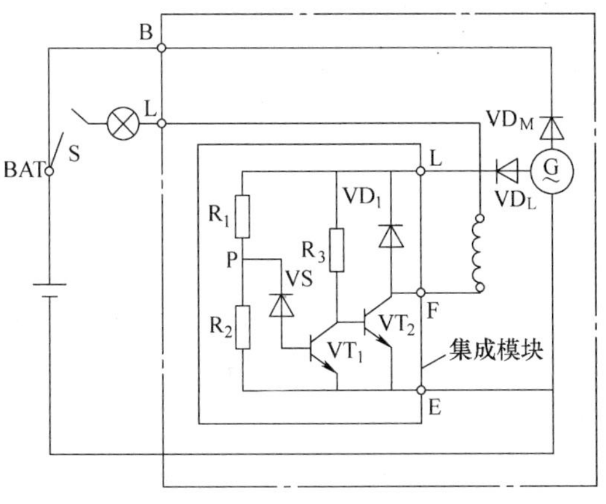

图 1-33　发电机电压检测原理电路

2）蓄电池电压检测法。检

测电路如图 1-34 所示。加在分压器 R_1、R_2 上的电压为蓄电池端电压，由于通过检测点 P 加到稳压管 VS_1 上的反向电压与蓄电池端电压成正比，所以该线路称为蓄电池电压检测法线路。这种检测方式避免了发电机电压检测方式的缺点，但需要的连接导线多一根，而且当此导线连接不良或断路时，会造成发电机电压过高或失控。

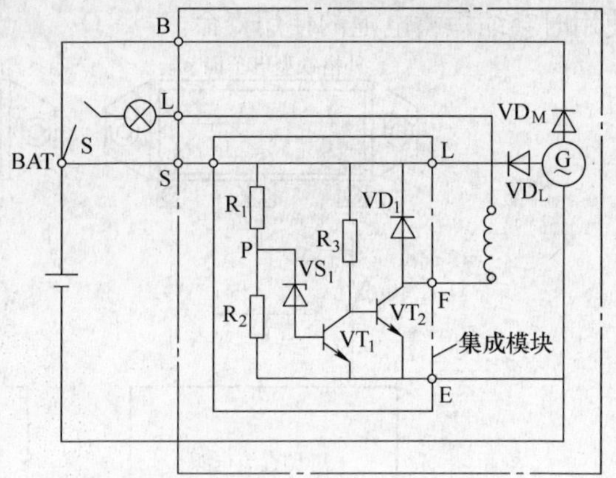

图 1-34　蓄电池电压检测原理电路

（2）集成电路电压调节器的性能检测　集成电路电压调节器一般为内装式，检测前应先将其从发电机内拆下，正确连接集成电路电压调节器各条引线，防试验时接错电源极性。

集成电路电压调节器一般有三引线和四引线两种。三引线集成电路电压调节器采用发电机电压检测法；四引线集成电路电压调节器采用蓄电池电压检测法。

1）三引线集成电路电压调节器的检测。按图 1-35a 接好线路。图中：B_+ 与发电机输出端引线相连；D_+ 与点火开关引出线相连接；D_- 相当于搭铁线；F 与发电机磁场绕组相连；R 为一个 3 ~ 5Ω 的电阻，可变直流电源的调节范围为 0 ~ 30V；逐渐提高直流电源电压（由电压表 V_2 指示）。当 V_2 指示值小于调节器调节电压值时，V_1 电压表上的电压值应在 0. 6 ~ 1. 0V 的范围内；当 V_2 指示值大于调节器调节电压值时，V_1 表上的电压值应为 V_2 的值。调节时，注意调节电压值不能超过 30V。

2）四引线集成电路电压调节器的检测。四引线集成电路电压调节器的测试与三引线晶体管式调节器的测试方法相同，其检测连接线路如图 1-35b 所示。

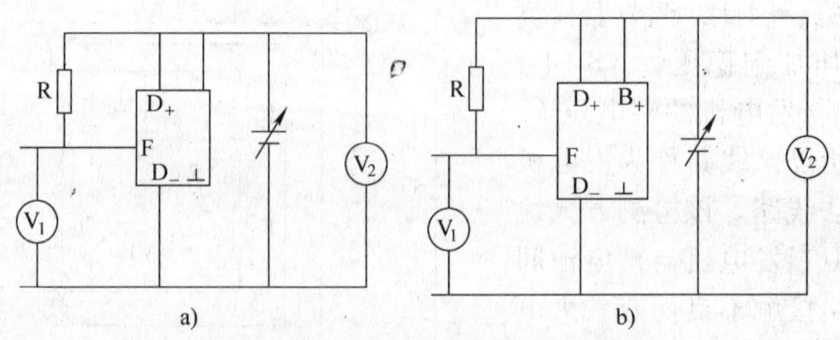

图 1-35　集成电路调节器检测接线图

a）三引线集成电路调节器接线图　b）四引线集成电路调节器接线图

复　习　题

1. 汽车电源系统由哪几部分构成？汽车主要有哪些用电设备？
2. 汽车蓄电池的主要作用是什么？
3. 铅酸蓄电池主要组成部件有哪些？简述其工作原理。
4. 如何表示蓄电池的容量？影响蓄电池容量的因素有哪些？
5. 蓄电池的常见故障有哪些？
6. 极板硫化和极板活性物质脱落的主要原因是什么？
7. 如何检测蓄电池的放电程度？
8. 如何检查蓄电池电解液的品质？
9. 极板故障主要有哪些？如何检查？
10. 简述交流发电机的工作原理和工作特性。
11. 如何试验交流发电机的空载性能和负载性能？
12. 如何诊断交流发电机线圈的短路和断路故障？
13. 如何诊断交流发电机硅整流二极管失效故障？
14. 简述电压调节器的作用和工作原理。
15. 怎样检测电压调节器的技术状况？
16. 怎样检测电压调节器的调节电压？

第二章　汽车起动系统故障诊断

汽车发动机由静止状态转为运转状态的过程称为起动，发动机进入正常工作循环之前，必须借助外力来起动，该工作过程由起动系统完成。

第一节　概　　述

一、汽车起动系统的组成

发动机起动系统主要由起动电源、起动机及起动机控制电路组成，如图 2-1 所示。

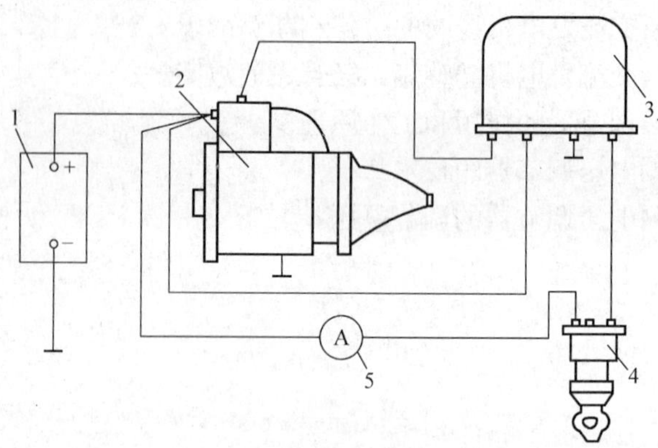

图 2-1　起动系统组成

1—蓄电池　2—起动机　3—起动继电器　4—点火开关　5—电流表

发动机起动系统采用蓄电池作为起动电源，蓄电池的正极与起动机的电源接线柱相连接，负极则通过搭铁线连接到车身或车架上。

起动机由直流电动机、传动机构和电磁开关三部分组成，用于把蓄电池的电能转变成机械能，驱动发动机起动工作。其中：直流电动机的作用是将蓄电池输入的电能转换为驱动发动机转动的机械动力（电磁转矩）；传动机构用于将电动机所产生的电磁转矩传递给发动机飞轮，并在发动机起动后自动断开，以切断发动机向起动机的逆向动力传递；电磁开关用于控制起动机驱动齿轮与发动机飞轮齿圈的啮合与分离，同时控制电动机电路的通断。

起动机控制电路用于控制起动机电磁开关的通断电，一些控制电路还具有驱动保护控制功能。控制电路的主要部件是起动开关和起动继电器。起动开关用于直接或间接通断起动机电磁开关电路，汽油发动机的起动开关与点火开关一般安装在一起构成复合式开关；起动继电器起保护（起动开关）和自动控制（发动机起动后使起动机自动停止工作）作用。

二、汽车起动机的类型

汽车起动机的种类繁多，分类方法各不相同。

（1）按总体结构分类

①普通串励式起动机：采用串励式直流电动机作为起动机的直流电动机。

②永磁起动机：电动机的磁极用永磁材料制成，因省去了磁场绕组，所以结构简化、体积小、质量轻。

③减速起动机：指传动装置设有减速装置的起动机。

（2）按控制装置不同分类

①机械控制式：指用手拉杠杆或脚踏联动机构直接控制起动机的主电路开关以接通或切断电路的起动机。因其受到安装和布置的限制且操作不便，已很少被采用。

②电磁控制式：指利用点火开关或按钮控制电磁铁，再由电磁铁控制主电路开关接通或切断主电路的起动机。由于电磁铁可以远距离控制，且操作方便省力，因此得到广泛利用。

（3）按传动机构啮入方式分类

①强制啮合式：即依靠电磁力拉动杠杆机构，拨动驱动齿轮强制啮入飞轮齿环。因其可靠性高而被广泛采用。

②惯性啮合式：驱动齿轮靠旋转时的惯性力啮入飞轮齿环，因工作可靠性较差已较少被采用。

③电枢移动式：依靠磁极磁通的电磁力使电枢产生轴向移动，将驱动齿轮啮入飞轮齿环。

④齿轮移动式：依靠电磁开关推动电枢轴孔中的啮合杆，从而使驱动齿轮啮入飞轮齿环。

目前汽车上使用最多的是普通型电磁控制强制啮合式起动机。

三、汽车起动机的型号

根据 QC/T 73—1993《汽车电气设备产品型号编制方法》规定，国产起动机的型号的表示方法如下：

①产品代号：由汉语拼音字母表示。QD、QDJ、QDY 分别表示起动机、减速起动机、永磁起动机。

②电压等级代号：由阿拉伯数字表示。1 表示 12V，2 表示 24V。

③功率等级代号：由阿拉伯数字表示，其含义见表 2-1。

④设计序号。

⑤变型代号。

如：QD27E 表示额定电压为 24V、功率为 6～7kW、第五次设计的起动机。

表 2-1 起动机功率等级

功率等级代号	1	2	3	4	5	6	7	8	9
功率/kW	<1	1～2	2～3	3～4	4～5	5～6	6～7	7～8	>8

第二节 汽车起动机的结构

现代汽车起动机由直流电动机、传动机构和电磁开关三部分构成，图 2-2 所示为普通电磁控制式起动机的结构，其主体部分为串励式直流电动机。

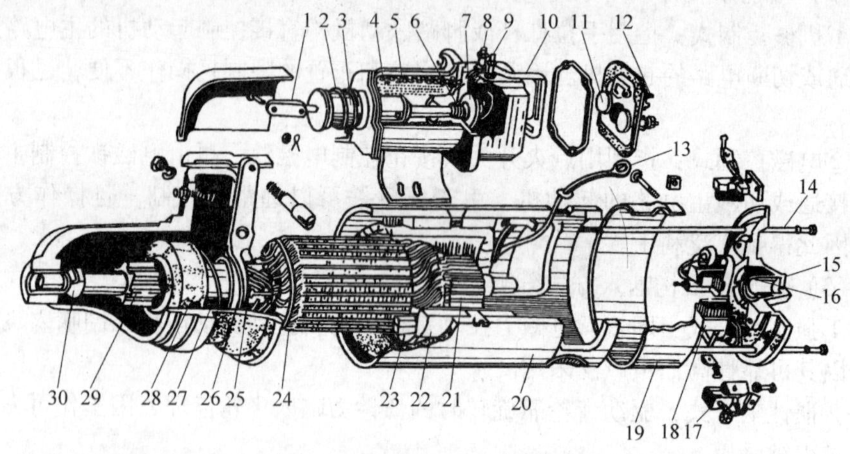

图 2-2 电磁控制式起动机的结构

1—连接叉 2—回位弹簧 3—衔铁 4—保持线圈 5—吸拉线圈 6—弹簧 7—接触盘 8—接继电器接线柱 9—接磁场绕组接线柱 10—连接片 11—主触点（接蓄电池） 12—接点火线圈接线柱 13—磁场绕组引线 14—贯通螺栓 15—端盖 16—铜套 17—搭铁电刷 18—不搭铁电刷 19—防尘箍 20—外壳 21—换向器 22—磁极 23—磁场绕组 24—电枢线圈 25—螺旋槽 26—拨叉 27—弹簧 28—单向离合器 29—起动机齿轮 30—定位螺母

一、直流电动机

直流电动机主要由壳体、磁极、电枢和电刷组件等构成。

（1）壳体 其作用是安装磁极和固定其他部件。磁极固定在壳体内壁上，壳体上有一个接线端子与电磁开关上的主接线柱连接。

（2）磁极 其作用是产生磁场。磁极由铁心和磁场绕组组成，铁心由螺栓固定在壳体内壁上，磁场绕组套装在铁心上。通常壳体上固定有两对或三对磁极。磁场绕组通常与电枢绕组串联，如图 2-3 所示。

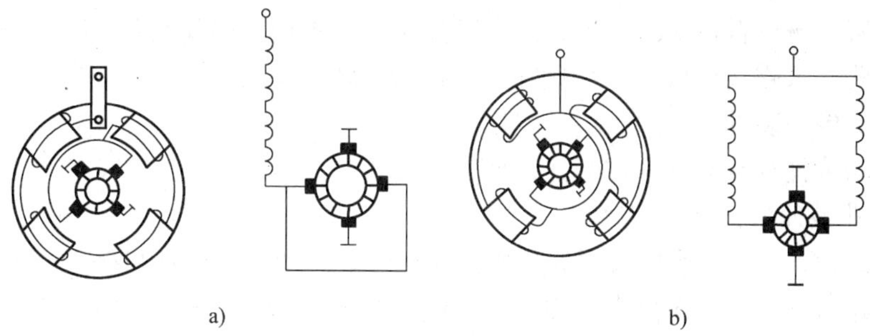

图 2-3　磁极绕组的连接

a）四磁极绕组串联　b）磁场绕组两两串联后再并联

（3）电枢　电枢主要由电枢绕组、铁心和换向器组成，电枢绕组嵌在铁心的沟槽内，每一根单匝电枢绕组的两端各焊在换向器的一个换向片上，如图 2-4 所示。

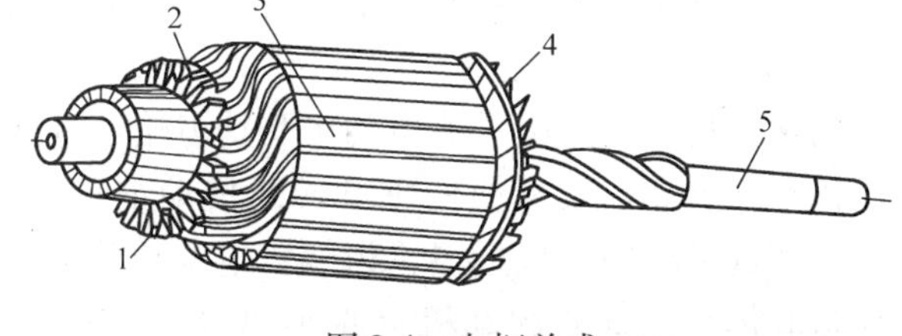

图 2-4　电枢总成

1—换向器铜片　2—电枢绕组接线端　3—电枢铁心　4—电枢绕组　5—电枢轴

换向器的作用是把通入电刷的直流电流转换为流经电枢绕组中的交变电流，以使不同磁极下导体中流过的电流方向保持不变。

电枢铁心用多片、内外圆均带槽、表面绝缘的硅钢片叠成，通过内圆花键槽固定在电枢轴上，外圆槽内绕有电枢绕组；各绕组的端子与换向器铜片焊接，使各电枢绕组形成串联，如图 2-5 所示。换向器由铜片和云母片叠压而成，压装于电枢轴的一端，云母片使铜片间、铜片与轴间绝缘。

（4）电刷组件　电刷组件的作用是把电流引入电动机，其主要由石墨电刷、电刷架和电刷弹簧构成，如图 2-6 所示。电刷用铜和石墨粉压制而成，安装在电刷架内，靠弹簧压力紧压在换向器上。电刷的对数一般与定子磁极的对数相等。

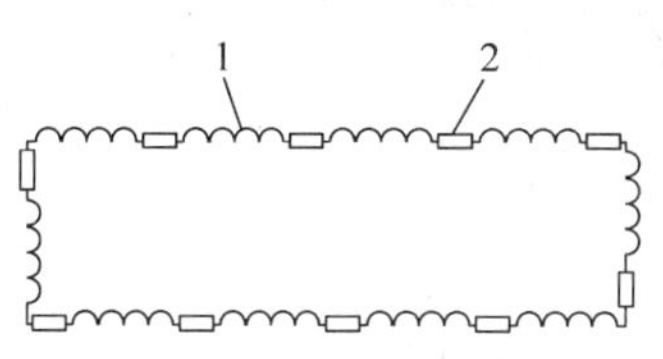

图 2-5　电枢绕组连接方式

1—电枢绕组　2—换向器铜片

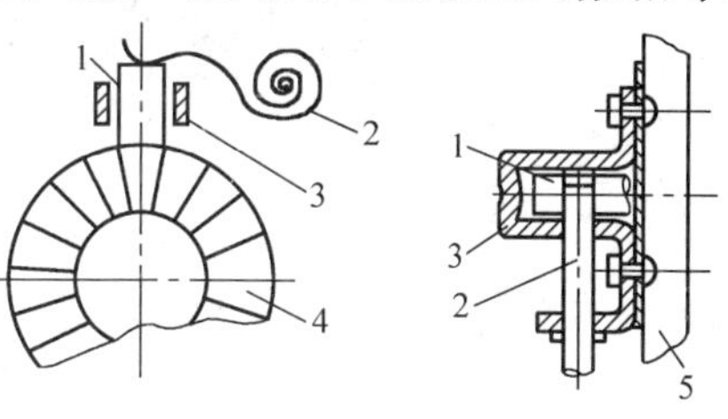

图 2-6　电刷与电刷架

1—电刷　2—盘形弹簧　3—框式电刷架　4—换向器　5—起动机前端盖

随着永磁材料技术的发展，现已开发了许多采用永磁材料作定子磁极的起动机。目前，永磁起动机还多数用在中小排量的轿车发动机上。

二、传动装置

传动装置有减速型和非减速型两类。

1. 非减速型传动装置

图 2-2 所示的起动机采用的是非减速型传动装置。在电动机轴上切有螺旋槽 25，与起动机齿轮单向离合器 28 的导向套筒旋合滑配。导向套筒外面套有拨叉 26，通过弹簧 27 推动单向离合器 28 及起动机齿轮 29 实现啮合。推力的来源是通电电磁铁衔铁的拉力，衔铁拉动拨叉把起动机齿轮推向飞轮齿环的动作在先，电动机通电起动在后，在啮入时螺旋槽使齿轮反向旋转，单向离合器便不限制齿轮在受到撞击时退让，使之易于啮入。发动机起动后，飞轮齿环反拖起动机齿轮高速旋转，单向离合器使齿轮与轴脱开。被反拖而高速旋转的起动机齿轮会以摩擦力带转导向套筒，沿着螺旋槽使起动齿轮退出啮合。

2. 减速型传动装置

减速型传动装置指直流电动机驱动齿轮通过减速机构传动动力，在起动时与飞轮齿环啮合驱动发动机曲轴旋转的传动装置。采用减速机构后，即增大了速比，又使起动机易于接近飞轮齿环。电动机可采用高速、小型、低转矩电动机，其质量和体积比普通起动机可减小 30% ~35%，适用于飞轮直径小的发动机。其结构如图 2-7 所示。

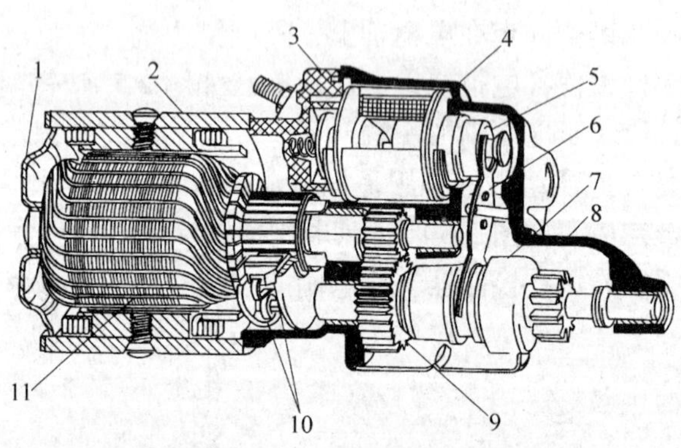

图 2-7　具有减速型传动装置的起动机

1—后端盖　2—外壳（磁场绕组铁心的组成部分）　3—电刷架壳体　4—电磁开关
5—衔铁　6—拨叉　7—单向离合器　8—传动机构外壳　9—传动齿轮副
10—电刷及电刷弹簧　11—转子（电枢）

3. 单向离合器

单向离合器是起动机传动装置的重要部件，其作用是起动时将电枢的电磁转矩传递给发动机飞轮。而在发动机起动后，立即打滑脱开。常用的单向离合器有滚柱式、摩擦片式、扭簧式和棘轮式等几种形式。

（1）滚柱式单向离合器　滚柱式单向离合器有十字腔和十字块两种结构形式，如图 2-8 所示。

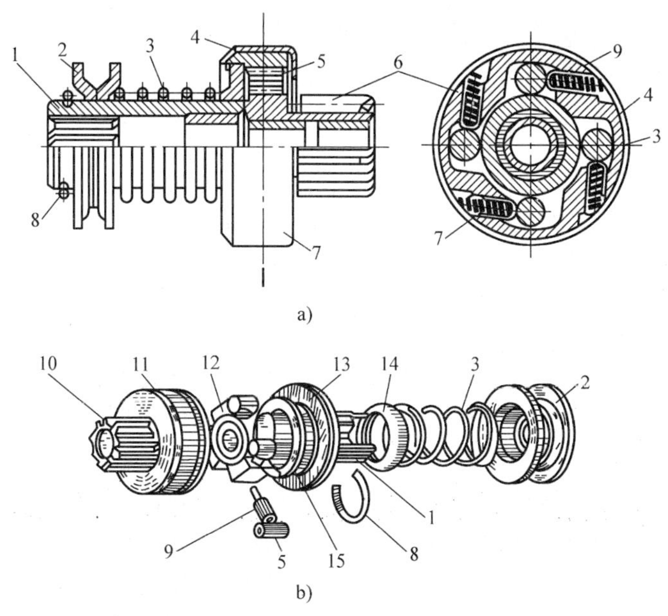

图 2-8　滚柱式单向离合器

a）十字腔形式　b）十字块形式

1—传动套筒　2—移动衬套　3—缓冲弹簧　4—带十字腔座圈　5—滚柱　6—带柄驱动齿轮　7—罩壳　8—卡簧　9—弹簧及活柱　10—驱动齿轮　11—单向离合器外壳　12—十字块　13—护盖　14—弹簧座　15—垫圈

滚柱式单向离合器结构形式不同，但工作原理相似，下面以十字块式为例进行说明。单向离合器的外壳 11 与驱动齿轮 10 连为一体，外壳和十字块 12 装配后形成 4 个楔形槽，槽中有 4 个滚柱，滚柱的直径大于槽窄端又小于槽宽端，弹簧及活柱将滚柱推向槽窄端，使得滚柱与十字块及外壳表面有较小的摩擦力。十字块与传动套筒 1 刚性连接，传动套筒安装在电枢轴花键部位，使单向离合器总成可进行轴向移动并随轴转动。起动时，电枢轴通过花键带动传动套筒使十字块相对于外壳作顺时针转动，滚柱在小摩擦力的作用下滚向槽窄端而被卡紧，外壳随十字块一起转动，电动机的电磁转矩就通过单向离合器传递给了驱动齿轮（图 2-9a）；发动机起动后，发动机飞轮带动驱动齿轮旋转，使外壳的转速高于十字块，十字块相对于外壳的逆时针转动使滚柱滚向槽宽端而打滑（图 2-9b）。

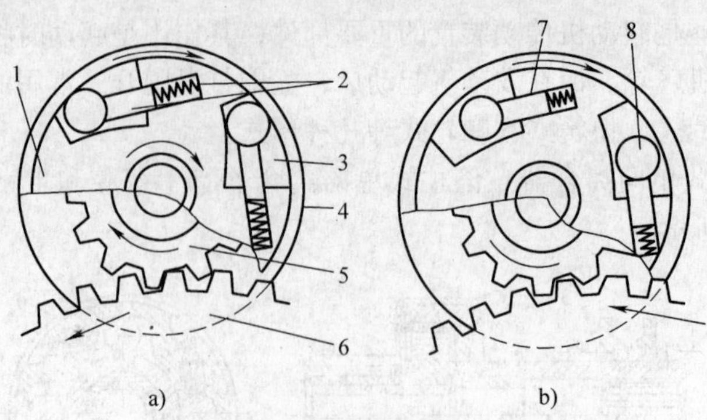

图 2-9　滚柱式单向离合器工作原理

a）起动时传递电磁转矩　b）起动后打滑

1—十字块　2—弹簧及活柱　3—楔形槽　4—单向离合器外壳

5—驱动齿轮　6—飞轮　7—活柱　8—滚柱

（2）摩擦片式单向离合器　摩擦片式单向离合器也有两种结构形式，如图 2-10 所示。下面以外接合鼓驱动式为例进行说明。传动套筒 13 安装在电枢轴右螺旋花键部位，其外圆则通过三线螺旋花键与内接合鼓 11 连接，当内接合鼓与传动套筒之间有相对转动时，内接合鼓就会产生轴向移动；内接合鼓外圆上有凹槽，与主动摩擦片 10 的内突齿相配合；从动摩擦片有外突齿，插入外接合鼓 16 的槽中，外接合鼓与驱动齿轮 3 为一体；传动套筒自左向右还装有弹性垫圈 5、压环 6 和调整垫圈 7，端部用限位螺母 4 轴向固定。起动时，起动机电枢带动传动套筒转动，内接合鼓的惯性作用力使其与传动套筒之间产生相对的转动而轴向左移，内接合鼓的端面将主从动摩擦片压紧。这时，电动机的电磁力矩就通过单向离合器传递给驱动齿轮。发动机起动后，发动机飞轮带动驱动齿轮高速转动，使内结合鼓的转速高于传动套筒的转速，内接合鼓与传动套筒之间产生的相对转动与起动时相反，使内接合鼓轴向右移。这时，主、从动摩擦片间的压紧力消失而打滑。

在起动时，如果因起动阻力矩过大，驱动齿轮不能带动发动机飞轮转动时，主从动摩擦片的压力到达某一极限值后不再增加，传递的转矩也就不再增大，从而避免了电动机因负载过大而被烧坏的危险。

（3）扭簧式单向离合器　扭簧式单向离合器的结构如图 2-11 所示。传动套筒 8 与起动机电枢以螺旋花键连接，驱动齿轮柄松套在传动套筒上，月形圈 4 限制了驱动齿轮和传动套筒之间的轴向相对移动，但不妨碍其相对转动。扭力弹簧 5 包在驱动齿轮柄和传动套筒的外圆表面，弹簧的两端各有 1/4 圈部位内径较小，分别箍紧在驱动齿轮柄和传动套筒上。

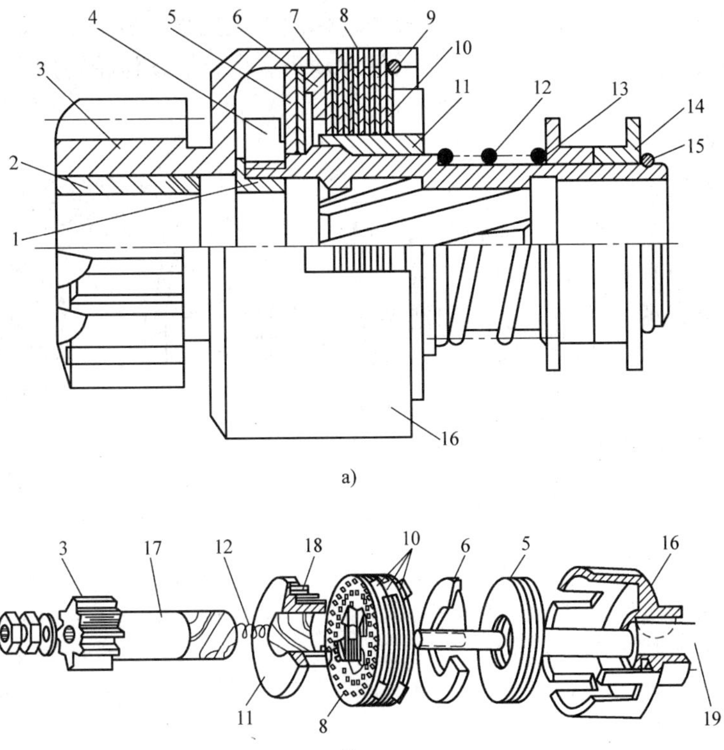

图 2-10　摩擦片式单向离合器

a）外接合鼓驱动式　b）齿轮柄驱动式

1—限位套　2—衬套　3—驱动齿轮　4—限位螺母　5—弹性垫圈　6—压环　7—调整垫圈　8—从动摩擦片　9、15—卡环　10—主动摩擦片　11—内接合鼓　12—缓冲弹簧　13—传动套筒　14—移动衬套　16—外接合鼓　17—驱动齿轮柄　18—小弹簧　19—电枢轴

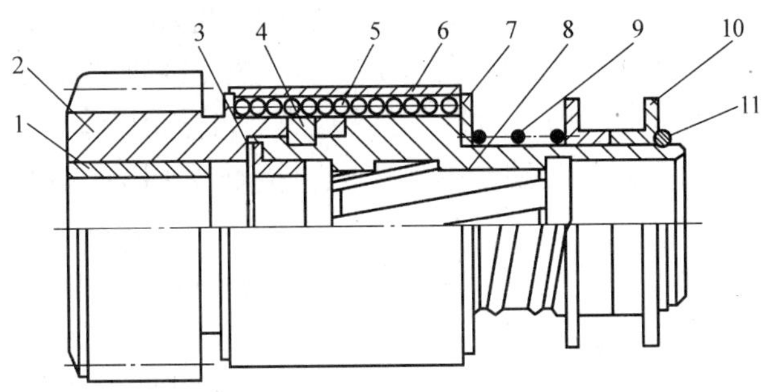

图 2-11　扭簧式单向离合器结构

1—衬套　2—驱动齿轮　3—挡圈　4—月形圈　5—扭力弹簧　6—护套　7—垫圈　8—传动套筒　9—缓冲弹簧　10—移动衬套　11—卡簧

起动时，扭力弹簧在其两端摩擦力的作用下被扭紧，整个弹簧紧箍在驱动齿轮柄和传动套筒上而传递转矩。发动机起动后，由于驱动齿轮转速高于电枢的转速，扭力弹簧放松，驱动齿轮便在传动套筒上滑转。

三、控制装置

起动机的控制装置由电磁开关、起动继电器和点火起动开关组成，其主要作用是协调起动机的啮入动作和拖转动作的时序。从起动机控制形式的不同，主要分为起动开关直接控制方式、起动继电器控制方式两类。

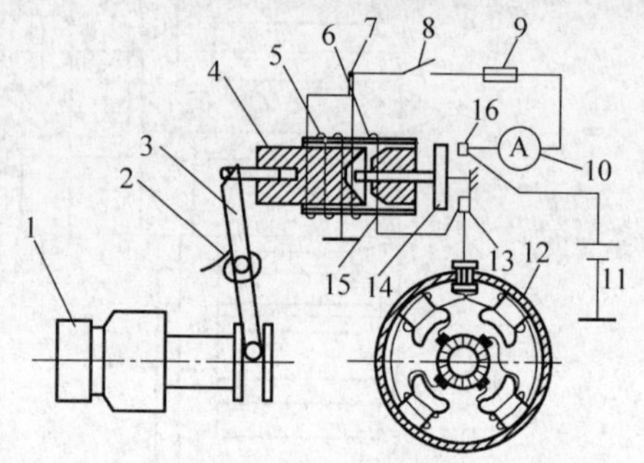

图 2-12 起动开关直接控制式起动机控制电路原理

1—驱动齿轮 2—回位弹簧 3—拨叉 4—活动铁心 5—保持线圈 6—吸引线圈 7—电磁开关接线柱 8—起动开关 9—熔断器 10—电流表 11—蓄电池 12—电动机 13—电动机接线柱 14—接触盘 15—磁轭 16—电源接线柱

1. 起动开关直接控制方式

起动开关直接控制的起动电路如图 2-12 所示。起动开关（或点火开关）串联在蓄电池正极与起动机电磁开关接线柱中，直接控制起动机电磁开关线圈的通断。而起动机电磁开关中的吸引线圈与电动机串联相接。

起动时，接通起动开关，电磁开关两线圈通电，其电流通路为

蓄电池正极→电源接线柱 16→起动开关 8→电磁开关接线柱 7→

$$\left.\begin{cases}\text{吸引线圈 6→电动机接线柱 13→电动机 12}\\ \text{保持线圈 5}\end{cases}\right\}\text{→搭铁→蓄电池负极}$$

此时，吸引线圈 6 与保持线圈 5 产生的磁力吸引活动铁心 4 右移，带动拨叉 3 转动，将驱动齿轮 1 推向发动机飞轮；与此同时，接触盘 14 被右移的铁心顶向触点，并在驱动齿轮与飞轮啮合时将触点接通。电动机 12 通电后，便产生正常的电磁转矩，通过传动机构带动发动机转动。触点接通时，吸引线圈 6 被接触盘 14 短路，由保持线圈 5 所产生的磁力保持铁心在移动后位置。

发动机起动后，在断开起动开关的瞬间，接触盘 14 还未退回，此时电流通路为

蓄电池正极→电源接线柱 16→接触盘 14→电动机接线柱 13→吸引线圈 6→保持线圈 5→搭铁→蓄电池负极。

吸引线圈 6 产生了与保持线圈 5 相反的磁力，两线圈的磁力相互抵消，活动铁心 4 便在回位弹簧力的作用下回位，驱动齿轮 1 和接触盘 14 退回，电动机 12 断电，起动机停止工作。

2. 起动继电器控制方式

起动继电器控制的起动电路如图 2-13 所示。控制电路中增设了起动继电器，其触点为常开，串联在起动机电磁开关电源电路中。继电器线圈电路由点火开关控制其通断。线圈通电时，触点闭合，接通起动机电磁开关电路。

起动时，将点火开关转动至起动档，起动继电器线圈通电，其电流通路为

蓄电池正极→蓄电池接线柱 13→电流表→点火开关 14（起动触点）→起动继电器 SW 接线柱→起动继电器线圈→搭铁→蓄电池负极。

当起动继电器线圈有电流流过后，所产生的电磁力将触点吸合，接通起动机电磁开关电路，起动机便开始工作。

松开点火开关，点火开关回至点火档，起动继电器线圈断电，起动继电器触点断开，起动机电磁开关断电，起动机停止工作。

该控制电路中，电磁开关电流（35～45A）由起动继电器触点控制，起动开关（或点火开关起动档）只是控制较小的继电器线圈电流，因此点火开关不容易烧蚀。

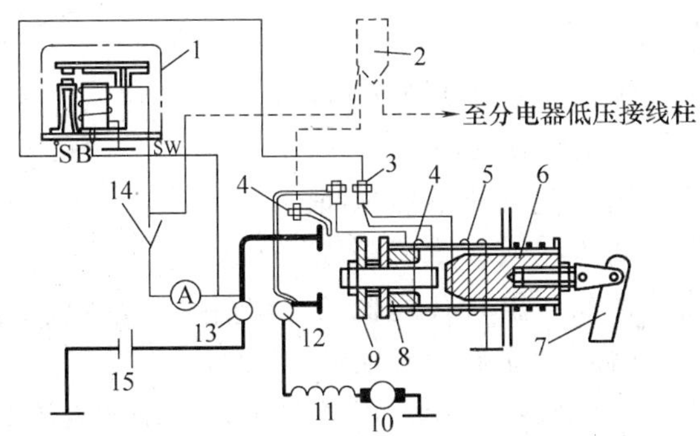

图 2-13　起动继电器控制电路原理

1—起动继电器　2—点火线圈　3—电磁开关接线柱　4—吸引线圈　5—保持线圈　6—活动铁心　7—拨叉　8—接触盘推杆　9—接触盘　10—电枢　11—磁场绕组　12—电动机接线柱　13—蓄电池接线柱　14—点火开关　15—蓄电池

第三节　汽车起动机的工作特性

汽车起动机的特性主要包括转矩特性、机械特性和功率特性。

一、转矩特性

汽车起动机的转矩特性是指其电动机所产生的电磁力矩 M 与其电枢电流 I_s 的关系。

直流电动机所产生的电磁转矩 M 与磁极的磁通量 ϕ 及电枢电流 I_s 之间的关系为

$$M = C_m \phi I_s$$

式中，C_m 为直流电动机的结构常数，与电动机磁极对数、电枢绕组导线总匝数及电枢绕组电路的对数有关。

对于串励式电动机，磁场绕组的励磁电流 I_j 与 I_s 相等，而在磁极未饱和时，磁极磁通量 ϕ 与励磁电流 I_j 成正比，由此可知：此时串励式直流电动机的电磁转矩 M 与电枢电流 I_s 的平方成正比。即

$$M = C_m' I_s^2$$

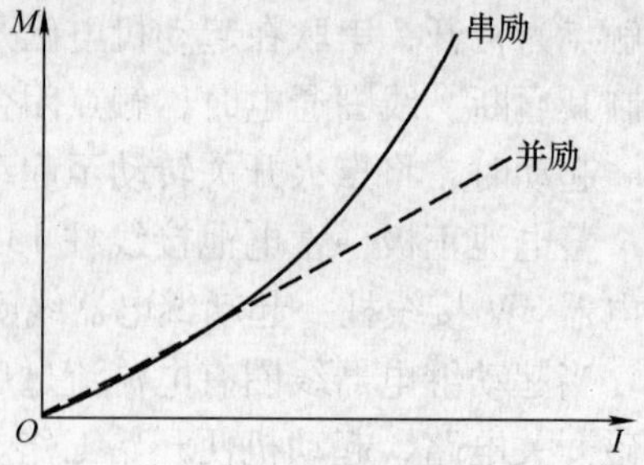

图 2-14　直流串励式电动机的转矩特性

直流串励式电动机的转矩特性曲线如图 2-14 所示。与并励式直流电动机相比，若 I_s 相同，直流串励式电动机可以产生较大的电磁转矩。这正是由于在磁极未饱和的情况下，其电磁转矩 M 与电枢电流 I_s 的平方成正比，磁极饱和时 M 才与电枢电流 I_s 成正比的缘故。

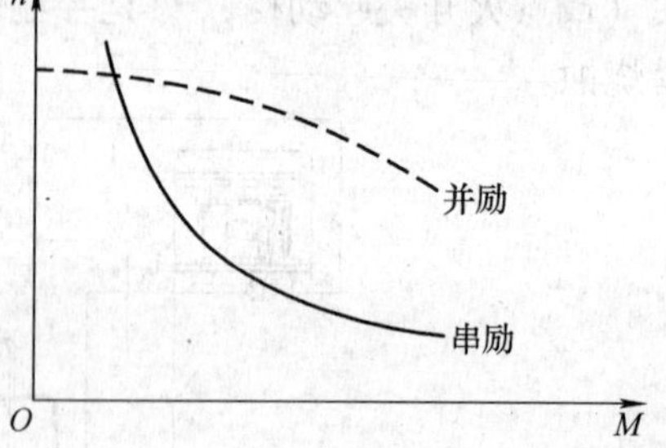

图 2-15　直流串励式电动机的机械特性

二、机械特性

汽车起动机的机械特性是指其电动机的转速 n 随电磁转矩 M 变化的规律。

图 2-15 是直流串励式电动机的机械特性。与并励式直流电动机比较，直流串励式电动机具有轻载转速高、重载转速低的特点。重载转速低，可以保证电动机在起动时不会超出允许功率而烧毁，使起动安全可靠。串励式直流电动机在轻载或空载时转速很高，容易造成故障。因此，对于功率较大的串励式直流电动机，不允许在轻载或空载下运行。

三、功率特性

汽车起动机的功率 P 可由下式确定：

$$P = \frac{M_s \cdot n_s}{9550}$$

式中　M_s——起动机输出转矩（N·m）；

n_s——起动机的转速（r/min）；

P——功率（kW）。

根据上式，利用串励式直流电动机的转矩特性及机械特性，可得其功率性曲线如图 2-16。

由此可见，起动机在全制动和空载（$M_s=0$）时，其功率均为 0，而在 I_s 接近全制动电流的一半时，其输出功率最大。起动机工作时间短暂，允许在最大的功率状态下工作，起动机的额定功率一般就是电动机的最大功率或接近于最大功

率。起动机的工作电流很大，起动机电源内阻及起动电路电阻对电动机的输入功率会有很大的影响，因此对起动机的输出功率有很大影响。

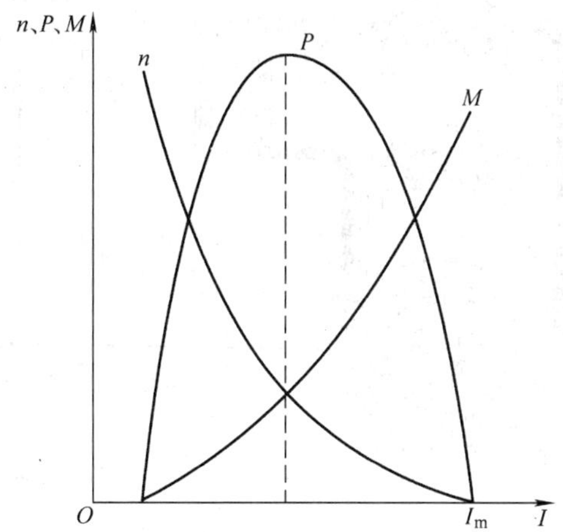

图 2-16　直流串励式电动机的功率特性

第四节　汽车起动机的检测与故障诊断

一、汽车起动机的性能试验

汽车起动机性能试验包括空载试验、制动试验和电磁开关试验。各型起动机的试验方法基本相同。

1. 空载试验

试验起动机空载性能时，应先给蓄电池充足电，然后按图 2-17 所示接好试验电路（但不装测力臂）。接通开关 9 使起动机空转时，驱动齿轮应向外伸出，起动机应平稳运转，无振动和异响，电流表、电压表读数和转速值应满足表 2-2 所列的数值。

一般而言，当蓄电池电压高于 11. 5V 时，消耗电流应不超过 90A，普通型起动机的空载转速应不低于 5000r/min，减速型起动机则不应低于 3000r/min。若电流大于规定值而转速低于规定值时，说明起动机装配过紧，运转阻力过大，或电枢绕组有短路或搭铁故障；若电流和转速均低于规定值，则说明电动机电路接触不良，如电刷与换向器接触不良或电刷弹簧压力不足等。

2. 制动试验

按图 2-17 所示接好电路，装上测力臂，用一量程为 20kg 的弹簧秤测量起动机的最大制动力矩。试验时，接通开关使起动机运转，并快速读取电流表、电压表和弹簧秤上的读数，尽快断开开关（应在 3 ~ 5s 内完成），以免试验时间过长烧坏起动机线圈。根据弹簧秤读数求出起动机的最大制动转矩，若全制动状态下的电压值、电流值和转矩值满足表 2-2 中的规定数值，说明其全制动特性合格。

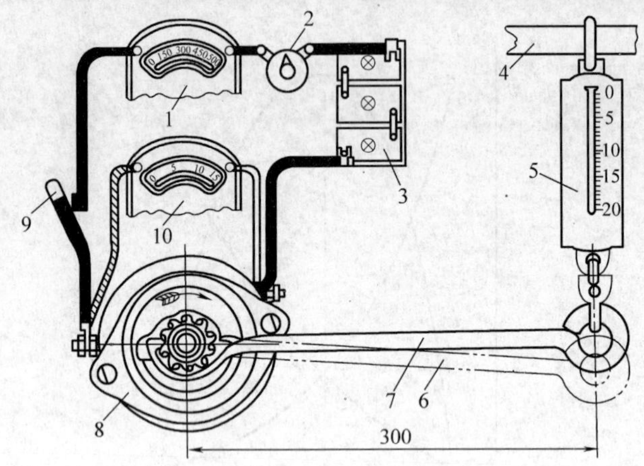

图 2-17　起动机性能试验

1—电流表　2—可变电阻　3—蓄电池　4—秤架　5—弹簧秤
6、7—测力臂　8—起动机　9—开关　10—电压表

表 2-2　部分起动机的性能参数

型　　号	规　　格		空载特性		全制动特性			电刷
	额定电压/V	额定功率/kW	电流/A ≤	转速/(r/min) ≥	电压/V	电流/A ≤	转矩/N·m ≥	弹簧压力/N
QD124A	12	1. 85	95	5000	8	600	24	
QD124B	12	1. 47	90	5000	8	650	29. 4	2 ~ 15
QD124F	12	1. 47	90	5000	8	650	29. 4	8 ~ 13
QD1211	12	1. 80	90	5000	7. 5	750	34	12 ~ 15
QD1225	12	0. 96	45	6000	7	480	13	
QD142A	12	3. 00	90	5000	7	650	25	12 ~ 15
QD25	24	3. 50	90	6000	9	900	34. 3	
QD27E	24	8. 08	120	6000	12	1700	142	

如果电流大而转矩小，表明磁场绕组或电枢绕组短路或接地不良；如果转矩和电流都小，表明起动机内接触电阻过大；如果试验过程中电枢轴转动，则说明单向离合器打滑。

3. 电磁开关试验

通过测试闭合电压、释放电压和开关功能可以判断电磁开关性能好坏。

(1) 闭合电压和释放电压测试　检测电磁开关的闭合电压时，将一可调直流电源连接于电磁开关接线柱与起动机壳体之间，用万用表电阻档检测起动机电源接线柱与电动机接线柱之间的电阻，以监测电磁开关的通断（图2-18）。直流电源电压调至最低后，再逐渐调高电源电压，当万用表指示电阻由∞突变为0（电磁开关闭合）时，可调电源的电压即为电磁开关的闭合电压，电磁开关的闭合电压应符合表2-3的规定。

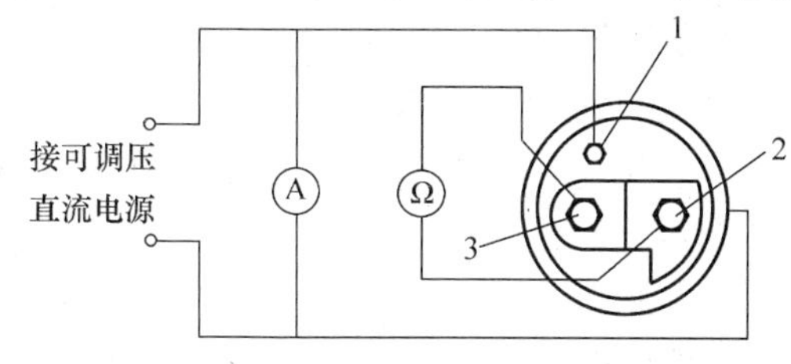

图2-18　电磁开关闭合/断开电压检测

1—电源开关接线柱　2—电动机接线柱　3—电源接线

测得电磁开关的闭合电压后，再逐渐调低可调电源的电压，当万用表指示电阻由0突变为∞（电磁开关释放）时，可调电源的电压即为电磁开关的释放电压。电磁开关的释放电压不应高于额定电压的40%。

表2-3　电磁开关的闭合电压

环境温度/℃	标称电压/V	
	12	24
23	≤9	≤14

（2）电磁开关性能试验

1）吸引功能试验。如图2-19a所示，从电磁开关的电动机接线柱2上拆下连接导线，并将电动机接线柱2与起动机外壳一起连接蓄电池负极，而电磁开关接线柱3接蓄电池正极。电路接通时，驱动齿轮应迅速向外伸出到工作位置。否则表明电磁开关吸引线圈不良，应更换或修理。

2）保持功能试验。如图2-19b所示，在电磁开关吸引动作试验的基础上，驱动齿轮在伸出位置时，拆下电动机接线柱2上的蓄电池负极接线，此时驱动齿轮应在伸出位置保持不动。如驱动齿轮复位，则说明电磁开关保持线圈断路，应更换或修理。

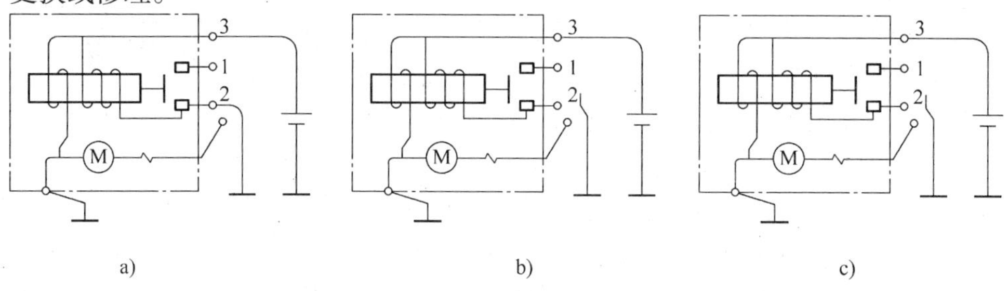

图2-19　电磁开关性能试验

a）电磁开关吸引性能检验　b）电磁开关保持性能检验　c）电磁开关复位性能检验

1—电源接线柱　2—电动机接线柱　3—电磁开关接线柱

3）复位功能试验。如图 2-19c 所示，在电磁开关保持动作试验的基础上，断开电磁开关接线柱 3 上的导线，此时驱动齿轮应迅速复位。若驱动齿轮不能复位，则说明复位弹簧失效。

4. 起动继电器试验

（1）继电器线圈电阻值测试　检查普通起动继电器线圈电阻时，可把万用表（电阻档）的两支表笔连接继电器“点火开关”接线柱 SW 与“搭铁”接线柱 E 进行检测（图 2-20a），电阻值为 13Ω±0.6Ω 为正常。否则，说明继电器线圈断路或短路。

（2）继电器触点的接触电阻测试　把蓄电池电压加到继电器“点火开关”接线柱 SW 与“搭铁”接线柱 E，使触点闭合。此时，继电器“蓄电池”接线柱 B 与“起动机”接线柱 S 间的电阻值应小于 0.5Ω（图 2-20b）。否则，说明触点烧蚀。

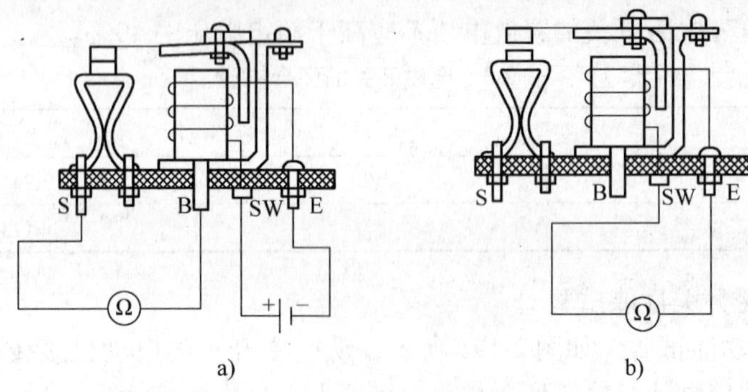

图 2-20　起动继电器试验

a）检查继电器线圈电阻图　b）检查继电器触点接触电阻

（3）闭合电压与断开电压测试　如图 2-21 所示，先把变阻器的阻值调至最大，而后逐渐减小阻值。触点刚闭合时，电压表的读数即为继电器的闭合电压。其值应为 6.0～7.6V（12V 系统）或 14～16V（24V 系统）。再逐渐增大电阻，触点刚刚断开时，电压表的读数即为断开电压。其值应为 3.0～5.5V 或 4.5～8V（24V 系统）。

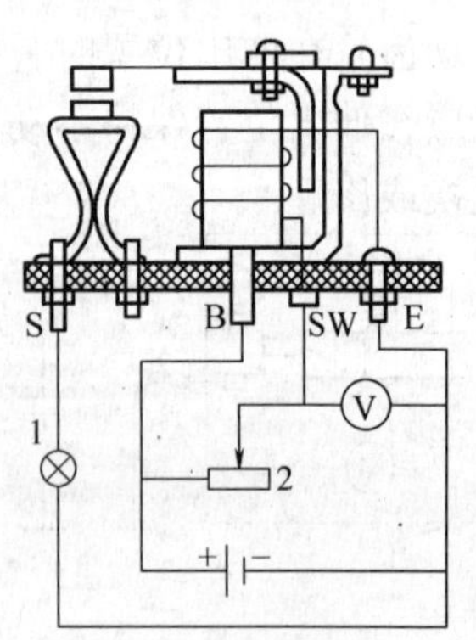

图 2-21　继电器闭合电压和断开电压测试

1—试灯　2—变阻器

二、汽车起动机常见故障现象及其诊断

汽车起动机的常见故障现象：接通起动开关但起动机不运转；接通起动开关但起动机运转无力；接通起动开关，发动机空转；起动机驱动齿轮与飞轮齿环不能啮合而发出撞击声；起动发动机时，起动机发出不正常声响。

1. 起动机不运转的故障诊断

接通起动开关但起动机不运转时，首先应检查蓄电池和导线特别是蓄电池搭铁电缆和火线电缆的连接情况，然后检查起动机和开关。

①接通喇叭或前照灯，若灯光不亮或喇叭不响，说明蓄电池或电源线路有故障；若喇叭响，灯光明亮，说明蓄电池充电充足，故障出在电动机电磁开关、起动继电器或控制线路。若点火钥匙转至起动位置后，电磁吸铁开关内无任何响声，一般为起动继电器触点烧蚀。

②接通起动机电源（蓄电池）接线柱与电动机接线柱。若起动机不转，说明电动机有故障；如起动机空转正常，则说明电磁开关、起动继电器或控制线路出现故障。

③在起动时电磁吸铁开关内有响声而起动机不运转，可跨接起动继电器蓄电池接线柱与电动机接线柱（时间不超过5s），若起动机不运转，说明电磁开关或起动继电器至电磁开关接线柱之间的线路存在故障；若运转正常，则说明起动继电器、点火开关或其线路存在故障，一般为主接触盘或其触点烧蚀。

起动时，若电磁吸铁开关内有较强的“哒、哒……”声，但起动机不运转，经常为电磁开关保持线路断路所致。

2. 起动机运转无力的故障诊断

起动开关接通后起动机若能运转，则说明控制线路工作正常；起动机运转无力，说明其负载能力降低，实际输出功率减小。

故障原因主要有以下几个方面：蓄电池充电不足或有短路故障；电动机主线路接触电阻增大使起动机工作电流减小；磁场绕组或电枢绕组局部短路使起动机输出功率降低；发动机装配过紧或环境温度很低导致起动阻力矩过大。

3. 起动机空转的故障诊断

接通起动开关后，若起动机空转，说明电动机技术状况良好，但动力不能传递到发动机飞轮，一般是由于单向离合器过度磨损后打滑所致。应重点对单向离合器进行故障诊断。

如果起动时只有起动机高速旋转声，但没有啮入声，则应检查单向离合器和驱动齿轮组件能否在轴上自由滑动而进入啮合位置。若不能时，应检查花键与花键轴间是否发卡或弹簧是否折断。

发动机起动后，若起动机发出一阵高速旋转声，则应检查单向离合器的单向性。向正、反两个方向转动驱动齿轮若均不滑转，说明单向离合器咬死。

若起动时驱动齿轮啮合正常，起动机高速旋转但发动机不转动，则应检查单向离合器的锁制力矩。正、反两个方向均能用手转动驱动齿轮时，说明单向离合器失效。若未发现失效的离合器，可进一步检查其锁制力矩。对驱动齿轮施加表2-2中“全制动特性”栏内规定值的1.2倍的力矩时，单向离合器不应滑转。否则，说明离合器内滚柱磨损或轮毂楔紧边剥落。

4. 驱动齿轮与飞轮齿环不能啮合而发出撞击声的故障诊断

起动发动机时，起动机驱动齿轮与发动机飞轮齿环发生碰撞现象的原因：驱动齿轮轮齿或飞轮齿环轮齿过度磨损或损坏；驱动齿轮端面与端盖凸缘间距离过小，从而当驱动齿轮与飞轮齿圈尚未啮合或刚刚啮合时，电动机主电路已经接通，使驱动齿轮在高速旋转过程中撞击静止的飞轮齿圈。

若每次起动都伴有强烈撞击声，则应检查驱动齿轮和飞轮齿圈上的齿顶是否已缺损；若撞击声不大但频率很高，说明齿轮不能啮合，应检查缓冲弹簧是否变软或折断。

5. 起动机发出不正常声响的故障诊断

常见的情况是，起动发动机时，发动机发出“哒、哒……”异常声响，其故障原因为：电磁开关保持线圈断路或搭铁不良；蓄电池充电不足或内部短路；起动继电器断开电压过高。

查找具体故障原因时，应先检测蓄电池电压，接通起动机时，其电压值不应低于9.6V。否则，说明蓄电池充电不足或内部短路。若蓄电池技术状况良好，但接通起动开关时仍有“哒、哒……”声，则说明电磁开关保持线圈断路或搭铁不良；对于设置起动继电器的汽车，还可能是由于起动继电器断开电压过高的缘故。有时蓄电池充电不足也会发生类似声响，但冲击声音略弱。

三、汽车起动机主要部件的故障诊断

在使用过程中，起动机常见故障部位如图2-22所示。

1. 直流电动机的故障诊断

由以上故障现象的分析可见，在排除蓄电池技术状况不良、连接导线短路或断路、起动开关和传动机构的故障外，主要涉及对直流电动机的故障诊断。

直流电动机的常见故障：电刷磨损、沾油及卡死在刷架中，磁场绕组短路、断路、电枢绕组断路、短路，换向器表面拉毛等。

（1）一般检查　诊断直流电动机的故障时，应首先检查电动机电刷和换向器的表面状态，消除电刷发卡、表面沾油等故障。然后，用充电状态的蓄电池带动起动机。

电动机完全不转时，一般为励磁电路断路；电动机运转但转动无力、转速低时，一般为励磁电路短路；若外电路接触火花很大，说明磁场绕组或刷架有搭铁故障。

若通电开始转动的一瞬间转动不均匀，应检查是否存在电枢绕组断线或换向器表面拉毛等故障；若空转很好，却带不动发动机旋转，除应检查磁场绕组和电枢绕组的短路故障外，还应检查接地电刷搭铁是否良好；如果转子停在某一特定位置不能转动，而停在其他位置能够转动，则说明转子某一条单线圈存在断路故障。

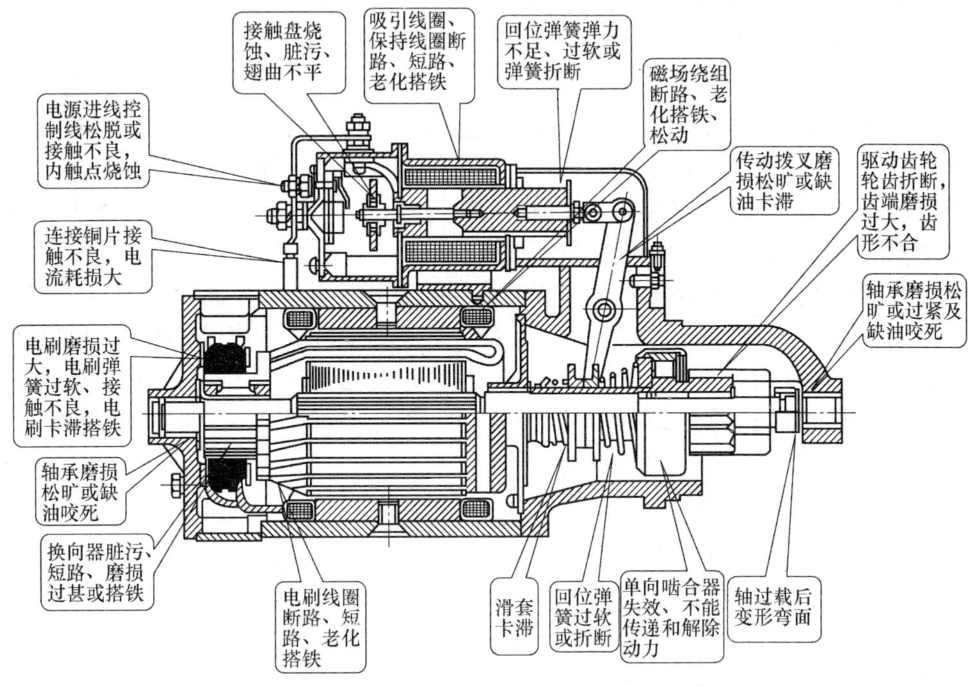

图 2-22　起动机的常见故障部位

（2）磁场绕组故障诊断　直流电动机线圈故障有断路、匝间短路、搭铁三种类型。

①断路故障。使万用表的两只表笔分别接磁场绕组引线端头和正电刷，万用表测得的电阻值应接近于零，否则说明线圈断路。断路故障一般是磁场绕组与绕组或绕组与电刷引线连接部位焊点松脱或虚焊所致。

②搭铁故障。使万用表的两只表笔分别接磁场引线端头和起动机壳体，万用表测得的电阻值应为无穷大。若万用表阻值接近于零，说明磁场绕组存在搭铁故障。磁场绕组的搭铁故障多因绝缘层击穿或被碰伤所致。

③短路故障。在磁场绕组通过励磁电流（通电时间不应超过 10s）情况下，检查每个磁极的电磁吸力是否相同。如某一磁极吸力过小，说明该磁极上的磁场绕组匝间短路。当磁场绕组存在匝间短路故障时，绕组表面常有烧焦痕迹。

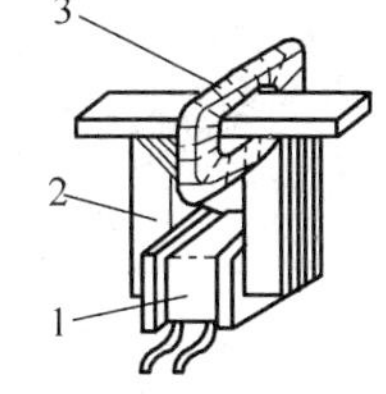

图 2-23　用电枢检验仪检查磁场绕组匝间短路
1—感应线圈　2—U 形铁心
3—被检磁场绕组

用电枢检验仪可以检查磁场绕组有无匝间短路故障，其检验方法如图 2-23 所示。当感应线圈通电

5min 后，若磁场绕组发热，则说明绕组出现匝间短路。

（3）电枢总成故障诊断

1）电枢绕组故障诊断

①断路故障。电枢绕组导线的截面积较大，一般不易发生断路故障。若有断路故障时，一般为由于端头与换向片之间的焊点脱焊或虚焊所致，因此常可通过外观检查来判断。发现某换向片烧蚀严重，应注意检查该片里端嵌线槽处有无焊料熔化痕迹，有痕迹处常为断路故障的发生部位。

②搭铁故障。使万用表的两只表笔分别接触电枢铁心和换向片，万用表阻值应为无穷大，否则说明电枢绕组有搭铁故障。在起动机实际使用过程中，电枢绕组搭铁的故障率较高，其原因是绕组之间或绕组与电枢铁心之间的绝缘损坏。

③短路故障。电枢绕组通过的电流较大将绝缘层烧坏时，会导致绕组匝间短路；此外，电刷磨损脱落的铜粉使换向片间的凹槽连通时，也会导致绕组短路。

检查电枢绕组短路故障需在电枢检验仪上进行。检查时，把电枢放在检验仪的 V 形架上，并在电枢铁心上部放一钢片，如图 2-24 所示。接通检验仪电源，同时缓慢转动电枢一周，如钢片出现跳动现象，说明电枢绕组有短路故障。因为电枢绕组的绕线形式均采用波形绕法，所以当换向器有一处短路时，钢片将在四个槽上出现跳动现象。当在同一槽内上、下层绕组短路时，钢片将在所有槽上出现跳动现象。

图 2-24　电枢绕组短路故障诊断
1—钢片　2—被检电枢　3—电枢检验仪

2）换向器的检查。直观检查换向器表面是否烧蚀、云母片有无突出。换向器直径不小于标准值 1.10mm，其径向圆跳动应小于 0.05mm，检查方法如图 2-25a 所示。换向器铜片应高于云母片 0.5～0.8mm（见图 2-25b），若换向器铜片间槽的深度小于 0.2mm，则应修理。

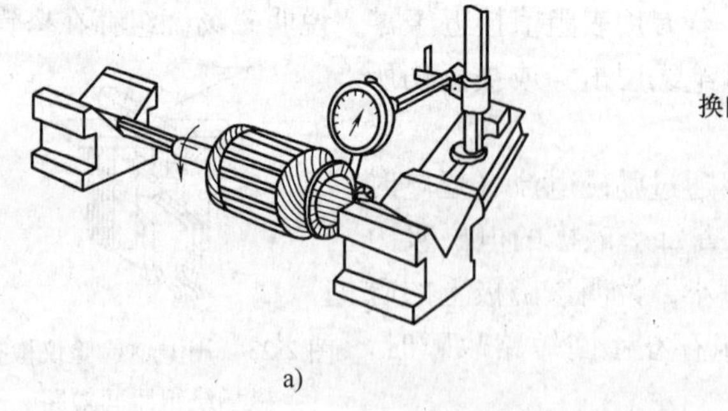

a)

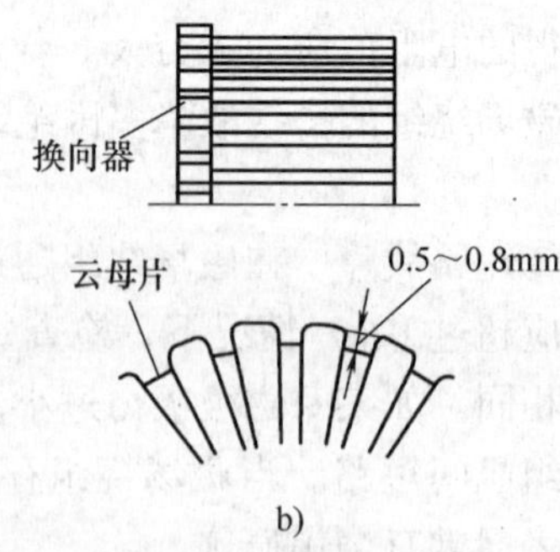

b)

图 2-25　换向器检测
a）径向圆跳动检测　b）换向器铜片高度检测

3）电枢轴弯曲的检查。电枢轴的径向圆跳动应不大于0.15mm，检查方法如图2-26所示。若电枢轴弯曲则需用冷校校直。

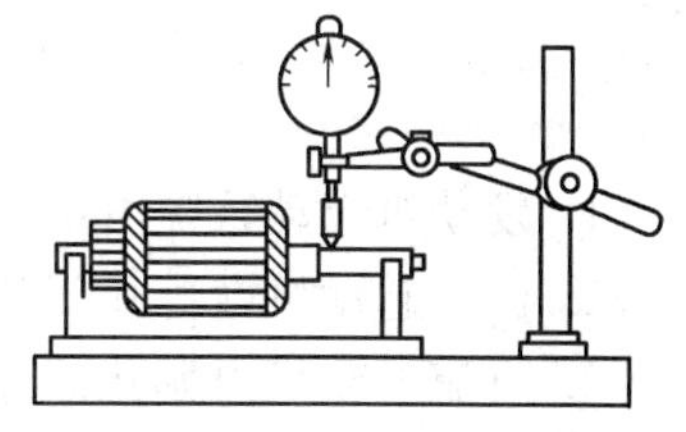
图2-26　电枢轴径向圆跳动检测

（4）电刷与电刷架的检查　电刷的高度一般不应低于标准高度的2/3，接触面积不少于75%，电刷在电刷架内应无卡滞现象。

用万用表电阻档检查绝缘电刷架绝缘性（图2-27），两绝缘电刷架与座盖间的电阻应为无穷大，而两接地电刷架与座盖间的电阻应为零。

用弹簧秤测电刷弹簧的弹簧力，一般为11.7～14.7N。

（5）电磁开关故障诊断　电磁开关的常见故障有吸引线圈和保持线圈断路、短路和搭铁，接触盘及触点表面烧蚀等，诊断方法如下。

用绝缘电阻表检测电磁开关接线柱与电动机接线柱之间和电磁开关线柱与搭铁之间的电阻，可以判断吸引线圈和保持线圈有否断路、搭铁故障（见图2-28）。阻值无穷大时，说明有线圈断路故障；如果电磁开关接线柱与搭铁之间的电阻为0，则为电磁开关线圈有搭铁故障。

使电磁开关解体，直观检查接触盘及触点表面烧蚀情况和回位弹簧是否失效等故障。

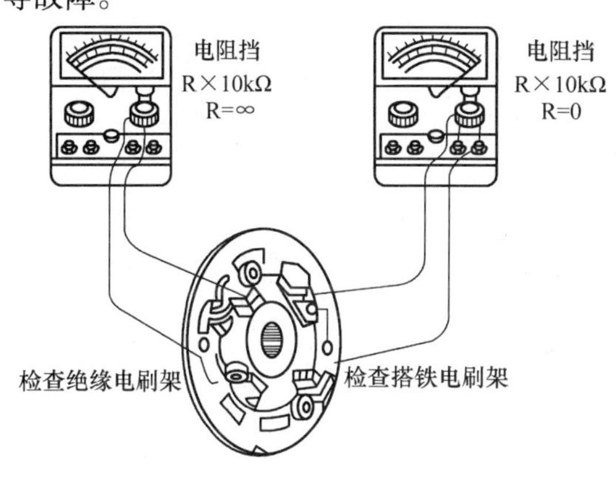

图2-27　电刷架检查

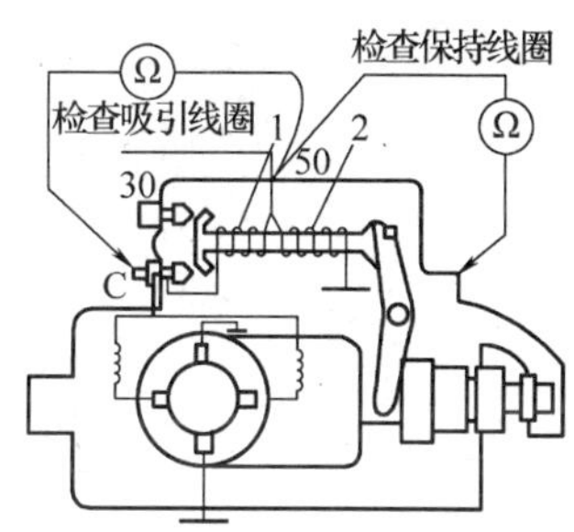

图2-28　电磁开关线圈的检查
1—吸引线圈　2—保持线圈
30—电源接线柱　50—电磁开关接线柱
C—电动机接线柱

（6）单向离合器故障诊断　单向离合器常见的故障是打滑、卡滞。

按顺时针方向转动驱动齿轮，应能自由转动；而逆时针转动时，则应锁止（图2-29）。如果顺时针转动时卡滞，而逆时针方向也能转动，则说明单向离合器损坏。

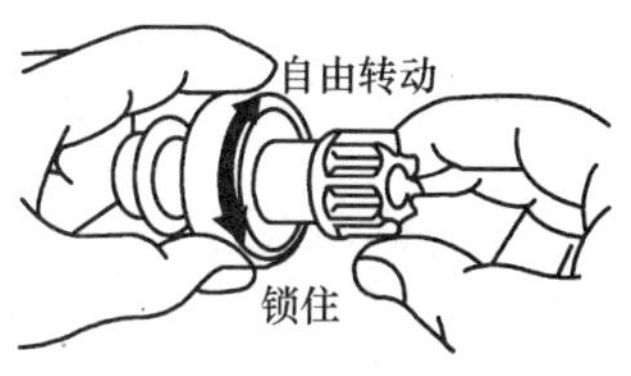

图2-29　单向离合器检查

可以用扭力扳手检测单向离合器的所能传递的最大转矩，若小于规定值，说明单向离合器打滑，应予以更换。

复 习 题

1. 发动机起动系统由哪几部分构成?
2. 汽车起动机由哪几部分组成? 各有什么作用?
3. 直流电动机由哪几部分组成?
4. 单向离合器的作用是什么? 有哪些类型? 简述其工作原理。
5. 起动机的控制装置由哪几部分构成? 简述其控制原理。
6. 简述起动机的工作原理和工作特性。
7. 如何进行汽车起动机的空载试验和制动试验?
8. 如何进行汽车起动机的电磁开关试验和起动继电器试验?
9. 起动机不运转或运转无力故障如何诊断?
10. 如何诊断起动机的磁场绕组故障和电枢绕组故障?
11. 如何诊断起动机的电磁开关故障和单项离合器故障?

第三章　发动机燃油供给系统故障诊断

第一节　电子控制汽油喷射系统故障诊断

电子控制汽油喷射系统是用于汽油喷射式发动机的燃油系统，是在恒定压力下，利用喷油器把一定量的汽油直接喷入进气管道或汽缸内的燃油供给装置。

电控汽油喷射（EFI）系统以电子控制单元（ECU）为控制中心，控制喷油器的喷油时刻、持续时间和喷油量，使发动机在各种工况下都能获得最佳浓度的混合气。其中：喷油量控制是最基本的重要控制参数。电控单元主要根据进气量确定基本喷油量，再根据其他传感器（如冷却液温度传感器、节气门位置传感器等）信号对喷油量进行修正，对其精确控制使混合气浓度最佳。此外，EFI 系统还包括喷油正时控制、断油控制和燃油泵控制等。

一、电控汽油喷射系统的构成、工作原理和分类

1. 电控汽油喷射系统的构成

电控汽油喷射系统由供油系统、空气供给系统和电子控制系统三部分组成（图 3-1）。

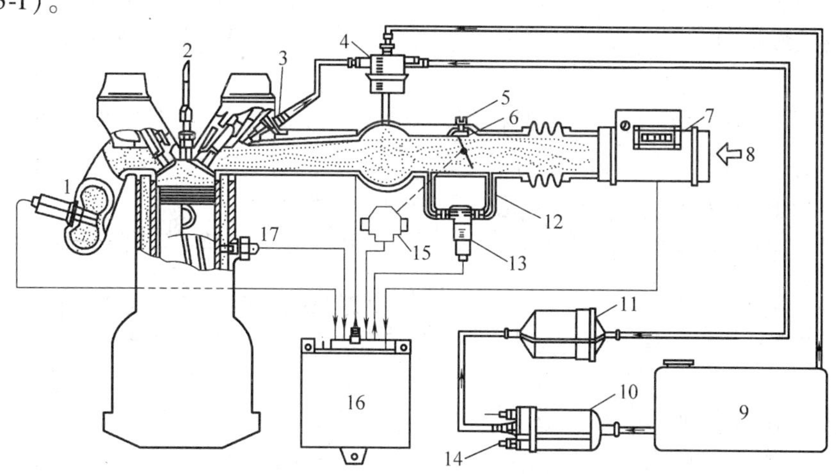

图 3-1　电控汽油喷射系统的组成

1—氧传感器　2—火花塞　3—喷油器　4—压力调节器　5—怠速调整螺钉　6—怠速旁通道　7—空气流量计　8—空气进入　9—汽油箱　10—电动汽油泵　11—汽油滤清器　12—怠速辅助空气通道　13—怠速控制阀　14—汽油泵电动机连接导线　15—节气门位置传感器　16—ECU　17—冷却液温度传感器

（1）汽油供给系统　主要由汽油箱、电动汽油泵、汽油滤清器、压力调节器及喷油器等组成，如图 3-2 所示。其功能是将适量汽油喷入进气管，与空气混合形成空燃比适当的可燃混合气。

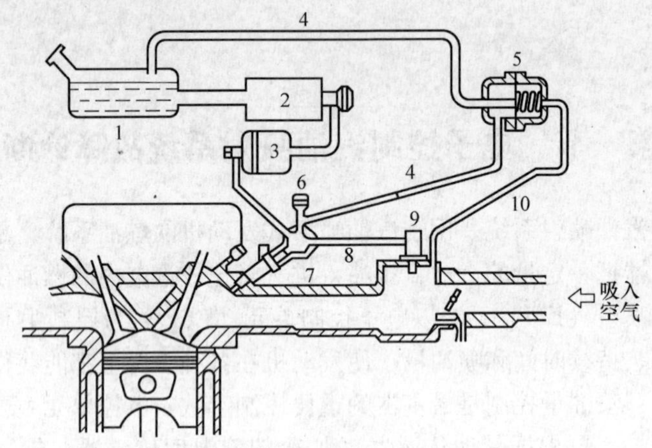

图 3-2　汽油供给系统

1—汽油箱　2—电动汽油泵　3—汽油滤清器　4—回油管　5—汽油压力调节器
6—阻尼减振器　7—喷油器　8—输油管　9—冷起动喷油器　10—真空管

（2）空气供给系统　主要由空气滤清器、进气管道、节气门及节气门体、怠速辅助空气通道及怠速控制阀、进气歧管等组成，如图 3-3 所示。汽车运行时，空气流量由节气门控制；发动机怠速时，空气由怠速旁通道和怠速辅助通道进入气缸。

（3）电子控制系统　功能是根据发动机各种传感器的信号和发动机的工作状况控制喷油时间、点火时刻等。该系统由传感器、电控单元（ECU）和执行元件组成，如图 3-4 所示。

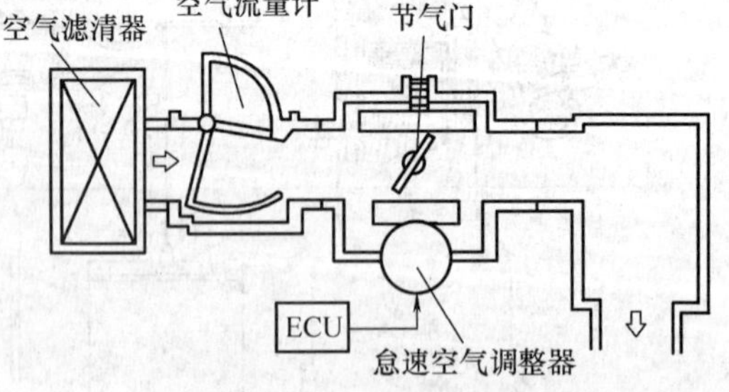

图 3-3　空气供给系统

2. 电控汽油喷射系统的工作原理

发动机工作时，电动汽油泵将汽油从汽油箱吸出，经滤清器滤除杂质和水分后，在压力调节器的调节作用下保持稳定值，并输送至喷油器；而适量的空气经滤清器滤清后，经节气门和（或）怠速通道进入进气歧管。喷油器喷出的汽油与空气混合后从进气门进入气缸。

电控单元（ECU）则根据空气流量信号和发动机转速信号确定基本喷油量，再根据其他传感器（如冷却液温度传感器、节气门位置传感器等）监测到的各种信息对喷油量进行修正，确定总喷油量并转化成电脉冲信号，向喷油器发出指令，控制喷油器喷油（通电）或断油（断电）时刻，以控制汽油喷射延续时间长短，满足发动机不同工况对混合气的要求。

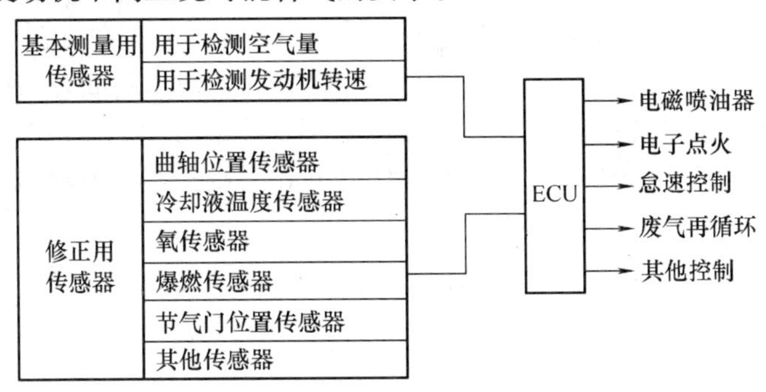

图 3-4　电子控制系统原理框图

为了改善发动机的起动性能，有些发动机在进气管道上设有冷起动喷油器，在发动机冷态起动时，由热敏时控开关根据发动机冷却液温度高低控制其开闭，提供不同程度的加浓混合气。

3. 电控汽油喷射系统的类型

（1）根据进气量计量方式分类

①压力型（D 型）。压力传感器（MPA）装在气门后方的进气管上，以测定进气管内的绝对压力。根据进气管内压力和发动机转速，间接推算出进气量，据此控制喷油量。

②流量型（L 型）。在发动机进气管安装空气流量计（AFS），直接测定进入发动机的空气量，据此确定喷油量，因此进气测量和喷油量控制的精确度较高。

（2）根据喷射位置分类

①进气管内喷射。喷油器安装在进气管内，以一定压力将汽油喷入进气管内。

②缸内喷射。喷油器安装在气缸盖上的，把汽油直接喷入气缸。

（3）根据喷油器数量分类

①单点喷射（SPI）。汽油喷射装置有一个或两个喷油器，安装在节气门体处，将汽油喷射在节气门体的混合室中。

②多点喷射（MPI）。喷油器数目与气缸数相等，安装在进气门处的进气歧管内。

（4）按喷射连续性分类

①间歇喷射。每一缸的喷射都有其限定的喷射持续期。

②连续喷射。在发动机的整个工作循环内，喷油器连续不断地向进气道内喷油。

（5）按各缸喷油器喷射顺序分类

①同时喷射。电控单元发出指令控制各缸喷油器同时喷油、同时关闭。

②分组喷射。各缸喷油器分成两组，电控单元在不同时刻分别发出两个喷油指令，分别控制两组喷油器交替喷射汽油。

③顺序喷射。喷油器按发动机各缸的工作顺序依次进行间歇喷射。

（6）按有无反馈分类

①开环系统。发动机根据各传感器信号判断运行工况，根据预存数据控制喷油器的喷油量。

②闭环系统。在排气管内安装有氧传感器，将排气中氧含量信号反馈给电控单元，随时修正喷入发动机的燃料量。

二、电控汽油喷射系统主要传感器的检测

传感器是安装在发动机各部位的信号采集装置，其功能是监测反映发动机运行状态的各种参数，转变为电信号输送给电控单元 ECU，据此确定喷油量。因此传感器检测是电控汽油喷射系统故障诊断的基础。同时，大多数传感器是电控发动机的电控单元（ECU）共用的，因此传感器检测也是电控发动机点火系统及其他有关系统故障诊断的基础。

1. 空气流量传感器检测

L 型电控汽油喷射系统采用空气流量传感器测量空气流量，常用传感器类型有翼片式空气流量传感器、卡门涡旋式空气流量传感器。其作用是准确地测量每一时刻吸入发动机气缸的空气量，并转换成电信号，输送给电控单元（ECU）。

（1）翼片式空气流量传感器检测

1）结构及工作原理。翼片式空气流量传感器由测量板、补偿板、回位弹簧、电位计、旁通道、怠速调整螺钉和接线插头等组成（图 3-5），一般安装在空气滤清器后方的进气道上。

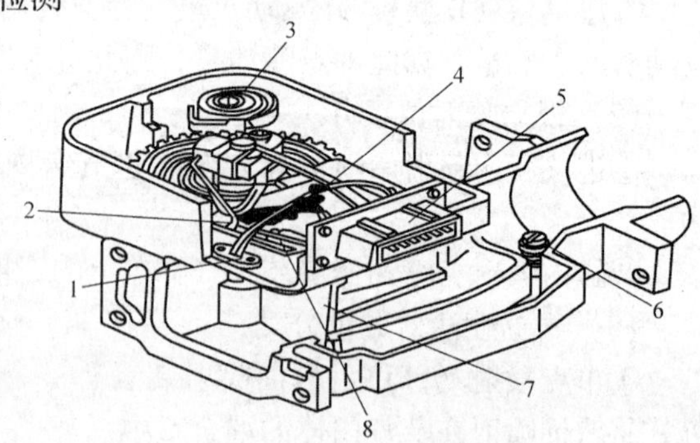

图 3-5　翼片式空气流量传感器结构

1—进气温度传感器　2—电动汽油泵动触点　3—回位弹簧　4—电位计　5—导线插接器　6—CO 调整螺钉　7—测量用的旋转翼片　8—电动汽油泵开关触点

发动机运转时，进气气流作用于测量板，使之开启一个角度。与之同轴的电位计轴随之转动，带动可变电阻滑动触头滑动。当作用于测量板上的推力和回位弹簧弹力平衡时，测量板停止转动保持某一开度，电位计具有确定电阻值，经测量端子将相应电压信号输送到电控单元（ECU）。同时测量板偏转使传感器内的电动汽油泵开关触点闭合，电动汽油泵通电运转。

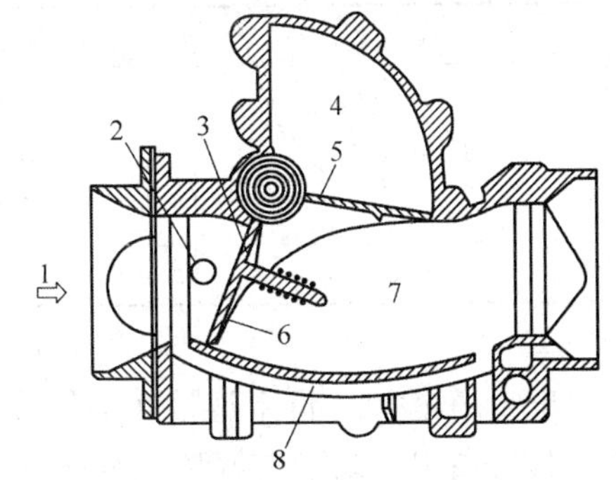

图 3-6　翼片式空气流量传感器原理图
1—空气进口　2—进气温度传感器
3—阀门　4—阻尼室　5—缓冲片
6—旋转翼片（测量片）　7—主气路
8—旁通气道

发动机熄火后，测量板回转至关闭位置，可变电阻滑动触头保持在相应位置，测量端子输出相应电压信号，同时使电动汽油泵开关断开。

进气温度传感器用于测量进气温度，为进气量作温度补偿。翼片式空气流量传感器的工作原理如图 3-6 所示，其插接器一般有 7 个端子，如图 3-7 所示。

2）检测方法。翼片式空气流量传感器的常见故障有电位计电阻值不准确、电位计滑动臂与碳膜电阻接触不良、回位弹簧弹力变弱和汽油泵开关触点接触不良等，会造成发动机起动困难、功率下降、运转不平稳和油耗增加等。

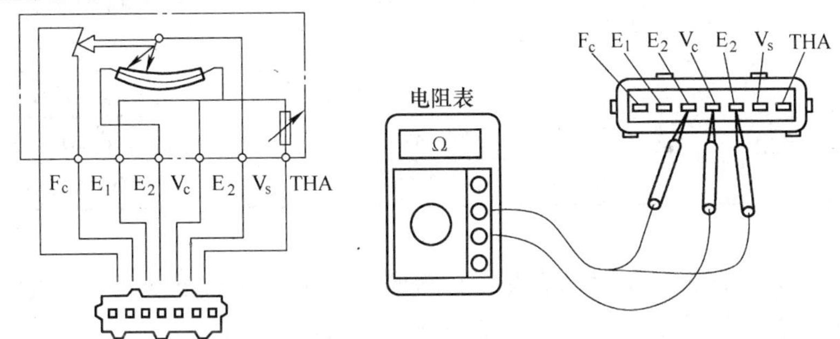

图 3-7　翼片式空气流量传感器插接器端子

①电阻检测方法

a. 就车检测。将点火开关置于“OFF”位置，拔下空气流量传感器导线插接器，用万用表测量插接器内各端子间的电阻，其电阻值应符合标准。3VZ—FE 发动机翼片式空气流量传感器电阻值见表 3-1。

表 3-1　翼片式空气流量传感器不同温度各端子间电阻

端子	标准电阻/kΩ	温度/ ℃
V_S—E_2	0.20～0.60	—
V_C—E_2	10.00～20.00	-20
	4.00～7.00	0

（续）

端子	标准电阻/kΩ	温度/ ℃
THA—E_2	2.00~3.00	20
	0.90~1.30	40
	0.40~0.70	60
F_C—E_1	不定	—

b. 离车检测。拆下连接在空气流量传感器进气口的空气滤清器，拆开空气流量传感器出口处空气软管卡箍及固定螺栓，取下空气流量传感器。

检测时，首先检查电动汽油泵开关，用万用表测量 E_1—F_C 端子间的电阻，在测量片全关闭时，E_1—F_C 间应不导通，电阻为∞；翼片开启后，E_1—F_C 端子间应导通，电阻为0。

然后慢慢推动旋转翼片，同时用万用表测量 V_S—E_2 端子间的电阻。旋转翼片由全闭到全开的过程中，电阻值应逐渐变小，其电阻值应符合规定（表3-2）。

表3-2　翼片式空气流量传感器不同位置各端子间电阻

端　子	标准电阻/Ω	测量片位置
V_C—E_1	∞	测量片全关闭
	0	测量片开启
V_S—E_2	20~600	全关闭
	20~1200	从全关到全开

②电压检测方法。用万用表测量插接器各端子间的电压，其电压值应符合规定。丰田皇冠翼片式空气流量传感器电压标准值见表3-3。

表3-3　丰田皇冠翼片式空气流量传感器电压标准值

端　子	电压值/V	条　件	
F_C—E_1	12	计量板全关闭	
V_S—E_2	3.7~4.3	点火开关置于“ON”	计量板关闭
	0.2~0.5		计量板全开
	2.3~2.8	怠速	
	0.3~1.0	3000r/min	
V_C—E_2	4~6	点火开关置于“ON”	

③输出信号波形检测方法。发动机怠速时，输出信号电压约为1V；再从怠速加至节气门全开（加速时不宜太急）持续2s，信号电压应超过4V。将发动机

转速降至怠速保持 2s 后，再急加速至节气门全开，然后再使发动机降至怠速，其信号电压一般在 1. 20 ~4. 53V 范围内，变化波形如图 3-8 所示。通常，翼片式空气流量传感器的输出电压随空气流量增大而升高。在气流不变时电压波形的幅值应保持稳定，急加速和急减速波形不能有空白。

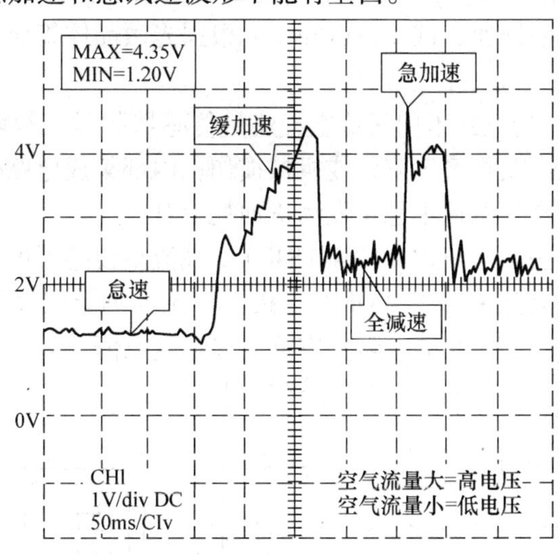

图 3-8　翼片式空气流量传感器输出信号波形

（2）卡门涡旋式空气流量传感器检测　卡门涡旋式空气流量传感器分为光电式和超声波式。以下介绍光电式传感器的检测方法。

1）结构及工作原理。光电式卡门涡旋空气流量传感器由涡流发生器、发光二极管、反射镜、光敏晶体管组成，如图 3-9 所示。

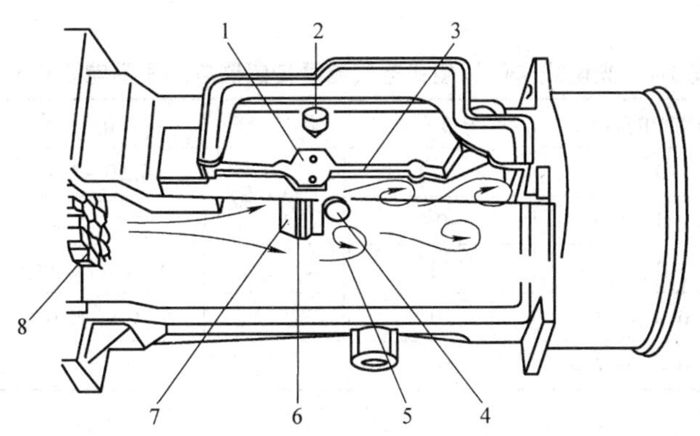

图 3-9　光电式卡门涡旋式空气流量传感器

1—反光镜　2—发光二极管　3—弹簧片　4—光敏晶体管

5—涡旋　6—压力传递孔　7—涡旋发生器　8—整流网

发动机运转时，空气流经涡旋发生器后会产生一列不对称但却十分规则的空气涡旋，涡旋数量与空气流速成正比。发光二极管发出的光束由反射镜反射到光敏晶体管上，使光敏晶体管导通。反射镜连同弹簧片在进气涡旋作用下振动（频率与涡旋数量相同），反射光束方向也以相同频率变化，光敏晶体管随光束的变化以同样的频率导通、截止，电控单元根据光敏晶体管导通和截止的频率计算进气量。

2）检测方法。光电式卡门涡旋空气流量传感器的常见故障：发光器件与光电器件损坏；反光镜及板簧等脏污或机械损伤；内部集成电路损坏等。这些故障导致发动机起动困难、怠速不稳、发动机油耗上升。

①电阻检测方法。丰田雷克萨斯 LS400 空气流量传感器电路及端子如图 3-10 所示。检测时，点火开关置于“OFF”，拔下传感器的导线插接器，用万用表测量端子 THA 和端子 E_2 之间的电阻，应符合规定电阻值（表 3-4）。

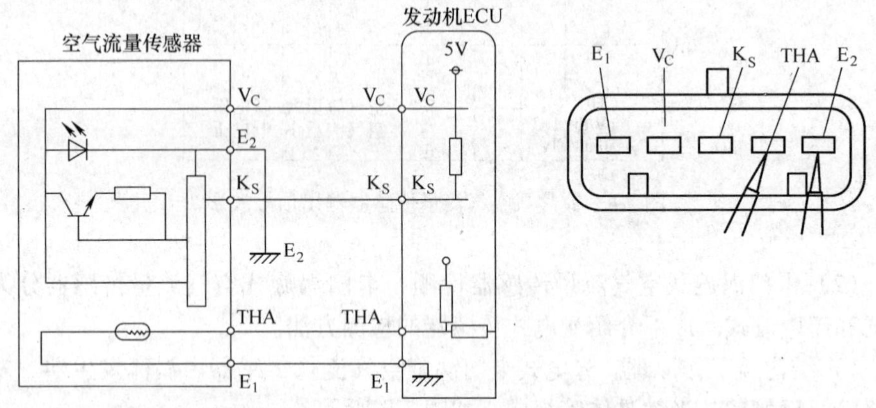

图 3-10　丰田雷克萨斯 LS400 卡门涡旋式空气流量传感器电路及端子

表 3-4　光电式卡门涡旋式空气流量传感器各端子间电阻和电压

端　子	标准电阻/Ω	温度/℃	端　子	标准电压/℃	条　件
THA—E_2	10～20	−20	THA—E_2	0.50～3.4	进气温度 20℃
	4～7	0		4.5～5.5	点火开关 ON
	2～3	20	K_S—E_1	2.0～4.0 脉冲发生	怠速
	0.9～1.3	40	V_C—E_1	4.5～5.5	点火开关 ON
	0.4～0.7	60			

②电压检测方法。插好空气流量传感器的导线插接器，用万用表测量空气流量传感器端子 THA—E_2、K_S—E_1、V_C—E_1 间的电压，所测电压值应符合规定（表 3-4）。

③输出信号波形检测方法。光电式卡门涡旋空气流量传感器输出信号的脉冲幅值、频率、形状应一致，脉冲幅值大多数为5V，输出波形如图3-11所示。

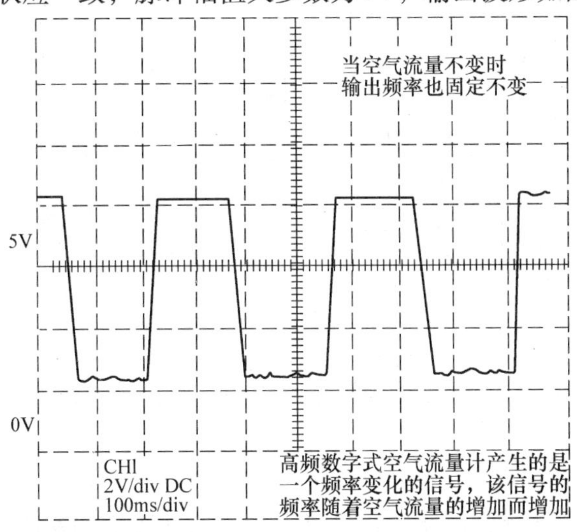

图3-11　卡门涡旋式空气流量传感器输出信号波形

2. 进气压力传感器检测

D型电控汽油喷射系统采用进气压力传感器测量空气量。

进气压力传感器用于测量进气歧管内空气的绝对压力，并将其转变为电压信号。传输给发动机电控单元ECU。而后，ECU据此信号和转速信号确定实际进气量，修正点火提前角和控制喷射时间。

常用进气压力传感器有半导体压敏电阻式进气压力传感器和真空膜盒式进气压力传感器。

（1）半导体压敏电阻式进气压力传感器检测

1）结构及工作原理。半导体压敏电阻式进气压力传感器由硅膜片、集成电路、滤清器、真空室和壳体等组成，如图3-12所示。硅膜片利用半导体的压电效应制成，是压力转换元件。硅膜片的一面是真空室，另一面是导入的进气压力。而集成电路是信号放大装置，其端头与ECU连接。

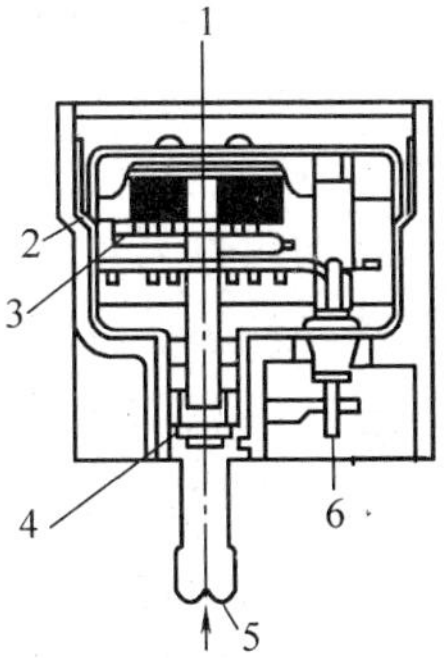

图3-12　进气压力传感器的构造

1—硅膜片　2—真空室　3—集成电路　4—滤清器　5—进气端　6—接线端

发动机工作时，从进气管来的空气流过进气压力传感器的滤清器后作用在硅膜片上，硅膜片产生变形。进气流量越大，进气管压力就越高，硅膜片变形也就越大，使扩散在硅膜片上电阻的阻值改变，导致单臂电桥输出的电压变化（图3-13）。

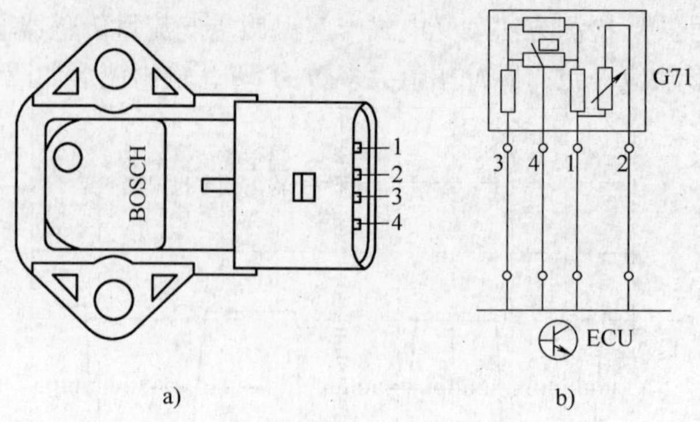

图 3-13　接线端子和测量电桥

a）接线端子　b）测量电桥

1—搭铁　2—进气温度信号　3—5V 电压　4—进气压力信号

集成电路将电压信号放大处理后送至电控单元 ECU，作为计算进入气缸空气量的主要依据。传感器输出的信号电压具有随进气歧管绝对压力的增大呈线性增大的特性，见图 3-14 所示。

2）检测方法。半导体压敏电阻式进气压力传感器的常见故障有硅膜片损坏、集成电路损坏、真空导入管接头或内部漏气等，会使发动机怠速不稳、加速困难、油耗上升。

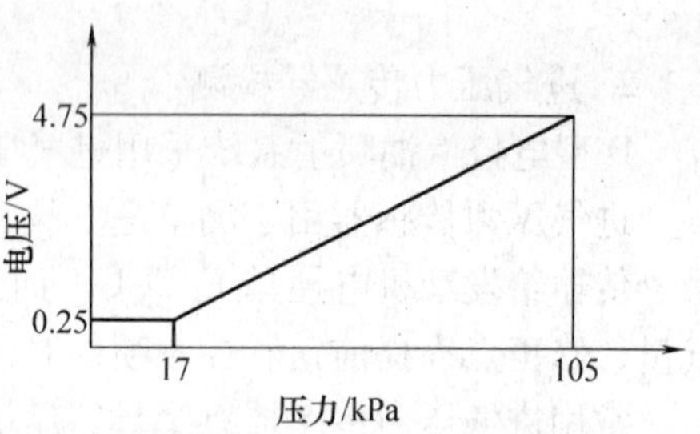

图 3-14　进气管绝对压力与信号电压间的关系

①电源电压检测方法。点火开关置于“ON”，用万用表检测传感器电源端子 3 与搭铁端子 1 之间的电源电压，应为 5V 左右。

②输出信号电压检测。点火开关置于“ON”，在发动机不运转时，用万用表电压档检测传感器输出端子 4 与搭铁端子 1 之间的信号电压，应为 3.8～4.2V；而当发动机怠速运转时，信号电压应为 0.8～1.3V；若加大节气门开度时，信号电压应随节气门开度增大而升高。

③输出信号波形检测。关闭附属电气设备，发动机怠速稳定后，进行加速和减速试验，输出信号电压应在 1.4～4.5V 范围内变化，其变化波形如图 3-15 所示。

（2）真空膜盒式进气压力传感器检测

1）结构及工作原理。真空膜盒式进气压力传感器由波纹管、铁心、差动变压器及膜片组成（图 3-16）。

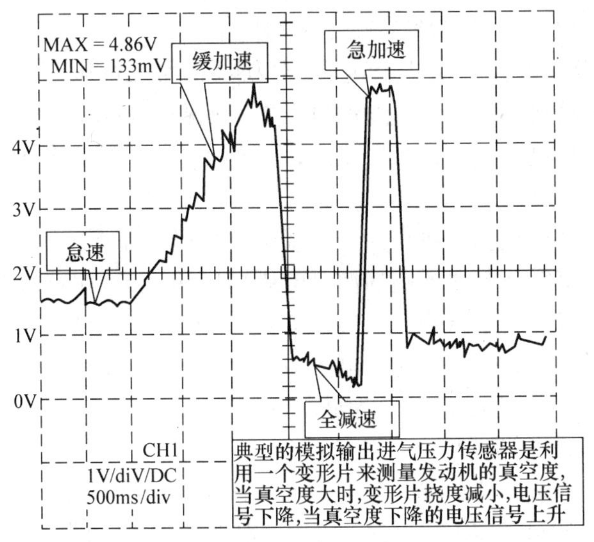

图 3-15　进气压力传感器输出信号波形

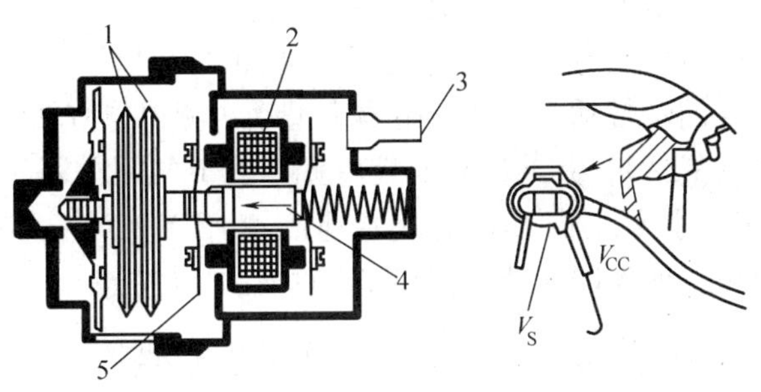

图 3-16　真空膜盒式进气压力传感器及端子

1—膜盒　2—感应线圈　3—至进气歧管　4—铁心　5—回位弹簧

真空膜盒式进气压力传感器的工作原理如图 3-17 所示。膜盒由薄金属片焊接而成，内部抽成真空，外部与进气歧管相通，外部压力变化将使膜盒产生膨胀和收缩变化，带动插入感应线圈内部的铁心连动；感应线圈由两个绕组构成，其中一个与振荡电路相连，产生交流电压，在线圈周围产生磁场，另一个为感应绕组，产生信号电压。当进气压力变化时，膜盒带动铁心在磁场中移动，使感应

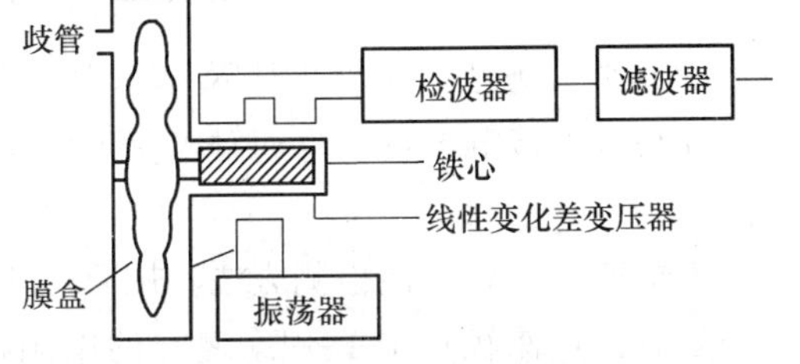

图 3-17　真空膜盒式进气压力传感器工作原理

线圈产生的信号电压随之变化。该信号电压由电子电路检波、整形和放大后，输送至电控单元（ECU），作为确定喷油量的依据。

2）检测方法。真空膜盒式进气压力传感器的常见故障有真空管破裂和电路板损坏，造成发动机不易起动、发动机无力、油耗过高和加速不良等。

①电源电压检测。拔下传感器线束，打开点火开关，测量其电源电压，应为12V。

②输出信号电压检测。将点火开关置于“ON”，在不分离接线与插座的情况下，把万用表表笔触及接线插座的信号电压输出端子 V_S 和搭铁端子 E_2，测量输出信号电压。当脱开真空软管与大气压力直接相通时，电压应为 1.5V 左右。而用手动真空泵对真空管道吸气时，电压应从 1.5V 向减小的方向摆动；怠速运转时，电压约为 0.4V，且随转速提高而升高。

3. 节气门位置传感器检测

节气门位置传感器安装在节气门体上，其功用是将节气门开度的大小转变为电信号输入电控单元（ECU）。然后，ECU 根据发动机不同工况对混合气浓度的需求控制喷油时间。下面主要介绍可变电阻型节气门位置传感器及检测方法。

（1）结构及工作原理　可变电阻型节气门位置传感器由两个与节气门轴联动的电刷触点、电阻器和怠速触点等构成，如图 3-18 所示。节气门转动时，一个电刷触点由节气门轴带动在可变电阻器上滑动，测得与节气门开度相对应的线性输出电压信号（VTA），并输送到电控单元。在节气门关闭时，另一电刷触点与怠速触点（IDL）接触，向 ECU 输出怠速信号。IDL 信号主要用于断油控制和点火提前角的修正，而 VTA 信号用于 ECU 对喷油量的控制。

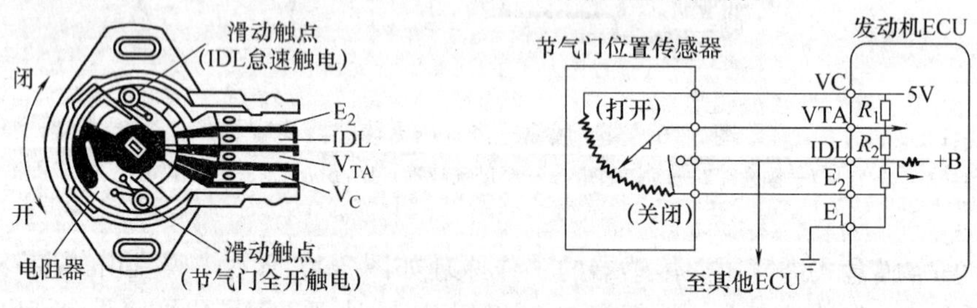

图 3-18　可变电阻式节气门位置传感器及电路

（2）检测方法　可变电阻型节气门位置传感器的常见故障是：传感器电位器滑片与电阻接触不良、怠速触电接触不良等，导致发动机怠速不稳、加速困难等。

①怠速触点导通性检测方法。用万用表检测 IDL—E_2 之间的电阻值。当节气门全闭时，怠速触点 IDL—E_2 之间的电阻应为 0；当节气门全开时，怠速触点 IDL—E_2 之间的电阻应为∞。

②电阻检测方法。用万用表测量输出电压信号端子 VTA 和传感器电源端子 V_C 与搭铁 E_2 之间的电阻值。节气门全闭时，VTA—E_2 之间电阻为 0.21 ~ 0.36kΩ；当节气门全开时，VTA—E_2 间电阻应为 4.8 ~ 6.3kΩ。节气门处于任意状态下，V_C—E_2 之间电阻应为 3.1 ~ 7.2kΩ。

③传感器线束导通性检测方法。断开点火开关，拔下电控单元和传感器线束插头，用万用表测量两插头上相应端子之间导线的电阻值，均应小于 0.5Ω。

④电压检测方法。打开点火开关，插好节气门位置传感器的插接器，发动机电控单元 ECU 插接器上 IDL、V_C、VTA3 个端子的电压应符合规定（表 3-5）。

表 3-5　节气门位置传感器电压

端　　子	标准电压/V	条件
IDL—E_2	9 ~ 14	节气门开
V_C—E_2	4.0 ~ 5.5	—
VTA—E_2	0.4 ~ 0.8	节气门全闭
	3.8 ~ 4.5	节气门全开

⑤输出信号波形检测方法。断开点火开关，不起动发动机，慢慢将节气门从全关到全开，并返回节气门全关状态，随着节气门开度的增大，节气门开度输出电压线性增大。反复几次，其输出电压波形如图 3-19 所示。

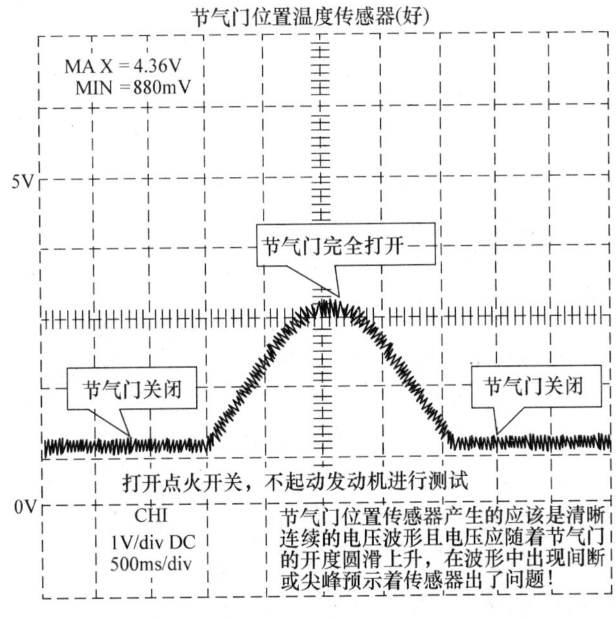

图 3-19　可变电阻式节气门位置传感器输出信号波形

4. 温度传感器检测

发动机温度传感器包括冷却液温度传感器和进气温度传感器。冷却液温度传感器一般安装在缸体冷却液通道或节温器上，把冷却液温度转换为电压信号并输送至电控单元（ECU），以修正喷油量和点火时刻；进气温度传感器安装在空气流量传感器或进气管道内，监测进气温度，电控单元根据进气温度高低修正进气量，进而修正喷油量。

（1）结构及工作原理　温度传感器结构如图 3-20 所示，其敏感元件是半导体热敏电阻。该电阻与电控单元中的固定电阻串联组成分压器，并由 ECU 提供标准电压。温度传感器插接器上有两个端子，一个是信号端子，一根是搭铁端子，其搭铁端子通过 ECU 搭铁端子接地。当进气温度或冷却液温度变化时，热敏电阻阻值变化，从传感器信号端子输送到 ECU 的信号电压随之变化。

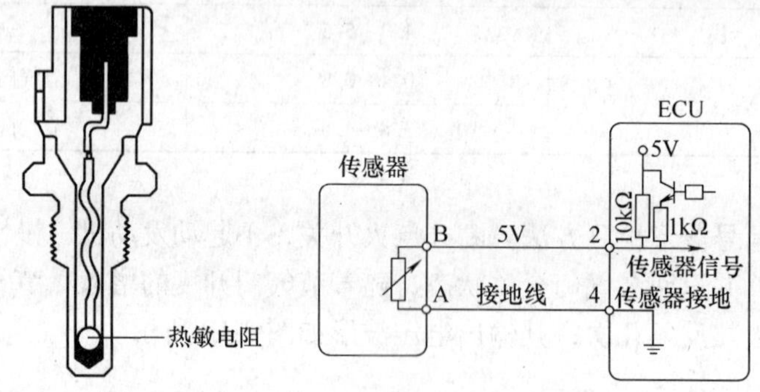

图 3-20　温度传感器及电路

温度传感器一般采用负温度系数热敏电阻。即当温度变低时，热敏电阻的电阻值增大，如图 3-21 所示。

（2）检测方法　温度传感器常见故障有接触不良和热敏元件性能变化等，会造成发动机不能起动、运转不平稳、加速时爆燃、功率下降等故障。

①电阻检测方法。将冷却液温度传感器置于盛有热水的容器内加热（图 3-22），或把进气温度传感器用电吹风机加热。用万用表检测传感器两端子间的电阻，所测得值应符合标准（表 3-6）。

②电压检测方法。拔下温度传感器插接器，点火开关置于“ON”，用万用表检测传感器两端子间电压，其值应在 4.7 ~ 5.0V 之间（电源电压）。

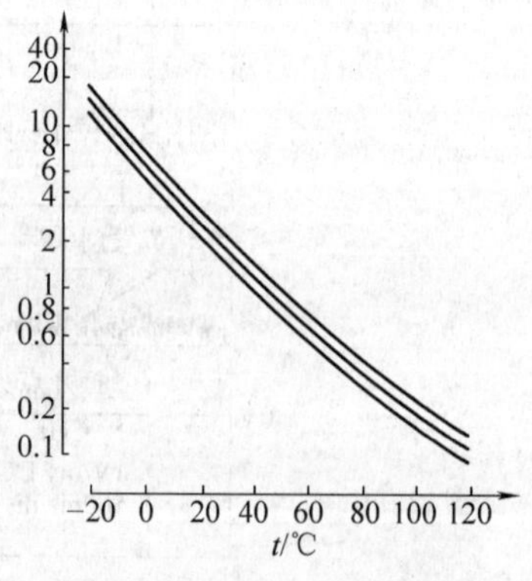

图 3-21　温度传感器输出特性

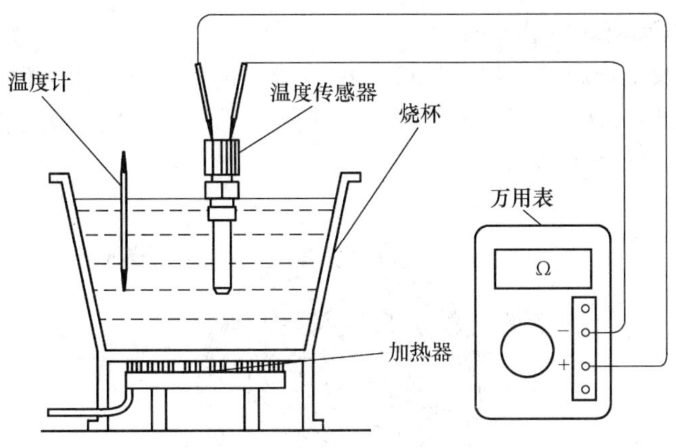

图 3-22　检测冷却液温度传感器

表 3-6　温度传感器电阻检测标准

温度/℃	0	20	40	60	80
冷却液温度传感器电阻值/kΩ（丰田车系）	4.0～7.0	2.0～3.0	0.9～1.3	0.40～0.70	0.20～0.40
进气温度传感器电阻值/kΩ（4G64 发动机）	5.3～6.7	2.3～3.0	1.0～1.5	0.52～0.68	0.30～0.42

插好温度传感器，点火开关置于“ON”，用万用表测量传感器或电控单元（ECU）两端子间的电压信号，应符合标准（表 3-7）。

表 3-7　温度传感器电压检测标准（4G64 发动机）

温度/℃	0	20	40	80
冷却液温度传感器电压值/V	3.2～3.8	2.3～2.9	1.3～1.9	0.3～0.9
进气温度传感器电压值/V	3.2～3.8	2.3～2.9	1.5～2.1	0.4～1.0

5. 曲轴转速（位置）传感器检测

由于曲轴转速和位置检测的基本原理相同，因此曲轴位置传感器通常与曲轴转速传感器制成一体。常用曲轴转速（位置）传感器有磁感应式、霍尔式、和光电式三种类型，一般装在分电器内并由分电器轴带动传感器信号转子旋转，其作用是检测发动机曲轴转速和上止点位置，转换为电压信号，传递给电控单元 ECU，作为修正喷油量及点火时刻的依据。

曲轴转速与曲轴位置传感器的常见故障：传感器插接器或内部接触不良或短路；感应线圈短路或断路；传感器安装松动或间隙不当。

（1）磁电感应式传感器检测

1）结构及工作原理。磁电感应式传感器由信号转子、永久磁铁、感应线圈等构成，其结构（图 3-23）分为上下两部分，下部分产生的信号称为 N_e 信号，而上部分产生的信号称为 G 信号。

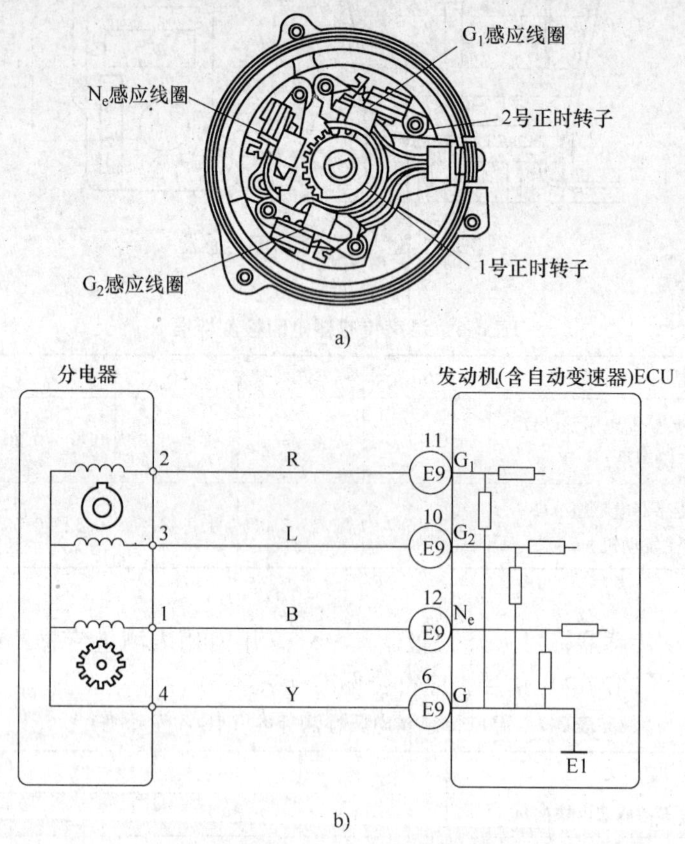

图 3-23　磁电感应式曲轴位置传感器结构和电路

a）结构　b）电路

N_e 信号用于检测发动机转速。其信号发生器由具有 24 个齿的信号转子（2 号正时转子）及 N_e 感应线圈组成。当转子旋转时，信号齿与感应线圈的凸缘部（磁头）的空气间隙发生变化，导致磁场变化而产生感应电动势。转子转动一圈，感应线圈将产生 24 个交流脉冲信号，其中一个周期的脉冲相当于 30°曲轴转角（15°凸轮轴转角）。N_e 信号两个信号脉冲（60°曲轴转角）所经历的时间可作为基准确定发动机转速。

G 信号的作用是检测活塞上止点位置并判别气缸。其信号发生器由 G 信号转子（1 号正时转子）及对称的两个感应线圈 G_1 和 G_2 构成。曲轴每转两圈（分电器轴转一圈），G_1 和 G_2 感应线圈各产生一个脉冲信号，其中一个脉冲信号与 1 缸活塞位于上止点的时刻相对应。以此为基准，再根据 N_e 信号和各缸工作顺序可以确定其他缸曲轴的工作位置。

2）检测方法

①电阻检测方法。用万用表检测传感器 N_e、G_1 和 $G_2$3 个信号端子与搭铁端子间的电阻，应符合标准要求（表 3-8）。

表 3-8　磁电感应式传感器的电阻值

端子	条件	电阻/Ω
G_1—G	冷态	125～200
	热态	160～235
G_2—G	冷态	125～200
	热态	160～235
N_e—G	冷态	155～250
	热态	190～290

②传感器绝缘性检测方法。测量传感器信号正极、信号负极与屏蔽端子之间的电阻，应为∞，否则说明传感器线圈绝缘不良或搭铁短路。

③输出信号检测方法。起动发动机并怠速运转，用示波器检测传感器输出信号波形，如图 3-24 所示。

传感器输出信号的幅值随转速升高而升高，而且幅值、频率和形状在一定的条件下应相似，相邻两脉冲时间间隔（频率）相等。

（2）霍尔式传感器检测

1）结构及工作原理。霍尔式传感器由触发叶轮、霍尔基片和永久磁体构成，如图 3-25 所示。其中，触发叶轮的齿数与发动机缸数相同，且一个齿（与其他齿不等宽）转过霍尔基片和永久磁体之间空气隙的时刻与 1 缸活塞到达上止点的时刻同步。

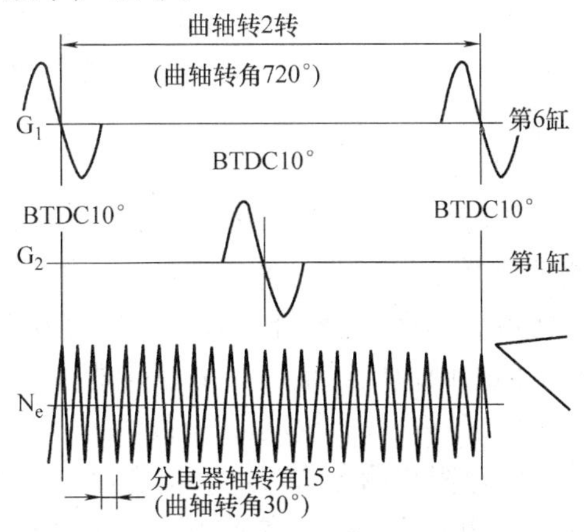

图 3-24　曲轴位置和转速传感器波形

触发叶轮转动时，当叶片齿进入永久磁铁与霍尔元件间的空气隙时，磁场被触发叶片所旁路（图 3-25a），霍尔元件不产生霍尔电压；当叶片齿转离空气隙时，永久磁铁的磁通便通过导磁板穿过霍尔元件（图 3-25b），产生霍尔电压脉冲信号，经霍尔集成电路放大整形后，输送给电控单元。霍尔电压脉冲信号频率反映发动机转速快慢；而以 1 缸活塞到达上止点的时刻为基准，可以判断各缸活塞的工作位置。霍尔式传感器电路和接线端子如图 3-26 所示。

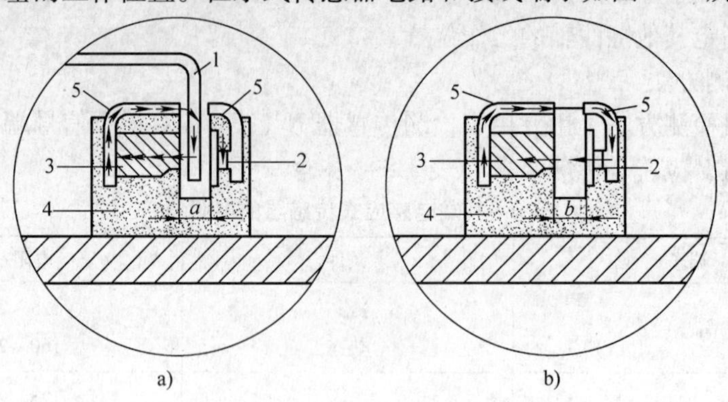

图 3-25　霍尔传感器信号发生器

1—触发叶片　2—霍尔元件　3—永久磁铁　4—底板　5—导磁版

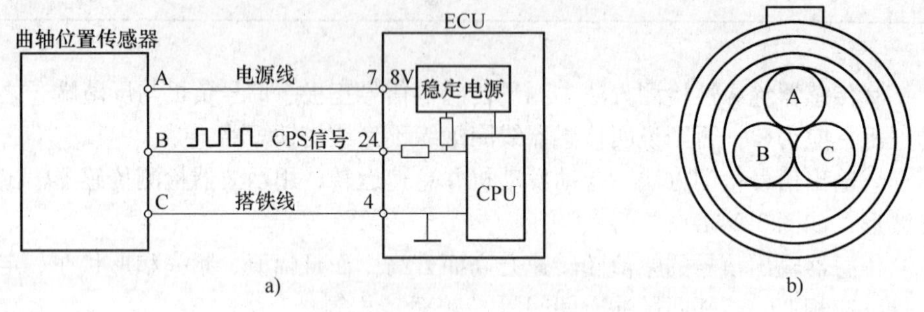

图 3-26　霍尔式传感器电路和接线端子（切诺基）

a）传感器电路　b）接线端子

2）检测方法

①电源电压检测方法。拔下传感器插接器，点火开关置于“ON”，用万用表测量 A 端子与 C 端子间的电压，所测电压值应等于电源电压（或规定电压）。如电源电压为 0，则断开点火开关，用万用表检测端子 A 与 ECU 插头端子 7 之间的电阻，阻值应当小于 0.5Ω。如阻值为∞，说明电源线断路；如电源电压为 0，但电源线路良好，说明 ECU 故障。

②电阻检测方法。点火开关置于“OFF”位置，拔下曲轴位置传感器导线插接器，用万用表跨接在传感器侧的端子 A—B 或 A—C，万用表显示读数应为∞（开路）。

③输出信号电压检测方法。起动发动机怠速运转，用万用表测量 B—C 端子间的电压值，其值应在 0.3～5V 之间脉动变化。输出信号电压波形应如图 3-27 所示。

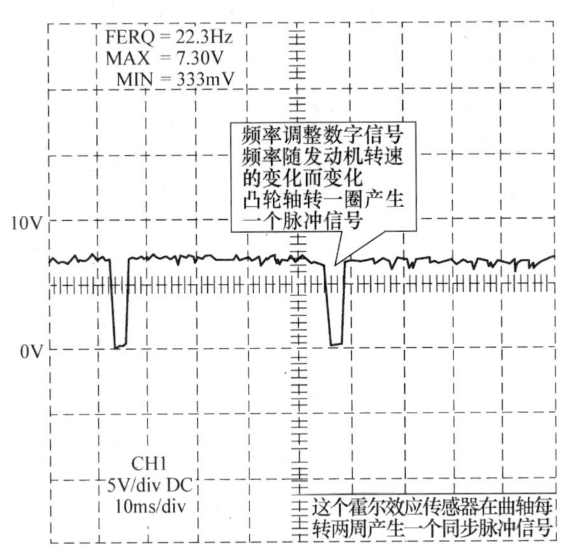

图 3-27　霍尔传感器输出电压信号波形

（3）光电式传感器检测

1）结构及工作原理。光电式传感器主要由发光二极管、光敏二极管、信号转盘和控制电路构成，如图 3-28 所示。两只发光二极管分别正对着光敏二极管，信号转盘刻有 360 条缝隙和表示 1 缸上止点位置、60°（6 缸）或 90°（4 缸）位置的缝隙，位于发光二极管和光敏二极管之间。信号转盘旋转时，发光二极管光束通过信号盘上的缝隙照射到光敏二极管上时，光敏二极管感光而导通；当发光

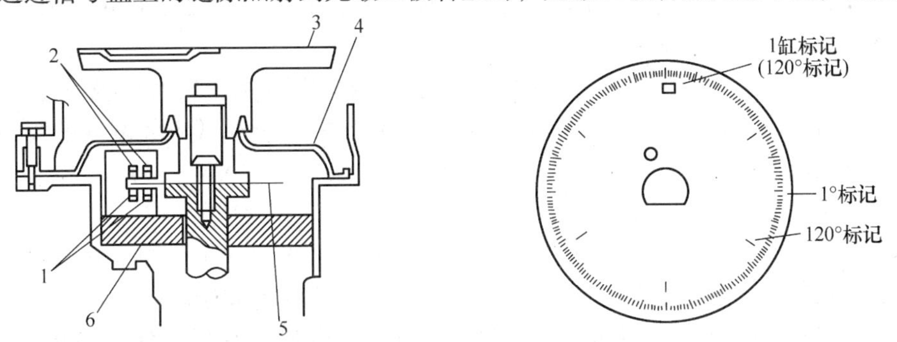

图 3-28　光电传感器结构及信号转盘

1—光敏二极管　2—发光二极管　3—分火头　4—密封盖　5—信号转盘　6—电路板

二极管的光束被遮挡时，光敏二极管截止。信号发生器输出的脉冲电压，送至电控单元（ECU），可以确定发动机转速、1 缸上止点位置和其他缸曲轴工作位置。

2）检测方法。用万用表检查传感器信号输出端子与接地端子间的电压。发动机起动时，电压应为 0. 2 ~1. 2V；发动机怠速运转期间，应为 1. 8 ~2. 5V；用示波器检测信号电压波形应如图 3-29 所示。

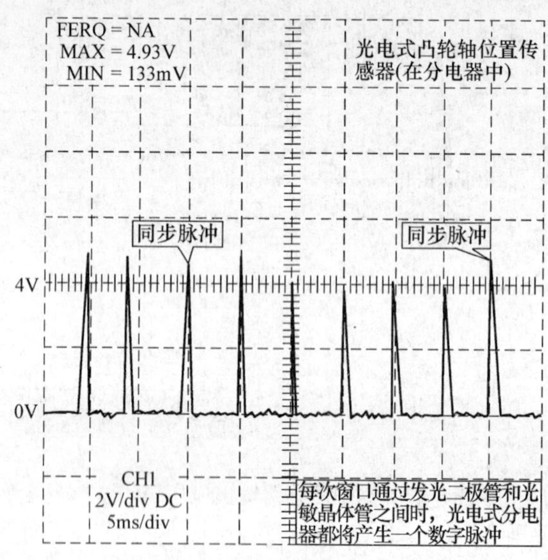

图 3-29　光电传感器输出信号波形

6. 氧传感器检测

氧传感器是电控发动机实现闭环控制的重要环节，安装在排气管中。其功能是检测排气中的氧含量，向电控单元（ECU）反馈相应电压信号，ECU 根据氧传感器反馈的空燃比信号控制喷油量，调整可燃混合气空燃比。常用氧传感器有氧化锆氧传感器和氧化钛氧传感器。

氧传感器常见故障原因有铅中毒、积炭；内部线路接触不良或电路短路、断路等。氧传感器发生故障将使电控汽油喷射系统失去排气管中氧浓度的反馈信号，发动机排放及油耗增大。

（1）氧化锆氧传感器检测

1）结构及工作原理。氧化锆（Z_rO_2）氧传感器的基本元件是氧化锆陶瓷管（固体电解质），亦称锆管。锆管固定在带有安装螺纹的固定套中，内外表面均覆盖着多孔铂膜，其内表面与大气接触，外表面与废气接触，如图 3-30 所示。氧传感器的接线端还有金属护套，其上开有一个用于锆管内腔与大气相通的气孔。

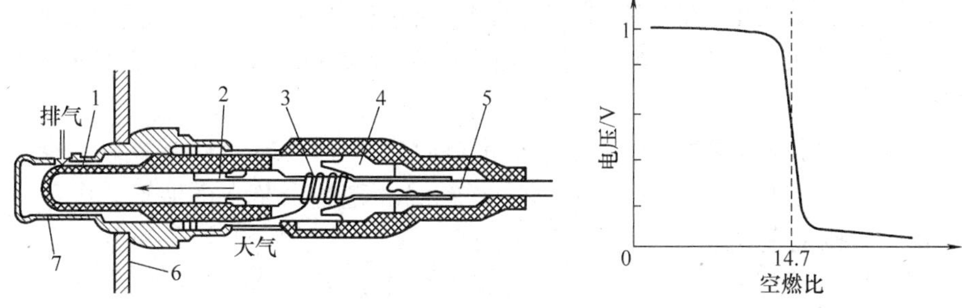

图 3-30　氧化锆氧传感器和输出特性

1—锆管　2—电极　3—弹簧　4—电极座（绝缘）　5—导线　6—排气管　7—气孔

若锆管温度较高，接触锆管表面的氧会在锆的催化作用下电离。若锆管内外两侧气体中的氧含量有差异，氧离子就会从氧含量高的一侧向氧含量低的一侧扩散，从而使锆管两侧形成微电池，两侧电极间形成电位差。氧化锆式氧传感器的输出电压在理论空燃比时发生突变。稀混合气时，输出电压几乎为零；浓混合气时，输出电压接近 1V。图 3-31 为氧化锆式氧传感器电路和接线端子。

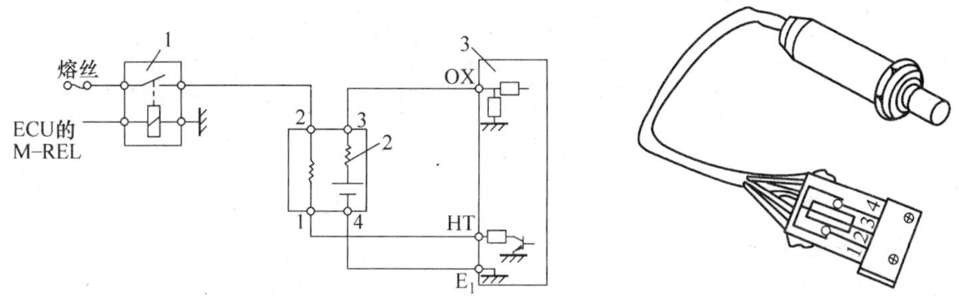

图 3-31　氧化锆氧传感器电路和接线端子

1—主继电器　2—氧传感器　3—电控单元

2）检测方法

①电阻检测方法。关闭点火开关，拔下氧传感器插头，用万用表测量插接器插头中加热器端子与搭铁端子间的电阻，所测值应在 4～40Ω 范围内变化，一般为 12Ω。

②反馈电压检测方法。拔下氧传感器线束插接器插头，对照被测车型的电路图，从氧传感器反馈电压输出端引出一条细导线。插好插接器后，在发动机运转时从引出线上测量反馈电压。

发动机以 2500r/min 的转速运转时，反馈电压应在 0～1V 范围内以 0.45～

0.5V 为中心上下快速变化，且在 10s 内反馈电压的变化次数不少于 8 次。

若传感器电压始终在 0.7～1.0V 之间，表示混合气过浓；若始终保持在 0.1～0.3V 之间，表示混合气过稀；若始终保持在 0.45～0.5V 之间，表示氧传感器未工作。

③输出信号波形检测方法。发动机预热后怠速运转 20s，将加速踏板从怠速加至节气门完全打开 5～6 次（注意不要超速），定位屏幕上的波形，应如图 3-32 所示，否则应更换氧传感器。

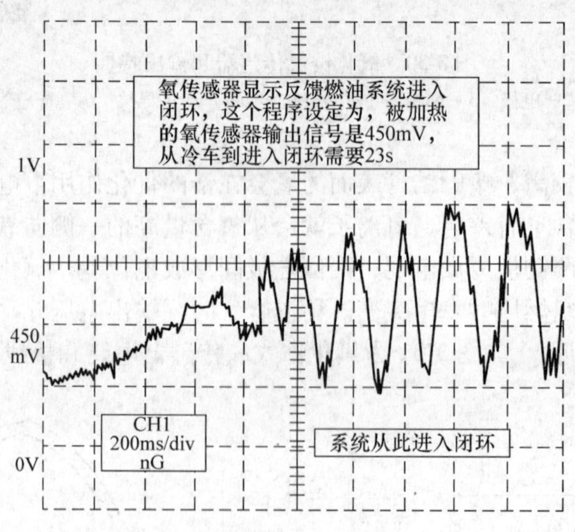

图 3-32　氧化锆氧传感器输出信号波形

（2）氧化钛氧传感器检测

1）结构及工作原理。氧化钛氧传感器主要由二氧化钛（TiO_2）敏感元件、钢制壳体、加热元件和接线端子等组成，其结构和输出特性如图 3-33 所示。

当可燃混合气浓（空燃比小于 14.7）时，排气中氧离子含量较少，二氧化钛管外表面氧离子很少或没有氧离子，二氧化钛呈现低阻状态，反之则呈现高阻状态，混合气空燃比约为 14.7（过量空气系数 λ 约为 1）时产生突变。

2）检测方法

①电阻检测方法。如果加热线电压正常，检查氧传感器内加热电阻。拔下氧传感器线束插头，用万用表电阻档测量氧传感器端子 1 与端子 2 间的电阻，应为 1～5Ω，如不符合标准，则说明电路断路或短路。

②反馈电压检测方法。拔下氧传感器的线束插头，打开点火开关，用万用表检测氧传感器插头端子 3 和 4 端子间的电压，应为（0.45±0.05）V。如果不符合要求，应检查线路。

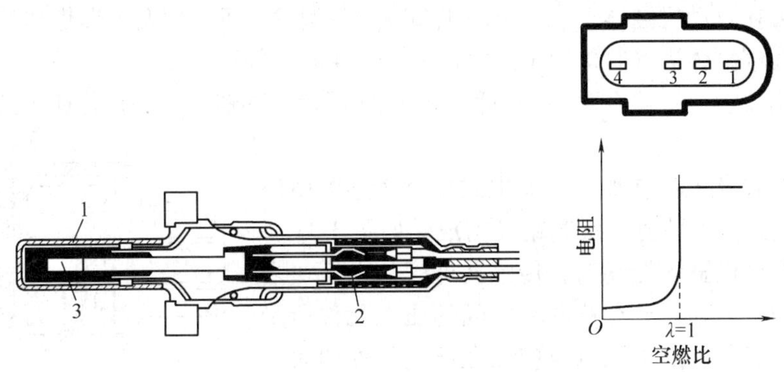

图 3-33　氧化钛氧传感器、端子及输出特性

1—保护套管　2—插接器　3—二氧化钛敏感元件

③输出信号波形检测方法。起动发动机，转速在 2500r/min 运转时，输出信号波形应如图 3-34 所示。

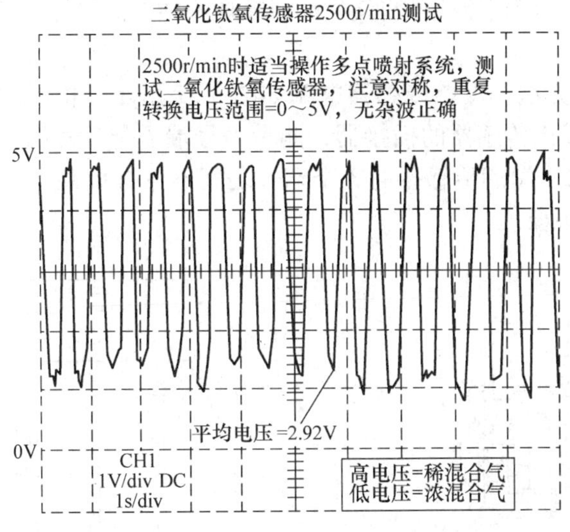

图 3-34　氧化钛式氧传感器输出信号波形

7. 爆燃传感器检测

爆燃传感器将发动机爆燃信号——气缸体振动的压力波，转变为电信号传给电控单元（ECU），推迟点火时刻，避免爆燃。爆燃消失后，控制系统使点火提前角逐步恢复。

一般发动机有一个到两个爆燃传感器，为了感应缸体振动情况，爆燃传感器只能安装在发动机缸体上。如桑塔纳 2000GSi 型发动机采用两个爆燃传感器，分别安装在气缸体进气管侧第 1、2 缸和第 3、4 缸之间。

常用爆燃传感器有两种：一种是压电式爆燃传感器，另一种是磁电式爆燃传感器。

（1）结构及工作原理　压电式爆燃传感器由外壳、压电元件、平衡块及线路等构成，如图 3-35 所示。当发动机缸体振动时，传感器外壳与平衡块之间产生相对运动，夹在这两者之间的压电元件所受压力发生变化，由于压电效应而在压电元件两表面间产生电压，其电压值的高低可用于判断爆燃强度。

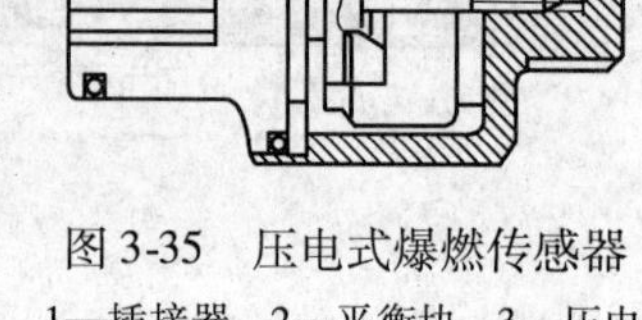

图 3-35　压电式爆燃传感器

1—插接器　2—平衡块　3—压电元件　4—外壳　5—安装螺纹

磁电式爆燃传感器由永久磁铁、铁心和绕在其上的线圈构成，如图 3-36 所示。当发动机缸体振动时，带动传感器壳体及磁化铁心振动，使磁化铁心在线圈内产生移动，线圈的磁通量发生变化而产生感生电压，其强弱可以判断爆燃强度。

（2）检测方法　爆燃传感器的常见故障有内部元件损坏、内部元件接触不良或搭铁等。爆燃传感器故障将使发动机爆燃不能及时消除，油耗和排气污染上升。

①电阻检测方法。爆燃传感器电路如图 3-37 所示。检测时，点火开关置于“OFF”位置，拔出传感器的插接器，测量 1 号端子与 2 号端子间的电阻，所测值应大于 1.0MΩ。爆燃传感器的 3 个端子之间不应有短路（电阻为零）或断路（电阻无穷大）现象。

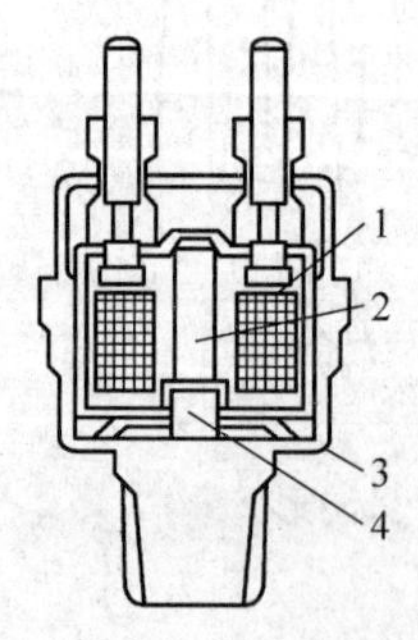

图 3-36　磁电式爆燃传感器

1—线圈　2—铁心

3—外壳　4—永久磁铁

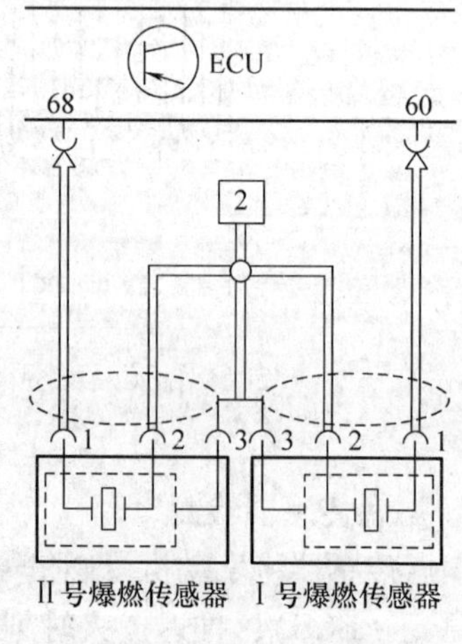

图 3-37　爆燃传感器电路

②电压检测方法。发动机怠速时，信号电压应在0.3～1.4V之间；在高转速和大负荷时，信号电压可达5.1V。

三、电子控制单元检测

电子控制单元是电子控制系统的核心，一般简称为ECU（或ECM）。

现代发动机控制单元采用集中控制，既控制燃油喷射系统，又控制点火系统，以及其他发动机控制功能，有的电控单元还控制自动变速器。

1. 电控单元的构成及基本原理

电控单元的作用是根据电控单元内存储的程序对发动机传感器输入的各种信息进行运算、处理、判断，然后发出指令，控制执行器动作，以达到迅速、准确、自动地控制发动机工作的目的。

电控单元主要由输入电路、微处理器、输出电路组成，如图3-38所示。

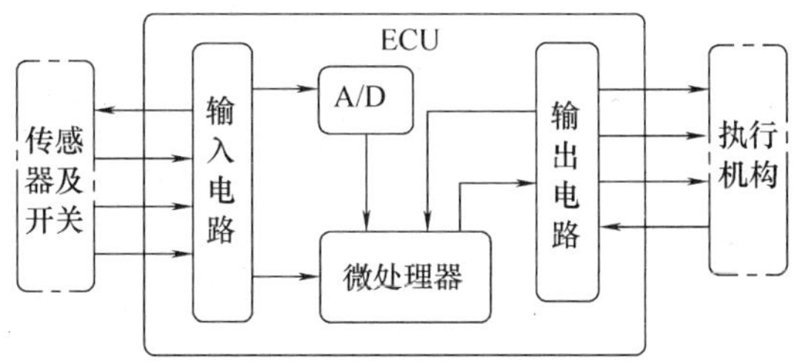

图3-38　电控单元原理

（1）输入电路　电控单元要实现各项控制功能，必须以传感器信号为依据。如电控单元控制喷油器开启时刻的信号主要有节气门位置传感器电压信号电压、发动机冷却液及进气温度传感器电压信号、空气流量或进气压力传感器电压信号、曲轴转速和位置传感器电压信号、氧传感器电压信号、蓄电池电压等。电控单元计算点火提前角的参考参数有曲轴位置及转速传感器电压信号、进气压力和温度电压信号、爆燃传感器电压信号、冷却液温度电压信号、曲轴转速电压信号、进气量电压信号等。

输入电路的作用是将各传感器及开关信号进行预处理，转换为微处理器可接收的数字信号。输入电路由数字信号预处理电路、模拟信号预处理电路、传感器电源电路构成。数字信号预处理电路接收有关传感器（如曲轴转速传感器等）直接传来数字信号，进行滤波、整形等预处理；模拟信号预处理电路接收有关传感器（如温度传感器等）传来的模拟信号，对其进行模-数（A-D）转换为相应数字信号；传感器电源电路用于向某些需要电源的传感器（如光电传感器等）提供稳压电源。

（2）微处理器　微处理器俗称电脑，是电子控制单元ECU的核心，其功能是接受输入电路输送的各传感器信号及开关信号，再根据存储器中的控制程序和标准数据进行运算、分析与判断后，输出控制指令，通过输出电路控制执行器工作。微处理器主要由中央微处理器（CPU）、存储器、输入输出接口（I/O）等组成，如图3-39所示。

1）中央微处理器。中央微处理器简称CPU，包含运算器、控制器、寄存器等部件，如图3-40所示。

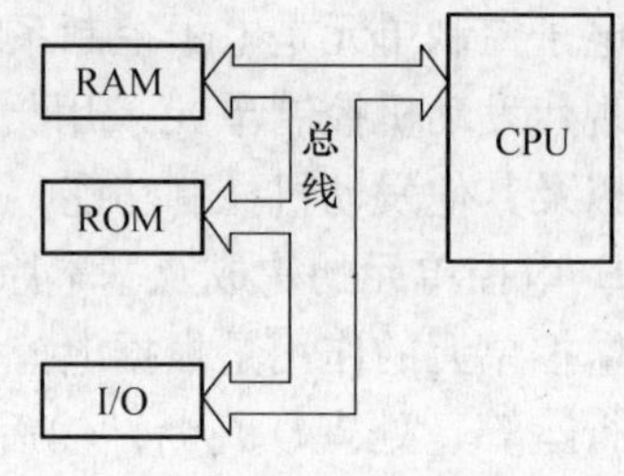

图3-39 微处理器的基本组成

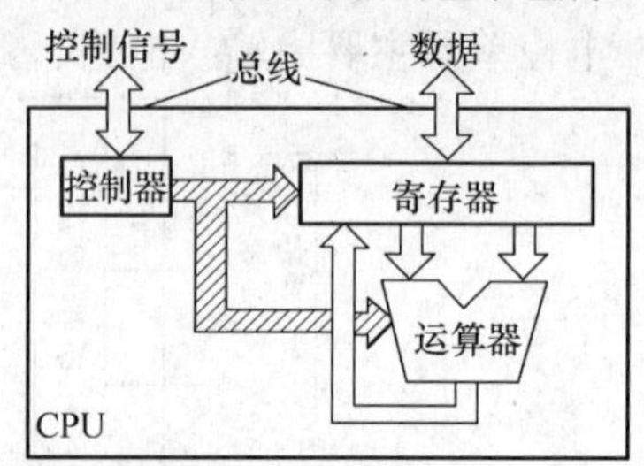

图3-40 CPU的基本组成

运算器：用于对数据的算术运算和逻辑运算。

控制器：按控制程序发出控制脉冲，控制计算机系统工作。

寄存器：用于暂时存储运算器的中间运算数据。

2）存储器。包含只读存储器（ROM）和随机存储器（RAM）。

只读存储器用于存储计算机控制程序、控制标准参数等固定信息，在制造时写入且不能更改，工作时只供读取，电源切断时其储存的信息也不会消失。

微处理器工作时，随机存储器随时可存入或读取信息，而电源切断后，RAM中的信息随即消失。由于汽车电子控制系统的故障信息（故障码）和自适应学习修正参数均用RAM储存，这些信息需要在发动机熄火时仍然保留，为此，ECU需有一个直接连接蓄电池的常接电源线。

3）输入/输出接口（I/O）。即CPU与外部设备进行数据传送的纽带。从输入电路送来的传感器信号、开关信号及某些执行器的反馈信号经输入接口送入CPU；而CPU的控制指令则通过输出接口传送到输出电路。

（3）输出电路　输出电路通常由信号处理电路和驱动电路组成。

微处理器经输出接口输出的控制信号一般不能直接控制执行器，需由信号处理电路将微处理器的控制指令转换为相应的控制脉冲，再经驱动电路控制执行器工作。电控燃油喷射系统的执行机构是喷油器等，而电子点火系统的执行机构是电子点火器。

2. 电控单元外部电路检测方法

在相关传感器、执行器、线束、插接器及其他系统零部件功能正常的情况下，如电控单元仍无法接受和处理传感器信号，说明发动机电控单元有故障。故障原因主要是发电机调节器故障，输出电压过高，造成ECM损坏或ECM内部驱动器损坏，使驱动执行机构不工作等。

（1）注意事项　用万用表检测电控单元端子的电压和电阻时，应注意以下问题：

①检测前，检查汽车电子控制系统及其他电气系统的熔断器、熔丝及有关线束插头是否良好。点火开关处于开启位置时，蓄电池电压不应低于11V。

②检测时，必须使用高阻抗的万用表（大于10MΩ），最好使用汽车专用万用表。

③测量各端子的电压，应在微处理器与线束插接器处于连接的状态下进行，万用表测试笔应从线束插头的导线一侧插入接触微处理器各端子。

④测量各端子电阻，应先拔下微处理器的线束插接器。若要拔下微处理器的线束插接器测量各控制线路，则应先拆下蓄电池负极搭铁线。

⑤在检测时，应先将微处理器连同线束一同拆下，在线束插接器处于连接的状态下，分别在点火开关关闭、开启及发动机运转状态下，测量微处理器各端子与搭铁端子之间的电压。也可以拔下微处理器线束插接器，测量各控制线路的电阻，从而确定控制线路是否正常。

⑥连接ECU线束插头时，将拨杆推到底，以便可靠地锁紧；从ECU上连接或断开针状端口时，不要损坏针状端口。要确认ECU上的针状端口没有弯曲或断裂。测量ECU信号时，注意不要使测试笔搭接，表笔的意外搭接将会导致短路，损坏ECU内的功率晶体管。

（2）电压检测方法

①用万用表检测蓄电池的电压，应大于或等于11V，否则充电后再测量。

②从汽车上拆下微处理器，但保持线束插接器与微处理器处于连接状态（即不拔下线束）。

③将点火开关置于“ON”位置。

④将万用表置于电压档。

⑤依次将万用表测试笔从线束插头的导线一侧插入，测量微处理器各端子与搭铁端子之间的电压。

⑥记录各端子与搭铁端子间的电压值，并与标准检测数据相比较，如测得的电压与标准值不符，则说明微处理器或控制线路有故障。

（3）电阻检测方法

①从汽车上拆下微处理器。

②拔下导线插接器。

③参照电控单元各端子的分布图，如图3-41所示，用万用表测量导线插接器各端子间电阻值。注意：不要触碰微处理器的接线端子，应将测试笔从导线侧插入导线插接器中。

④记录所测电阻值，并与标准检测数据相比较（表3-9），从而确定微处理

器控制线路是否正常。

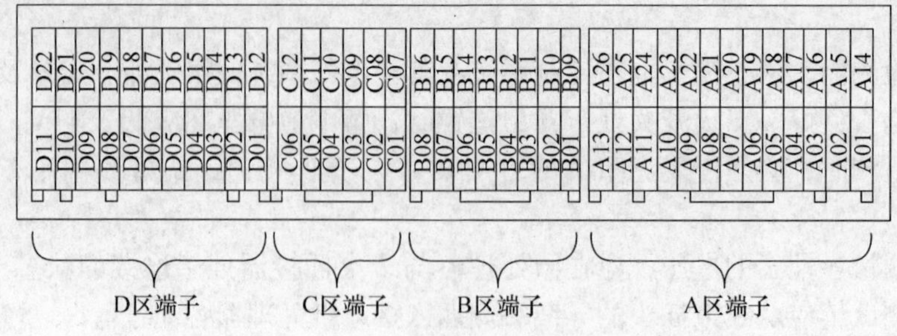

图 3-41 电控单元各端子的分布

表 3-9 三菱 4G64 发动机电控单元端子之间的电阻

端子号码	检查项目	正常状况
A01—A12	第 1 缸喷油器	13 ~ 16kΩ(20℃)
A14—A12	第 2 缸喷油器	
A02—A12	第 3 缸喷油器	
A15—A12	第 4 缸喷油器	
A04—A12	步进电动机线圈 A	20 ~ 33Ω(20℃)
A17—A12	步进电动机线圈 B	
A05—A12	步进电动机线圈 C	
A18—A12	步进电动机线圈 D	
A13—车身搭铁	发动机 ECU 接地	导通(0Ω)
A26—车身搭铁	发动机 ECU 接地	
A06—A12	EGR 电磁阀	6 ~ 44Ω(20℃)
A09—A12	净化电磁阀	36 ~ 44Ω(20℃)
D13—D22	冷却液温度传感器	5. 1 ~ 6. 5kΩ(0℃)
		2. 1 ~ 2. 7kΩ(20℃)
		0. 9 ~ 1. 3kΩ(40℃)
		0. 26 ~ 0. 36kΩ(80℃)
D20—D22	进气温度传感器	5. 3 ~ 6. 7kΩ(0℃)
		2. 3 ~ 3. 0kΩ(20℃)
		1. 0 ~ 1. 5kΩ(40℃)
		0. 3 ~ 0. 42kΩ(80℃)
C10—C12	氧传感器	大约 12Ω
D17—D22	怠速位置开关	导通(节气门在怠速位置)
		不导通(节气门轻微开启)

四、燃油供给系统电控装置故障诊断

燃油供给系统由燃油箱、燃油滤清器、燃油泵、压力调节器、喷油器、油管等构成（图 3-2），有些供给系统还装有冷起动喷油器。燃油泵将燃油从燃油箱泵出，通过滤清器过滤后加压送到喷油系统；压力调节器对燃油压力进行调整并使过量汽油返回燃油箱，保证喷油系统在恒定燃油压力下工作；然后，燃油经输油管配送到主喷油器，喷油器根据电控单元（ECU）发出的指令开启，将适量的燃油油喷入各进气歧管、进气总管或气缸。装有冷起动喷油器发动机起动时，冷起动喷油器由电控单元 ECU 或由温度-时间开关控制，与主喷油器同时喷油。

发动机电控燃油装置主要包括油泵控制装置和喷油器控制装置。

1. 燃油泵故障诊断

常用电动燃油泵有滚柱式、涡轮式燃油泵。通常安装在燃油箱内或串接在燃油管道中。

（1）结构及工作原理　滚柱式燃油泵主要由电动机、滚柱、转子、轴、出油阀、卸压阀等组成，如图 3-42 所示。转子旋转时，转子槽内的滚柱在离心力作用下，紧压在泵体内表面上，起密封作用，相邻两个滚柱之间形成工作腔。工作腔转过出油口后，容积不断增大，形成一定真空，当工作腔与进油口连通时，吸入燃油；而吸满燃油的工作腔转过进油口后，容积不断减小，使燃油压力提高，受压燃油流过电动机，从出油口输出（图 3-43）。

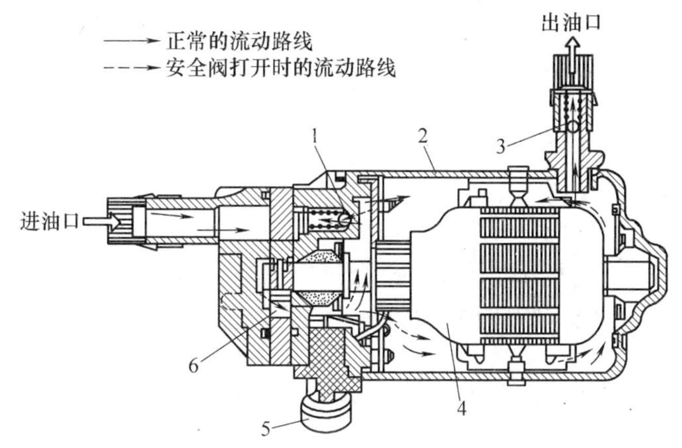

图 3-42　滚柱式汽油泵

1—安全阀　2—泵壳　3—单向阀　4—电动机　5—汽油泵电机插接器　6—滚柱泵

涡轮式电动燃油泵主要由燃油泵电动机、涡轮泵、出油阀、卸压阀组成，如图 3-44 所示。油泵电动机驱动涡轮泵叶轮旋转，由于离心力的作用，使叶轮周围小槽内的燃油随同叶轮一同高速旋转。由于离心力的作用使出口处油压增高，而进口处形成真空，从而把燃油从进油口吸入，从出油口输出。出油阀在油泵不工作时阻止燃油流回油箱，保持油路中有一定的压力。

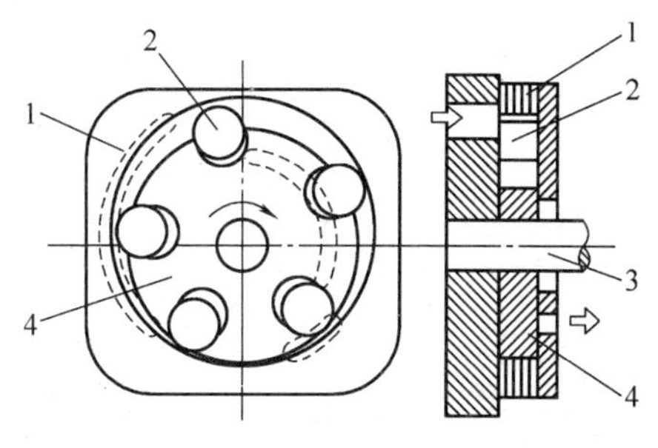

图 3-43　滚柱泵工作原理

1—泵体　2—滚柱　3—轴　4—转子

燃油泵的控制电路有多种类型，下面以带燃油泵 ECU 的燃油泵控制电路（图 3-45）为例说明其控制原理。

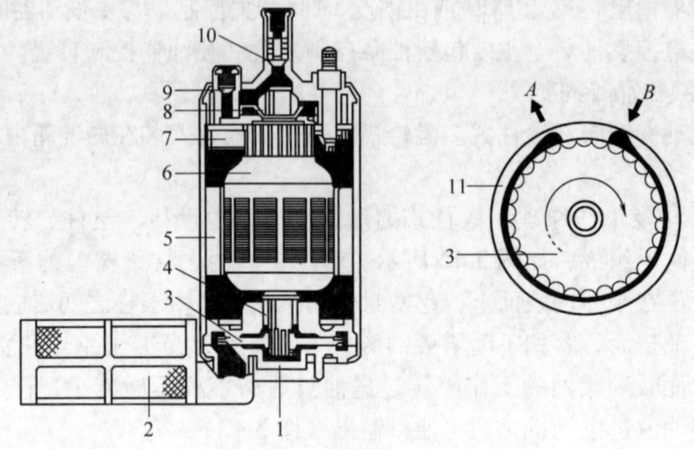

图 3-44 涡轮式燃油泵

1—橡胶缓冲垫 2—滤网 3—叶轮及叶片 4、8—轴承 5—永久线圈 6—电枢 7—碳刷 9—限压阀 10—单向止回阀 11—泵体

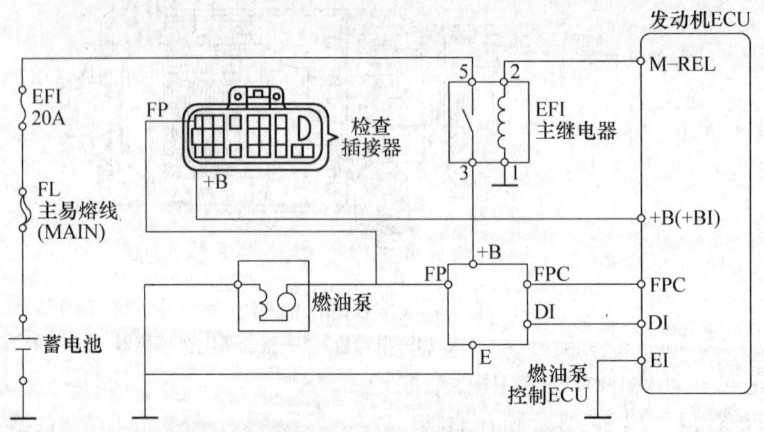

图 3-45 带燃油泵 ECU 的油泵控制电路

蓄电池电源经主易熔线、20A 熔丝、EFI 主继电器进入燃油泵 ECU 的 + B 端子，通过 FP 端子向燃油泵供电。根据发动机 ECU 的 FPC 端子和端子 DI 的信号，燃油泵控制 ECU 控制 + B 端子与 FP 端子的连通回路，以改变输送给燃油泵的电压，从而实现对燃油泵转速的控制。发动机高速、大负荷工作时，发动机 ECU 的 FPC 端子向燃油泵控制 ECU 发出指令，使 FP 端子向燃油泵提供 12V 的蓄电池电压，燃油泵以高速运转。当发动机低速、小负荷工作时，发动机 ECU

的 FPC 端子向燃油泵控制 ECU 发出指令，使 FP 端子向燃油泵提供较低的电压（一般为 9V），燃油泵以低速运转。DI 是燃油泵 ECU 给发动机 ECU 的反馈线端子信号，也称为 DI 故障监控信号。

ECU 的电源端子 +B 和燃油泵控制端子 FP，分别有导线与诊断座上的相应端子相连，以便于对燃油泵进行检查。

（2）故障诊断方法

1）就车检查（带有初始压力控制）

①用专用导线将燃油泵 FP 和 +B 端子跨接到 12V 电源上。

②点火开关置于“ON”，但发动机不起动。

③旋开燃油箱盖能听到燃油泵的工作声音，进油软管应有压力。否则应检修或更换燃油泵。

④如燃油泵不工作，应检查燃油泵电路、导线、继电器、易熔线和熔丝有无断路。

2）电阻检测。释放燃油系统压力，并关闭用电设备。拆下燃油泵后，测量燃油泵两端子 +B－FP 之间电阻（即泵内电动机绕组电阻），应为 2～3Ω；而 E—D1 端子间的搭铁电阻为零。用蓄电池直接给燃油泵通电，应能听到燃油泵高速旋转的声音（注意通电时间不能太长）。

3）电压检测。检测燃油泵 ECU 各接线端子的电压，应符合规定值，见表 3-10。

表 3-10　燃油泵控制电路电压检测

测量端红表笔	测量端红表笔	发动机状态	标准电压值/V
E	搭铁	—	0
DI	搭铁	—	—
FP	搭铁	突然加速	12～14
FP	搭铁	怠速	8～10
+B	搭铁	点火开关 ON	≈12
FPC	搭铁	急加速到 6000r/min	4～14
FPC	搭铁	怠速	2～5

4）供油压力和供油量检查。起动发动机运转，测试燃油压力值。怠速时燃油压力应为 0.19～0.24MPa；正常运转时，燃油压力应在 0.26～0.31 MPa 范围内；发动机熄火 5min 后，剩余压力不低于 0.15MPa。在带有汽油滤清器的情况下，燃油泵供油量应为 700～1000mL/min。

2. 喷油器故障诊断

喷油器是电控汽油喷射系统执行机构中的关键部件。喷油器实际上是由发动机电控单元控制的电磁阀。根据各个传感器输入反映发动机工作状况的信息，电控单元分析计算最佳喷油时刻和喷油时间（亦称为喷油脉宽，以 ms 计），通过喷油驱动电路控制喷油器的打开和关闭，把适量燃油喷入进气歧管，实现对混合气浓度的精确控制。

（1）结构及控制电路　喷油器主要由燃油滤网、线束插座、电磁线圈、针阀阀体、阀座、回位弹簧等组成，如图 3-46 所示。具有恒定压力的燃油经滤网进入喷油器。当电磁线圈通电时，其电磁力使衔铁克服弹簧力而移动，使针阀开启，压力油从喷口喷出。当电磁线圈断电后，弹簧弹力使阀体复位，针阀关闭，轴针压靠在阀座上起到密封作用，防止燃油泄漏。电磁线圈通、断电时刻由电控单元控制。

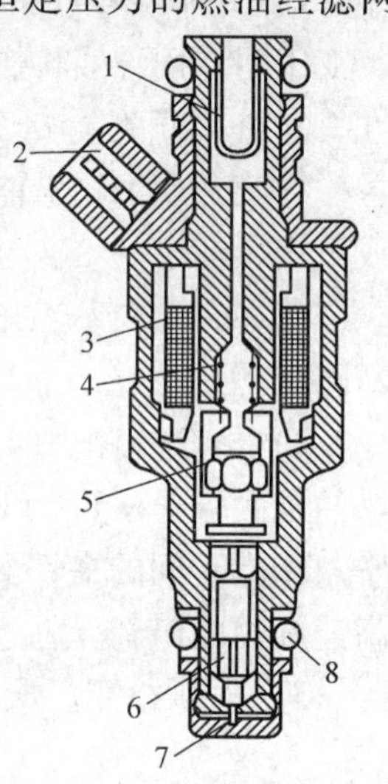

图 3-46　喷油器构造

1—滤网　2—插接器
3—电磁线圈　4—回位弹簧
5—衔铁　6—针阀
7—轴针　8—密封圈

电磁线圈通电时，线圈电流产生的电磁吸力使针阀阀体克服弹簧的弹力，阀体与针阀上升，阀门打开，燃油便从喷孔喷出。由于燃油压力较高，因此喷出燃油雾化较好。当电磁线圈电流切断时，电磁吸力消失，针阀与阀体在弹簧作用下复位，阀门关闭，喷油停止。

喷油器的驱动方式有电压驱动和电流驱动两种类型。其电流驱动电路如图 3-47 所示。蓄电池通过点火开关和主继电器给喷油器和 ECU 供电，ECU 控制喷油器和主继电器搭铁回路。点火开关接通时，继电器触点闭合，ECU 中的喷油器驱动电路使晶体管 VT_1 导通，流过喷油器线圈的电流使喷油器开启，同时在 VT_1 发射极电阻上产生电压；A 点的电压达到设定值时，喷油器驱动电路使 VT_1 截止，喷油器关闭。晶体管 VT_2 的作用是吸收 VT_1 导通和截止时在喷油器线圈中产生的反电动势。若流过喷油器线圈的电流超过设定值，继电器触点自动断开，以切断喷油器电源。

（2）故障诊断方法

1）振动检测。在发动机怠速运转时，可以用手感觉喷油器工作时的振动情况，检查喷油器针阀的开闭是否正常。

2）声音检测。起动发动机并使其运转，待发动机热车后，查听喷油器的工作声音。如果听到喷油器发出清脆而均匀、有节奏的“嗒嗒”振动声，说明喷油器正常；如果喷油器发出的声音很小，多半是由于针阀卡滞导致喷油器不能正常工作。

3）电阻检测。关闭点火开关，取下电动喷油器插头，用万用表测量电动喷油器插接器两接线端间的电阻，电压驱动型高阻抗喷油器阻值应为 12 ~ 16Ω（发动机热态时，电阻提高约 4 ~ 6Ω），电压驱动型低阻抗喷油器阻值为 3 ~ 5Ω。电流驱动型的低电阻型喷油器电阻值应为 2 ~ 3Ω。

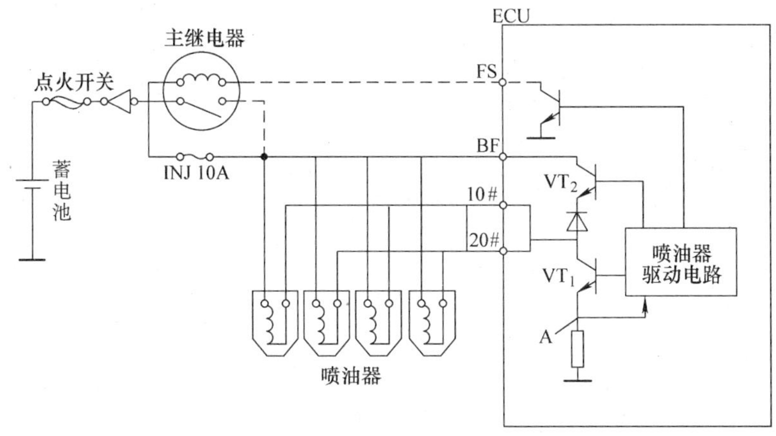

图 3-47　喷油器电流驱动电路

4）喷油量检测。用带流量测试功能的喷油器清洗机检测喷油器的喷油量，并观察燃油雾化情况。在规定转速下，喷油器的喷油量应满足规定值，标准喷油量为 70 ~ 80mL/15s，各喷油器的喷油量误差不超过 9mL/15s。检测喷油量后，检查喷油器喷嘴处有无漏油，要求每 3min 漏油不多于 1 滴。

5）波形检测。用示波器检测喷油控制信号波形，分析其喷油脉宽、波形等信息检测喷油器的性能。

起动发动机，以 2500r/min 转速运转 2 ~ 3min，待发动机达到正常工作温度，关闭附属电器设备，将变速器操纵杆置于停车档或空档，缓慢加速并观察在加速时，通过示波器测试喷油驱动电路的电压波形，如图 3-48 所示。图中，ECU 停止喷油信号到达，喷油器控制回路电流切断时，喷油器线圈因内部磁场消失而产生自感电动势脉冲，幅值约为 35V。喷油时间将根据发动机的工况和氧传感器的输出电压发生变化。通常情况下，怠速下的喷油时间一般为 1 ~ 6ms；起动时或大负荷时的喷油时间一般为 6 ~ 35 ms。峰值保持型喷油器在加速、大负荷和大气修正等工况时开始加浓补偿喷油，加浓补偿喷油时间约为 1.2 ~ 2.5 ms。加浓补偿喷油结束时，产生的自感电动势约为 30V。

6）数据流喷油脉宽。连接微处理器诊断仪，进入数据流功能，可读取微处理器输出的喷油控制信号脉宽，该数据称为数据流喷油脉宽。数据流喷油脉宽是微处理器内部的 CPU 根据进气量（或进气压力）传感器、转速传感器、冷却液温传感器、节气门位置传感器和氧传感器等信号，经运算、分析和判断，向喷油器控制开关管及放大电路发出的一定脉宽的控制信号，触发喷油器动作。

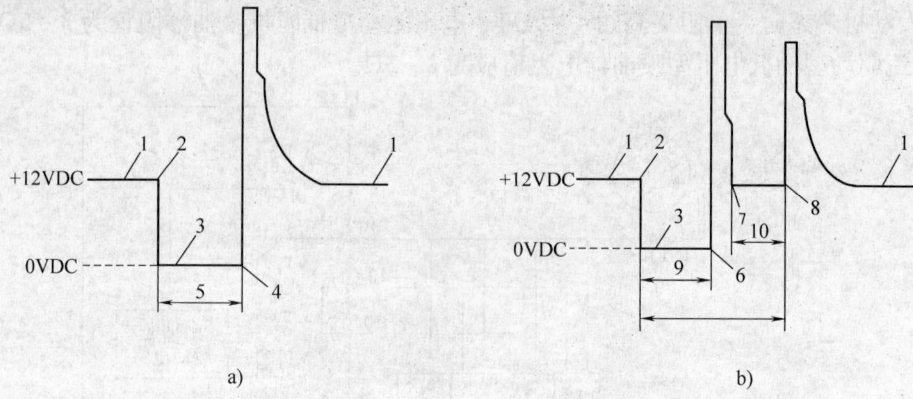

图 3-48　喷油器标准喷油波形

a）饱和开关型喷油器波形　b）峰值保持型喷油器波形

1—未喷油　2—ECU 喷油信号到达　3—喷油过程　4—ECU 停止喷油信号到达　5—喷油持续时间　6—保持型基本喷油结束　7—加速、大负荷、大气修正加浓补偿喷油　8—ECU 停止喷油信号到达　9—保持型基本喷油时间　10—补偿喷油时间

3. 燃油压力调节器故障诊断

燃油压力调节器一般安装在燃油分配管的一端，一端与燃油分配管相连，另一端与回油管相连，其作用是控制燃油系统的压力，向喷油器提供稳定的油压。

（1）结构及工作原理　常见的燃油压力调节器是一种膜片控制式过流型调节器，维持燃油系统的稳定燃油压力，外面是金属壳体，内腔被膜片分成两个室，一个为弹簧室，弹簧顶在膜片上，另一个为燃油室，如图 3-49 所示。

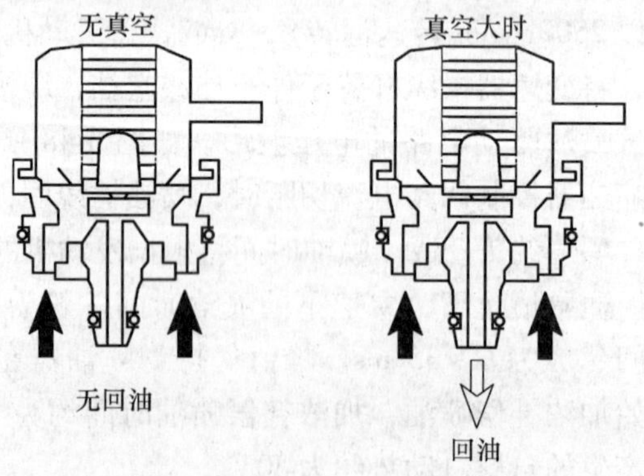

图 3-49　燃油压力调节器

当油泵供油压力超过系统设定压力时，膜片控制阀打开，燃油进入回油管，多余燃油流回油箱，如果燃油系统压力不符合要求，说明燃油压力调节器故障，

应进一步检查或更换。

（2）故障诊断方法　将油压表接入燃油管路，测量发动机怠速运转时的燃油压力，拆下调节器上的真空软管，系统压力应升高50kPa左右，否则，燃油压力调节器有故障，应予以更换。

用一根导线将电动汽油泵的两个检测孔短接。打开点火开关，让电动汽油泵运转10s，然后关闭点火开关，取下导线。将汽油压力调节器的回油管夹紧，5min后观察油压，该油压即为汽油压力调节器保持压力。如果压力降低，说明燃油压力调节器有泄漏，应予以更换。

4. 燃油供给系统压力检测

通过燃油系统压力测试，可以准确地判断燃油系统故障，不同车系、不同喷射类型、不同排量的发动机系统油压有所不同，见表3-11。

表3-11　部分车型燃油压力

车系	排量/L	系统油压/kPa	残压/kPa
桑塔纳时代超人	1.8	约300	高于150(熄火10min)
奥迪A6	1.8	约350	高于250(熄火10min)
丰田	2.0	196～235	不降低(熄火5min)
福特	2.3	206～318(怠速)	不降低(熄火5min)
本田	2.0	285±20(怠速)	高于150(熄火10min)
克莱斯勒	2.5	98	残压较低

燃油油压过低会造成混合气过稀、加速不良、动力不足、怠速不稳、加速回火等现象。油压过低往往是泵油量不足、燃油滤清器阻塞、油压调节器调节不当等原因造成的。

燃油油压过高会造成混合气过浓、油耗大、冒黑烟等现象。油压过高往往是调节器真空漏气、回油管回油不畅、油压调节器调节不当等原因造成的。

燃油系统中的喷油器漏油会造成发动机运转稳定性下降，如出现怠速不稳的故障现象。

因此，应对发动机电控燃油喷射系统的供油压力进行测试。其测试步骤如下：

1）首先松开连接件以释放压力，然后将专用压力表接在进油管接头处（对于丰田）。

2）使发动机怠速运转。

3）燃油系统压力预置测试。通过反复打开和关闭点火开关数次观看油压表来完成，预置油压应达到正常压力即0.25～0.35MPa。燃油系统压力预置的作用是，避免首次起动发动机时，因系统内无压力而导致起动时间过长。如果没有燃油压力预置，要检查发动机 ECU、燃油泵和电路等。

4）供油压力测试。拆下燃油压力调节器上的真空软管，用手堵住进气管一侧，检查油压表指示的压力，多点喷射系统应为 0.25 ~ 0.35 MPa，单点喷射系统为 0.07 ~ 0.10MPa。

5）调节压力测试。接上燃油压力调节器的真空软管，燃油压力表的指示应有所下降（约为 0.05MPa）。若压力不降则表示油压调节器不良。

6）测试汽油泵最大供油压力。怠速时将回油管夹住时的油压，应为供油压力的 2 ~ 3 倍，否则表示油泵不良。

7）供油量测试。怠速运转，急加速到 3000r/min 以上，油压升高应不低于 21kPa。

8）系统残余压力测试。将发动机熄火，等待 10min 后观察压力表的指示值，多点喷射系统不低于 0.20MPa 左右，单点喷射系统不低于 0.05MPa 左右。

9）油密封测试。燃油系统油压保持在供油压力以上，观察喷油器有没有漏油现象。一般 3min 内漏油量应少于 1 滴。

10）检查完毕后，应释放系统压力，拆下油压表，装复燃油系统。

五、电控燃油喷射系统常见故障诊断

与发动机电控燃油喷射系统有关的故障包括：发动机不能起动或起动困难；发动机怠速不良；发动机加速性能不良，动力不足；发动机失速等。但这些故障不仅与电控燃油喷射系统有关，而且与发动机的电控点火系统及其他有关系统的技术状况有关，因此必须对电控发动机进行综合诊断才能确定故障原因。以下仅介绍发动机混合气过稀和混合气过浓的故障分析方法。发动机综合故障的诊断分析方法见本书第四章。

1. 混合气过稀

（1）故障现象　进气管有回火现象。

（2）故障原因　节气门位置传感器、进气温度传感器等传感器及电路不良；喷油器工作不正常；燃油系统压力低；进气管漏气等。

（3）故障诊断方法　诊断步骤如图 3-50 所示。

2. 混合气过浓

（1）故障现象　排气管冒黑烟或有放炮现象。

（2）故障原因　喷油器漏油，工作不正常；燃油系统压力过高；控制电路和发动机电控单元故障。

（3）故障诊断方法　诊断步骤如图 3-51 所示。

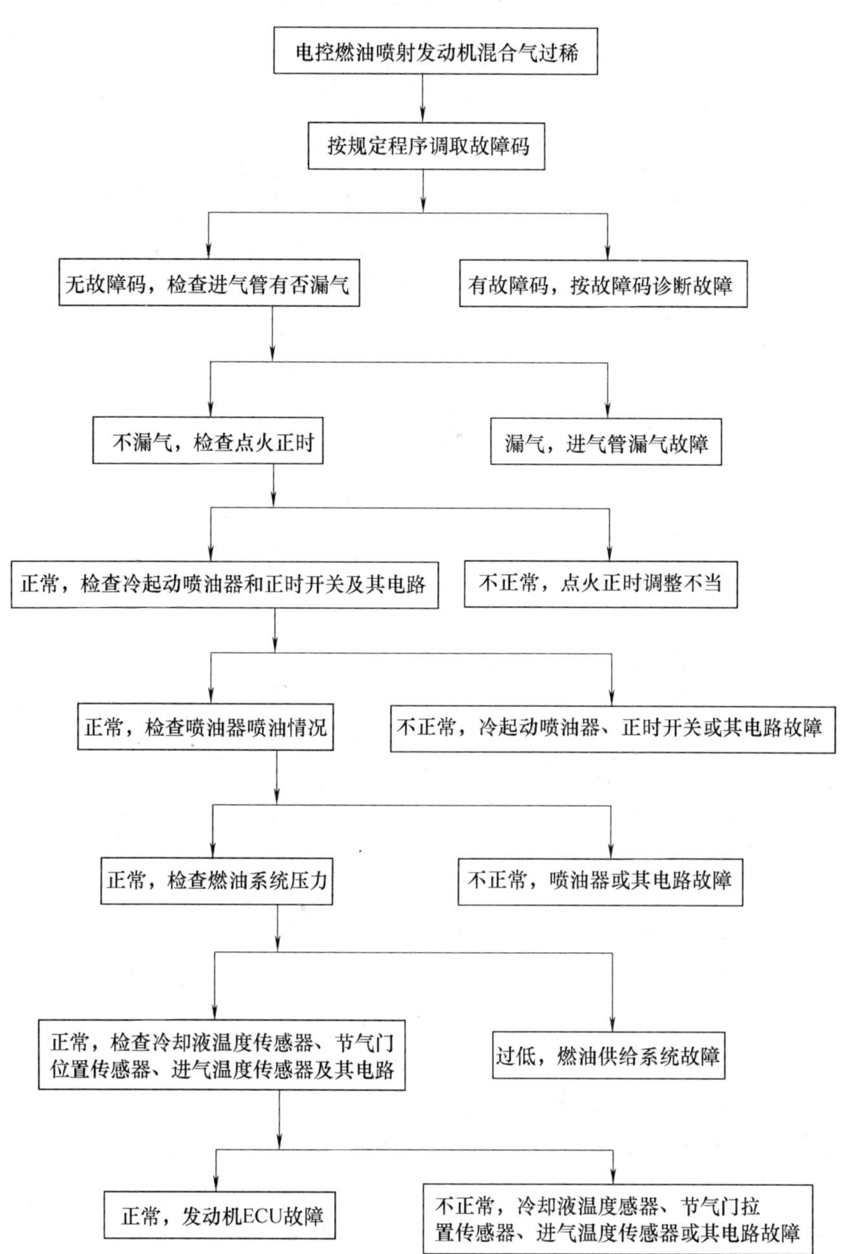

图 3-50 混合气过稀诊断流程

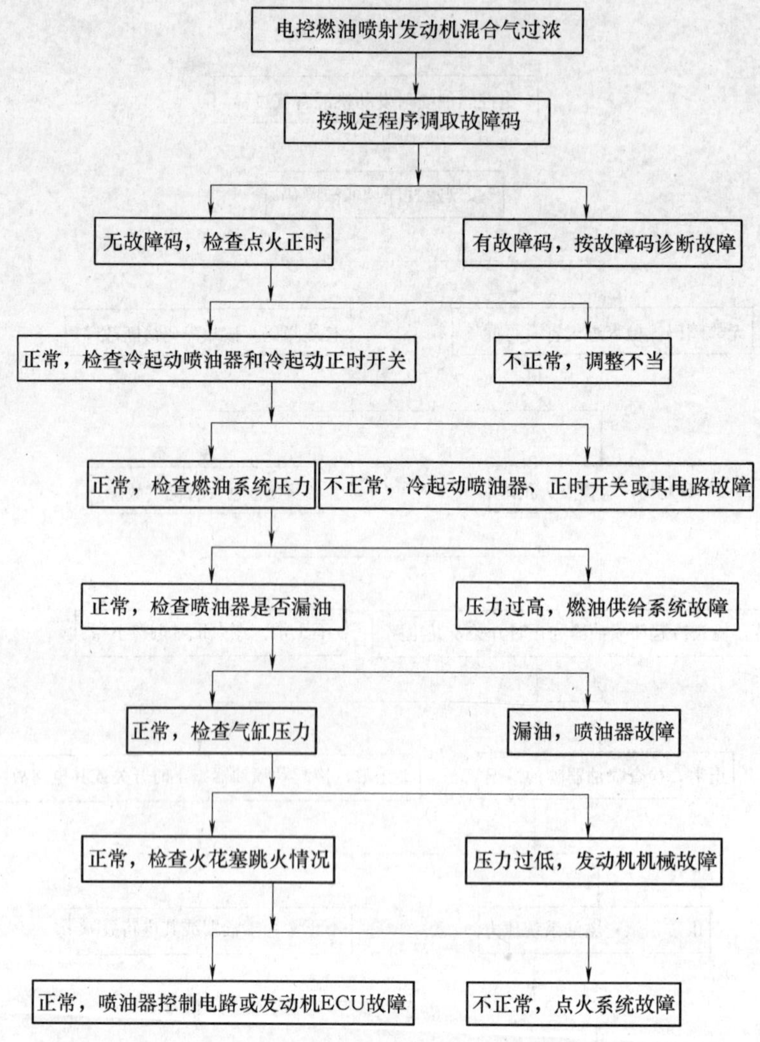

图 3-51　混合气过浓诊断流程

六、电子控制汽油机故障诊断的方法

电控发动机的许多故障不仅与电控燃油喷射系统有关，而且与发动机的电控点火系统及其他有关系统的技术状况有关，因此必须对其进行综合诊断才能确定故障原因。以下介绍电子控制汽油机故障诊断的基本方法。

电子控制汽油机装备有故障自诊断系统，可以利用故障码诊断故障，给越来越复杂的电控系统的故障诊断带来了方便。但是，对于没有包括在自诊断系统之内的故障，则应采用传统的方法，即在问询汽车用户有关问题后，采用外观检查、基本检查、进入故障诊断表、故障征兆模拟试验等传统方法，诊断并排除故障。电控发动机故障诊断的方法和流程如图 3-52 所示。

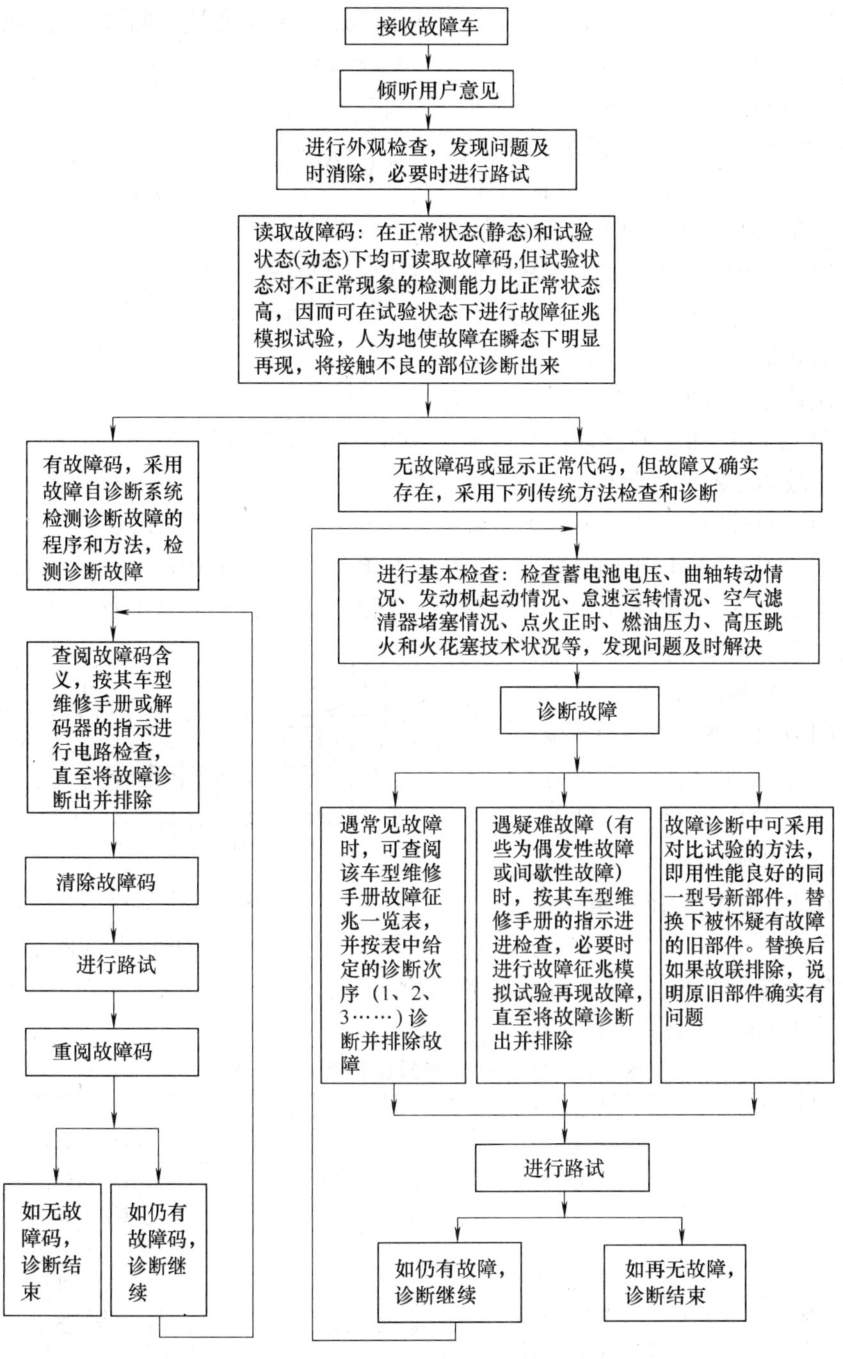

图 3-52　电控发动机故障诊断方法和流程

1. 电子控制汽油机的故障自诊断

电控汽油机发现故障时，只要显示故障码，就应该首先进行故障自诊断。

(1) 自诊断系统简介

1）自诊断系统基本工作原理。自诊断系统即随车诊断系统，其工作原理如图3-53所示。一般装有微处理器控制单元的汽车，都具有故障自诊断系统（OBD）。当系统出现故障时，自诊断系统将故障部位、类型以故障码的形式记忆并储存在电控单元ECU的存储器中，同时发出警示。因此从电控单元ECU的存储器取出故障码，可以为故障诊断和排除提供方便。

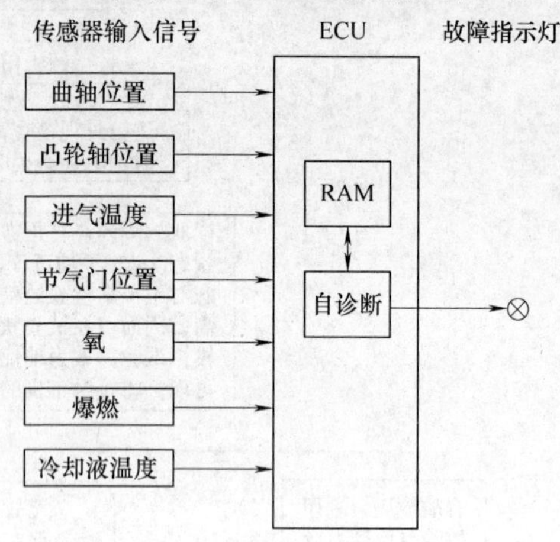

图3-53　自诊断原理

2）自诊断系统的故障诊断插座。OBD-Ⅱ（On-Board Diagnostic Ⅱ）车载诊断系统是普遍采用的故障自诊断系统。由于采用了统一诊断模式和诊断插座、相同的数据信息和故障码及含义。因此只要用一台仪器即可对各种车辆进行检测和诊断。

OBD-Ⅱ诊断插座为16端子标准诊断插座，一般安装在发动机舱内和驾驶室仪表板下方，如图3-54所示。

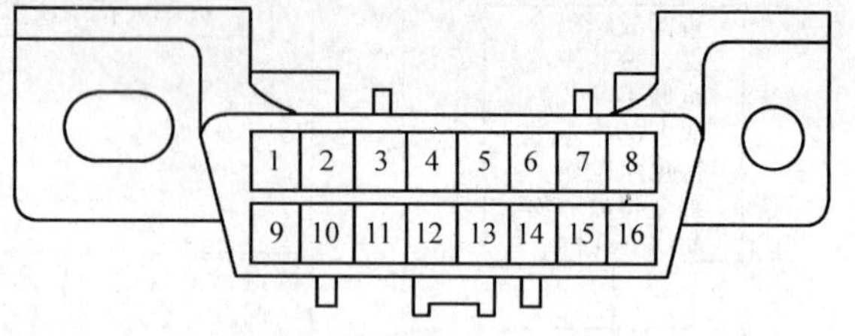

图3-54　OBD-Ⅱ诊断插座

在OBD-Ⅱ诊断插座中，共有7个关键性的端子，如电源、搭铁、资料传输线等。OBD-Ⅱ诊断插座中的另外9个端子为汽车生产厂根据需要选用。各端子代码及含义见表3-12。汽车生产厂选用OBD-Ⅱ诊断插座中的端子情况见表3-13。

表3-12　OBD-Ⅱ诊断插座各端子代码及含义

端子代号	含　义	端子代号	含　义
1	供制造厂使用	9	供制造厂使用
2	SAE-J1850 资料传输 +	10	SAE-J1850 资料传输
3	供制造厂使用	11	供制造厂使用
4	车身搭铁	12	供制造厂使用
5	信号回路搭铁	13	供制造厂使用
6	供制造厂使用	14	供制造厂使用
7	ISO-9141 资料传输	15	ISO-9141 资料传输
8	供制造厂使用	16	接蓄电池正极

表 3-13 OBD-Ⅱ诊断插座的端子使用情况

端子＼车种	通用	福特	克莱斯勒	丰田	三菱	现代	沃尔沃	大宇
1		点火控制			发动机故障码输出			
2	“M”自动变速器故障码输出	BUS（＋）串行数据		SDL				“M”自动变速器故障码输出
3			CCD 总线（＋）				发动机故障码输出	
4	“A”搭铁	车架搭铁	搭铁	底盘搭铁	搭铁		搭铁	搭铁
5	“A”搭铁	信号搭铁	搭铁	信号搭铁	搭铁		搭铁	搭铁
6	“B”发动机、自动变速器故障码输出		发动机 SCI 信号接收	发动机自动变速器故障码输出	自动变速器故障码输出			“B”发动机故障码输出
7		ISO9141-K 线	ISO9141-K 线 SCI 信号传送		发动机资料输出		发动机资料输出	
8	防盗				ABS 故障码输出			防盗
9	BCM 数据							BCM 数据
10		BUS（－）串行数据			发动机资料输出			
11	悬架		CCD 总线（－）SRS 故障码输出					
12					SRS 故障码输出			
13		发动机、自动变速器故障码输出			C/C 定速巡航故障码			
14	音响空调							音响空调
15		ISO9141-L 线	ISO9141-L 线自动变速器诊断信号					
16	B＋12V 电源	B＋12V 电源	B＋12V 电源	B＋12V 电源	B＋12V 电源		B＋12V 电源	B＋12V 电源

3）自诊断系统故障警示方式。车型和生产厂家不同，故障显示的方式也不相同。有用发动机警告灯显示的，有用红、绿发光二极管显示的，还有用数码管显示的。

大多数汽车在组合仪表板上设有发动机警告灯，用于故障报警和就车显示故断码。发动机起动前点火开关打开时，该灯应点亮；不亮，说明灯或灯的电路有问题。发动机起动后，转速高于500r/min时，该灯应熄灭，说明发动机无故障；如果该灯继续点亮或在运行中点亮，说明ECU检测到电控系统故障，发出报警信号。另外，还能通过该灯的闪烁频率，将存储器中存储的故障码显示出来。故障码1~9通过单独短闪烁显示。故障码10~41通过一系列的长闪烁和短闪烁显示，长闪烁的次数表示十位数字，短闪烁的次数表示个位数字。故障排除后，通过消除故障码，该灯不再点亮。图3-55所示为某型车辆上的自诊断系统在故障码为12和34时故障警告灯闪亮规律。

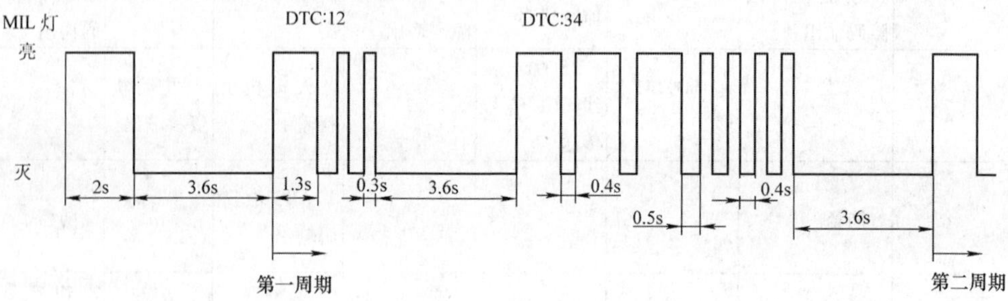

图3-55 故障码为12和34故障警告灯闪烁规律

用红、绿发光二极管（LED）显示故障码时，采用一个LED灯，指示方式与故障警告灯显示方式相同。采用两个LED灯，一红一绿，红灯显示十位数，绿灯显示个位数。采用4个LED灯，分别代表数字1、2、4、8。自诊断系统被触发后，发亮的LED所代表的数字之和，即为故障码。

（2）故障自诊断模式

①静态测试模式。指点火开关打开，发动机处于静止状态下进行检测诊断的模式。该模式主要用于提取存储器中的间歇性故障码和在静态下发生故障的故障码。

②动态测试模式。指点火开关打开，发动机处于运转状态（包括汽车路试）下进行检测诊断的模式。该模式主要用于提取存储器中的动态下发生故障的代码或进行混合气成分的检测分析。

二者相比，动态状态下不仅可以显示静止状态下的故障，还可检测出静止状态下发现不了的故障，同时检测灵敏度高。在动态测试模式下读取发动机故障码时，一定要严格执行操作步骤，否则将检测出错误的故障码或无法进行诊断。

（3）故障自诊断的基本程序

1）读取故障码

①用跨接线连接诊断插座有关的插孔，进入故障自诊断系统。通过驾驶室组合仪表板上故障警告灯或 LED 的闪烁，读取故障码，如丰田、日产、三菱、马自达、福特、宝马、标致等汽车。

②转动 ECU 控制装置上的“诊断开关”进入故障自诊断系统，读取故障码。

③用点火开关 ON→OFF→ON→OFF→ON 循环动作的方法进入故障自诊断系统，读取故障码，如克莱斯勒公司生产的电控汽车。

④用读码器、故障诊断仪、扫描仪、示波器、专用检测仪等仪器进入故障自诊断系统，并读取故障码。

车型不同，进入故障自诊断系统读取故障码的具体方法也有所不同。具体读取故障码时，应按照被诊断车型所规定的方法进入故障自诊断系统，就车读取故障码或通过解码器等专用设备显示读取故障码。

2）分析判断故障。读取故障码后，应从汽车制造厂提供的故障码表中查得该故障码的内容说明等信息，然后按这些信息和诊断流程图及电路检查顺序，确认和排除故障。

3）清除故障码。电控系统的自诊断系统排除故障以后，必须清除故障码。清除故障码有两种方法：对于大多数汽车，一般把蓄电池负极拆下或把相关的熔断器拔下 10～30s（视车型不同而定），即可清除故障码；有的汽车将点火开关打开、关闭反复达到一个规定次数后，故障码即可被自动清除。

应该注意到，使用拆卸蓄电池负极清除故障码的方法，将会把其他电控系统（如自动变速器系统）的故障码一起被清除掉。因此，最好按汽车维修手册规定的清除故障码方法进行操作，不可轻易拆卸蓄电池负极。

2. 电子控制汽油机故障诊断的传统方法

（1）基本检查　在对发动机电子控制系统进行诊断时，为了确定故障的性质，可先对汽车进行外观检查，再按图 3-56 所示的发动机电子控制系统的基本程序进行检查。

外观检查也称为目视检查，目的在于发现并消除从发动机外部能看得见的破损、脱开、老化和泄漏等问题，特别要注意检查管、线和接插件的连接状况，必要时驾车路试以体验汽车的运行状况，发现问题及时消除。

基本检查主要对蓄电池电压、曲轴转动情况、发动机起动情况、怠速运转情况、空气滤清器堵塞情况、进气管与汽缸密封性、点火正时、燃油压力、高压线跳火和火花塞技术状况等进行的检查与测量。

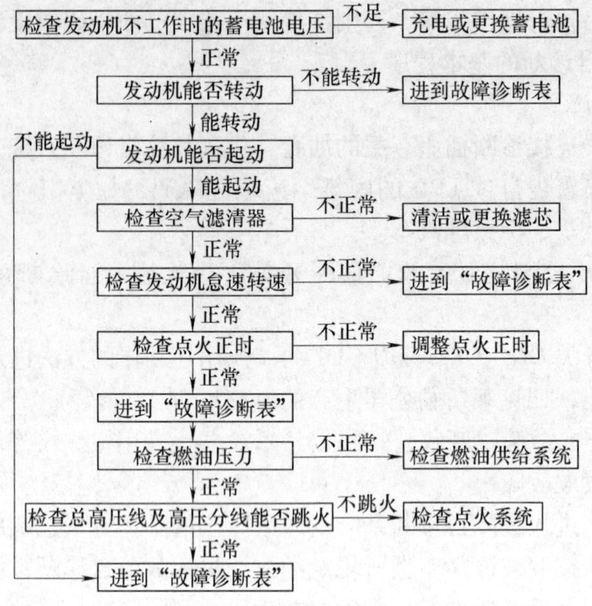

图 3-56　发动机电子控制系统的基本检查程序

（2）使用故障诊断表检查　当发动机电子控制系统的故障既不能在基本检查中得到证实，又不能在故障码中得到证实，可以按照故障诊断表中编号的顺序进行故障诊断和排除。

汽车维修手册中一般都列有故障诊断表，表中列出了故障征兆、怀疑部位和诊断次序。L 型和 D 型发动机电子控制系统的故障诊断表（表中的数字为检查顺序号）分别见附录 A 和附录 B。

只要按其诊断次序检查指定部位，故障总能诊断出并排除，因而使用故障诊断表诊断常见故障是十分有效和实用的。

（3）疑难故障诊断与故障征兆模拟试验　有些故障的征兆不明显，而故障又确确实实存在，这就成为故障诊断中最难以处理的情况，称为疑难故障（有些属于偶发性故障或间歇性故障）诊断。对于疑难故障，诊断时可查阅汽车维修手册中的疑难故障诊断表，根据其上的检查要点和顺序进行。必要时可进行故障征兆模拟试验，再现故障出现的环境和条件，进行全面分析判断，进行故障诊断。故障征兆模拟试验，也适用于用故障自诊断系统诊断故障的程序和方法（在试验状态下进行）。

进行故障征兆模拟试验以前，应尽可能缩小发生故障的线路、插接器、传感器、执行器或相关部件的范围，以缩短试验和诊断的时间。

在汽车静止发动机运转的情况下，进行发动机故障征兆模拟试验，主要有 4

种方法。

①振动法。模拟汽车行驶时的振动，以利于使易松动部位故障再现。

②加热法。模拟发动机工作时某一部位的温度，以利故障再现。

③淋水法。模拟雨、雪、雾的高湿度环境，以利故障再现。

④电负荷满载法。模拟汽车使用全部用电负载时的工作情况，以利故障在用电满负荷或超负荷情况下再现。

（4）进行对比试验　对比试验是用性能良好的同一型号新部件，替换怀疑有故障旧部件的一种试验，若故障排除，说明原旧部件有故障。

第二节　机械控制柴油喷射系统故障诊断

传统柴油机的燃油喷射系统采用机械控制，其功能是在适当时刻将一定量的柴油增压后以适当的规律喷入燃烧室。

一、机械控制柴油喷射系统的构成及工作原理

机械控制柴油喷射系统包括喷油泵、喷油器和调速器等主要部件以及柴油箱、输油泵、油水分离器、柴油滤清器、喷油提前器和高、低压油管等辅助装置。图3-57所示为装有直列式柱塞喷油泵的柴油机燃油喷射系统。

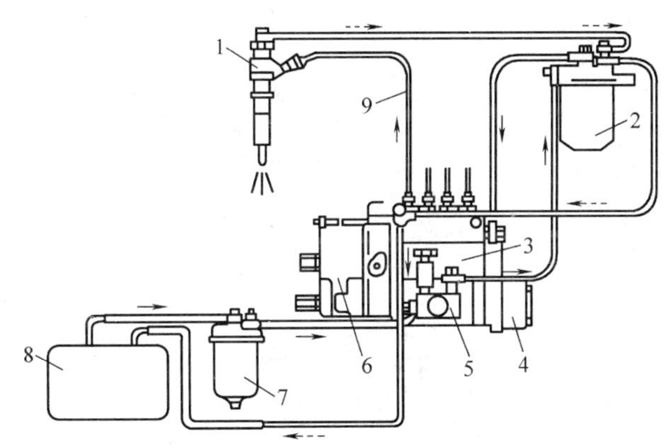

图3-57　柴油机燃油喷射系统

1—喷油器　2—柴油滤清器　3—喷油泵　4—喷油提前器　5—输油泵　6—调速器　7—油水分离器　8—柴油箱　9—高压油管

柴油机工作时，输油泵从燃油箱中吸出柴油，经油水分离器除去柴油中的水分，再经燃油滤清器滤去柴油中的杂质后，送入喷油泵，经喷油泵增压和计量之后，通过高压油管供入喷油器，最后由喷油器将柴油喷入燃烧室，与气缸内的高温高压空气混合，形成可燃混合气，输油泵供给的多余柴油经回油管返

回柴油箱。

二、机械控制柴油喷射系统主要部件故障诊断

柴油机燃油供给系的技术状况对于混合气的形成及燃烧过程的组织有重要影响，是对柴油发动机的技术性能影响最大的系统之一。利用供油压力波形和供油正时检测可以评价柴油机燃油供给系的技术状况。其检测方法见本书上册第三章第五节。

柴油喷射油系统任何部件工作状态的变化都会对整个系统产生影响。其中，喷油泵和喷油器是柴油喷射油系统的关键部件，其技术状况对柴油机的工作性能至关重要。

1. 喷油泵故障诊断

（1）结构及工作原理　喷油泵由柱塞偶件、出油阀偶件等构成，其结构如图 3-58 所示。喷油泵工作时，随着凸轮轴的转动，挺柱和柱塞在柱塞的上、下止点之间分别在挺柱孔和柱塞套中作往复运动。柱塞顶面下移至柱塞套油孔以下的过程中，柴油从喷油泵的低压油腔经油孔充入柱塞顶部的空腔；在柱塞从下止点上移封闭油孔的上边缘后，若柱塞继续上移，柱塞腔内的油压骤然增高，克服出油阀弹簧的预紧力，将出油阀顶起，高压柴油经高压油管供给喷油器，喷入燃烧室。

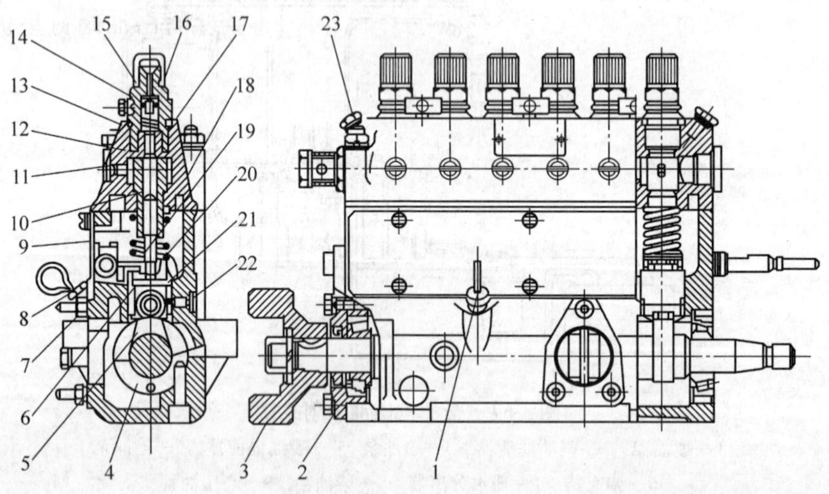

图 3-58　喷油泵结构

1—量油尺　2—轴盖板部件　3—联轴器　4—中间轴承　5—凸轮轴　6—滚轮体部件
7—调节叉　8—拉杆　9—锁紧螺钉　10—柱塞偶件　11—套筒定位螺钉　12—出油阀偶件
13—垫圈　14—出油阀紧帽　15—减容器　16—出油阀弹簧　17—封油圈　18—柱塞弹簧
19—弹簧下座　20—调节臂　21—垫块　22—定位螺钉　23—放气螺钉

图 3-59 所示为离心钢球式全程调速器结构原理。喷油泵工作时，其凸轮轴带动飞球及球架高速旋转，在离心力作用下沿导向板径向运动，经推力盘、拉板、带动油量调节拉杆运动，进行发动机转速的调节。调速器技术状况不良可以导致发动机转速失控。

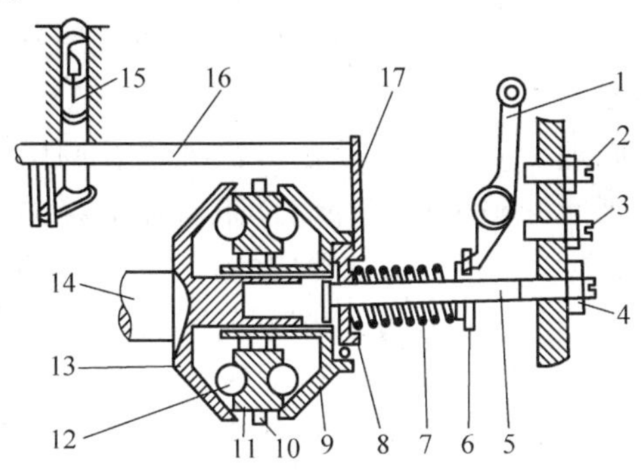

图 3-59 离心钢球式全程调速器结构原理

1—调速叉 2—高速调整螺钉 3—怠速调整螺钉 4—固定螺母 5—全负荷油量调节螺杆 6—弹簧座 7—调速弹簧 8—轴承座 9—推力盘 10—导向板 11—球架 12—飞球 13—驱动盘 14—凸轮轴 15—柱塞 16—油量调节拉杆 17—拉板

（2）柱塞偶件检查

1）密封性检查。将喷油泵中的出油阀取出，将阀座与出油阀衬垫仍留在里面，旋上出油阀座，将喷油泵试验台上的高压油管接在出油阀座上，并排净内部的空气。将柱塞调整到最大供油量的中间行程位置。用喷油泵试验台上的手柄泵油至 20MPa 停止泵油，测量油压下降至 10MPa 时所经历的时间。对于柱塞偶件要求不少于 18s。各个柱塞偶件的密封性指标相差应不大于最大数值的 15%。

堵住套筒端面的出油孔和进油孔，拉出柱塞时应感到有明显的吸力，放开柱塞时，柱塞应能迅速而自动地回至原位。将柱塞转到几个不同的位置反复试验几次均应符合要求。

2）滑动性能检查。将柱塞、套筒洗净后装一体，并使其倾斜 60°角，然后将柱塞拉出 35 ~40mm，柱塞应能在本身重力沿套筒缓缓下滑到原位。滑动性能检查能反映柱塞偶件的磨损程度。

（3）出油阀偶件检查

1）密封性检查：将出油阀偶件装入专用夹具中，将专用夹具连同出油阀偶件一起接在喷油器试验器的高压油管上。

锥面密封性检查。拧松调节螺钉使出油阀落在阀座上，当油压从 25MPa 降至 10MPa 所经历的时间应不小于 60s，否则应更换。

减压环带与导向孔密封性检查。旋进调节螺钉，使出油阀顶起 0. 30 ~ 0. 50mm，当油压从 25MPa 降至 10MPa 所经历的时间应不小于 2s，否则应更换。

2）滑动性能检查：在柴油中浸泡后的出油阀偶件，沿轴线方向抽出阀体约 1/3 长度，松开后阀体应能在自身重力作用下滑落到阀座支承面上。

2. 喷油器故障诊断

（1）结构及工作原理 喷油器主要由针阀偶件、调压弹簧、油管接头等构成，其结构如图 3-60 所示。柴油机工作时，来自喷油泵的高压柴油通过高压油管送到喷油器，经进油管接头进入喷油器内的压力室。油压作用在针阀的承压锥面上，产生向上的推力。当此推力超过调压弹簧的预紧力时，针阀升起将喷孔打开，高压柴油经喷孔喷入燃烧室。

喷油器是柴油喷射系统中实现喷射的最关键部件，其作用是将喷油泵供给的高压柴油喷成雾状油气，均匀分布于燃烧室内，以促进燃油与空气的混合，便于着火和燃烧。要求喷油器在开始喷油时动作迅速，停止喷油时动作干脆，没有滴油、渗油现象。

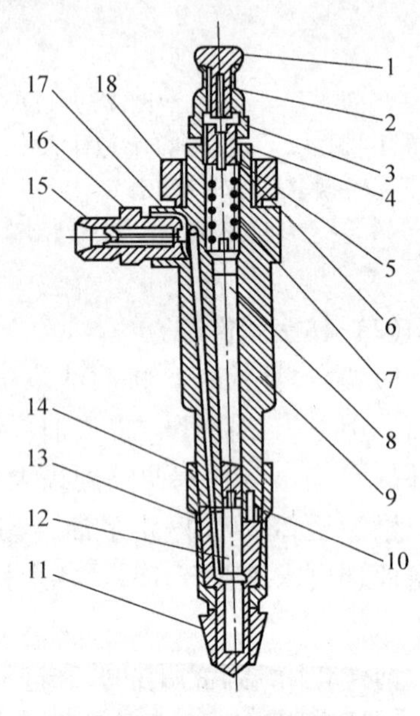

图 3-60 喷油器结构

1—溢油管螺栓 2—衬套 3—调压螺钉护帽 4—垫圈 5—调压螺钉 6—垫圈 7—调压弹簧 8—顶杆 9—喷油器体 10—定位销 11—喷油器铜锥体 12—针阀 13—针阀体 14—紧固螺套 15—油管接头 16—滤芯 17—衬垫 18—紧固压板

喷油器应具有一定射程、喷雾锥角和雾化质量，以满足不同类型燃烧室对喷油特性的要求。喷油器的针阀头部形状、压力室容积、针阀开启压力、喷射压力、关闭压力和针阀升程直接影响喷油规律、射程、喷雾锥角和雾化质量，从而影响混合气的形成和燃烧，影响到柴油机的起动性、动力性和经济性。车用柴油机广泛使用闭式喷油器，根据结构不同又分为孔式喷油器和轴针式喷油器两种。

（2）直观检查

①检验喷油器针阀偶件的针阀及阀体导向圆柱，不得有明显的磨损及划痕。

②密封锥面不得有烧蚀、变形及积炭。

③喷油器密封锥面、轴针与喷孔、针阀与针阀体导向面等处的磨损情况，阀体上端面不得出现锈迹及划痕，阀体不得有裂纹。

④喷孔不得有烧蚀或被积炭堵塞现象。

（3）密封性试验 喷油器密封性试验应在专用试验器上进行，试验器由手压泵、储油罐及压力表组成，如图3-61所示。将调压螺母调整到使喷油器在规定压力下喷油，手柄停止压油后观察压力表指针，记录油压自20MPa降至18MPa所经历的时间，此时间应不少于9s。拆下靠喷油泵一端的高压油管插入盛有油的油盆中，使发动机空转，若油杯中有气泡冒出，说明针阀偶件不密封。

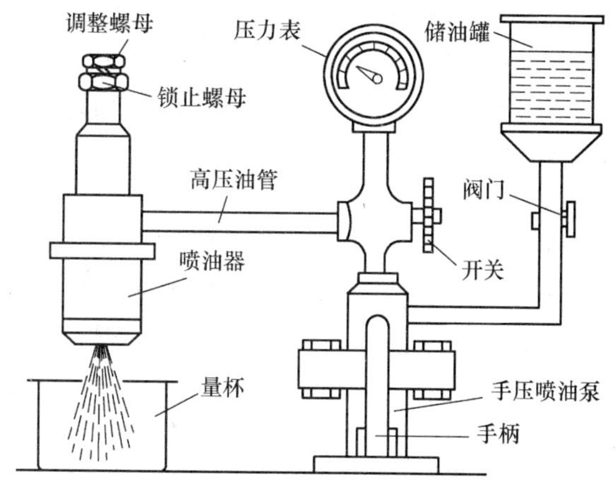

图3-61 喷油器密封性检验

（4）雾化质量及喷雾锥角检查 燃油高速从喷油器的喷孔喷出，在气缸中被吹散成微粒的过程，称为燃油的雾化特性。雾化质量是指燃油雾化的细度和均匀程度，主要取决于喷油器喷孔的形状和尺寸，与燃烧室的结构形状也有关系。以60~70次/min的频率压动手柄，当燃油以速度为100~300m/s从喷油器喷出时，便形成圆锥形状的雾状燃油油束，如图3-62所示。喷射过程中，没有明显可见的油滴和油流及浓稀不均的现象；喷射前后不允许有滴油现象，且断油干脆；经多次喷油后，喷口附近应干燥或稍有湿润。

喷注锥角（β）表示油束的紧密程度，主要取决于喷孔尺寸和形状，如图3-63所示。β角越大，喷注越松散、油滴越细，与空气混合越快，喷油器喷出的雾状燃油的雾化锥角应不偏斜，锥角角度和形状应符合要求，否则应更换喷油器。

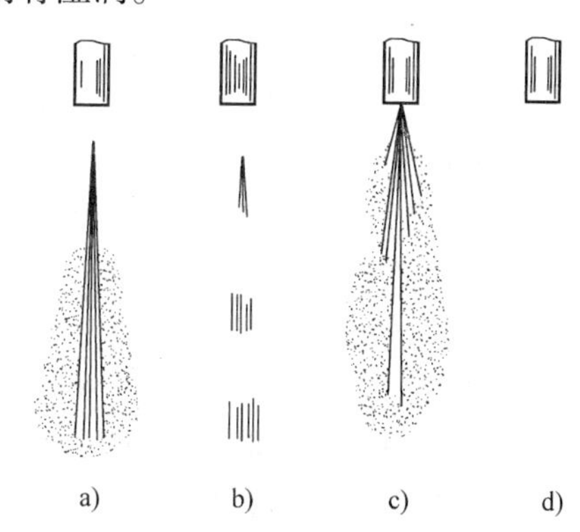

图3-62 喷雾质量检验

a）正常 b）不正常 c）过早 d）过迟

（4）喷油量测试 在喷油器试验台上，将各个喷油器用同一根高压油管逐个接到预先调整好的喷油泵的同一个分泵上，在标定转速下测量每分钟喷油量。喷油器调压弹簧预紧力调定后，针阀开启压力基本上是定值。柴油机喷油器的喷油量应符合规定要求，各个喷油器的喷油量相差不得超过平均值的5%。

（5）喷油器针阀开启压力、喷射压力和关闭压力测试 当喷油器刚开始喷油时，压力表所指示的最高压力即为喷油压力，喷射最高压力可达 10 ~ 100MPa 以上，如 6120 型柴油机的喷油压力为（17.5 ±0.3）MPa，若不符合规定，应进行调整。喷油器调压螺母旋入时喷油压力增高，旋出时喷油压力降低。同一台发动机各缸喷油器的喷油压力的误差不应大于 0.25MPa。喷油结束后，在针阀关闭之前，压力室内应保持一定的关闭压力。如果关闭压力太低，在针阀的落座过程中，会因为喷射压力过低，使燃烧后期喷雾质量变差，在一定程度上影响燃烧过程，甚至导致燃气倒流。

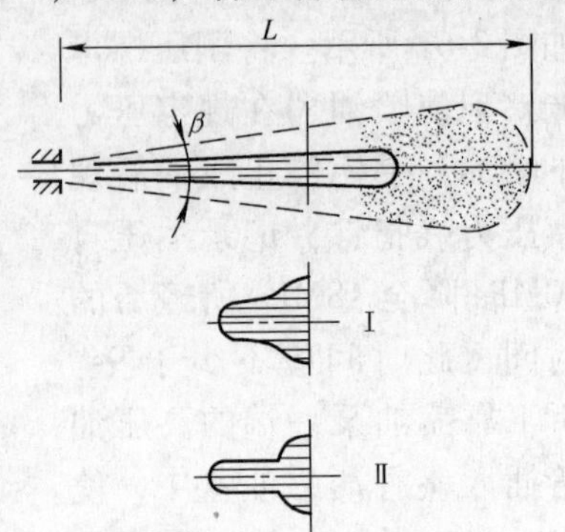

图 3-63　喷注形状

Ⅰ—喷注横断面上燃油分布

Ⅱ—喷注横断面上油粒分布

L—射程　β—喷雾锥角

三、机械控制柴油喷射系统故障诊断

与柴油喷射系统有关的常见的故障现象：发动机不能起动或起动困难；发动机动力不足；发动机排出烟色异常；发动机飞车或游车；转速不稳等。最易发生故障的部位为供给系统油路、喷油泵和喷油器等。

1. 起动困难

起动时，起动机能带动发动机运转，但无起动征兆。该故障可能由低压或高压油路故障形成。

（1）低压油路故障诊断　松开喷油泵放气螺塞，反复拉压输油泵上的手油泵，放气螺塞处无油流出，说明燃油没有进入喷油泵；若放气螺塞处流出泡沫状柴油，说明燃油夹带空气进入喷油泵，而且长时间拉压手油泵不能排净空气。

可能故障原因：油箱开关未打开或油箱盖空气孔堵塞；油箱内无油或油量不足；油箱内输油管破裂或松动；油箱至输油泵间油管堵塞、破裂或接头松动；柴油滤清器滤芯堵塞；输油泵滤网堵塞；输油泵油阀粘滞，活塞损坏或胶圈失效等。

低压油路故障诊断流程如图 3-64 所示。

（2）高压油路故障诊断　低压油路供油正常，各高压油路中无空气，但各缸喷油器无油喷出或喷油压力过低。故障原因可能如下：

①喷油泵凸轮轴挺杆与柱塞间的间隙过大，油量调节叉或扇形齿轮固定螺钉松动或脱落，供油齿条卡滞，使柱塞不能转动或转动量过小，出油阀密封不良或其弹簧折断等。

②喷油器针阀压力弹簧调整不当；针阀积炭或烧结而不能开启；喷孔堵塞等。

高压油路故障诊断流程如图 3-65 所示。

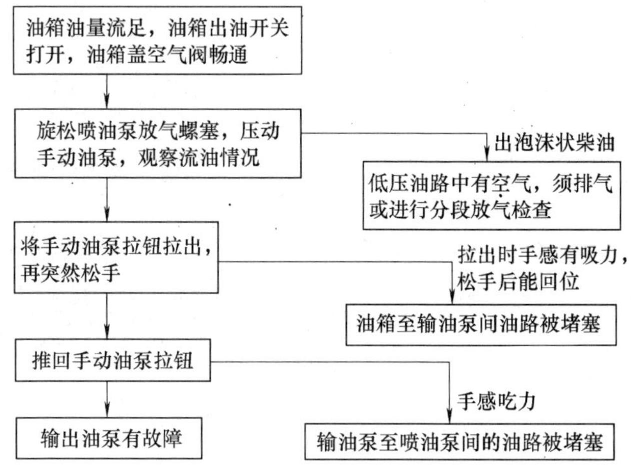

图 3-64　柴油机低压电路故障诊断流程

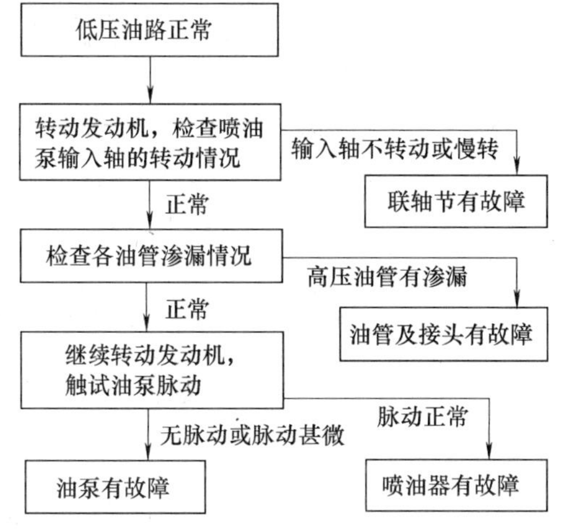

图 3-65　柴油机高压电路故障诊断流程

2. 动力不足

（1）故障现象　汽车行驶无力，加速不良，加速踏板踩到底时柴油机转速不能升高到额定转速。

（2）故障原因　空气滤清器堵塞使进气量不足；柴油滤清器堵塞造成供油不足；燃油系统低压油路中有残留空气使供油不畅；喷油泵柱塞副或出油阀磨损；喷油泵供油时间太早或太晚；喷油器喷油压力低、喷孔积炭堵塞、雾化不良、针阀与阀体磨损等；配气相位不准；气门封闭不严使气缸漏气、燃烧不良；活塞环磨损或胶结、活塞与缸套磨损或缸垫损坏等。

（3）故障诊断方法　柴油机动力不足故障的诊断流程如图 3-66 所示。

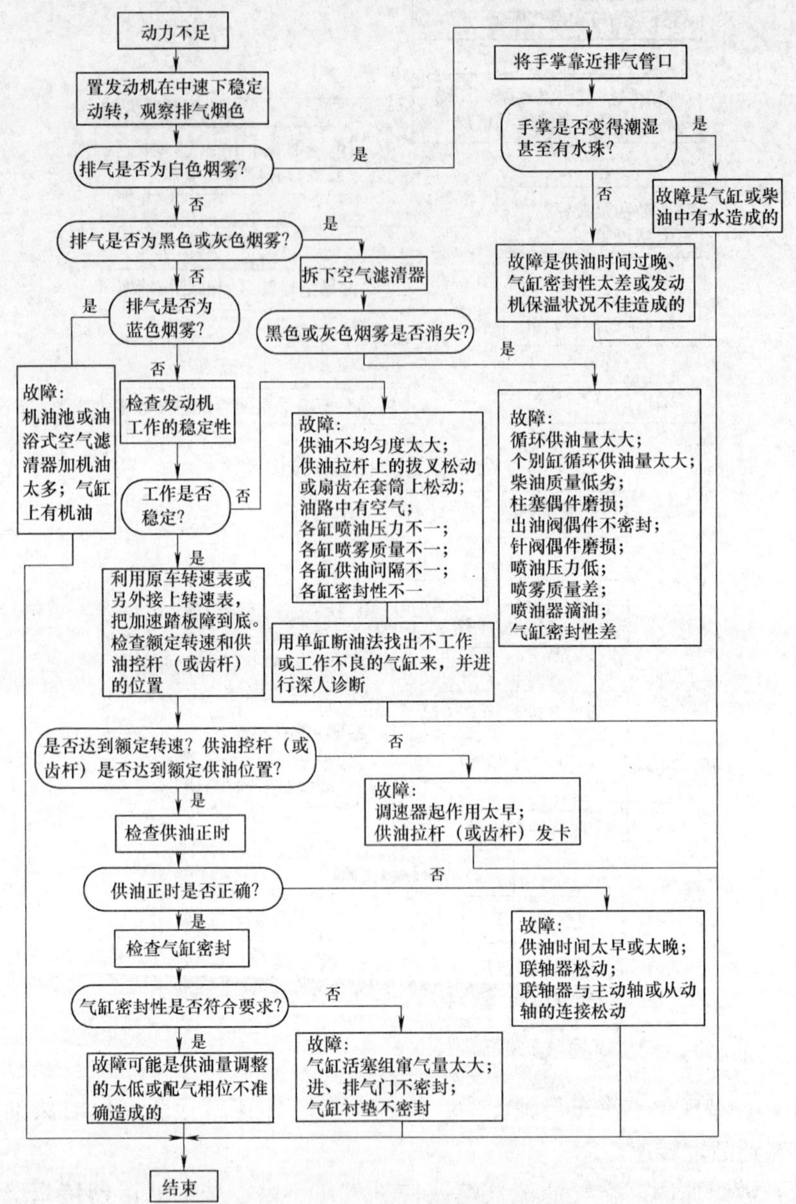

图 3-66　柴油机动力不足诊断流程

3. 排黑烟

（1）故障现象　柴油车排气呈黑色烟雾，尤其是加速行驶、爬越坡度或柴油机起动时，排黑色烟雾更为严重。

（2）故障原因　燃油缺氧燃烧，使一部分碳元素形成游离碳排出成为黑色烟雾。具体原因：空气滤清器严重堵塞，进气量不足；喷油泵循环供油量调整过大或各缸供油不均匀；喷油器喷雾质量不佳或喷油器滴油；供油时间过迟；气缸工作温度太低或压缩压力不足；柴油质量低劣；经常在超负荷下运行；机油进入燃烧室过多；校正加浓供油量调整太大。

（3）故障诊断方法　柴油机排黑烟故障的诊断流程如图3-67所示。

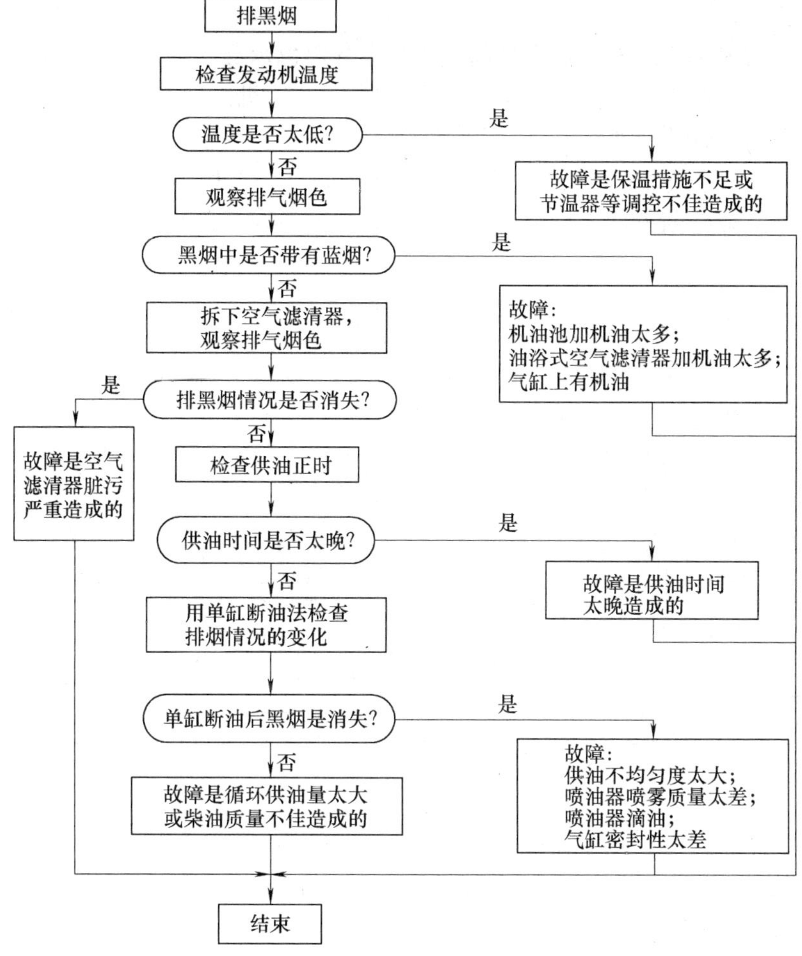

图3-67　排黑烟故障诊断流程

循环供油量太大是引起排黑烟的主要原因。如怠速时排黑烟，说明怠速循环供油量太大；若额定转速时排黑烟，说明额定循环供油量太大；而超负荷运转时排黑烟，说明校正加浓供油量太大。循环供油量的检测与调试，必须拆下喷油泵总成在喷油泵试验台上按原厂规定进行。柴油机短时间超负荷运转，其排气烟色为灰黑色属于正常现象。

气缸密封性不良时，不仅使压缩终了的气缸温度、气缸压力和涡流强度降低，而且漏掉的空气量增多，燃烧时氧气量不足，造成燃烧不完全，致使排气冒黑烟。

质量低劣的柴油，雾化性能差，着火性能差，造成燃烧不完全，致使排气冒黑烟。机油进入燃烧室过多，其油雾不易完全燃烧，也加剧了排黑烟倾向。

4. 排灰白烟

（1）故障现象　发动机不易起动并排出灰白色烟雾。

（2）故障原因　低温起动预热装置失效，发动机温度过低；喷油泵喷油正时不准确，喷油时刻过迟或过早；空气供给量不足，供油量不足或供油量过多；喷油器针阀卡住或雾化不良；气缸压缩压力不足，柴油达不到自燃温度。

（3）故障诊断方法　柴油机排灰白烟故障的诊断流程如图 3-68 所示。

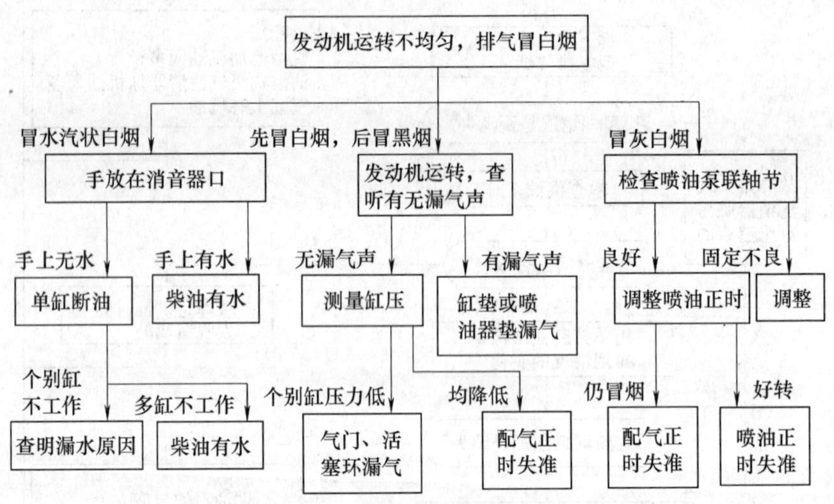

图 3-68　排灰白烟的故障诊断流程

5. 柴油机飞车

（1）故障现象　发动机转速突然升高，超过允许转速且无法控制，并伴有异响。

（2）故障原因　柴油机飞车的主要原因是柴油机的调速特性不良。具体原因：油门拉杆或供油调节齿杆卡滞；油量调节齿杆脱落；调速器杠杆或销子脱落，飞球装置销轴断裂，飞球装置甩脱，飞球装置压力轴承损坏，调速器弹簧折断或弹力下降等；喷油泵柱塞弹簧折断或柱塞卡在高速位置，柱塞的油量调整齿圈固定螺钉松动使柱塞失去控制等；因某种原因使飞球难以甩开或飞球座沿支架滑动时，阻力增大。

（3）飞车排除　柴油机飞车后，应采取紧急措施使柴油机熄火。汽车在运行中飞车，不要脱档或踩下离合器，应紧急制动直至发动机熄火。汽车静止发动机空转时飞车，可迅速切断油路或气路使发动机熄火。切断油路的方法是拧松高压油管接头螺母放油，切断气路的方法是用织物等包住空气滤清器或取下空气滤清器堵塞进气管，使柴油机尽快熄火。飞车故障排除前不允许再起动柴油机。飞车故障的诊断应在柴油机熄火以后。排除柴油机飞车的方法如下：

①踩下离合器踏板，将变速器挂入高速档，然后缓抬离合器踏板，踩下制动踏板，强制熄火。

②变速器挂空档，停车，然后设法堵住进气管，切断空气的供应，强制熄火。

③停车后，设法切断供油油路，强制熄火。

（4）故障诊断方法　当拉出熄火按钮后，发动机能熄火，说明供油拉杆、柱塞套无故障，应检查调速器与供油拉杆连接及调速飞球、调速器总成与喷油泵凸轮轴的连接情况。如果熄火拉钮拉不动，发动机转速仍继续升高，说明故障为供油拉杆被卡死所致。拆下喷油泵检视窗盖板，用手扳供油拉杆，如仍扳不动，说明供油拉杆与泵体座孔或柱塞被卡死，应进一步检查。飞车故障的诊断流程如图 3-69 所示。

6. 发动机游车

（1）故障现象　发动机运转中，转速出现有规律的忽快忽慢，转速提不高，发动机无力。

（2）故障原因　调速器或油量调节系统出现卡滞，飞块销孔、座架磨损松旷，调速器内润滑油变质、长期未更换或油量太少，调速弹簧变形或断裂等；喷油泵供油量调节齿杆运动阻滞或不灵活，柱塞套安装不良使调节齿杆（或拨叉）不能自如游动，柱塞调节臂或扇形小齿轮变形或松动，使齿杆不能游动自如或喷油泵凸轮轴轴向间隙过大等；供油量调节齿杆与扇形齿轮齿隙或柱塞调节臂与油量调节拨叉配合间隙过大，供油量调节齿杆（或拨叉）拉杆销子松旷；个别气缸的喷油器针阀烧结等。

（3）故障诊断方法　柴油机游车故障诊断流程如图 3-70 所示。

7. 转速不稳

柴油机运转不稳定，转速时快时慢。可能原因及诊断步骤如下：

①调整器调速器的弹簧断裂、卡滞、调速器壳内的机油过多，应进行检修或更换。

②喷油器供油不均匀，喷油器雾化不良、滴油，喷孔堵塞或偶件阻滞不灵

等，应拆洗喷油器或更换偶件。

③喷油泵的调节齿杆与齿圈卡住、柱塞套歪斜、喷油泵柱塞与柱塞套积污卡滞、出油阀座与柱塞套端面封闭不良或柱塞弹簧损坏等，应进行检修或更换偶件。

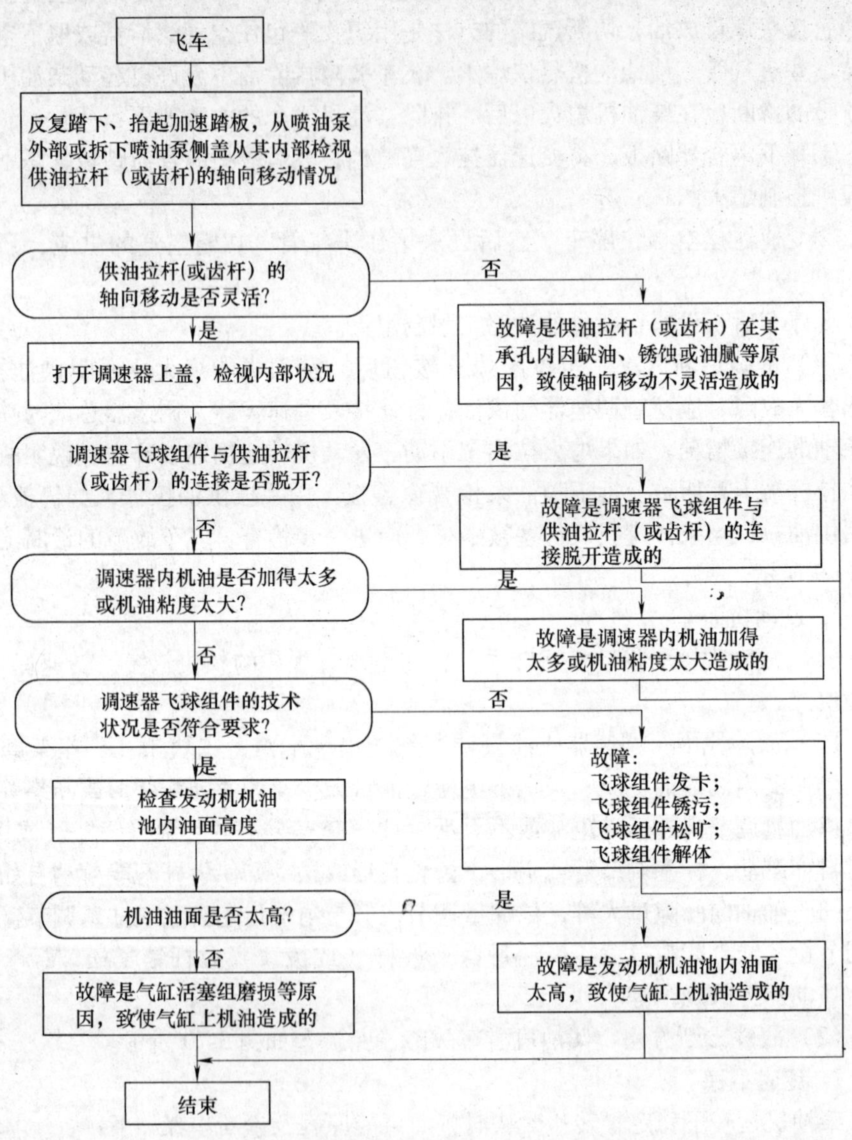

图 3-69　飞车故障诊断流程

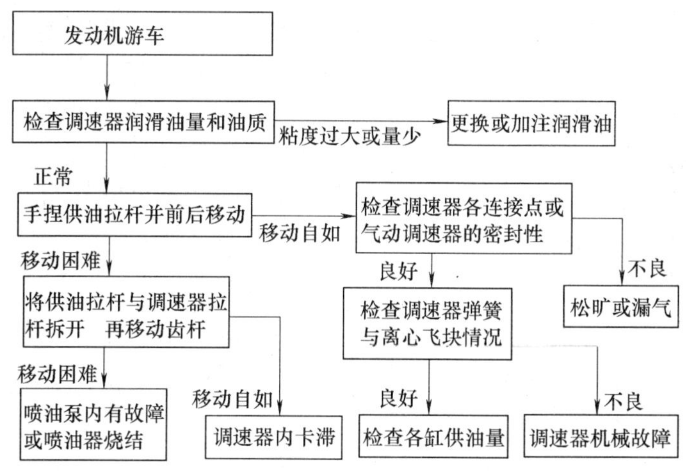

图 3-70　发动机游车故障诊断流程

第三节　电子控制柴油喷射系统故障诊断

根据控制方式不同，柴油机燃油喷射系统经历了从“位置控制”到“时间控制”，再到“时间-压力控制”或“压力控制”的发展过程。

共轨式电控柴油喷油系统属于“时间-压力式”电控喷油系统。其特点：将燃油压力产生和燃油喷射分离开来，燃油共轨中的燃油压力由高压泵产生，由电磁压力调节阀根据发动机工作需要进行连续调节；电控单元以脉冲信号作用于喷油器的电磁阀上，控制燃油喷射过程，喷油量取决于燃油共轨中的油压和电磁阀开启时间长短，及喷油器液体流动特性。由于共轨式电控柴油喷射系统控制精度高，可以优化柴油机的综合性能，因此逐步得到广泛运用。

一、共轨式电子控制柴油喷射系统的构成

1. 共轨式电控柴油喷射系统的基本形式

共轨式电控柴油喷射系统有两种基本形式，即高压共轨式和中压共轨式。

①高压共轨系统。高压输油泵（压力在 120MPa 以上）直接产生高压燃油，输送至共轨中消除压力脉动，再分送到各喷油器；电控单元发出指令信号后，喷油器的电磁阀控制喷油器工作，按需要喷出适量高压燃油。

②中压共轨系统。中压输油泵（压力为 10 ~ 13MPa）将燃油压力提高至中等压力，输送到共轨中消除压力脉动，再分送至带有增压柱塞的喷油器；电控单元发出指令信号后，喷油器电磁阀控制喷油器工作，通过高压柱塞的增压作用，燃油压力升高至高压（120 ~ 150MPa）后喷出。

2. 共轨式柴油喷射系统的构成

根据油路和功能，共轨柴油喷射系统可以分为 3 个部分（图 3-71）。

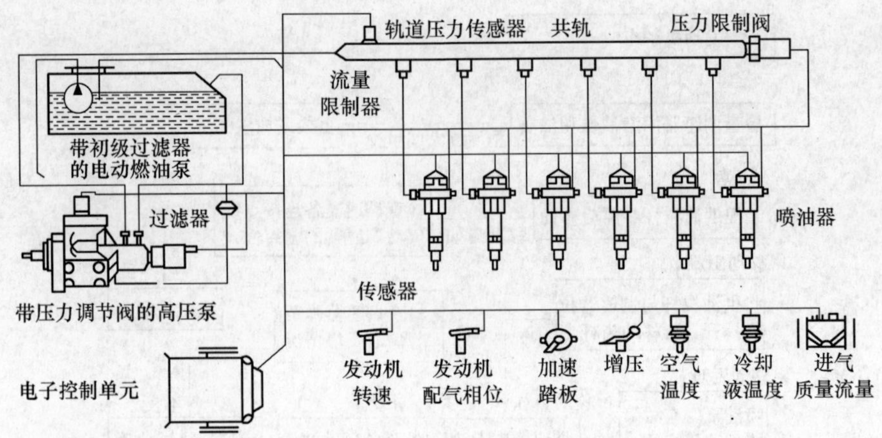

图 3-71　高压共轨燃油喷射系统

①燃油输送子系统：包括油箱、输油泵、滤清器和低压回油管等。

②共轨压力控制子系统：包括共轨压力控制阀（PCV）、高压油泵、共轨组件、电控喷油器、压力限制阀、流量限制阀等。

③电子控制系统。

3. 共轨式柴油喷射控制系统的构成

共轨柴油喷射控制系统包括：传感器及其他信号输入装置、电子控制单元（ECU）和执行机构 3 个部分。

（1）主要传感器及其他信号输入装置　传感器与信号输入装置实时检测柴油机和汽车的运动状态，把监测信号输入电控单元。

①加速踏板位置传感器：检测加速踏板的位置即发动机负荷。

②转速传感器、曲轴位置传感器：用以检测发动机转速和曲轴位置，确定发动机工作相位。

负荷信号和转速信号共同决定柴油机喷油量及喷油提前角，是柴油机电控系统的主控信号。

③空气流量传感器或进气压力传感器：用以监测进入发动机的空气量。

④进气温度传感器：监测发动机的进气温度。

⑤冷却液温度传感器：监测发动机冷却液温度。

⑥着火正时传感器：检测燃烧室开始燃烧的时刻，修正喷油正时。

⑦E/G 开关：发动机点火开关，向 ECU 输出发动机工作状态信号。

⑧A/C 开关：空调开关，向 ECU 输出空调工作状态信号，是怠速控制信号之一。

⑨空档启动开关：向 ECU 输出自动变速器是否处于空档位置的信号，是怠

速控制信号之一。

（2）电控单元　电控单元的核心是微处理器、输入/输出接口电路和输出电路等，电控柴油喷射系统的各种控制程序和数据存储在微处理器的存储器中。其功能是接收各种传感器和开关输送的各种信息，根据电控单元内存储的程序对各种信息进行运算、处理、判断，并将结果作为控制指令输出到执行机构，对柴油喷射过程进行控制。此外，ECU 还能与其他控制系统进行数据传播与交换，能够根据其他系统的实时情况，修正喷油系统的执行命令。与此同时，电控单元还可以向其他控制系统输送必要信息。

（3）执行机构　柴油机电控系统执行机构的功能：根据 ECU 的执行命令，调节喷油量和喷油正时等，从而调节柴油机的运行状态。主要执行机构有电动调速器、溢流控制电磁阀、电子控制正时控制阀、电子控制正时器、电磁溢流阀、高速电磁阀和电子液力控制喷油器等。这些执行器实质上是电磁铁、螺旋管、直流电动机、步进电动机和力矩电动机等电器。

二、共轨式电控柴油喷射系统的主要控制功能

1. 燃油喷射控制

柴油机燃油喷射控制主要包括循环喷油量控制、喷油正时控制、喷油规律控制和喷油压力控制等。燃油喷射量主要由喷射压力和喷射时间的长短决定。喷射压力和喷射时间主要根据加速踏板位置、进气量、发动机转速传感器和进气压力传感器的参数值确定。喷射次序由凸轮轴相位传感器信号来确定。

（1）低压电动燃油泵控制　在燃油供给系统中，低压电动燃油泵浸在燃油箱中，电控单元通过继电器控制低压电动燃油泵，向高压燃油泵输送低压燃油。

（2）循环喷油量控制　燃油喷射量主要由喷射压力和喷射时间来决定。喷射压力和喷射时间主要根据加速踏板位置、进气量、发动机转速传感器和进气压力传感器的参数值确定。喷射次序由凸轮轴相位传感器信号确定。

发动机 ECU 根据加速踏板位置传感器和转速传感器的输入信号，首先计算出基本喷油量，然后根据冷却液温度传感器、进气温度传感器、进气压力传感器等信号，对基本喷油量加以修正。

（3）喷油正时控制　电控单元以柴油机转速和负荷信息作为主控信号，按预设的基本喷油正时三维脉谱图，确定基本喷油正时，并根据其他有关输入信号（进气温度、进气压力等）加以补偿和修正，并根据曲轴位置信号，将各缸喷油正时控制在最佳时刻。

（4）喷油压力控制　喷油压力影响喷油量、燃油雾化度和燃油喷射形状等。电子控制单元根据发动机转速和负荷信息作为主控信号，结合燃油温度等信号，通过高压油泵上的油压控制电磁阀来调节喷射压力。

（5）柴油机低油压保护　发动机起动后，按预设程序确定最佳喷油速度，

柴油机机油压力过低时，电控单元根据机油压力传感器传来的信号减少循环喷油量降低转速，当燃油压力低于12MPa或高于15MPa时，报警并停止喷油，实现柴油机低油压保护。

（6）减速断油控制　松开加速踏板时，电控单元根据加速踏板位置传感器的减速信号停止燃油喷射，发动机转速接近最低转速时，开始恢复正常燃油喷射。

2. 怠速控制

柴油机怠速控制主要包括怠速转速控制和怠速时各缸喷油量均匀性控制。

（1）怠速转速控制　发动机怠速运转时，电控单元以柴油机转速和负荷信息作为主控信号，同时参照冷却液温度、进气温度及空调离合器开关等信息，按预存怠速循环喷油量脉谱图，确定循环喷油量，并通过各种反馈信息，对怠速循环喷油量进行反馈控制，保持稳定怠速转速。

（2）怠速时各缸均匀性控制　发动机工作行程中，精确测定曲轴转速，由电控单元确定怠速时各缸循环喷油量偏差，进行补偿调节，保持各缸喷油量的均匀性以使怠速稳定。

3. 起动控制

电控单元根据柴油机冷却液温度，决定电热塞或进气预热塞是否通电和通电持续时间。当指示灯熄灭，表示起动条件已具备，将点火/起动开关转到“起动”位置，起动发动机，起动完成后自动切断电源。同时控制起动阶段循环喷油量和起动时喷油正时，以改善低温起动性。

低温起动时，柴油机必须加大喷油量，才能顺利起动。在电控柴油喷射系统中，由油门和转速决定基本喷油量，由冷却液传感器等信号决定补偿喷油量，两者的综合结果就是起动喷油量。

4. 排放控制

柴油机排放控制主要是废气再循环的废气量控制。电控单元以柴油机转速和负荷信息作为主控信号，经过查看废气再循环率、发动机转速和进气量的三维脉谱图进行计算修正，精确控制喷射压力和喷射时间，输出适当占空比的脉冲电压，通过控制EGR真空电磁阀的通电时间，控制EGR阀开度，以调节废气再循环率，降低氮氧化物的排放。

三、燃油输送子系统主要部件故障诊断

1. 电动燃油泵故障诊断

电动燃油泵安装在燃油箱的外面，提供250kPa的泵油压力，最大供油流量为180L/h。电动燃油泵由控制单元控制，当点火开关被打开，控制单元将控制燃油泵继电器向燃油泵供电，如果发动机在9s内没有起动动，油泵电源将被切断。

（1）在车检查

①接通点火开关，用备用10A熔丝将燃油泵诊断插座两端子短接，查听电动燃油泵有无运转声。

②如果听不到燃油泵运转声，检查进油软管处有无压力。

③如果既无运转声又无压力，说明燃油泵未工作，应检查燃油泵控制电路，如果控制电路正常，说明燃油泵有故障，应进行修理或更换。

④起动发动机时，电动燃油泵的LED灯应点亮。用万用表分别测量油泵各端子间的电压，应符合规定值（一般为蓄电池电压）。

（2）压力测试

①将油压表接在燃油管路上，使发动机怠速运转，查看油压表读数，其压力值应符合规定。

②拔下燃油压力调节器上的真空软管，查看油压表读数，其压力值应符合规定。

③断开点火开关，使发动机停转，10min后查看油压表读数，其压力值降低不应超过100kPa左右。

如果测得值与规定值不符，应检查燃油压力调节器和燃油滤清器是否有故障。如正常说明燃油电动泵有问题，应修理或更换。

（3）供油量测试

①断开点火开关、拆下回油管，并将导管端的回油管插入量杯内。

②用备用10A熔丝将燃油泵诊断插座两端子短接，接通点火开关，使燃油泵运转30s左右，查看量杯内燃油量。

如果测得值与正常值不符，应检查燃油泵滤网和燃油滤清器是否堵塞。否则说明燃油泵有故障，应进行修理或更换。

2. 燃油滤清器故障诊断

燃油滤清器位于发动机室一侧，滤清器总成上还包括燃油温度传感器、燃油阻塞传感器和水分传感器等，分别监测柴油油温、燃油中水分、滤清器是否堵塞。

柴油中混有水分或滤清器阻塞时，仪表板上的警告灯发出警示。因此，警告灯点亮时，应尽快排除故障。否则，由于燃油中混有水分或滤芯阻塞，高压共轨中的器件会很快损坏。当滤芯阻塞且警告灯点亮时，若发动机在高负荷下工作则会停机，这是由于高压油泵的安全阀开始工作。此时应保持较低发动机转速和小负荷，行驶到最近的维修站进行维修。

诊断燃油滤清器故障时，首先拆下燃油滤清器，检查进油管接头口是否通气。若不通气或阻力很大则说明燃油滤清器被堵塞。汽车上装的燃油滤清器，大多是不可分解的，一旦堵塞应整体更换。

通常燃油滤清器的更换期为一年半或40000km。燃油滤清器四周常有渗漏现象，更换时应注意紧固。

四、共轨压力控制子系统故障诊断

共轨压力控制子系统包括共轨压力控制阀（PCV）、高压油泵、共轨组件、电控喷油器、压力限制阀、流量限制阀等。

1. 喷油泵故障诊断

（1）结构及工作原理　图3-72所示为有三套柱塞组件高压泵的结构。各柱塞组件由偏心轮驱动，在相位上相差120°。当柱塞下行时，来自输出泵压力为0.05～0.15MPa的燃油经过低压油路到达各柱塞组件的进油阀，并由进油阀进入柱塞腔，实现充油过程；当柱塞上行时，进油阀关闭，燃油建立起高压；当柱塞腔压力高于共轨中压力时，出油阀打开，柱塞腔的燃油在PCV阀的控制下进入共轨。

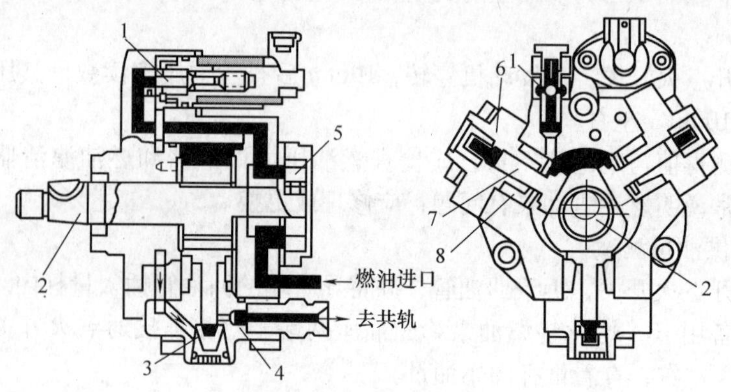

图3-72　高压泵的结构

1—调压阀　2—凸轮轴　3—进油控制电磁阀　4—出油阀
5—输油泵　6—泵油腔　7—柱塞　8—柱塞回位弹簧

（2）故障诊断方法　如喷油泵输出燃油压力不正常，可能故障部位为柱塞偶件、出油阀偶件。

1）柱塞与柱塞套的检查

①检查柱塞与柱塞套的滑动性能。将柱塞与柱塞套保持与水平线成60°左右角度的位置，从几个方向拉出柱塞，能自动慢慢滑下即为合格。

②检查柱塞与柱塞套的密封性能。堵住柱塞套顶上和侧面的进油孔，拉出柱塞，应感觉到有显著的吸力；放松柱塞时，能立即缩回原位即为合适。

③检查柱塞控制套缺口与柱塞下凸块的配合间隙。若超过0.08mm时，必须进行修整或更换。

④检查柱塞与柱塞套的摩擦面的磨损或刮伤情况。如不符合要求，应予成套

更换。

2）出油阀及阀座的检查

①出油阀及阀座密封性检查。堵住出油阀下面的孔，将出油阀轻轻从上向下压。当离开出油阀上端时，如能自行弹回，即为良好。

②若出油阀及阀座磨损过甚或有伤痕，应予成套更换。

③弹簧镀层脱落和表面磨损、裂纹等，应予以更换；弹簧上下座应平整。柱塞下端突缘的顶面与弹簧下端的下表面之间应有一定的间隙。若无间隙，应更换。

3）其他检查

①挺柱的检查。检查挺柱与泵体座孔和其他有关零件的配合间隙和磨损情况，间隙超过规定或磨损过度时，应修理或更换。

②凸轮轴及轴承的检查。检查凸轮轴弯曲度，如超过0.05mm时，应冷压校正。检查凸轮轴安装油封处的轴颈，如磨损过度，且深度超过0.10mm时，须修复或更换。检查滚球轴承外径与轴承盖和调速器轴承座孔的过盈配合，如松动，可更换或修复。

2. 电控喷油器故障诊断

（1）结构及工作原理　电控柴油喷射系统使用的喷油器由孔式喷油器、液压伺服系统、电磁阀组件构成，如图3-73所示。燃油从高压接头经进油通道送往喷油器，并经过进油节流孔进入阀控制室，而阀控制室经由电磁阀控制的回油节流孔与回油孔相通。

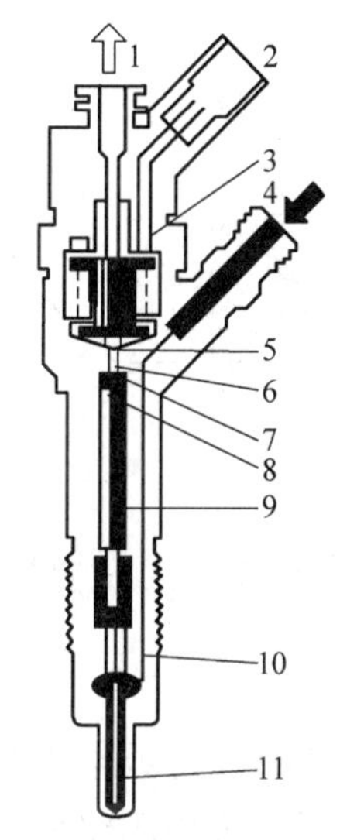

图3-73　喷油器示意图

1—回油孔　2—电气插头　3—电磁阀　4—进油孔　5—球阀　6—回油节流孔　7—进油节流孔　8—阀控制室　9—阀控制柱塞　10—至喷嘴的进油道　11—喷油器针阀

出油节流孔在关闭状态时，作用在阀控制活塞上的液压力大于作用在喷油器针阀承压面上的力，喷油器针阀被压在其座面上，紧紧关闭通往喷油孔的高压通道，因而没有燃油喷入燃烧室。电磁阀动作时，打开回油节流孔，阀控制室内的压力下降，只要作用在阀控制活塞上的液压力小于作用在喷油器针阀承压面上的力，喷油器针阀立即打开，燃油经过喷孔喷入燃烧室。

（2）故障诊断方法

1）电磁阀诊断方法

①电磁线圈电阻检测。用万用表检查喷油器电磁阀的电磁线圈阻值应符合规定，一般为0.3～1.0Ω。如不满足规定则说明电磁线圈断路或短路。

②电磁阀衔铁动作检查。电控喷油器的喷油量及喷油正时均由电磁阀的通电时刻决定，因此必须对电磁阀中的电磁线圈的技术状况进行检查。

当电磁阀正常工作时，即衔铁运动时，电磁阀的等效电感变小，电磁阀驱动电流升到一定值后上升速度明显加快，有一个明显的拐点，该点即为电磁阀衔铁动作的时刻。当电磁阀的衔铁不运动时，电磁阀的等效电感不变，驱动上升速度没有明显变化。因此，通过检测电磁阀驱动电流变化率，可以检测电磁阀衔铁是否正常吸合，如图 3-74 所示。

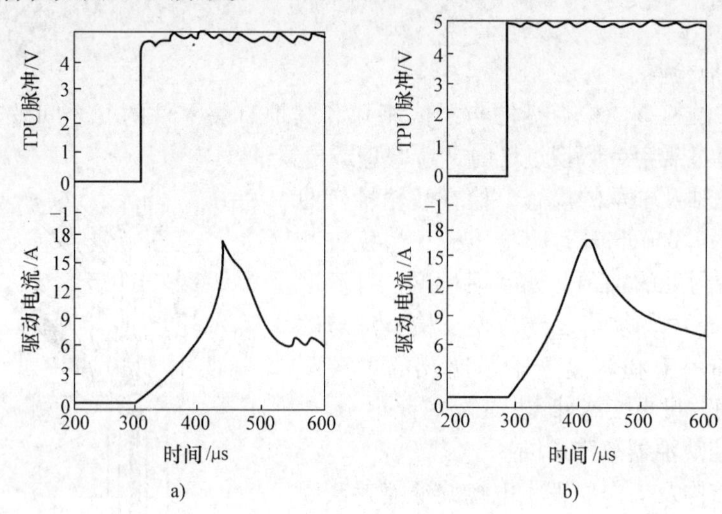

图 3-74　不同情况下电磁阀驱动电流波形

a）正常　b）电磁阀衔铁未吸合

线束连接不好或电磁阀线圈断裂等均会造成电磁阀驱动回路断路。当此故障发生时，即使电磁阀驱动电路正常工作，也会由于没有形成电流回路，电磁阀中的驱动电流为零，电磁阀不工作。

2）喷油器诊断方法。电控喷油器应放在专用试验器上进行检查与调整，试验器由手压泵、储油罐及压力表组成，参见本章第二节。

①喷油压力测试。以 60 次/min 的速度按压试验器手柄，观察喷油器喷油过程中压力表上的读数。各缸喷油器的喷油压力应相同，并应符合制造厂的规定。如 6120 柴油机的喷油压力应为（17.5 ±0.3）MPa。

②密封性检查。按压手压泵手柄到压力上升至 16.0MPa，然后，以约 10 次/min 的速度均匀按压手柄直到压力上升至 17.2MPa，开始喷油。在这段时间内，喷孔允许有微量的潮湿，但不允许有滴油现象，否则表明锥面密封不佳。以低于标准喷油压力 2.0MPa 的油压保持 20s，喷油器端部不得有滴漏和湿润现象。也可以用油压降落（如从 20 ~ 18MPa）的速度来反映油针与喷油器圆锥结合部的

密封性。

③喷油器喷油质量检查。在标准压力范围内时，以 60～70 次/min 的速度摇动手柄，喷射出来柴油应是锥角适当的均匀雾状油束，没有油流或油滴。

3. 压力控制阀故障诊断

（1）结构及工作原理　压力控制阀（PCV）控制共轨系统的压力，其结构如图 3-75 所示。球阀是整个共轨系统压力控制的关键元件。球阀的一侧是来自共轨燃油的压力，另一侧衔铁受弹簧预紧力和电磁阀电磁力的作用。电磁阀电磁力的大小与线圈中的电流有关。电磁阀没有通电时，弹簧预紧力使球阀紧压在密封座面上，当燃油压力超过 10MPa 时才能将其打开；电磁阀通电后，燃油压力除了要克服弹簧预紧力之外，还要克服电磁力，即电磁阀的电磁力通过衔铁作用在球阀上的力的大小决定了共轨中的燃油压力。电磁阀的电磁力可以通过调整线圈中的电流来控制。

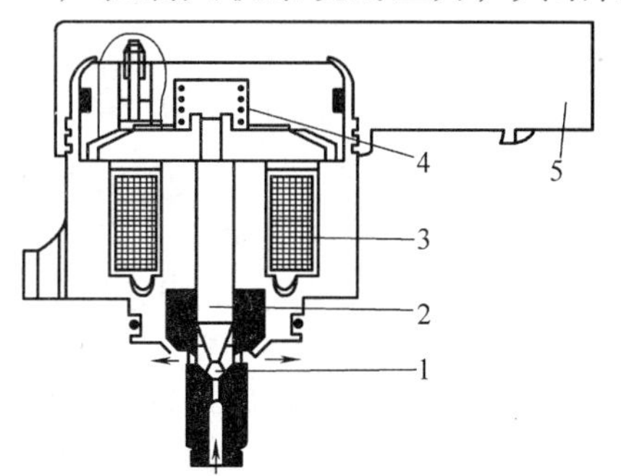

图 3-75　PCV 阀的结构

（2）故障诊断方法　在专用试验器上测试压力控制阀的开启压力。当共轨系统压力变化时，压力控制阀的工作情况如图 3-76 所示。开启压力通常在 140～230MPa 范围内变化，调压阀开启压力的测试结果如图 3-77 所示。

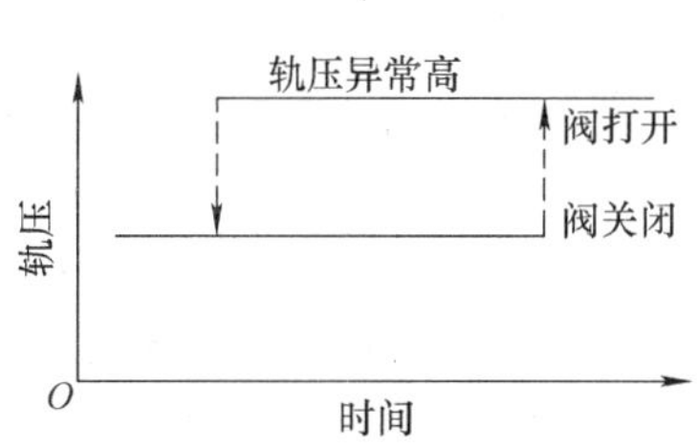

图 3-76　压力控制阀工作情况

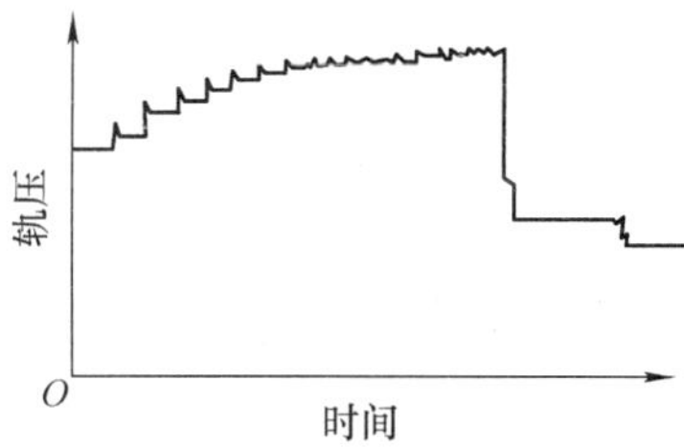

图 3-77　压力控制阀测试结果

4. 共轨组件故障诊断

（1）结构及工作原理　共轨组件包括共轨本身和安装在共轨上的高压燃油接头、共轨压力传感器、压力限制阀、连接共轨和喷油器的流量限制阀等，如图 3-78 所示。

共轨的功能是存储高压燃油，缓冲高压泵供油和喷油所产生的压力波动，把喷油泵提供的高压燃油分配到各个喷油器。

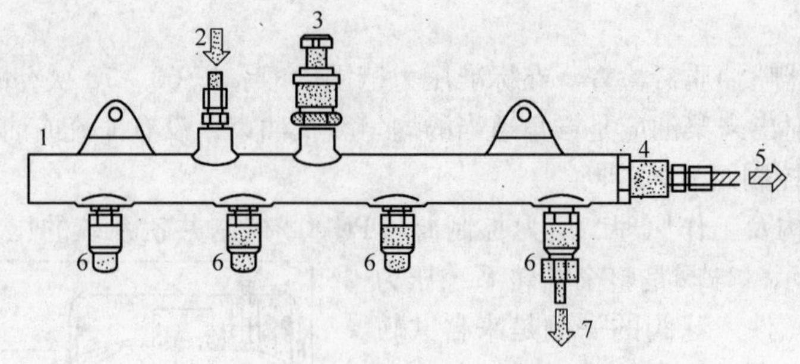

图 3-78 共轨组件

1—共轨 2—进油管口 3—燃油压力传感器 4—限压阀 5—回油管口 6—流量限制阀 7—喷油器供油口

共轨压力传感器测定共轨中燃油的实时压力，并向电控单元 ECU 提供相应电压信号。常用膜片式共轨压力传感器，如图 3-79 所示。压力燃油经共轨中的孔流向传感器，传感器膜片将孔末端封住。在压力作用下的燃油经压力室孔流向膜片。膜片上装有传感元件，用以将压力转换成电信号。

限压阀限制共轨中的压力，压力过高时打开放油孔卸压（图 3-80）。共轨内允许的短时最高压力为 150MPa。

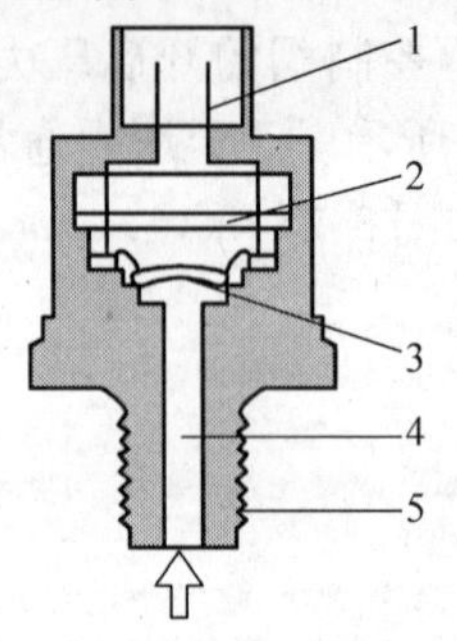

图 3-79 共轨压力传感器

1—电气插头 2—求值电路 3—带有传感元件的膜片 4—高压接头 5—固定螺纹

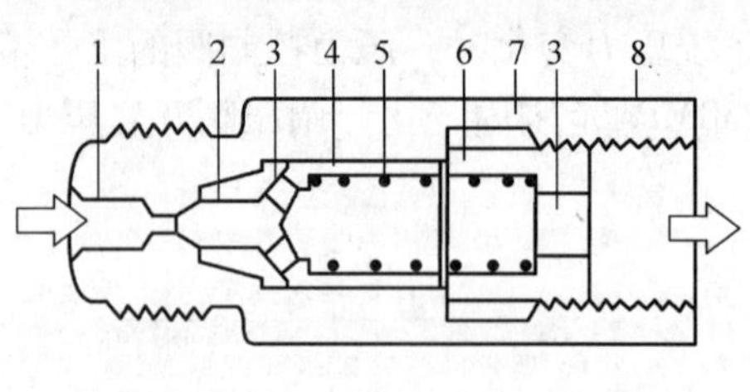

图 3-80 限压阀

1—共轨侧进油口 2—阀头 3—油孔 4—阀 5—弹簧 6—空心螺塞 7—阀体 8—回油口

在标准工作压力（135MPa）下，弹簧将活塞紧压在座面上，共轨呈关闭状态。只有当超过系统最大压力时，活塞才受共轨中压力的作用而压缩，于是处于高压下的燃油流出，经回油管流回燃油箱，使共轨中的压力降低。

（2）故障诊断方法

①压力传感器输出信号电压测试。发动机工作时，根据燃油压力不同，压力传感器输出的信号电压在 0.5 ~4.5V 之间变化。

②限压阀开启压力测试。限压阀控制共轨中的油压，压力过高时开启油孔卸

压，其开启压力应符合规定，一般为150MPa。

③注意事项。禁止自行拆卸轨压传感器，有泄漏的危险；高压油轨是敏感的液压元件，禁止敲击，碰撞，对油轨上的部件传感器、限压阀、流量限制阀等部件严禁拆卸；高压油轨是高精度的部件，对清洁度有严格要求，所有油管接头的保护套在运输、搬运、库存过程必须完好无损，只能在装配前及时拆封。禁止以任何液体或气体清洗或冲刷高压油轨部件。

五、电子控制系统故障诊断

电子控制系统包括传感器、控制单元（ECU）和执行机构组成。高压共轨喷油器的喷油量、喷油时间和喷油规律除了取决于柴油机的转速、负荷外，还跟众多因素有关，如进气流量、进气温度、冷却液温度、燃油温度、增压压力、电源电压、凸轮轴位置、废气排放等，所以必须采用相应传感器，采集相关数据。有关传感器的结构原理和故障诊断方法与电控汽油喷射系统的传感器基本相同。

1. 转速传感器故障诊断

转速传感器是磁感应式传感器，安装在飞轮上部。发动机曲轴转动时，由于磁通量发生变化，使传感器产生电信号。

拔下转速传感器插头，用万用表测量插头端子间电阻，测试结果应符合规定，一般为1100～1600Ω。否则，应更换转速传感器。

如转速传感器电阻符合规定，但转速控制不良，则应检查插头至电控单元的线束是否短路或断路；如没有问题，更换燃油喷射系统电控单元。

2. 凸轮轴位置传感器故障诊断

凸轮轴位置传感器位于凸轮轴带轮的后面。由于带轮上有一个缺口，在发动机曲轴转动时，传感器的磁通量发生变化，从而产生电信号。发动机工作时的喷油相位由飞轮位置传感器和凸轮轴位置传感器来确定。控制单元还将此信号作为测量发动机转速的备用信号。

①检查接线和位置传感器是否对搭铁短路。用万用表检查其两端电阻值，其额定值为1.2kΩ。

②发动机停止运转时，拔出位置传感器目测，如果传感器有机械损坏，则应更换。发动机停止运转时，压下速度（位置）传感器，直至限制位置停止，进行功能检查。

③连接传感器和发动机电控单元接口，进行功能检查。

其他传感器和电控单元的故障诊断方法可参考电控汽油喷射系统相应传感器和电控单元的诊断方法（详见本章第一节）。

六、共轨式电控柴油喷射系统技术状况检测

共轨式电控柴油喷射系统的技术状况可以用燃油喷射压力、喷油量、喷油提

前角和喷油持续时间等评价。

共轨柴油电控喷射系统的测试仪器有数字式万用表、汽车专用示波器和故障诊断仪（以意大利威尼塔电子器件公司制造的 Axone2000 故障诊断仪为例）等。下面以博世公司的共轨柴油电控喷射系统为例，介绍共轨式电控柴油喷射系统技术状况的检测方法。

1. 喷油压力测试

在喷油系统中，反映工作状态信息量最多的是压力信号。

进行喷油压力测试时，起动发动机并改变加速踏板开度，使转速变化。

①用示波器测试燃油压力控制阀端子间信号波形（占空比方波），并测试输出信号电压波形（图 3-81）。

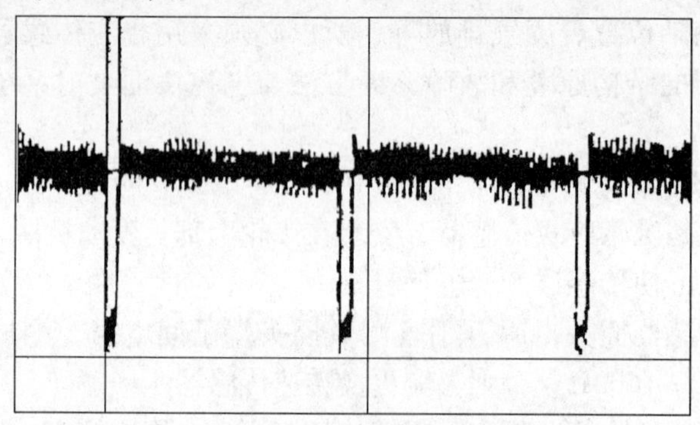

图 3-81　燃油压力控制阀输出信号波形

②用故障诊断仪读取数据流，分析不同燃油压力（50MPa、80MPa、120MPa）下控制信号的占空比，并与标准值（表 3-13）进行对比。

表 3-13　占空比标准值

燃油压力/MPa	占空比（%）
50	42.8
80	35.7
120	14.5

③检测固定的控制频率值，应为 260Hz（周期 T 为 3.87ms）。

④使用故障诊断仪进行进气压力、空气流量及进气温度数值设置，然后改变发动机转速，测试在发动机不同负荷下的喷射压力。

测量数据应符合如下规律：发动机进气量和转速一定时，负荷增大，燃油压力应增大；当进气温度和转速一定时，进气量增大，燃油压力应增大；当进气量一定时，转速增大，燃油压力应增大。

2. 喷油量测试

电控单元随着发动机运行工况变化调整燃油喷射量。减速时，切断燃油喷射；发动机温度超过105℃时，减少燃油喷射量；通过切断燃油喷射或降低燃油压力，使发动机转速降至5000r/min；当发动机转速超过5400r/min时，切断低压电动油泵和喷油器电路。测试步骤如下：

①起动发动机，检测发动机转速为5000r/min时是否断油。

②踏下加速踏板，检测发动机转速超过5400r/min时燃油泵是否工作。

③松开加速踏板，检测减速是否断油。

④观察示波器上的燃油喷射控制信号。用示波器检测喷油器1、2号端子间的信号波形，发动机转速为1000r/min时，示波器显示的喷油器预喷射和主喷射波形如图3-82所示。将燃油分为两次喷射，主要是为了降低燃烧噪声和炭烟排放。同时，预喷射与主喷射间安排恰当时间间隔，可以有效减少氮氧化物的产生。

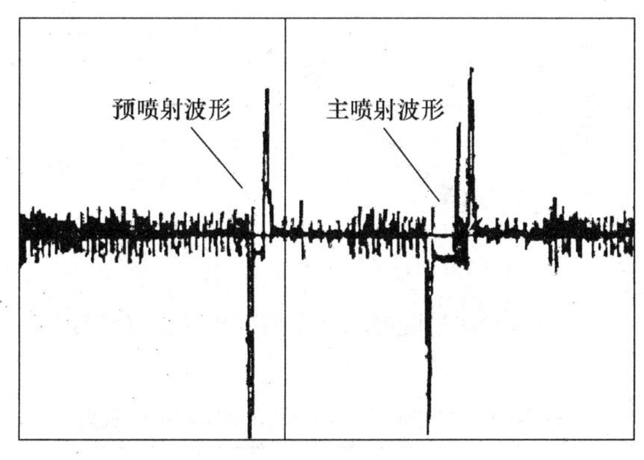

图3-82　喷油器预喷射和主喷射信号波形

3. 喷油脉宽测试

以玉柴YC6112型车用柴油机为例，在BD850油泵试验台上进行喷油试验。

图3-83所示为柴油机在怠速工况下的喷油器脉宽（带预喷射）实测控制信号。

图3-84所示为共轨压力为50MPa的喷油量随喷油脉宽的变化曲线。

4. 喷射提前角和喷油时间测试

使用故障诊断仪检测预喷射和主喷射的喷油提前角和喷油时间（喷油量）。当温度为95℃时，发动机在不同转速下的喷油提前角和喷油时间见表3-14。

试验表明：随发动机转速提高，预喷射、主喷射提前角加大，预喷射、主喷射之间的时间间隔缩短。

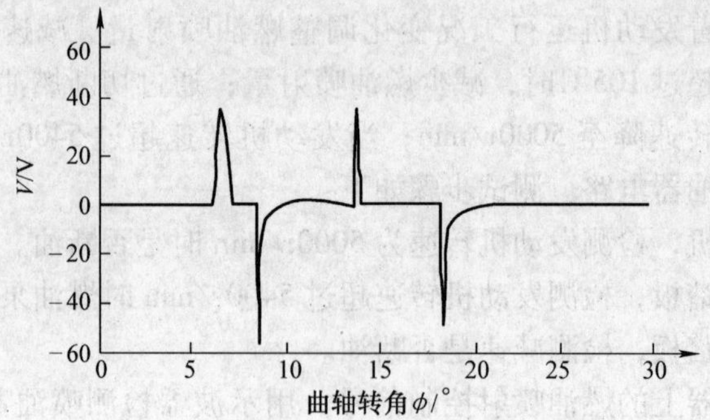

图 3-83　怠速时喷油脉冲实测信号

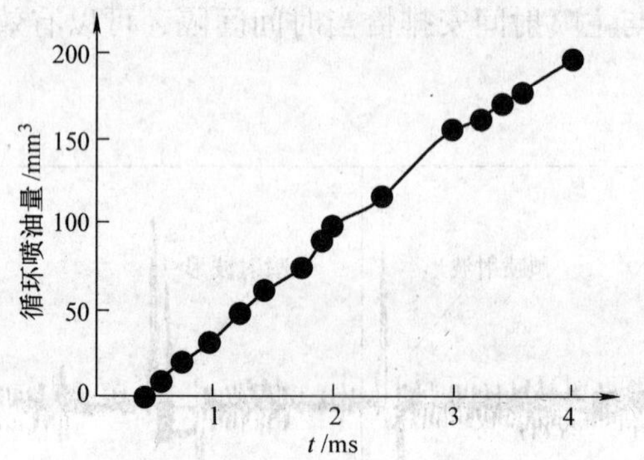

图 3-84　喷油量随喷油脉宽的变化规律（50MPa）

表 3-14　发动机不同转速下的喷油提前角

发动机转速/（r/min）	喷油提前角/（°）		喷射时间/ms	
	预喷射	主喷射	预喷射	主喷射
1000	22.2	3.70	0.26	0.75
2000	35.6	5.38	0.183	0.65
3000	41.02	7.62	0.14	0.54

七、电控柴油机的故障自诊断

随着电控柴油机控制项目的增多，控制系统越来越复杂。为此，现代电控汽车柴油机都具有故障自诊断功能。当出现故障时，自诊断系统将故障部位、类型以故障码的形式记忆并储存在电控单元 ECU 的存储器中，同时发出警示。因此，电控柴油机发现故障时，只要显示故障码，就应该首先进行故障自诊断，根据故障码指示的故障原因和部位，诊断和排除故障。

与电控汽油发动机的自诊断系统相比，电控柴油发动机的自诊断系统的输入信息，控制对象有所不同，但基本控制原理类似。因此，电控柴油机故障自诊断的方法与电控汽油机故障自诊断的方法也类似（详见本章第一节）。其故障自诊断方法有读取故障码、分析判断故障、清除故障码3个步骤。但故障自诊断分析的具体方法则根据车型而定。

复 习 题

1. 电控汽油喷射系统由哪几部分构成？简述电控汽油喷射系统的工作原理。
2. 简述翼片式空气流量传感器工作原理和检测方法。
3. 简述卡门涡旋式空气流量传感器工作原理和检测方法。
4. 简述半导体压敏电阻式进气压力传感器工作原理和检测方法。
5. 简述真空膜盒式进气压力传感器工作原理和检测方法。
6. 简述节气门位置传感器工作原理和检测方法。
7. 简述温度传感器工作原理和检测方法。
8. 简述磁电感应式曲轴转速（位置）传感器工作原理和检测方法。
9. 简述氧化锆氧传感器工作原理和检测方法。
10. 简述爆燃传感器工作原理和检测方法。
11. 简述电控单元的构成及基本原理。
12. 简述电控单元外部电路检测方法。
13. 如何诊断燃油泵技术状况？
14. 如何进行喷油器故障诊断？
15. 如何检测燃油压力调节器技术状况？
16. 怎样诊断电控汽油机混合气过稀或过浓故障？
17. 电控发动机故障诊断的方法有哪些？
18. 说明电子控制汽油机的故障自诊断的原理和步骤。
19. 机械控制柴油喷射系统由哪些部件构成？
20. 简述喷油泵故障诊断方法。
21. 简述柴油机喷油器故障诊断方法。
22. 说明柴油机动力不足故障的原因。
23. 说明柴油机排黑烟故障诊断方法。
24. 说明柴油机飞车故障的原因和故障排除方法。
25. 共轨式柴油喷射系统由哪几部分构成？

26. 共轨式柴油喷射控制系统由哪几部分构成?
27. 共轨式柴油喷射控制系统有哪些控制功能?
28. 简述电动燃油泵故障诊断方法。
29. 简述电控喷油器故障诊断方法。
30. 简述压力控制阀故障诊断方法。
31. 简述共轨组件工作原理和故障诊断方法。
32. 如何检测共轨式电控柴油喷射系统技术状况?

第四章　发动机点火系统故障诊断

按结构原理不同，汽车点火系统可分为传统点火系统、电子点火系统和电子控制点火系统三种类型。随着汽车技术的发展，传统点火系统由于不能满足现代汽车对点火的要求已被淘汰，本章主要介绍电子点火系统和电子控制点火系统的故障检测和诊断方法。

第一节　电子点火系统故障诊断

电子点火系统又称为半导体点火系统或晶体管点火系统，它是在传统点火系统的基础上利用半导体元器件（如晶体管等）组成的电子开关电路（即点火电子组件或点火器），代替传统点火系统中的断电器触点接通和断开点火线圈初级电路，而点火电子组件接通和断开点火线圈初级电路的具体时刻，则由点火信号发生器根据各气缸的点火时刻产生的点火信号来控制。

一、电子点火系统的工作原理

电子点火系统主要由无触点的分电器、电子点火器、点火线圈、火花塞等组成，如图 4-1 所示。

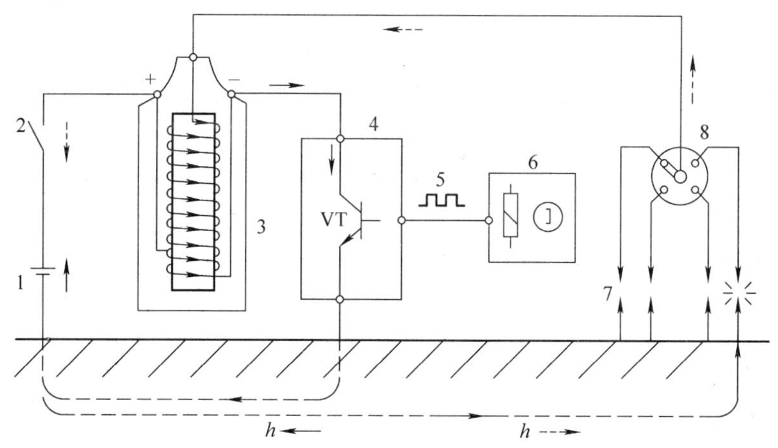

图 4-1　电子点火系统的基本组成和工作原理

1—蓄电池　2—点火开关　3—点火线圈　4—点火电子组件　5—点火信号　6—点火信号发生器　7—火花塞　8—高压配电器

当分电器轴转动时，安装在分电器内的点火信号发生器产生与发动机曲轴位置相对应的点火信号，此点火信号经电子点火组件前置电路处理后，控制大功率开关三极管的导通或截止，使点火线圈初级电流适时通断。

当输入电子点火组件的点火信号使大功率开关晶体管导通时，点火线圈初级通路，储存点火能量；当输入电子点火器的点火信号使开关晶体管截止时，点火线圈初级断路，次级便产生高压，通过配电器及高压导线等将高压送至点火缸火花塞使之跳火，分电器每转一圈各缸轮流点火一次。

图 4-2　无触点分电器

1—分电器盖　2—分火头　3—防尘罩　4—分电器盖　5—分电器轴　6—点火信号触发转子　7—真空点火提前调节器　8—点火信号发生器定子及托架　9—离心点火提前调节器　10—分电器外壳　11—密封圈　12—驱动斜齿轮

二、电子点火系统的主要元件

1. 无触点分电器

无触点分电器由点火信号发生器、配电器、点火提前调节器等组成，如图 4-2 所示，其中配电器、点火提前调节器的结构与触点式分电器相同。

（1）点火信号发生器　其作用是产生与气缸数及曲轴位置相对应的点火电压脉冲信号。常用的有磁感应式、光电式和霍尔效应式等几种类型。

磁感应式点火信号发生器的结构如图 4-3 所示。永久磁铁、导磁铁心及导磁板、感应线圈等组成定子总成，通常固定在活动底板上，可由真空点火提前装置改变其与分电器轴的相对位置。导磁信号转子上的叶片数与发动机气缸数相等，与分电器轴的连接方式与断电器凸轮相似，因此可由离心点火提前装置改变其与分电器轴的相对位置。分电器轴转动时，通过

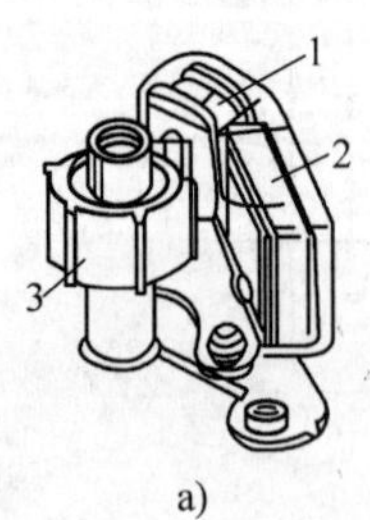

a)

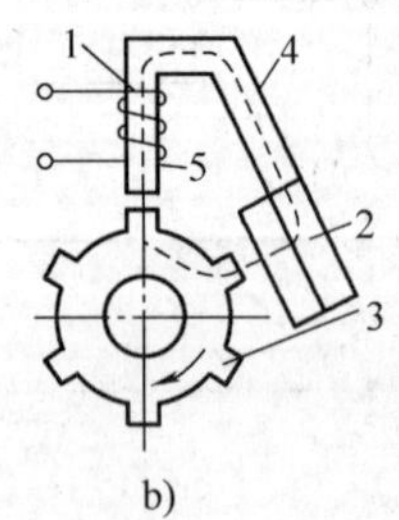

b)

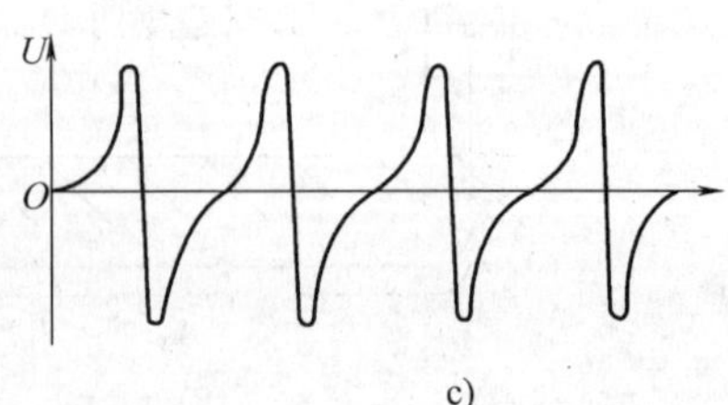

c)

图 4-3　磁感应式点火信号发生器

a）结构简图　b）工作原理　c）点火信号波形

1—感应线圈　2—永久磁铁　3—导磁转子　4—导磁板　5—导磁铁心

离心点火提前调节器带动导磁转子转动，使导磁转子与铁心之间的磁阻周期性变化，使通过感应线圈的磁通量发生变化，产生与发动机曲轴位置相对应的感应电压信号（图4-3c）。

光电式点火信号发生器主要由发光器件、光敏器件和遮光转子所组成（图4-4）。其中，遮光转子上的缺口均匀分布且与气缸数相等。分电器轴转动时，通过离心点火提前调节装置驱动遮光转子转动，发光器件发出的光线周期性通过遮光转子缺口，使光敏器件产生与曲轴位置相对应的电压脉冲。

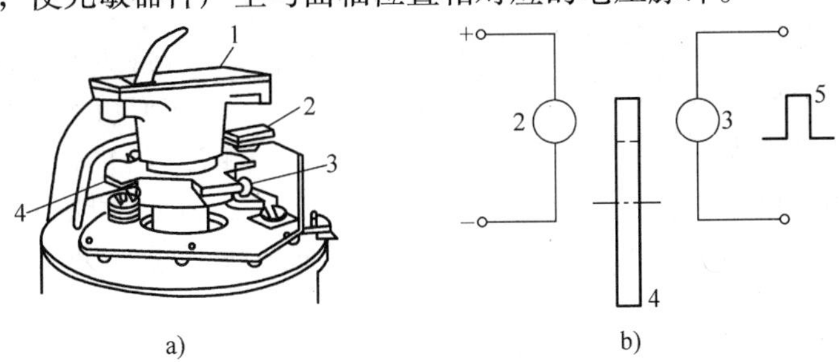

图4-4　光电式点火信号发生器

a）结构简图　b）原理简图

1—分火头　2—发光器件　3—光敏器件　4—遮光转子　5—信号波形

霍尔式点火信号发生器信号触发开关由霍尔集成块和带导磁板的永久磁铁组成，如图4-5a所示。导磁转子上的叶片均匀分布且与气缸数相同，与分火头为一体，套装在分电器轴上部。分电器轴转动时，导磁转子由离心点火提前调节装置带动而随分电器轴一起转动。当导磁转子的叶片插入信号触发开关的缝隙时，导磁叶片将磁路短路（图4-5b），霍尔元件不产生霍尔电压；当导磁转子的缺口通过时（图4-5c），霍尔元件上的磁通量增大而产生霍尔电压。分电器轴转一

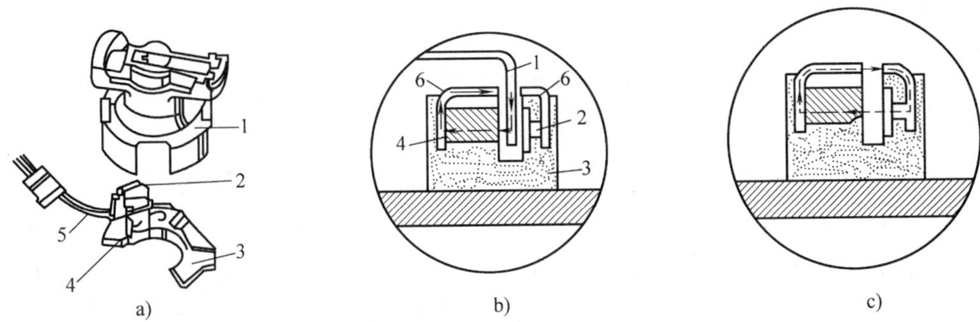

图4-5　霍尔式点火信号发生器的组成和原理

a）结构　b）转子叶片插入　c）转子叶片离开

1—导磁转子　2—霍尔集成块　3—信号触发开关　4—永久磁铁　5—导线　6—导磁板

圈，霍尔元件产生与气缸数相同的霍尔电压脉冲信号。

（2）点火提前调节器　无触点分电器的真空、离心点火提前调节器的结构与触点式点火系统的相同，但不同的是调节器起作用时，实现点火提前调节的动作对象发生了改变，不是断电器触点和凸轮。

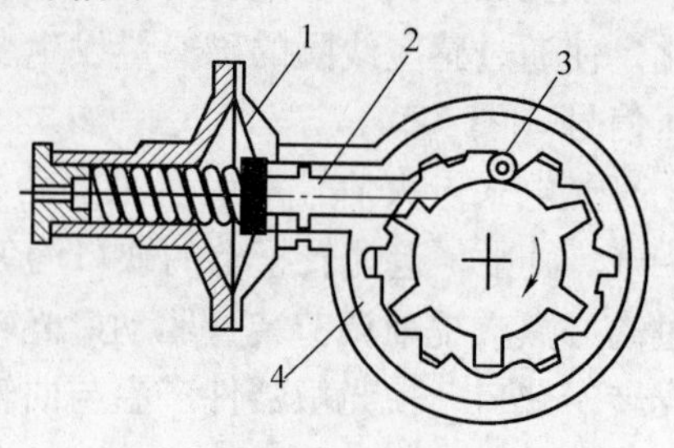

图 4-6　真空点火提前调节器结构与工作原理

1—膜片　2—拉杆　3—拉杆销　4—定子组件

无触点分电器的真空点火提前调节器如图 4-6 所示。发动机负荷改变时，真空点火提前调节器内的膜片移动，通过拉杆拉动定子组件，相对于分电器轴转动某个角度，使点火提前角增大或减小。定子组件顺分电器轴旋转方向转动，点火提前角减小，逆分电器轴旋转方向转动，点火提前角增大。

无触点分电器的离心点火提前调节如图 4-7 所示。当发动机转速变化时，离心块与拉簧配合，使信号转子相对于分电器轴转动某个角度，从而使点火提前角增大或减小。信号转子顺分电器轴转动，点火提前角增大，逆分电器轴转动，点火提前角减小。

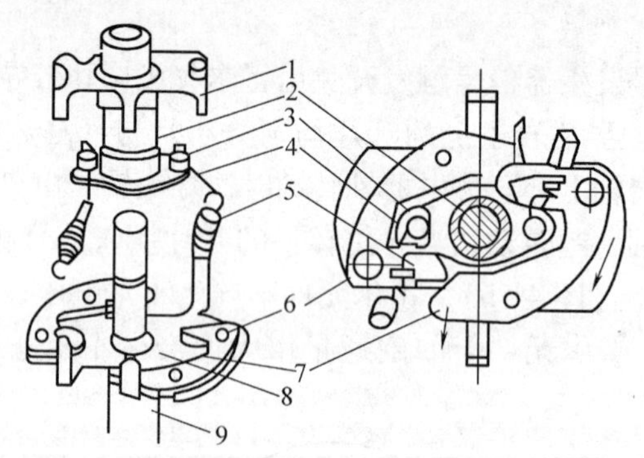

图 4-7　离心点火提前调节器结构与工作原理

1—信号转子　2—转子轴　3—销钉　4—凸轮　5—拉簧　6—销轴
7—离心块　8—托板　9—分电器轴

2. 电子点火器

电子点火器的基本功能是用点火信号发生器产生的点火信号控制点火器中开关晶体管的导通和截止，以接通或切断点火线圈初级电流，在次级绕组中产生感应高压电，经分电器分配给相应气缸的火花塞，在气缸内产生电火花，点燃气缸内的可燃混合气做功。为进一步提高点火性能，有些电子点火器还具有闭合角可控功能电路、初级回路电阻控制电路、停车断电保护电路、过电压断电保护电路及低速推迟点火功能电路等。

电子点火器有分立元件电子点火器和集成电路电子点火器两类。在集成电路电子点火器中，除大功率晶体管以外，其余电子电路用集成块代替，再配以所需外围电路组成电子点火器电路。这种专用点火集成模块功能较全、性能良好、工作可靠性好，且体积小、价格较低，在汽车上使用已较为普遍。典型的 L497 点火集成模块的内部电路及引线端子排列如图 4-8 所示。

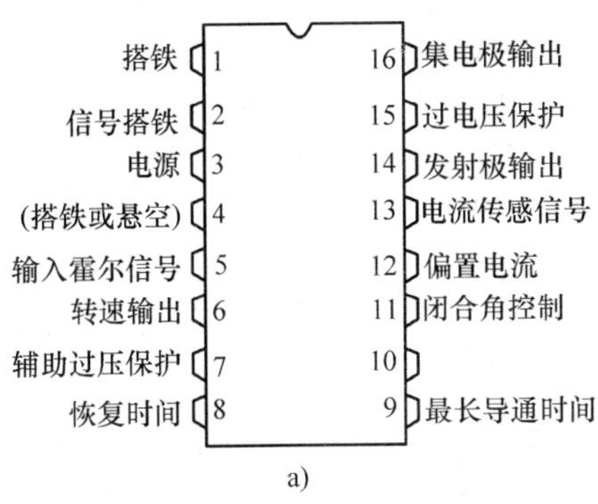

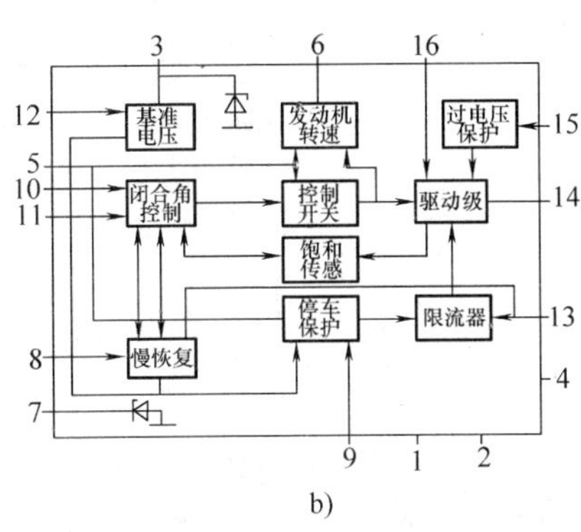

图 4-8　L497 点火集成模块

a）引线端子排列　b）内部电阻框图

3. 点火线圈

无触点电子点火系统的点火线圈有湿式和干式两种类型。

湿式点火线圈电路中不连接附加电阻。初级绕组通电时需要通过上、下两端的空气形成磁路（图 4-9），这种点火线圈也被称为开磁路点火线圈，其磁路磁阻较大，漏磁损失较多，能量转换效率不高。

干式点火线圈内部没有绝缘油，由于干式点火线圈的铁心通常做成“日”字形或“口”字形，使初级绕组通电产生的磁场形成封闭磁路（图 4-10），所以也称为闭磁路点火线圈。由于漏磁少，能量转换效率高，因此闭磁路点火线圈在电子点火系统中应用越来越多。

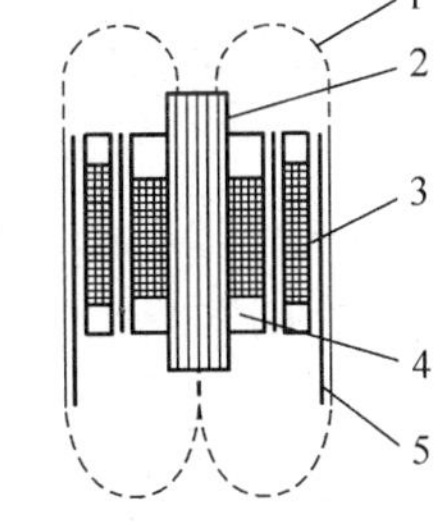

图 4-9　开磁路点火线圈的磁路

1—磁力线　2—铁心　3—初级绕组　4—次级绕组　5—导磁钢套

三、电子点火系统故障诊断注意事项

电子点火系统故障诊断过程中，如果拆装、诊断操作方法不当，会造成人为故障，甚至损坏点火系统。为此，在使用和维护过程中，应注意以下事项：

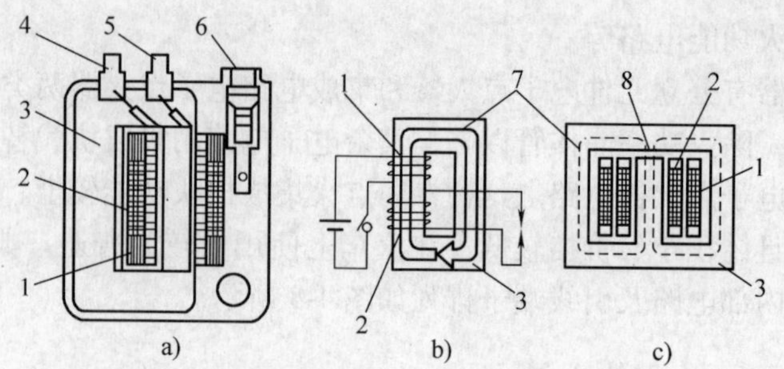

图 4-10　闭磁路点火线圈的结构及磁路

a）闭磁路点火线圈　b）“口”字形铁心磁路　c）“日”字形铁心磁路

1—初级绕组　2—次级绕组　3—铁心　4—低压接线柱（+）

5—低压接线柱（-）　6—高压接线柱　7—磁路　8—空气隙

1）接线必须正确、牢固，电源极性不可接错，否则极易损坏点火电子组件。

2）电子点火装置必须有可靠的搭铁，尽量减少搭铁处的接触电阻，以确保电路稳定可靠地工作。例如，国产 JFD667 型无触点电子点火装置，其低压电路是靠点火电子组件外壳搭铁的，而点火电子组件外壳又用卡箍与点火线圈外壳相连接。因此，应保证点火线圈卡箍搭铁良好。

3）点火信号线与高压线应分开，以免干扰点火电子组件的正常工作。

4）避免将水溅到点火电子组件和分电器内。

5）发动机运转时，不可拆去蓄电池连接线，或用刮火的方法检查发电机的发电情况，以免产生瞬间过电压而损坏点火电子组件。

6）电子点火系统的点火线圈为专用高能点火线圈，不能用普通点火线圈替代。

7）高压导线必须连接可靠、牢固。由于电子点火系统点火线圈次级电压一般较高，若连接不好，易使分电器盖及点火线圈绝缘击穿而损坏。

8）当需摇转发动机而又不需要发动机起动时，应从分电器盖上拆下点火线圈高压线，并将其搭铁。不允许点火线圈在开路状态下工作，否则极易损坏点火线圈和点火电子组件中的功率开关晶体管。

9）当需要拆、接电子点火装置连接导线时，或安装和拆卸检测仪器时，应先关断点火开关或断开蓄电池的搭铁线。

10）点火电子组件应安装在干燥、通风良好的部位，并保持其表面的清洁以利散热。

四、电子点火系统主要部件的故障诊断

如果发动机不能发动，可从分电器盖上拔下中央高压线，并使其端部距离气

缸体5~7mm，然后起动发动机，观察线端是否跳火，如无火花，则说明电子点火装置有故障，应进行诊断。

首先，检查点火装置的有关连接导线、搭铁线、电源线及工作电压等。如检查结果正常，则可进一步对点火线圈、点火高压电路、点火信号发生器以及电子点火器进行检查。

1. 无触点分电器总成的故障诊断

（1）点火信号发生器故障诊断　无触点分电器与触点式分电器的主要区别在于用点火信号发生器替代了传统点火系统的断电器触点，因此点火信号发生器故障诊断非常重要。点火信号发生器的类型不同，其故障诊断方法也有所不同。

1）磁感应式点火信号发生器故障诊断。常见故障是感应线圈短路或断路、导磁转子轴磨损偏摆或定子（感应线圈与导磁铁心组件）移动，而使转子与铁心之间的气隙不当，造成信号过弱或无信号输出而不能触发电子点火器工作。故障诊断步骤如下：

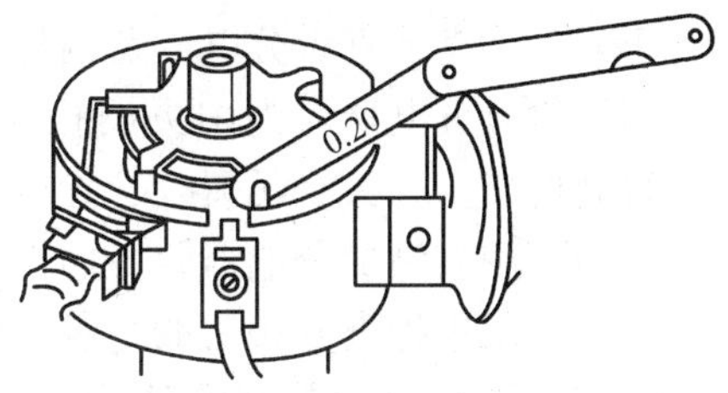

图4-11　导磁转子与铁心之间的间隙

①检查导磁转子与铁心之间的气隙。用塞尺检查导磁转子与铁心之间的气隙（图4-11），测试值应为0.2~0.4mm。气隙过大或过小时，可用调整螺钉调整或更换分电器总成。

②检查感应线圈电阻。用万用表测量分电器信号输出端（感应线圈）的电阻，所测值应满足规定，部分车型点火信号发生器感应线圈电阻值见表4-1。

表4-1　部分车型磁感应式点火信号发生器感应线圈电阻

车型	丰田	本田	克莱斯勒	福特	标致	切诺基
线圈电阻/Ω	140~180	600~800	920~1120	700~800	900~1200	400~800

2）光电式和霍尔式点火信号发生器故障诊断。光电式点火信号发生器的常见故障是发光器件或光敏器件脏污或损坏、内部电路断路或接触不良；霍尔式点火信号发生器的常见故障是内部集成块烧坏，线路断脱或接触不良。这些故障使点火信号发生器信号过弱或无信号输出。故障诊断步骤如下：

①外观检查。打开分电器盖，检查防尘罩有无松动破损，光电器件有无脏污、线路连接是否良好。

②检查电源电压。拔下分电器低压导线插接器，接通点火开关，用万用表测试电源端子电压，所测值应等于蓄电池电压或10V左右（桑塔纳等车型，10V电压由电子点火器提供）。若电压过低，则需检查插头至点火开关或插头至电子点火器间的线路。

③检测信号电压。如果电源电压正常，使分电器低压插座的电源端子接通12V电源，然后慢慢转动分电器轴，用万用表测量插接器的信号输出端子的电压。光电式点火信号发生器的所测值应在0~1V之间；霍尔式点火信号发生器的信号电压应在某一范围摆动，当转子叶片插入缝隙时电压为9V左右，叶片离开时则为0.4V左右。如果信号电压不正常，说明点火信号发生器有故障。

（2）配电器故障诊断　配电器在高压环境下工作，其常见的故障：分电器盖脏污、破损漏电；接触电刷弹簧失效或电刷卡住，不能与分火头导电片可靠接触；分火头绝缘部分有裂纹、积污而漏电。以上故障都会导致火花减弱、错火或不点火。故障诊断步骤如下：

①外观检查。查看分电器盖内外表面是否脏污、有无裂纹和破损、有无炭迹和磨损；检查分电器盖内中央插孔处的接触电刷有无弹性、电刷是否卡住或太短；直观检查分火头有无裂纹、导电片头有无烧损、分火头是否松旷等。

②用万用表测量分电器盖各插孔之间的电阻，其电阻值应在50MΩ以上。

③用万用表检查分火头的绝缘性能，其电阻值应在50MΩ以上。

（3）点火提前调节器故障诊断　无触点分电器与传统触点式分电器一样，有真空、离心式点火提前调节器。

1）真空点火提前调节器故障诊断。其常见故障主要有弹簧失效、内部膜片破裂漏气、分电器内的活动板卡滞。以上故障都会导致发动机负荷变化时，点火提前角调节不当或不起调节作用。故障诊断步骤如下：

①检查真空点火提前调节器弹簧。保持壳体不动，用手拨动活动底板或转动分电器壳体，应感到有阻力；放松后，活动底板或分电器壳体能迅速回位。否则说明真空点火提前调节器弹簧失效。

②检查真空点火提前调节器膜片。用真空泵连接真空管接口并抽真空（图4-12），调节器膜片应能通过调节器拉杆带动活动底板转动。

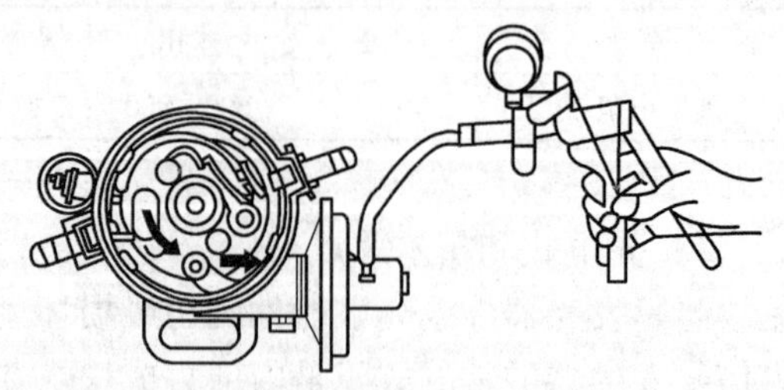

图4-12　检查真空点火提前调节器膜片

③检查真空点火提前调节器性能。在用真空泵对调节器施以不同的真空吸力时，测量点火提前角的改变量，并与标准值比较。使用电气设备万能试验台上或分电器试验台测试时（图4-13），使分电器转速稳定在1000r/min，启动真空泵，观察在规定的真空度下，点火提前角是否符合标准。如果所测点火提前角度变化过大或过小，应调整或更换分电器总成。

2）离心点火提前调节器故障诊断。常见的故障有弹簧失效、拨板槽与离心块上销钉磨损而松旷、拨板与销钉卡死。以上故障都会导致发动机转速变化时，离心点火提前调节器调节不当或不起调节作用。故障诊断步骤如下：

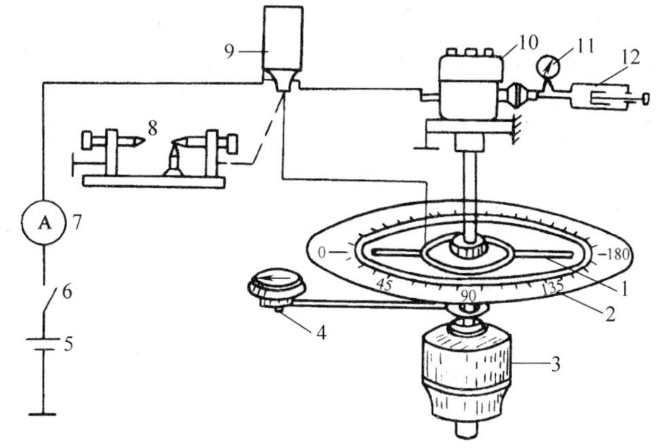

图 4-13　分电器试验台

1—旋转指针　2—刻度盘　3—可变速电动机　4—转速表　5—蓄电池　6—初级电路开关　7—电流表　8—三针放电器　9—点火线圈　10—分电器　11—真空表　12—真空泵

①直观检查。分电器轴不动，用手转动分火头，应感到有阻力；放松后，分火头应迅速回位。打开断电器触点底板，查看离心点火提前调节器有无锈死，弹簧有无断脱。

②检查弹簧拉力。用弹簧秤测量弹簧的拉力，将弹簧拉长一定长度，检查弹力是否符合规定值。

③检查离心点火提前调节器性能。使用电气设备万能试验台或分电器试验台进行性能测试时（图 4-13），先将转速调节到最低转速（50 ~ 100r/min），再将刻度盘的零点对准一个火花，然后提高转速，观察规定转速下点火提前角是否符合标准。若不符合标准，应进行调整或更换分电器总成。

2. 电子点火器故障诊断

电子点火器的常见故障是内部电子元器件损坏。其故障现象：大功率晶体管断路或不能导通，使点火线圈初级电路不能接通而不点火；大功率晶体管短路或不能截止，使点火线圈初级电路不能断路而不点火；大功率晶体管不能工作在开关状态（不能饱和导通和完全截止），使点火线圈初级电路电流减小或断流不彻底，造成火花减弱或不能点火。故障诊断方法如下：

（1）模拟点火信号法检查　检测采用磁感应式点火信号发生器的点火系统时（图 4-14），可用干电池（1.5V）分别正接和反接于电子点火器的信号输入端，模拟点火信号。同时，测量两种情况下点火线圈“－”接线柱与搭铁之间的电压，据此判断电子点火器好坏。

①两次测得的电压分别为 0（或 <2V）和 12V 左右，说明电子点火器性能良好。

②两次测得的电压均高（12V 左右），则说明电子点火器有不能导通故障。

③两次测得的电压均低，则说明电子点火器有不能截止故障。

④两次测得的结果都是在 2V 和 12V 之间，则说明电子点火器有不能饱和导通及完全截止的故障。

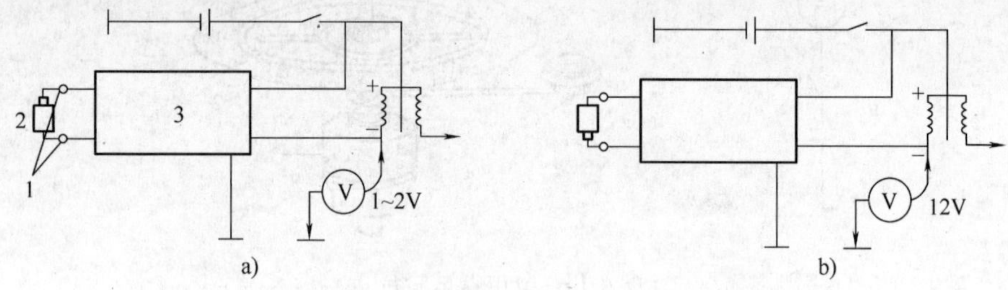

图 4-14　模拟点火信号法检查电子点火器

a）正接（使初级通路）检查情况　b）反接（使初级断路）检查情况

1—输入端　2—1.5V 干电池　3—电子点火器

（2）高压试火法检查　如果点火信号发生器良好，可以用高压试火的方法来检查电子点火器。

①拔出分电器中央高压线，使高压线端距离缸体 5mm 左右。用起动机带动发动机转动，检查高压线端跳火情况。如果跳火且火花强，说明电子点火器良好。

②对于磁感应式点火信号发生器，可打开分电器盖，用螺钉旋具瞬间短路导磁转子与定子铁心，检查高压线端跳火情况（图 4-15）。

③对于光电式或霍尔效应式点火信号发生器，可拆下分电器（保持其低压电路连接），用手转动分电器轴，检查高压线端的跳火情况。

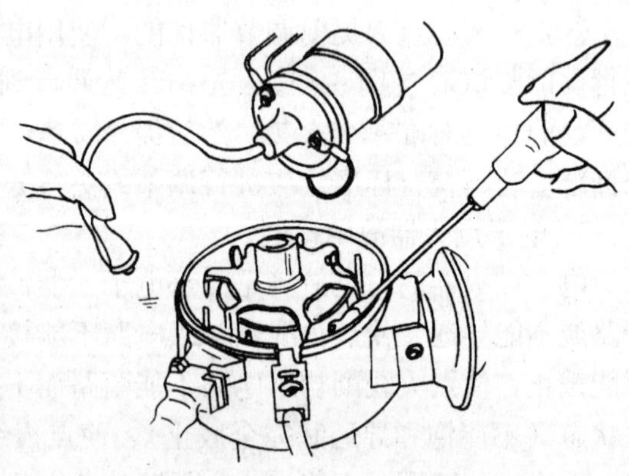

图 4-15　跳火试验法检查电子点火器

（磁感应式点火信号发生器）

（3）替换法检查　即用同规格的点火电子组件替换被检查的点火电子组件，如故障排除，则证明原点火电子组件损坏。该方法是判断点火电子组件故障最简单、最有效的力法，但必须备有相同规格的新点火电子组件。

3. 点火线圈故障诊断

电子点火系统点火线圈的常见故障与传统点火系统相似，主要故障：初级或次级绕组断路、短路或搭铁，绝缘盖破裂漏电，附加电阻烧断等。故障诊断步骤如下：

①外观检查。察看点火线圈的外表，若绝缘盖破裂或外壳碰裂，因容易受潮而失去点火能力，应予更换。

②线圈电阻检查。电子点火系统的点火线圈初级绕组的电阻比较小，部分汽车使用干式点火线圈。

检查初级绕组的电阻时，将万用表置于两只表笔分别连接点火线圈端子“+”和“-”，所测值应满足规定（表4-2）。如电阻为无穷大，说明初级绕组断路。

表4-2　点火线圈电阻参数

车型	测量温度/℃	初级电阻/kΩ	次级电阻/kΩ
广州标致	20	0.63～0.77	3.2～4.4
解放CA1091	20	0.7～0.8	3～4
丰田RB	20	0.8～1.1	10.7～14.5
一汽奥迪V6	20	0.6～0.7	9～14
三菱工具车	20	0.7～0.85	8.7～11.7
日产VG30S	20	0.72～0.88	7.6～11.4

检查初级绕组的电阻时，将万用表一只表笔接点火线圈的高压插孔，另一只表笔接“+”与“-”中任意一个端子，所测值应满足规定。如阻值为无穷大，说明次级绕组断路；如阻值过小，说明次级绕组短路，无论断路或短路都应更换点火线圈。

用万用表测量点火线圈任一接线柱与外壳间的电阻，其电阻值不应小于50MΩ，否则说明线圈绝缘不良。

③发火强度试验。点火线圈的发火强度可在汽车电气万能试验台上的三针放电器上进行试验。

三针放电器由主电极A、C以及辅助电极B组成，如图4-16所示。主电极A搭铁，C接高压线，辅助电极B与主电极C之间有0.05～0.1mm的间隙，且不与其他线路相接。增加辅助电极的目的，是促使电极间隙中的气体电离，使击穿电压稳定。移动电极A可调整主电极A、C间的距离。我国采用的三针放电器为垂直型，即辅助电极与主电极C垂直（见图4-16a），在这种三针放电器中，击穿1mm的间隙所需电压为1.5kV。在国际标准中，规定使用的三针放电器为65°型，即辅助电极与主电极C之间成60°（见图4-16b），击穿5.5mm的间隙，相当于 12kV 的电压。

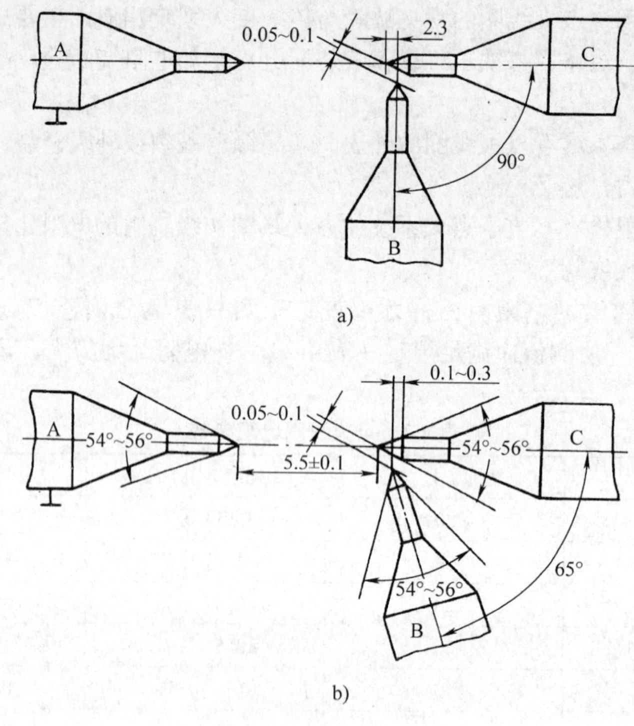

图 4-16　三针放电器

a）垂直型　b）65°型

A、C—主电极　B—辅助电极

4. 其他部件故障诊断

（1）火花塞故障诊断　火花塞工作在高温、高压的环境中，且有汽油、机油及混合气燃烧产物的侵蚀，因而故障率相对较高。其常见故障有火花塞烧损、火花塞有沉积物、火花塞间隙过大或过小。诊断方法如下：

①直观检查。查看火花塞的电极和绝缘体外观，正常工作的火花塞绝缘体裙部呈浅棕色到灰白色。

②检查、调整火花塞电极间隙。用规定厚度的塞尺插入火花塞电极间隙，稍有阻力即为适当。火花塞间隙应符合规定。由于电子点火系统的次级电压高且较为稳定，因此为提高有效点火能量，火花塞间隙比传统点火系统的火花塞间隙大。

（2）高压导线检查　电子点火系统由于高压回路的工作电压较高，相比于传统的点火系统，其高压导线比较容易损坏。常见的故障有导线绝缘层破损漏电、阻尼电阻不良或断路等。

①直观检查高压导线是否断裂、磨损；检查连接火花塞端保护套有无断裂、脆化等情况。

②检查高压导线的电阻。用万用表电阻档测量高压导线的电阻，电阻值应符合规定。如果电阻值无穷大或不在规定的范围内，均需更换。

5. 点火电压波形检测诊断

另外，还可通过点火波形的比较分析来判断点火系统技术状态好坏及故障所在，点火波形检测及故障诊断分析方法详见本书上册第三章第三节有关内容。

五、点火正时的检测与调整

1. 点火正时基本步骤

①找到1缸压缩终了上止点。拆下1缸的火花塞，慢慢转动曲轴，使飞轮上的1缸上止点记号与飞轮壳上的标记对齐。

②安装分电器。转动分电器轴或分电器外壳，使分电器上的分火头指向分电器壳体上的标记或分电器壳体上的标记与缸体上的标记对准，装入分电器，并旋紧固定螺钉。

③连接高压导线。将1缸火花塞的高压导线插入分电器盖上的1缸插孔后，顺着分电器轴旋转方向，按点火顺序依次插好其他缸高压导线。

2. 点火正时检测

当分电器重新装在发动机上或点火正时失准时，就需对点火正时进行检测及调整。检测方法如下：

①经验检测法。即通过突然加大节气门并观察发动机的工作情况，以判断点火正时是否得当。

②点火正时的仪器检测法。用发动机点火提前角检测仪，检测其规定转速下的点火提前角，并通过与标准的点火正时参数比较，来判断点火正时正确与否。点火正时的仪器检测法有频闪法和缸压法两类，详见本书上册第三章第三节。

六、电子点火系统常见故障诊断

电子点火系统常见故障主要表现为无火、缺火，火花弱和点火不正时，将会造成发动机不能起动或运转不正常。

1. 发动机不能起动

先按喇叭或开前照灯，确定电源供电是否正常。确知电源供电正常后，再判断故障是在高压电路还是在低压电路。打开发动机罩，拔出分电器中央高压线，使其距气缸体4~6mm，接通点火开关，摇转曲轴，察看火花情况：

①火花强，表示低压电路和点火线圈良好，故障在分电器和火花塞高压电路中。再从火花塞上端拆下高压线头，摇转曲轴对机体试火，如无火应检查分火头、分电器盖及高压分线是漏电；有火花时需检查点火正时和火花塞的工作情况。

②无火花，表明低压电路有短路、断路或点火线圈、中央高压线有故障。

2. 发动机工作不正常

（1）一个缸或几缸缺火　发动机如有一个缸或几缸缺火就会运转不匀，排气管中排出黑烟并放炮。产生的原因多为高压分线漏电或脱落，分电器盖漏电，火花塞工作不良或不工作，高压分线插错。

检查时应先找出缺火的气缸，再排除缺火的原因。方法是用螺钉旋具将火花塞接线柱逐个搭铁，听发动机运转的声音。如将某火花塞搭铁后，发动机转速无变化，表明该火花塞不工作；反之如发动机转速降低，则表明该火花塞工作良好。

一个缸不工作，应取下缺火气缸的火花塞上的高压分线，使线端距火花塞接线柱 3～4mm，在发动机工作时，该间隙中如有连续的火花且发动机运转随之均匀，表明火花塞积炭；无火花表明高压分线或配电器盖有故障。两个缸不工作时，应检查点火顺序是否正确。如有几个气缸同时不工作，应拔下配电器盖中央高压线作跳火试验。如有火，表示高压电供应正常，故障在配电器盖、高压分线或火花塞；如跳火断续，表明点火信号发生器或点火线圈有故障。

（2）点火正时不当　若发动机不易起动，行驶无力，加速发闷，排气管放炮，发动机过热，应检查点火是否过迟，触点间隙是否偏小，分电器壳是否松动；若摇转曲轴起动时反转，加速时爆燃，应检查点火是否过早。

（3）高速不良　发动机低、中速工作良好，高速时工作不平稳，排气管放炮并有断火现象，应检查点火信号发生器信号是否过弱，火花塞间隙是否过大，点火线圈是否工作不良。

第二节　电子控制点火系统故障诊断

电子控制点火系统以微处理器为控制核心，可根据发动机转速、负荷、进气温度等多个工作参数的变化，确定最佳的点火时刻，并进行实时调整，因而可实现最佳点火时刻控制。此外，电子控制点火系统可与发动机怠速控制系统、汽油喷射控制系统、自动变速器控制系统、防滑控制系统等其他电子控制系统进行信息交流，协调控制，即可以根据其他电子控制系统的相关信号，迅速改变点火提前角，以使发动机的运转和汽车的运行更加平稳。

一、电子控制点火系统的工作原理

根据高压配电方式的不同，电子控制点火系统可分为机械高压配电方式和电子高压配电方式两种类型。

1. 机械高压配电

采用机械高压配电方式的电子控制点火系统仍由传统的机械式分电器完成高

压配电。但分电器只起配电作用，无点火提前调整功能。

带分电器电子控制点火系统主要由各种传感器、点火电子控制器（点火ECU）、点火电子组件（点火器）、点火线圈、高压配电器、火花塞等组成，如图4-17所示。发动机工作时，电子控制单元（ECU）根据各传感器的输入信号，确定点火时间，并将点火正时信号IG_t送至点火模块。当IG_t信号变为低电平时，点火线圈初级电路由于功率晶体管的截止而被切断，次级感应出高电压，再由分电器按发火顺序送至相应气缸的火花塞上产生电火花。

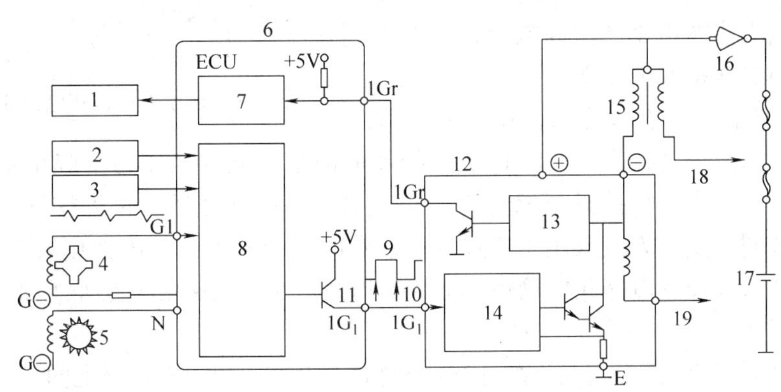

图4-17　电控点火系统基本组成（带分电器）

1—主继电器　2—压力传感器　3—温度传感器　4—基准位置传感器　5—转速传感器　6—点火ECU　7—燃油喷射EFI控制　8—点火提前ESA控制　9—点火信号　10—通电开始　11—点火　12—点火模块　13—点火监视回路　14—闭合角控制　15—点火线圈　16—点火开关　17—蓄电池　18—至分电器　19—至发动机转速表

为了保证次级电压稳定，在点火器中设有闭合角控制回路和点火确认信号（IG_f）发生电路。闭合角控制回路的作用是根据发动机转速和蓄电池电压（电源电压）的变化调节闭合角，以保证足够的点火能量和次级电压。转速上升或蓄电池电压下降时，使闭合角增大；点火确认信号发生电路的作用是在点火初级线圈电流切断，初级线圈产生自感电动势时，向ECU输出IG_f信号，以监控点火控制电路是否工作正常。当ECU接收不到由点火器反馈的IG_f信号，表明点火系统发生故障，ECU将切断燃油喷射脉冲信号，使电磁喷油器停止喷油。

2. 电子高压配电

采用电子高压配电方式的电子控制点火系统取消了传统的机械式分电器，改由电子控制方式完成高压配电。

（1）电子高压配电的方式　目前常用的电子高压配电方式有各缸独立点火

和双缸同时点火两种。

1）各缸独立点火方式。即每个气缸的火花塞配一只点火线圈（图 4-18），并且可将点火线圈直接安装在火花塞顶上，这样不仅不用分电器，而且也不用高压线。发动机工作时，气缸识别电路根据 ECU 送入的点火信号和气缸识别信号输出点火控制脉冲，按点火顺序轮流触发晶体管 VT_1、VT_2、VT_3、VT_4 导通和截止，控制各个点火线圈轮流产生高电压，并直接输送给与之连接的火花塞。

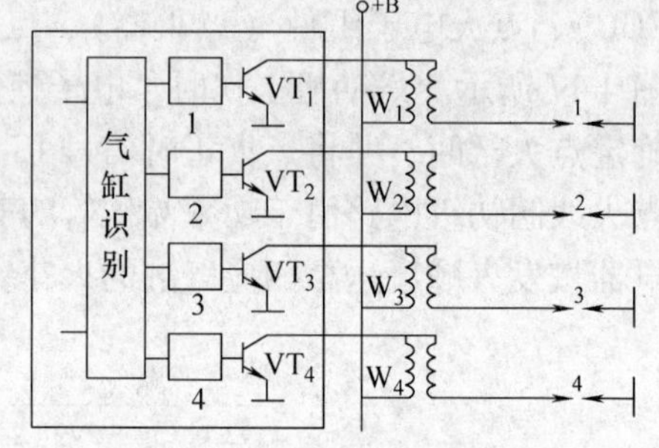

图 4-18　独立点火方式电路原理

2）双缸同时点火方式。即一只点火线圈同时为两个气缸点火。共用点火线圈的两个气缸的工作相位应相差 360°曲轴转角，这样当一缸接近压缩行程上止点时，另一缸必然在接近排气行程上止点。双缸同时点火方式只用于气缸数为双数的发动机上。与单独点火方式相比，其结构和点火控制电路相对简单，但能量损失略大，仍保留了点火线圈与火花塞间的高压线。

双缸同时点火方式有点火线圈分配同时点火方式和二极管分配同时点火方式两种。

点火线圈分配双缸同时点火的工作原理如图 4-19 所示。气缸识别电路根据 ECU 送入的点火信号和气缸识别信号输出点火控制脉冲，按点火顺序轮流触发晶体管 VT_1、VT_2 导通和截止，控制 W_1、W_2 两个点火线圈轮流产生高压。当气缸识别电路输出 1、4 缸点火触发信号时，VT_1 由导通转为截止，点火线圈 W_1 产生高压，使 1 缸和 4 缸的火花塞同时跳火；当气缸识别电路输出 2、3 缸点火触发信号时，VT_2 由导通转为截止，点火线圈 W_2 产生高压，2 缸和 3 缸的火花塞同时跳火。

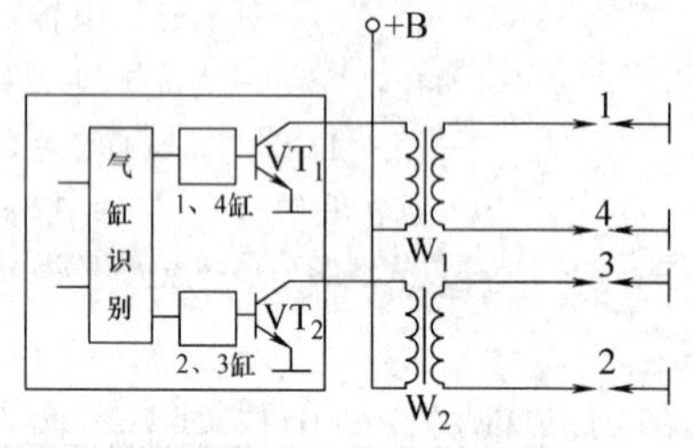

图 4-19　点火线圈分配双缸同时点火方式电路原理

二极管分配同时点火方式的原理如图 4-20 所示。其点火线圈有两个初级绕组，各由驱动电路中的晶体管 VT_1、VT_2 控制其通断。根据控制器的气缸识别信号和点火正时信号，气缸识别电路输出点火脉冲，按照点火顺序交替触发的 VT_1、VT_2 导通和截止。当气缸识别电路输出 1、4 缸点火触发信号时，VT_1 由导通转为截止，初级绕组 W_1 断电，次级绕组产生电动势 e，使二极管 VD_1、VD_4 正向导通，1、4 缸火花塞电极间电压迅速升高直至跳火。当气缸识别电路输出

2、3 缸点火触发信号时，VT_2 由导通转为截止，初级绕组 W_2 断电，使次级绕组产生电动势 e'，使 VD_2、VD_3 导通，2、3 缸火花塞跳火。

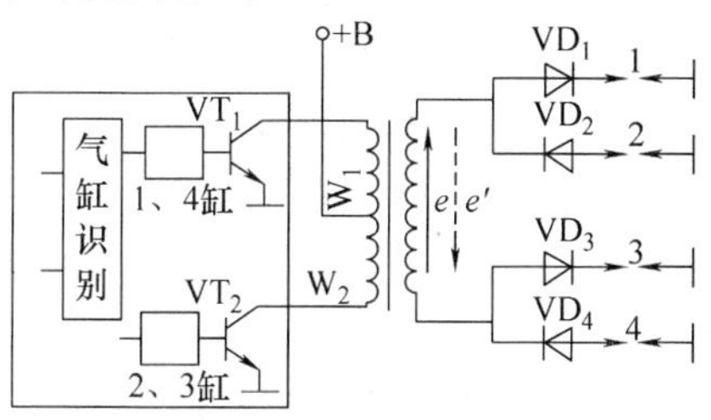

图 4-20 二极管分配同时点火方式

（2）电子高压配电电子控制点火系统的工作原理 桑塔纳 2000GSi 型轿车电子控制无分电器点火系统的工作原理如图 4-21 所示。点火系统中凸轮轴位置传感器向电控单元（ECU）提供发动机气缸判别信号；曲轴位置传感器向 ECU 提供发动机曲轴转速与转角信号；转速信号用于计算确定点火提前角，曲轴转角信号用于控制点火提前角（即点火开始时刻）；空气流量传感器和节气门位置传感器向 ECU 提供发动机负荷信号，用于计算确定点火提前角；冷却液温度信号、进气温度信号、车速信号、空调开关信号以及爆燃传感器信号等用于修正点火提前角。

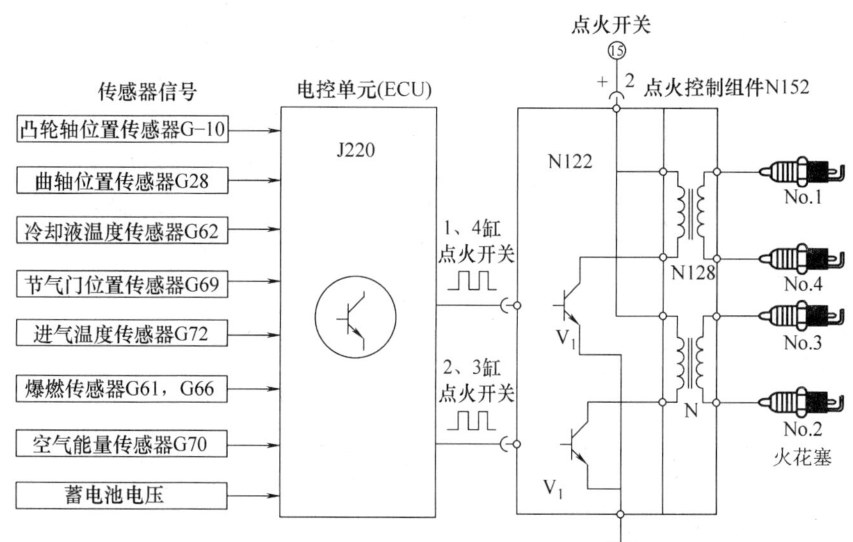

图 4-21 桑塔纳 2000GSi 型轿车微机控制无分电器点火系统工作原理

发动机工作时，控制系统通过上述传感器及有关开关把发动机工况信息采集到 ECU 的随机存储器 RAM 中，并不断检测凸轮轴位置传感器信号，判定是哪一缸活塞即将到达压缩上止点。当中央微处理器（CPU）接收到判缸信号后，开始对曲轴转角信号进行计数，判断点火时刻。CPU 根据转速信号、负荷信号以及与点火提前角有关的传感器信号，从只读存储器中查询相应工况下的最佳点火提前角。当曲轴转角等于最佳点火提前角时，CPU 立即向点火控制器发出指令使控制初级电路的功率晶体管截止，点火线圈初级电流切断，从而在次级绕组中产生高压电跳火点着可燃混合气。

当电控单元 ECU 发出指令使点火控制组件 N152 的驱动晶体管 VT_1 截止时，点火线圈 N128 初级电流切断，高压电直接加在发动机 1 缸和 4 缸火花塞电极上；当驱动晶体管 VT_2 截止时，点火线圈 N 初级电流切断，高压电直接加在 3 缸和 2 缸火花塞电极上，使两个气缸同时跳火。曲轴旋转一转后，两缸所处行程恰好相反。

3. 点火提前角控制原理

（1）最佳点火提前角的确定　影响点火提前角的影响因素很多，且关系复杂。

首先试验确定各特定工况下的最佳点火时刻，并作为标准参数存入电控单元（ECU）的只读存储器（ROM）中。而非特定工况点的最佳点火时刻则由微处理器利用周围 4 个特定工况点的标准参数，通过插值计算的方式确定。

试验获得各种工况下的点火提前角修正参数或控制模型，存入只读存储器（ROM）中，用于在发动机工作在不同状态下的点火提前角修正控制。

在只读存储器（ROM）中还存有插值计算控制程序以及不同状态下的点火提前角修正控制程序。发动机工作时，ECU 根据传感器的信号，通过查找、插值计算、修正计算等，可得到任一工况和状态下的最佳点火提前角值。

（2）点火提前控制过程　发动机转速、空气流量（或进气管压力）、温度及其他传感器的电信号输入 ECU，微处理器查找（特殊工况参数）、计算（插值、修正）后得到当前工况下的最佳点火提前角，并与当前实际点火提前角角进行比较。如果不一致，则立刻对点火提前角进行调整。

（3）点火提前角控制的基本内容　在电子控制点火系统中，点火提前角由初始点火提前角、基本点火提前角和点火提前角修正值 3 个部分组成。

①初始点火提前角。初始点火提前角决定于曲轴基准位置传感器（点火基准传感器）信号及其最初调整值，其大小随车型或发动机形式而异。另外，该基准信号也常作为发动机起动时的点火信号。

②基本点火提前角。在发动机正常工作温度、范围内，由 ECU 根据发动机的转速和负荷，通过查找和计算确定的点火提前角。基本点火提前角是发动机最主要的点火提前角，是电子控制器进行点火提前角最佳控制的主要数据。

③修正点火提前角。修正点火提前角是电子控制器根据发动机进气温度、冷却液温度、节气门位置、空燃比、起动开关、空调开关等传感器信号和有关开关信号，对基本点火提前角按一定的修正特性所做的进一步优化性校正。

点火提前角控制的基本内容见表 4-3。

表 4-3　点火提前角控制的基本内容

起动时点火提前角控制	初始点火提前角控制	
	非初始点火提前角控制	
起动后点火提前角控制	基本点火提前角	怠速运行基本点火提前角控制
		正常运行基本点火提前角控制
	修正点火提前角	暖机修正量控制
		稳定怠速修正量控制
		空燃比反馈修正量控制
		过热修正量控制
		爆燃修正量控制
		最大提前和推迟控制
		其他点火修正控制

二、电子控制点火系统的主要部件

1. 传感器

传感器用于检测与点火有关的发动机工作状况信息，并将检测结果输入电子控制器，作为运算和控制点火时刻的依据。各车型使用的传感器类型、数量、结构及安装位置不同，但其作用大同小异，电子控制点火系统中所用的传感器主要有以下几种：

（1）曲轴转角与转速传感器　其功能是将发动机曲轴转过的角度变换为电信号输入微机，并据此确定发动机转速。在电子控制点火系统中，发动机转速信号是点火 ECU 确定基本点火提前角的最主要依据之一，而曲轴转角信号则用来计算具体的点火时刻。

（2）曲轴基准位置传感器（点火基准传感器）　该传感器可在曲轴转至某一特殊的位置，如 1 缸上止点或上止点前某一确定的角度时，输出一个脉冲信号，点火 ECU 据此计算曲轴位置的基准，并与曲轴转角信号一起计算曲轴任一时刻所处的具体位置。

上述两传感器信号是保证电脑控制的点火系统正常工作最基本的输入信号，缺少任一信号，都会造成点火系统不点火，发动机无法起动的故障。传感器一般安装在分电器内或安装在配气机构凸轮轴的前端或后端，信号的获取方式有磁感应式、光电式和霍尔效应式等多种形式。

（3）进气歧管绝对压力传感器　该传感器可以将节气门后进气歧管的绝对压变换为电信号，点火 ECU 以此作为发动机负荷信号，作为确定基本点火提前角的依据。

（4）空气流量传感器　在 L 型（质量流量型）电控燃油喷射系统的发动机

中，空气流量传感器信号除用于计算基本喷油持续时间外，也作为负荷信号计算基本点火提前角。

（5）进气温度传感器　用于监控发动机吸入空气的温度，对基本点火提前角进行修正。

（6）冷却液温传感器　用于监控发动机工作温度的高低。点火 ECU 据此对基本点火提前角进行修正，并控制起动及暖机期间的点火提前角。

（7）节气门位置传感器　用于把节气门开度信号转化为电信号，点火 ECU 据此判断发动机所处的工况（怠速、中等负荷或大负荷），然后对点火提前角进行修正。

（8）爆燃传感器　在点火提前角闭环控制系统中，点火 ECU 根据爆燃传感器输出信号判断发动机是否发生爆燃，从而对点火提前角进行修正。

（9）开关信号输入

①起动开关信号。用于起动时对点火提前角的修正。

②空调开关信号。在怠速工况下使用空调时，微机以此开关信号对点火提前角进行修正。

③空档开关信号。在使用自动变速器的汽车中，微机以此开关信号判断发动机处于空档停车状态还是行驶状态，然后对点火提前角进行必要的修正。

上述各传感器大多与电控燃油喷射系统等电子控制系统共用，详见第三章。

2. 点火电子控制器（点火 ECU）

点火电子控制器是点火控制系统的中枢，用来接收上述各有关传感器信号，并按照特定的程序进行判断、运算后，给点火电子组件输出最佳点火提前角和初级电路导通时间的控制信号以及气缸判别信号。在现代发动机集中控制系统中，点火电子控制系统仅是电子控制器的一个子系统。

点火电子控制器由输入电路、微处理器和输出电路构成。详见第三章。

3. 电子点火器

电子点火器或称电子点火组件，连接于 ECU 与点火线圈之间，是电子点火控制系统的功率输出级和中间执行器。其功能是，接受电子控制器输出的点火控制信号并进行功率放大，以便驱动点火线圈的工作。点火电子组件的结构原理与电子点火系统的点火器基本相同，其具体电路、功能与结构因车而异。如奥迪 200 型轿车的电子点火器仅用一只控制点火线圈初级电流的大功率开关晶体管，并与点火线圈安装在一起；而有发动机的电子点火器则集成在电子控制器内。

4. 点火线圈

同时为两个气缸点火的每个点火线圈都有一个初级绕组和一个次级绕组，发动机的全部两个（或多个）点火线圈多采用组合形式。六缸发动机的组合点火线圈如图 4-22 所示。

单独点火方式的点火线圈，通常是将点火线圈直接装在火花塞上端，如图4-23所示。这种点火线圈可省去高压导线，可降低点火能量的损失和点火系统的故障率。

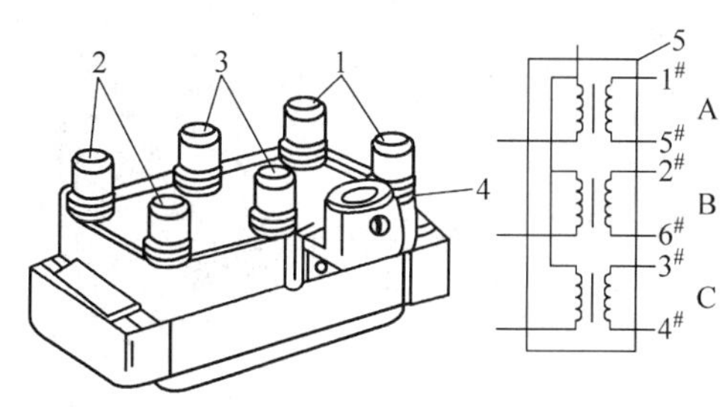

图4-22 同时点火方式的点火线圈

1、2、3—点火线圈 4—低压导线插座 5—内部电路

A、B、C—高压线插座

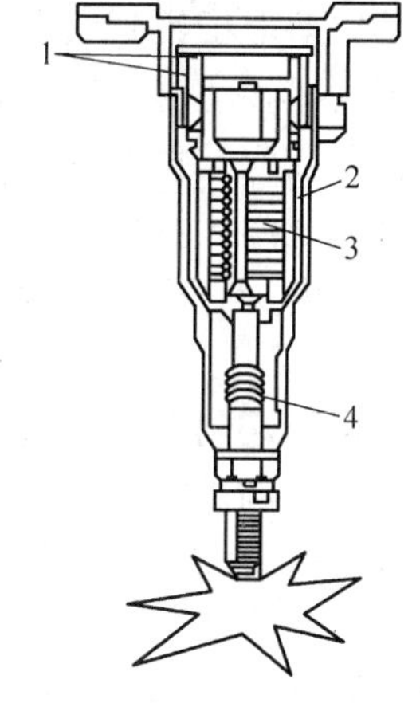

图4-23 独立点火方式的点火线圈

1—接ECU 2—初级绕组

3—次级绕组 4—火花塞驱动电路

适用于二极管分配同时点火方式的点火线圈具有两个初级绕组和一个次级绕组。高压二极管有直接安装在点火线圈内部和连接在点火线圈外部两种结构形式。图4-24所示为二极管外接式点火线圈。

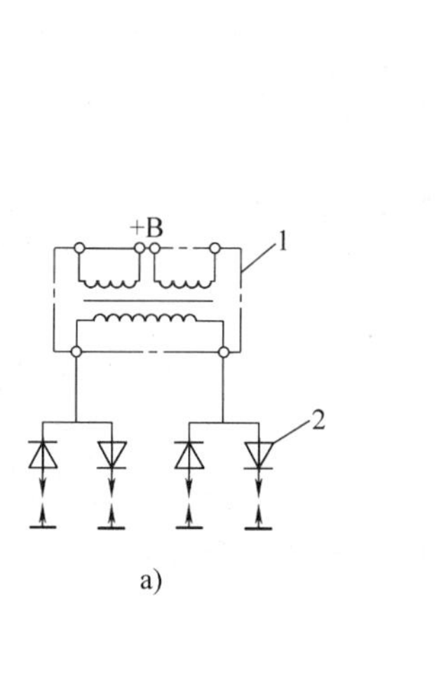

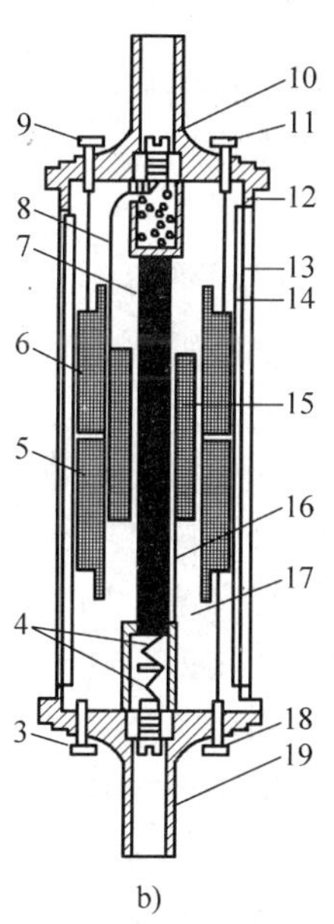

图4-24 二极管分配同时点火方式的点火线圈（二极管外接式）

a）点火线圈连接线路 b）点火线圈内部结构

1—点火线圈 2—高压二极管 3、11—接电子点火模块 4—弹簧 5—初级绕组Ⅰ

6—初级绕组Ⅱ 7—铁心 8、16—高压导电片 9、18—电源接线柱

10、19—高压线插座 12—外壳 13—导磁板 14—衬纸 15—次级绕组 17—变压器油

5. 分电器

带分电器电子控制点火系统所采用的分电器没有真空和离心点火提前装置，通常是发动机转速与曲轴位置传感器、配电器的组合装置。图 4-25 所示是一种安装有霍尔效应式发动机转速与曲轴位置传感器的分电器。

被称为整体式点火装置的分电器则将点火线圈、电子点火模块及中央高压导线等集装在一起。

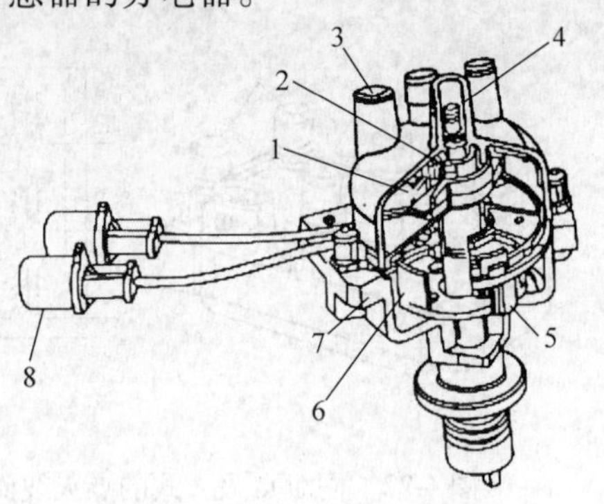

图 4-25　内装霍尔传感器的分电器

1—分火头　2—分电器盖绝缘环　3—分缸高压线插孔　4—中央高压线插孔　5—霍尔效应传感器　6—传感器信号触发转子叶片　7—分电器壳体　8—传感器线束插接器

三、电子控制点火系统故障诊断的注意事项、方法和步骤

1. 电子控制点火系统故障诊断的注意事项

对电子控制点火系统进行故障诊断时，除应注意前述电子点火系统故障诊断的注意事项外，还要注意以下几点，以免对电子控制系统造成人为损坏。

①在发动机运转或接通点火开关的情况下，不要拆掉蓄电池的连线；发动机正常运转时，也不允许不接蓄电池。只有在切断点火开关的前提下才可拆下蓄电池的连线。另外，在拆下蓄电池的连线或拔下电脑的插头之前，应先调出故障码，否则在拆下蓄电池的连线后，电脑中存储的故障码将会消失，这将增大故障诊断的难度。

②点火开关接通时，不可断开任何电控系统设备和连接导线、插拔集成电路芯片。在跨接起动其他车辆或用其他车辆跨接本车时，必须先断开点火开关，才能拆装跨接线。

③对电子控制点火系统进行故障诊断时，应使用高阻抗的检测仪表。

④尽量不用试灯去测试与电控单元相连的任何电气元件，以免因过流而损坏微处理器和有关传感器，禁止用搭铁试火或拆线试火的方法对电路进行检查。

⑤检测电控单元或更换芯片时，操作人员要将身体接地（铁），以防止人体静电对微处理器的损伤。

⑥在电控发动机上进行电弧焊接时，应切断控制系统的电源。

2. 电子控制点火系统故障诊断方法

电子控制的点火系统发生故障后，其点火线圈、分电器、点火器及高压电路元器件以及高压电路和部分低压电路的检测与诊断方法，与前文所述的电子点火系统基本相同。以下仅介绍电子控制部分的故障诊断方法。

（1）直观诊断　电子控制的点火系统发生故障时，应先对与故障现象相关的部位、部件及其连接导线进行外观检查。查找各个插接器是否有污损、插接不到位而引起的接触不良；检查电线是否断路，或是否因磨损而引起线间或与搭铁短路；检查各个传感器和执行器是否有零件松动、丢失、变形、卡死、磨损越限等机械故障；发动机工作时是否有异响，点火器、点火线圈温度是否正常；询问用户故障发生过程及现象等。由于电子控制的点火系统结构原理复杂，工作可靠性也较高，发生故障后，除了电子元器件本身的损坏外，很多故障是由于线路短路、断路、插接器接触不良造成的，而与电控系统无关，直观诊断法可以比较容易地发现这些故障，结合经验诊断方法，可以达到事半功倍的效果，是一种最简单最基本的故障诊断方法。

（2）利用自诊断系统诊断　电子控制点火系统一般都有自诊断功能，因此当电子控制的点火系统出现故障时，应首先利用汽车的自诊断功能调取存储在电控单元内的故障码，根据故障码和及其含义，可快速对电控系统自身故障的范围作出初步判断并进一步排除故障，因此是电子控制点火系统电控部分的主要故障诊断手段。但这种方法不能诊断电控系统范围以外的发动机故障，如点火线圈、高压配电器等高压电路元器件以及高压电路的故障。自诊断系统所能诊断的部位和故障码的具体含义可查阅汽车生产厂的说明书或维修手册，故障码可通过车上的诊断接口利用专用的解码器或人工调码的方法读取，具体可参阅本书下册第三章有关内容。

（3）仪器诊断　即利用通用仪器仪表如数字万用表、示波器等或专用诊断仪器设备如发动机综合分析仪、解码器、点火分析仪、正时灯等对电子控制的点火系统故障进行检测、分析和诊断的方法。可对故障元器件性能参数、各主要测试点信号以及整个点火系统进行检测，也可对特性曲线及波形进行定性定量分析，从而对故障部位做出快速准确的判断，可以大大地提高对点火系统故障的诊断效率。但现代化的诊断仪器设备价格相对较高，操作人员对系统的结构和电路原理、控制电路特点必须要有相当的了解。

3. 电子控制点火系统故障诊断步骤

①首先确定故障位于电子控制部分还是高压电路部分。从分电器盖上拔下中央高压线，并使其端部距离气缸体 5～7mm，然后起动发动机，如线端有强烈的高压火花出现，说明故障在高压电路部分，可进一步检查分电器至各气缸的配电装置及火花塞等有无故障。如无火花或火花很弱，则说明包括点火线圈、点火器在内的电子控制系统有故障。

②点火线圈不能产生次级高压时，应在电子点火器的点火信号输入端检查电控 ECU 提供的点火脉冲信号（IG_t 信号）是否正常。即用示波器或万用表检查发动机起动旋转时是否有 5～10V 的点火触发信号。如信号正常，则为电子点火器或点火线圈及其电路不良，而点火控制系统（电控 ECU 及有关传感器）基本

正常。

③如点火脉冲信号（IG_t 信号）不正常，则点火控制系统有故障。应首先检查电控单元及有关传感器的工作电压是否符合要求，搭铁线是否断路或接触不良；再检查曲轴基准位置传感器（点火基准传感器）和曲轴转角与转速传感器及其有关电路是否正常，安装位置是否合适，连接导线和插接件有无不良，是否能够产生足够的信号电压。如电控 ECU 及有关传感器工作电压符合要求，曲轴基准位置传感器（点火基准传感器）和曲轴转角与转速传感器及其有关电路也正常，并能够产生足够的信号电压，则可初步认为电控 ECU 微处理器不良，可更换同型号微处理器确认。

④若确认是点火控制系统故障，即点火控制系统及其有关传感器和电路发生故障，一般自诊断系统的故障警告灯将会点亮，这时应充分发挥自诊断系统的功能以便进一步缩小故障范围。若自诊断系统的故障警告灯没有点亮，则应该从其他方面查找故障原因。

发动机电子控制点火系统的故障诊断流程如图 4-26 所示。

四、电子控制点火系统主要部件故障诊断

1. 传感器故障诊断

发动机工作时，电子控制点火系统的电子控制单元 ECU 根据曲轴转角与转速传感器、曲轴基准位置传感器（点火基准传感器）、节气门位置传感器、进气歧管绝对压力传感器输出的电压信号，确定发动机转速和负荷，通过查找和计算确定发动机的基本点火提前角。同时根据发动机空气流量传感器、进气温度传感器、冷却液温传感器、爆燃传感器输出的信号及其他开关信号，对发动机的点火提前角进行修正。因此，各种传感器技术状况好坏决定着输出信号能否反映发动机的工作状况和工作条件，对于发动机的点火控制过程有关键影响。由于传感器的输出信号是发动机精确控制点火过程的依据和基础，所以传感器故障诊断是发动机电子控制点火系统故障诊断的基础和重要内容。

在现代发动机集中控制系统中，点火电子控制系统仅是电子控制系统的子系统。上述各传感器大多与电控燃油喷射系统等电子控制系统共用。传感器故障诊断的方法主要有外观检查、电阻检测、电压及输出电压信号波形检测等，详见本书第三章。

2. 电子点火器故障诊断

（1）主要故障原因　一些汽车电子点火控制系统具有单独的电子点火器（或称点火控制模块），电子点火器不能正常工作的原因有两方面。

①线路连接故障。插接器松动、锈蚀，电源电路、搭铁电路有短路或断路，使点火控制模块电源异常、输入信号异常或输出信号异常，从而导致点火控制模块不能正常工作，并使电子点火控制系统工作异常或不工作。

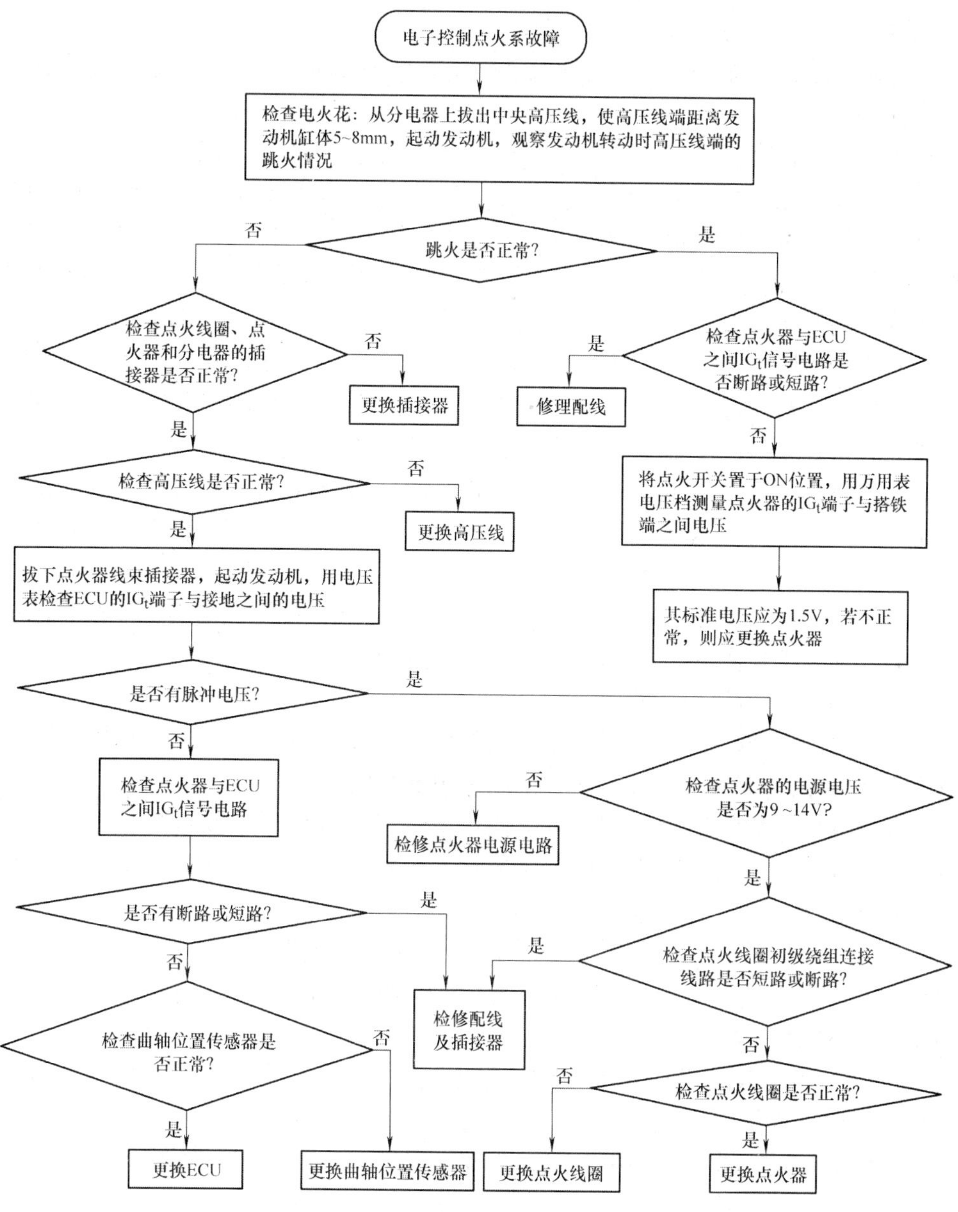

图 4-26　电子控制点火系统故障诊断流程

②点火控制模块内部故障。点火控制模块内部电路异常或元器件烧坏等而使电路不能正常工作，从而导致电子点火电路不工作或工作异常。

（2）故障诊断方法　由于功能较多的点火控制模块的输入、输出端子较多，故障诊断比无触点电子点火系统中用的电子点火器要复杂些，可采用如下的检查方法来判断点火控制模块是否有故障。

①端子电压检测法。首先直观检查插接器有无松动、插接器各端子有无锈蚀和弯曲等。

如果直观检查正常，则接通点火开关，测量相关端子的直流电压，并与标准值比较。如果电压有异常，则说明连接电路或电子点火器有故障。例如，测量电源端子电压异常，则需检修电源端子所连接的线路；测量搭铁端子电压不为0，则需要检修搭铁线路；输出端子电压异常（向传感器提供电源端子），则说明电子点火器内有故障。

②端子电阻检测法。拔下电子点火器插接器，用绝缘电阻表检测插头相关端子的电阻，并与标准值比较。如果电阻异常，说明线路或点火控制模块有故障。例如，检测搭铁端子与搭铁的电阻不为0，就需要修理搭铁线路。

③波形检测法。用示波器检测点火控制模块的各输入控制信号电压波形和输出电压波形。如果输入电压波形正常而输出波形不正常，则应更换点火控制模块。

④替换法。用技术状况良好的点火控制模块替代被检测控制模块。如果能正常工作，则说明原点火控制模块有故障，需予以更换。

3. 电子控制器故障诊断

（1）主要故障原因　电子控制点火系统的许多故障与点火电子控制器（点火ECU）有关。ECU不能正常工作的原因主要有两方面。

①连接线路异常。ECU的电源线路、搭铁线路接触不良或短路；传感器信号输入线路断路或短路；传感器信号输入端子或执行器控制信号输出端子所连接的部件异常，导致ECU不能正常工作。

②控制器内部故障。控制器内部可能出现的故障如下：

a. ECU稳压电源电路短路或断路、元器件烧坏等而使ECU电源异常，导致ECU不能正常工作。

b. ECU内部各传感器电源电路短路或断路、元器件烧坏等而使相关传感器不能产生信号或信号异常。

c. ECU中的CPU、存储器、接口电路等芯片或电路烧坏，而使控制系统不能工作或工作不正常。

d. 执行器的驱动电路断路、短路或元器件烧坏而使执行器不能正常工作。

（2）故障诊断方法　当故障码指示为ECU故障，或通过故障分析和相关的检测步骤，最后怀疑ECU有故障时，一般通过如下方法予以确认。

①ECU各端子电压检测法。测量电源端子电压。用万用表测量ECU各电源端子的电压（有的ECU电源端子需在点火开关接通时测量），所测值应等于蓄电池电压，如果电压过低，则应检查电源电路。

测量传感器电源端子电压。某些传感器电源由 ECU 内部的电源稳压电路提供，一般为 5V 左右。用万用表测量 ECU 的传感器电源端子电压，若电压异常，则说明 ECU 内部电路有故障。

②排除法。通过对 ECU 插接器各端子电压和（或）电阻的测量以及有关部件的检测，排除了所有被检测线路和部件的故障可能性后，如果故障现象依旧，则需更换 ECU。

③替代法。用性能良好的 ECU 替代被测 ECU，若故障现象消失，则说明原 ECU 损坏，需予以更换。

五、电子控制点火系统点火电压波形和点火信号波形检测

采用专用示波器或发动机综合性能分析仪可以把点火电压波形、电控元件信号波形等显示在屏幕上，可以直观地对点火电压波形、电控元件信号波形与标准波形进行比较分析，以判断点火系统技术状态好坏及故障所在。

电子控制点火系统点火波形的检测方法与传统机械点火系统的检测方法并无本质不同，但标准波形及波形随转速、负荷的变化情况略有差异。点火电压波形检测及故障诊断分析方法详见本书上册第三章第三节。

对电子控制点火系统的点火信号波形进行检测和分析的方法如下：

示波器输入端连接电控单元（ECU）的点火电压信号 IG_t 输出端子，把 IG_t 信号波形显示在示波器上，波形的变化频率应与发动机转速同步，幅值通常略低于 5V，其标准波形如图 4-27 所示。

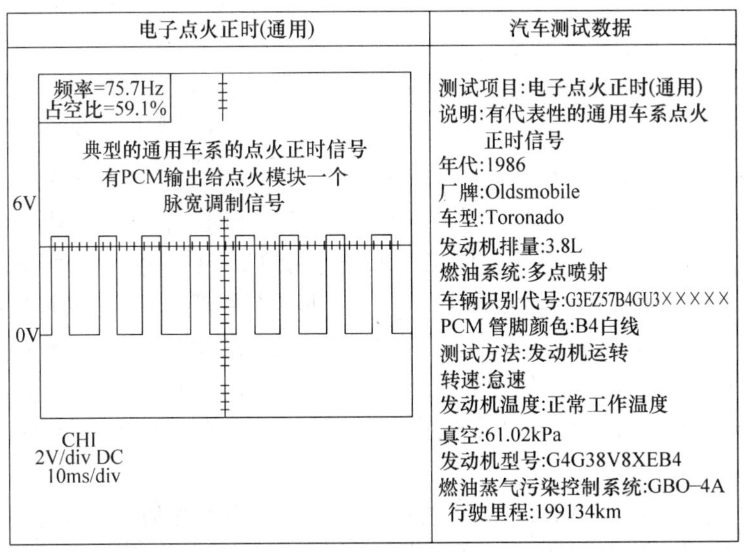

图 4-27　电子点火正时信号波形

使发动机怠速、加速、减速运转。在加减速时，电子点火正时信号的脉冲宽度将发生改变，脉冲宽度实际的改变量影响点火闭合角（点火线圈通电时间）和点火提前角的大小。

确认脉冲和脉冲之间幅值、频率和形状等的一致性，同时注意观察波形的一致性，注意波形底部和顶部的直角。观察波形随发动机异响及行驶故障的异常变化，这是为了证实信号出现的问题与顾客反映情况和行驶故障是否有关系。

如果波形异常，先检查线路、插头及示波器的连接。摇动线束，观察异常波形变化情况，可以进一步确认电子点火正时信号电路产生故障的原因。

六、电子控制点火系统点火正时检测

对于电子控制的点火系统，其点火正时分为初始点火提前角、基本点火提前角和点火提前角修正值3个部分组成。在对其点火正时检测和诊断前，应先检测初始点火提前角是否符合要求，如不符合应对其进行调整。由于初始点火提前角不应受电控单元控制，因此需要断开有关控制电路，然后再用点火正时检测仪（正时灯）进行测试。对于不同的发动机，测试初始点火提前角的操作方法也不同。下面以丰田轿车为例说明初始点火正时的测试方法。

①将故障自诊断接口中的TE1与E1端子用导线跨接，如图4-28所示。

②将自动变速器的变速杆推入N位。

③使发动机转速在1000～1500r/min之间运转5s后，降回正常怠速运转状态。

④用正时灯测试点火提前角。

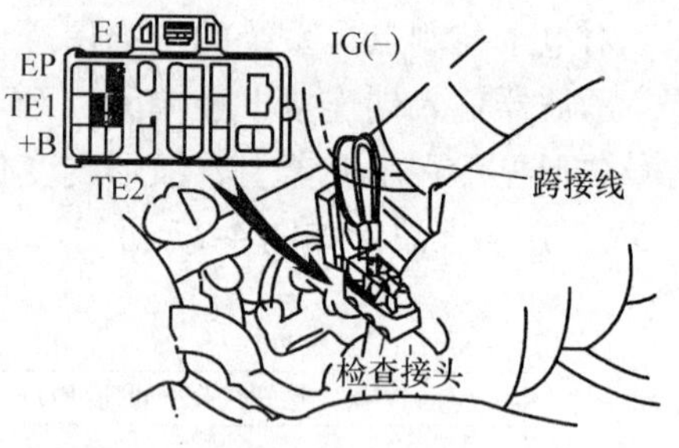

图4-28　故障自诊断接口中的TE1与E1脚用导线跨接

丰田汽车发动机的初始点火提前角规定值因车型不同而异，一般为上止点前8°～10°（650～800r/min）。三菱、本田、马自达等日产轿车的初始点火提前角检测和调整方法基本相同，区别是故障自诊断接口形式、位置和导线跨接插孔不同，初始点火提前角的规定值也不相同。福特、通用等美国车型则在电控ECU与电子点火器之间有一点火正时调整插头（图4-29），在检测初始点火提前角时，将该调整插头断开后，点火提前角将不受电控ECU控制，而仅决定于点火信号发生器（分电器）的初始位置，通过正时灯即可测得初始点火提前角。大众车系则通过其专用诊断仪器检测，如在发动机怠速工作时通过诊断接口直接读取初始点火提前角。

测试综合点火提前角时，是在电子控制点火提前角的基础上进行的，故不需要人工特殊操作，用正时灯直接测试即可。检测方法与传统机械点火系统的检测方法相同，其仪器检测法有频闪法和缸压法两类，详见本书上册第三章第三节。

测试后若发现初始点火正时角度与规定值不符，则应转动分电器外壳或对安装点火基准位置传感器固定体的外壳进行调整。调整时发动机必须在正常工作温度下运转，且应符合维修手册的有关规定（如是否需要拆下分电器真空管路）。

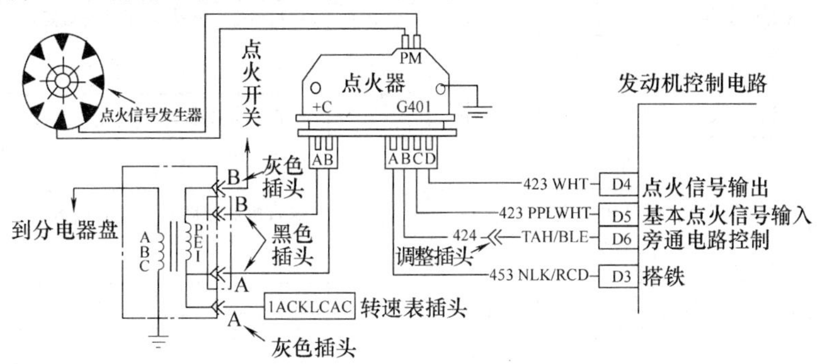

图 4-29　通用轿车电子控制的点火系统电路示意图

对于无分电器点火系统由于取消了分电器，其初始点火角度决定于点火基准位置传感器的安装位置，在正常情况下是固定不变的，也是不可调的。

七、电子控制点火系统常见故障诊断

电子控制点火系统的常见故障有发动机不点火、火花弱、点火正时不准、点火性能随工况变化等。

1. 发动机不点火

（1）故障现象　发动机不能起动且无任何着车迹象，无高压点火火花。

（2）故障原因　点火线圈、点火器损坏；曲轴基准位置传感器（点火基准传感器）和曲轴转角与转速传感器及其电路不良；电控 ECU 故障。

（3）故障诊断方法　诊断步骤如图 4-30 所示。

2. 火花弱

（1）故障现象　跳火试验高压火花弱，发动机起动困难，怠速不稳，排气冒黑烟，加速性及中高速性较差等。

（2）故障原因　点火器、点火线圈不良；高压线电阻过大；火花塞漏电或积炭；点火系统供电电压不足或搭铁不良等。

（3）故障诊断方法　该故障一般与点火控制系统关系较小，应重点检查点火器和点火线圈工作状况是否良好；供电电压是否正常，各插接件及导线连接是否牢固，点火器搭铁是否可靠；检测高压线电阻是否过大；清除火花塞积炭，更换漏电的火花塞。

3. 点火正时不准

（1）故障现象　发动机不易起动，怠速不稳；发动机动力不足，冷却液温度偏高；发动机易爆燃等。

（2）故障原因　初始点火提前角调整不当；点火基准传感器和曲轴转角与转速传感器不良或安装位置不正确。

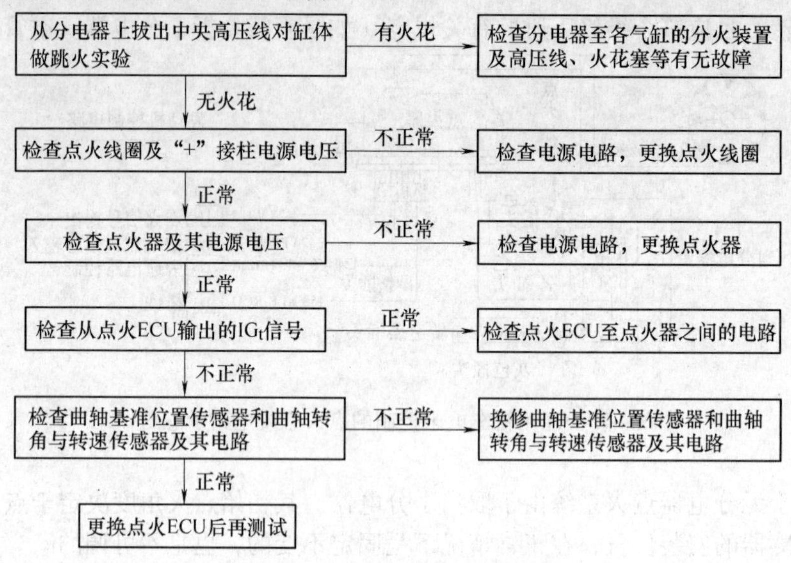

图 4-30　发动机不点火故障诊断步骤

（3）故障诊断方法　应首先检查初始点火提前角按规定予以调整。影响发动机点火正时失准的主要部件是点火基准传感器、曲轴转角与转速传感器，因此应特别检查信号转子是否有变形、歪斜，信号采集与输出部分安装有无不当，装置间隙是否合适等。

对于点火提前角控制系统故障，若故障灯已点亮，应先用本车的故障自诊断操作程序，调出故障码，再根据故障码的含义，排除其故障。重点应检查发动机冷却液温度传感器、爆燃传感器。另外，进气管压力传感器、空气流量传感器、节气门位置传感器等不良，也会造成点火正时不准。

4. 点火性能随工况变化

（1）故障现象　低速时工作正常，高速时失速；温度低时正常，温度高时不正常；刚起动时正常，工作一段时间后出现故障等。

（2）故障原因　点火基准传感器、曲轴转角与转速传感器安装松动；线束插接器接触不良；电子点火器热稳定性差；点火线圈局部损坏或软击穿，高压线电阻过大等。

（3）故障诊断方法　检查各有关部件安装有无松动；电路连接是否牢固、可靠；检查点火器、点火线圈温度是否异常；检查或更换高压线、火花塞等。

八、电子控制发动机常见故障诊断

电子控制发动机常见故障包括：发动机不能起动或起动困难；发动机怠速不

良；发动机加速性能不良，动力不足；发动机失速等。这些故障不仅与发动机电控燃油喷射系统和电控点火系统有关，还与电控发动机其他有关系统的技术状况有关，因此必须对电控发动机进行综合诊断才能确定故障原因。

1. 发动机不能起动

（1）故障现象　起动发动机时，发动机不转，或能转动但不着火。

（2）故障原因　点火火花弱；燃油泵或燃油压力调节器失效；喷油器及其电路故障；空气滤清器堵塞等。

（3）故障诊断方法　发动机不能起动故障的诊断流程如图 4-31 所示。

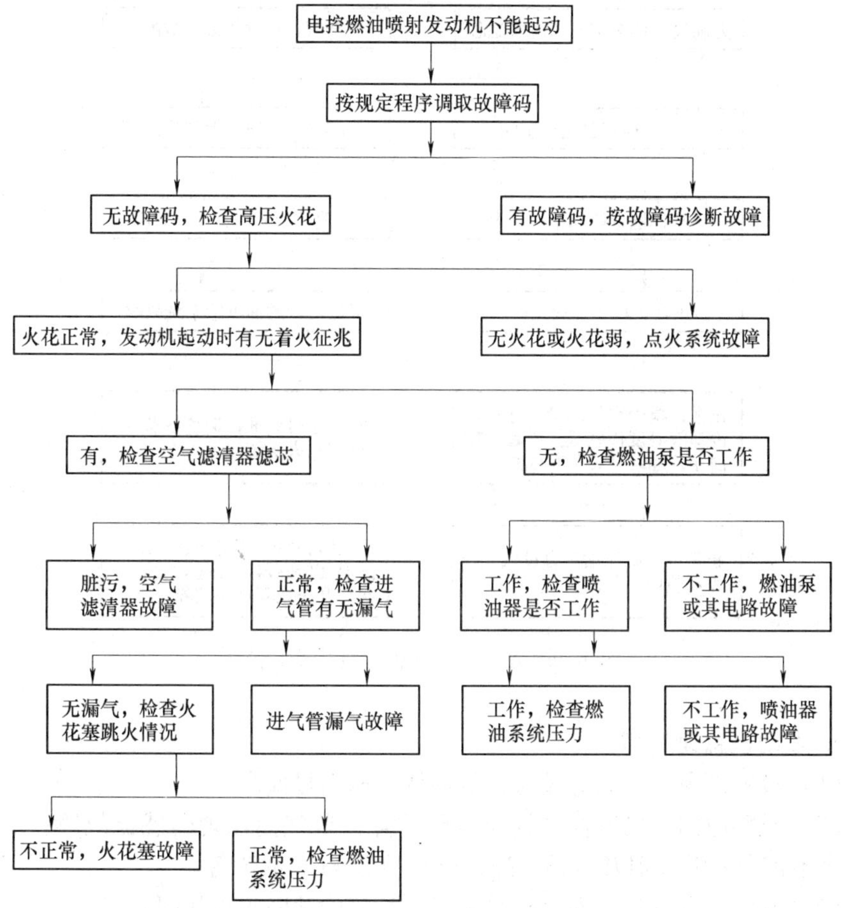

图 4-31　发动机不能起动故障诊断流程

2. 发动机起动困难

（1）故障现象　发动机不易起动，起动后又很快熄火。

（2）故障原因　空气滤清器堵塞；进气管漏气；怠速控制阀及电路故障；

点火正时不当；气缸压缩压力低；燃油系统压力低；电控系统 ECU 故障等。

（3）故障诊断方法　发动机起动困难故障的诊断流程如图 4-32 所示。

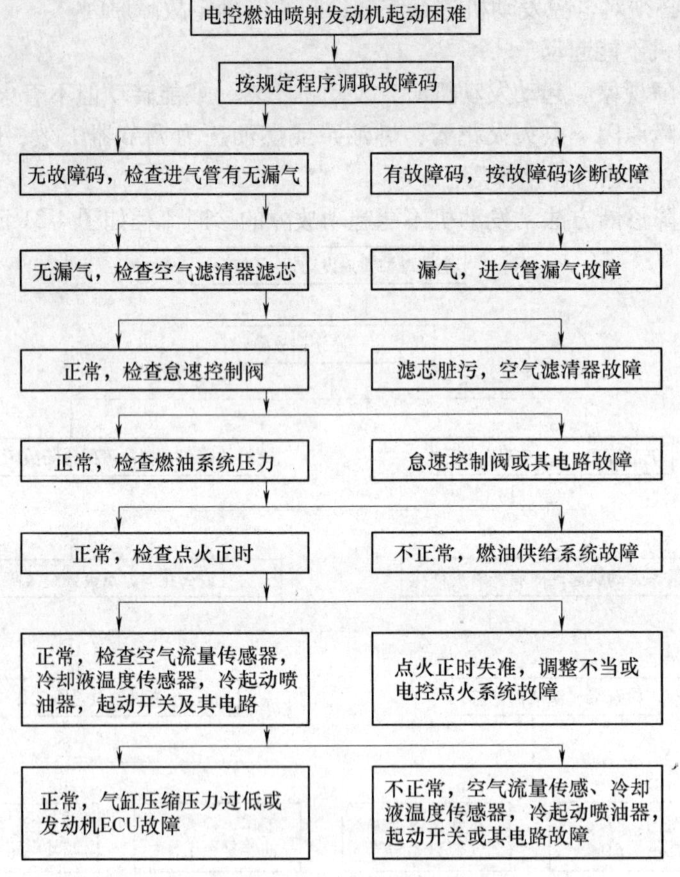

图 4-32　发动机起动困难故障诊断流程

3. 发动机怠速过高

（1）故障现象　正常怠速时，发动机转速明显偏高。

（2）故障原因　怠速控制阀及电路故障；节气门位置传感器故障；燃油系统压力不正常；喷油器及电路故障；电控单元 ECU 故障等。

（3）故障诊断方法　发动机怠速过高故障的诊断流程如图 4-33 所示。

4. 发动机怠速不稳、易熄火

（1）故障现象　怠速转速过低且不稳定，经常熄火。

（2）故障原因　空气滤清器阻塞；怠速调整不当；点火火花弱或点火正时不当；气缸压缩压力低；燃油系统压力不正常；电控系统 ECU 及电路故障等。

（3）故障诊断方法　发动机怠速不稳故障的诊断流程如图 4-34 所示。

5. 发动机加速不良

（1）故障现象　发动机加速时，无力且有抖动现象，转速难以提高。

（2）故障原因　制动拖滞；点火正时调整不当或火花塞故障；燃油系统压力不正常；气缸压力低；喷油器及电路故障；电控系统 ECU 及电路故障等。

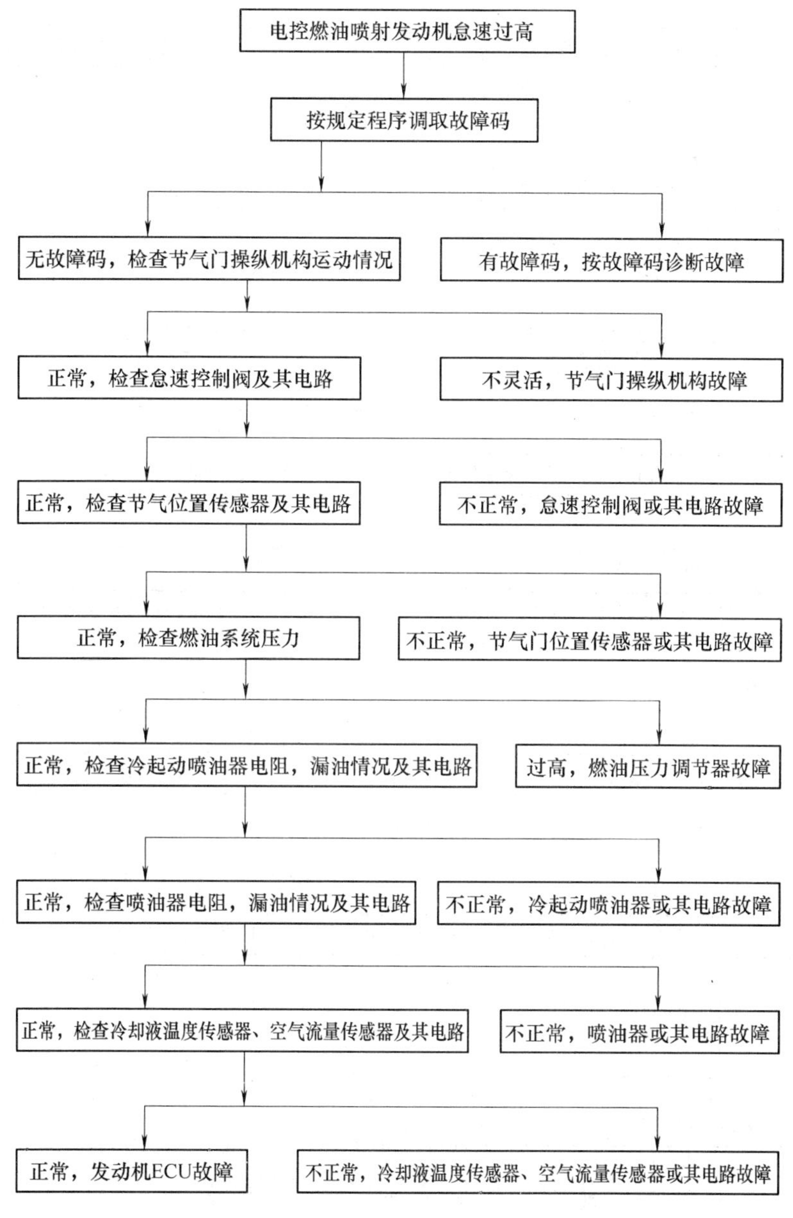

图 4-33　发动机怠速过高故障诊断流程

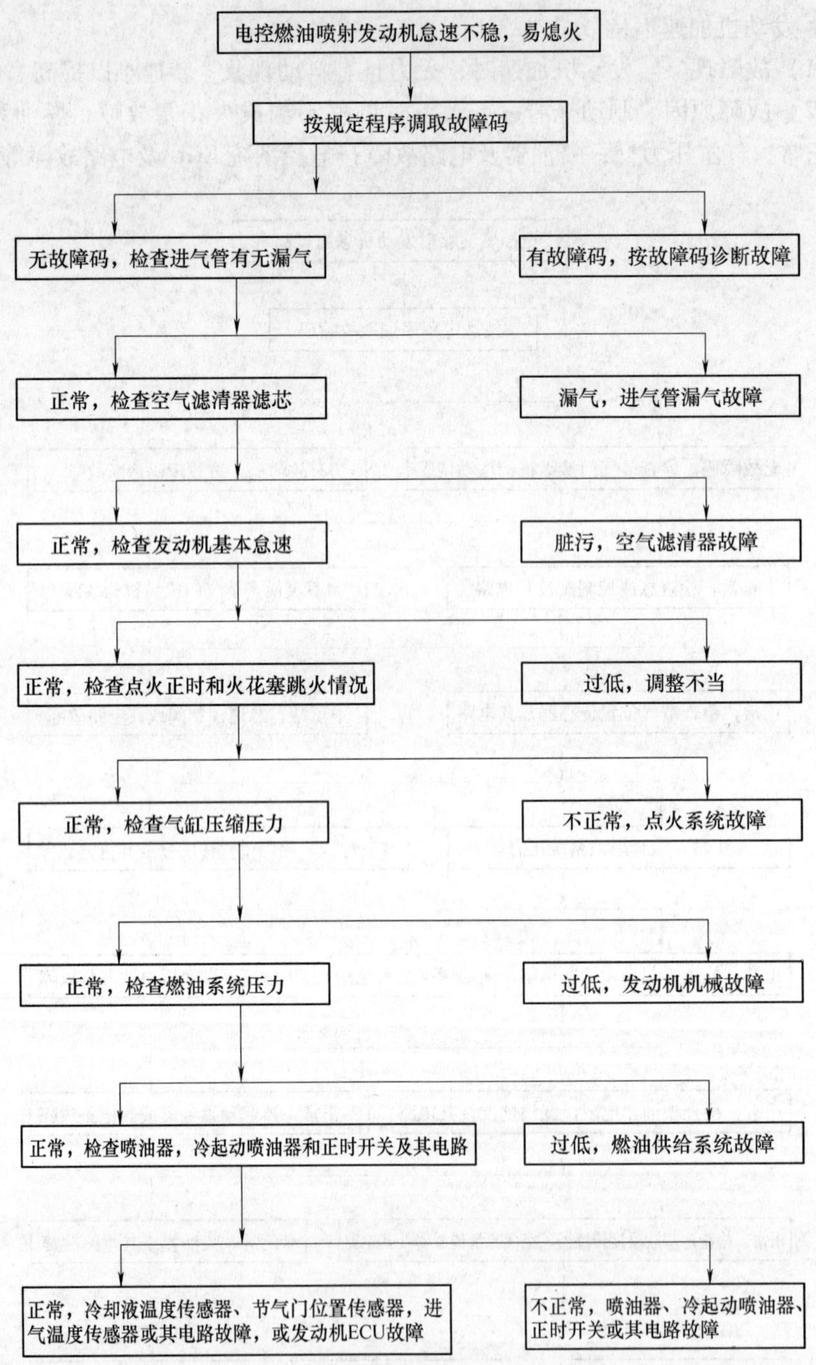

图 4-34　发动机怠速不稳故障诊断流程

（3）故障诊断方法　发动机加速不良故障的诊断流程如图 4-35 所示。

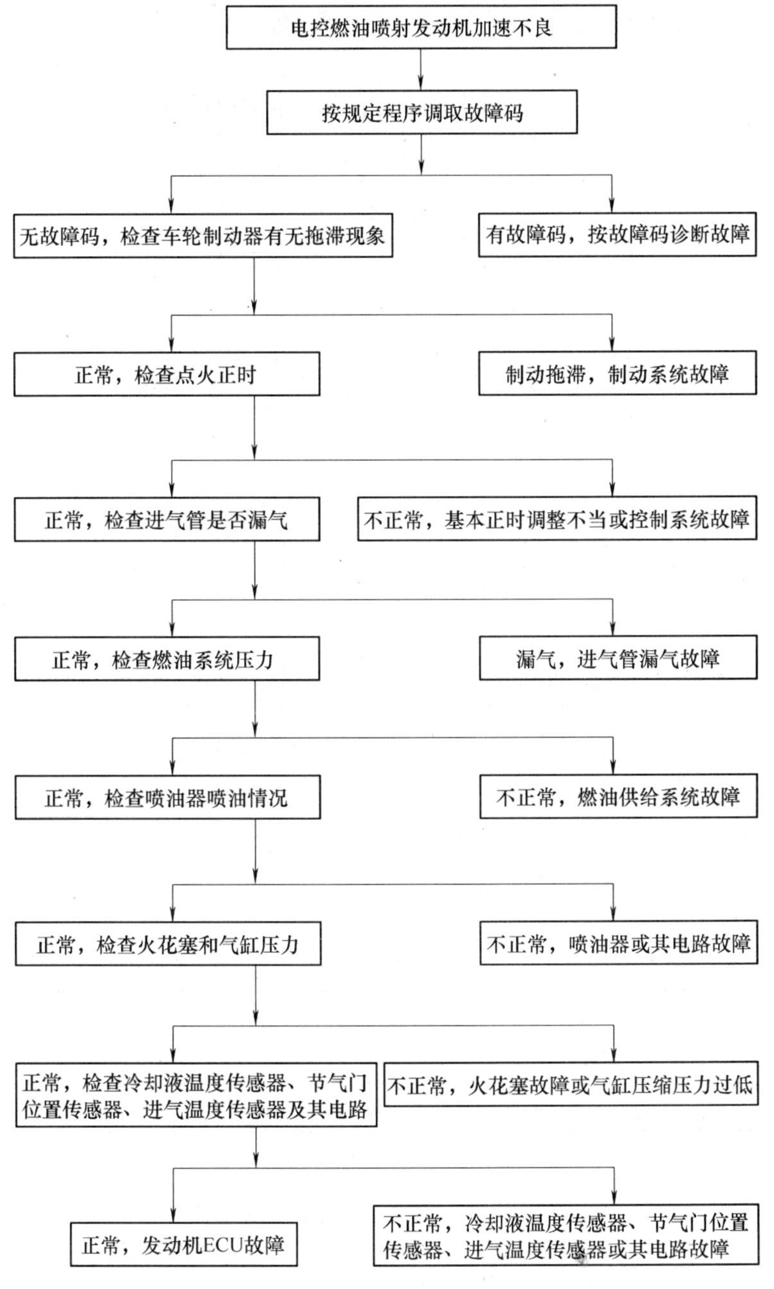

图 4-35　发动机加速不良故障诊断流程

6. 发动机失速

（1）故障现象　正常运转时，发动机转速忽高忽低，不稳定。

（2）故障原因　进气管漏气或空滤器堵塞；怠速调整不当；燃油系统压力不正常；气缸压力低；点火正时不当或火花塞故障；喷油器及电路故障；控制系统 ECU 及电路故障等。

（3）故障诊断方法　发动机失速故障的诊断流程如图 4-36 所示。

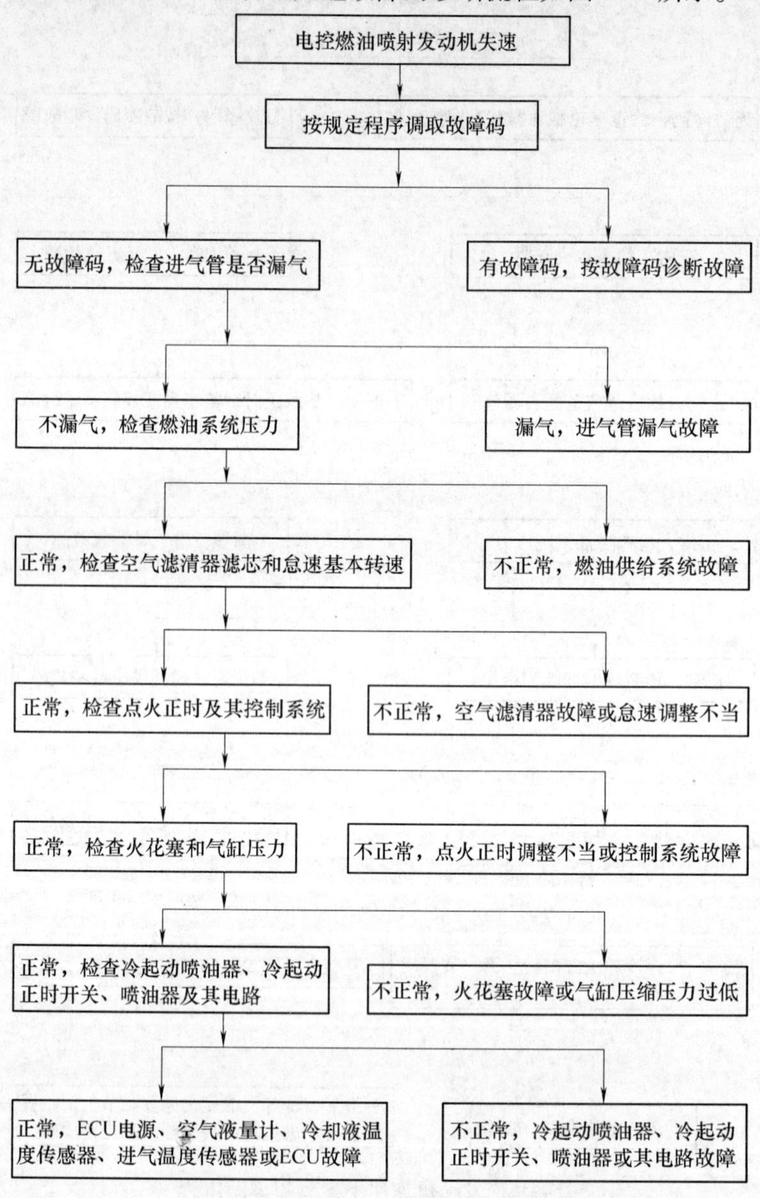

图 4-36　发动机失速故障诊断流程

复 习 题

1. 什么是电子点火系统？其基本组成和工作原理是怎样的？
2. 电子点火系统故障诊断有哪些注意事项？
3. 点火线圈常见故障有哪些？怎样检查和试验？
4. 分电器总成常见故障有哪些？怎样检查及试验？
5. 试分析火花塞常见故障的原因，怎样调整火花塞间隙？
6. 怎样检查磁感应式点火信号发生器的故障？
7. 怎样检查霍尔式点火信号发生器的故障？
8. 怎样检查点火电子组件（点火器）的故障？
9. 汽车点火系统有哪些常见故障？如何诊断？
10. 怎样检查和调整点火正时？
11. 什么是电子控制点火系统？与普通电子点火系统相比有何特点？
12. 说明电子控制点火系统的基本组成和工作原理。
13. 与点火系统有关的传感器有哪些？说明其作用。
14. 说明各缸独立点火和双缸同时点火两种电子高压配电方式的原理。
15. 说明电子点火控制系统点火提前角的控制原理。
16. 说明点火电子控制器（点火 ECU）和电子点火器的作用。
17. 电子控制点火系统故障诊断有哪些注意事项？
18. 说明电子控制电子点火系统故障诊断的方法和步骤。
19. 怎样诊断电子点火器主要故障？
20. 怎样诊断点火电子控制器故障？
21. 电子控制电子点火系统有哪些常见故障？如何诊断？
22. 电控发动机不能起动和起动困难故障的原因有哪些？怎样诊断？
23. 电控发动机怠速过高和怠速不稳故障的原因有哪些？怎样诊断？
24. 电控发动机加速不良和失速故障的原因有哪些？怎样诊断？

第五章　汽车变速系统故障诊断

为适应汽车在各种行驶条件下的动力需求，需要在传动系中设置变速系统——变速器。

现代汽车变速器有多种类型。按传动比变化的方式分为有级式、无级式和综合式；按操纵方式分为手动操纵式变速器、自动操纵式变速器以及半自动操纵式变速器。

第一节　手动操纵式变速器故障诊断

一、手动操纵式变速器的构造及工作原理

手动操纵式变速器靠驾驶人用手操纵变换档位，其基本结构包括变速传动机构和变速操纵机构两部分。为使汽车在行进过程中换档时不发生接合齿的冲击，通常还装有同步器。

1. 变速传动机构

变速传动机构的基本组成是将几组传动齿轮装配在上、下两轴之间，在传动齿轮间装有犬牙式啮合套，通过操纵装置的变速杆、拨杆、拨叉操纵啮合套以改变传动齿轮组的配合形式，改变传动比和转动方向。变速传动机构包括壳体、第一轴（输入轴）、第二轴（输出轴）、中间轴、倒档轴、各档齿轮和轴承等零件。

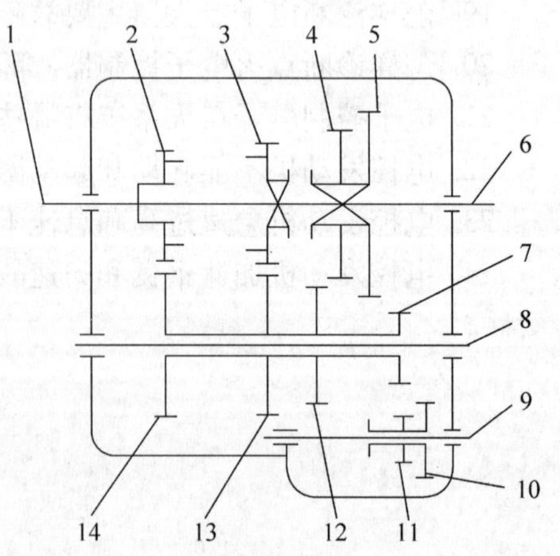

图 5-1　三轴四档变速器传动原理

1—输入轴　2、14—常啮合齿轮　3、4、5—滑动齿轮　6—输出轴　7、10、11、12、13—传动齿轮　8—中间轴　9—倒档轴

图 5-1 所示为三轴四档变速器的变速原理。第一轴 1 的前端借离合器与发动机曲轴相连。第二轴 6 后端通过凸缘与万向传动装置相连。齿轮 2 与第一轴制成一体，与齿轮 14 构成常啮合传动齿轮副。空档时，齿轮 2 与齿轮 14 处于常啮合状态，但输出轴 6 上没有齿轮与中间轴齿轮啮合，所以输出轴不转动，没有转矩输出。一档时，输出轴齿轮 5 与中间轴齿轮 7 啮合，动力从齿轮

2 经齿轮 14 和齿轮 7 传到齿轮 5，经输出轴输出。二档时，输出轴滑动齿轮 4 与中间轴齿轮 12 相啮合，动力的传动路线是：齿轮 2→14→12→4。三档时，滑动齿轮 3 与齿轮 13 相啮合，动力经齿轮 2→14→13→3 传到输出轴。四档（直接档）时，输出轴上滑动齿轮 3 左移，使啮合套与输入轴齿轮 2 啮合，动力直接由输入轴传到输出轴。倒档时，倒档轴 9 上的齿轮 10 与中间轴齿轮 7 啮合，同时倒档轴齿轮 11 与输出轴齿轮 5 啮合，动力传动路线是：齿轮 2→14→7→10→11→5。由于在动力传递路线中增加了一个齿轮副，使其经奇数个齿轮副传动，则输出轴的旋转方向与输入轴相反，即可实现汽车的反向行驶。

2. 同步器

同步器是加装了一套同步装置的接合套换档机构，按结构可分为常压式（常啮合式）同步器、锁环式惯性同步器及自动增力式同步器等。

目前广泛采用的是锁环式惯性同步器。其特点是，只要同步作用未完成，齿轮便不会啮合，不会出现啮合时的冲击噪声。

锁环式同步器主要由锁环（同步环）、啮合套毂（花键毂）、同步键（滑块）、同步套等组成（图 5-2）。当操纵机构使同步套向换档齿轮方向移动时，同步键与同步套一起动作，同时迫使同步环移动。同步环的内圆为外大内小的锥面，此锥面则被推压在啮合套齿轮的外锥面上（图 5-3a）。若同步套进一步移动，则内接合齿的锥面压在有开口的同步环的外锥面上，使其呈 45°面接触，同步环被同步套内锥面带动而转动。当停止同步套的动作，同步套与同步环同步旋

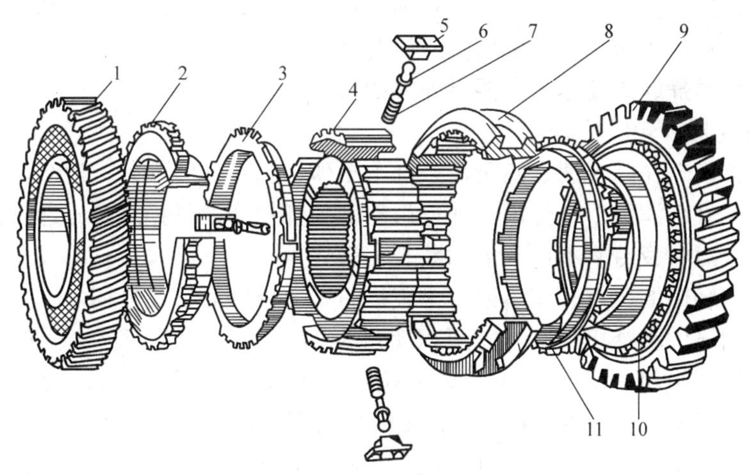

图 5-2　锁环式同步器的构造

1—高档传动齿轮　2—啮合套齿轮　3、11—锁环（同步环）　4—啮合套毂（花键毂）　5—同步键（滑块）　6—定位销　7—定位弹簧　8—同步套　9—低档从动齿轮　10—啮合套齿轮

转，此时同步键脱离同步套，被顶压在环形弹簧处（图 5-3b）。同步作用一结束，旋转差消失，同步环影响同步套的力也消失，同步套与变速齿轮的啮合套齿轮 2 啮合，整个同步动作完成（图 5-3c）。

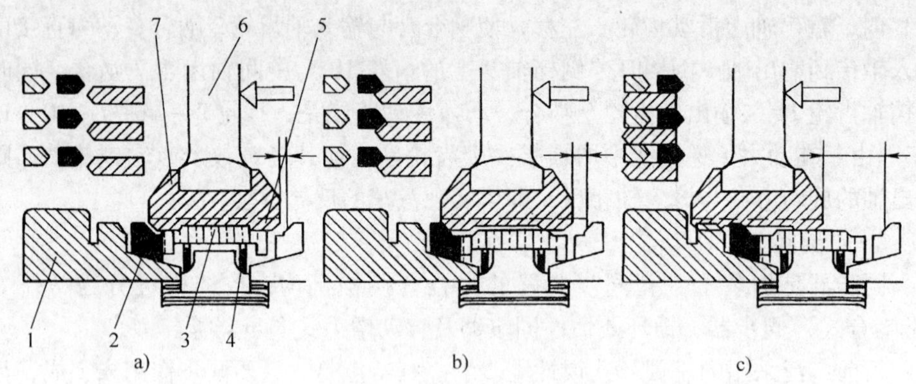

图 5-3　同步器的工作原理

1—啮合套齿轮　2—同步环　3—同步键　4—弹簧　5—啮合套毂（虚线内）　6—拨叉　7—同步套

3. 变速器操纵机构

变速器操纵机构的功能是使驾驶人能够根据道路情况准确可靠地挂上或摘下变速器的某个档位。为防止自行脱档或挂档，并保证齿轮、啮合套和同步套花键能够全齿长接合，操纵机构中设有自锁装置；同时为避免同时挂入两个档位，设置有互锁装置；为防止误挂倒档，还设置有倒档锁。

二、手动操纵式变速器主要零部件的检查

1. 变速器齿轮的检查

变速器齿轮在高转速、高负荷条件下工作，除正常磨损外，还会由于换档冲击、啮合不好、润滑不良等因素加速齿轮磨损和损伤。其损坏形式通常有齿面磨损、腐蚀斑点、疲劳剥落以及齿的断裂、破碎等。

齿面有轻微的斑点、剥落或边缘破损时，可修磨后继续使用。

若有明显的剥落斑点、剥落面积超过齿面的 1/5，若出现粘裂或阶梯磨损，齿长方向的磨损超过 20%，齿厚磨损超过 0. 30mm 且很不均匀，若啮合间隙超过标准（一般 0. 15 ~0. 40mm）等，则应更换新齿轮。

在安装传动齿轮前，应认真清洗。在向轴上压装齿轮时，要加热至约 100℃后安装。

2. 变速器轴的检查

①第二轴检查。首先检查输出轴和内座圈是否有磨损或损坏；用游标卡尺测量输出轴法兰的厚度；用外径千分尺测量轴的外经；用百分表测量轴的径向圆跳

动量，一般不超过0.07mm，若超差应进行冷压校正。

②花键轴检查。检查花键与齿轮键槽间在旋转方向的间隙，若超过极限，则应予更换。

③各档齿轮的径向间隙检查。将各档齿轮按装配要求装在轴或座圈上，用百分表测量齿轮与轴的配合间隙，若超过极限应进行修理或更换。

3. 同步器的检查

①检查同步器是否磨损或损坏，转动同步器锁环并向内推，检查其功用。

②测量同步环端面与接合齿轮端面的间隙，若超过极限应更换。

③将同步环贴在平滑表面上进行扭曲检查，若翘曲或扭曲严重则应更换。

应注意的是，同步器齿环不能互换，检查后继续使用的齿环还应安装在原位。

4. 轴承的检查

①检查轴承是否磨损或损坏。若滚子和内外座圈滚道上有剥落、伤痕、破裂、严重斑点或烧蚀变色，应更换新轴承。

②若轴承架出现裂纹、铆钉松动或滚子脱出，应更换新件。

③检查轴承的径向和轴向间隙。用百分表测量轴承的径向间隙不超过0.30mm，轴向间隙不超过0.50mm，若超差应更换新轴承。

④安装轴承时，要注意滚针轴承的朝向，安装在同一轴上的几个圆锥滚柱轴承应成套更换，并使用同厂产品。为便于安装内圈，应将其加热至约100℃后再进行，且尺寸相同的轴承内外圈不可互换。

5. 调整垫片的更换

首先用千分尺测量调整垫片的厚度是否满足规定；安装前，检查是否有毛刺和损坏，若有问题应进行更换。

6. 变速器壳、盖的检查

壳体是变速器总成的基础件，各档齿轮、轴及轴承都由变速器壳保证处于规定位置。主要检查内容有壳体及盖有无裂纹、轴承座孔的磨损及壳体与盖接合面的翘曲情况。

7. 操纵机构的检查

操纵机构的主要损坏形式是磨损和弯曲变形。

变速杆损坏的主要原因是磨损。检查变速杆下端球节的磨损量及与拨叉槽的配合间隙，若超过标准要求应进行修复或更换。

拨叉损坏的主要原因是磨损和弯曲或扭曲。当拨叉下端工作面磨损超过0.50mm，或与同步套的配合间隙超过极限时，应进行修复或更换。拨叉的端面应与叉轴的轴线互相垂直，如弯曲或扭曲应进行校正。

拨叉轴损坏的主要原因是弯曲、磨损、定位凹槽和互锁销凹槽磨损。当叉轴弯曲超过0.10mm、磨损超过0.15mm，或配合间隙超过0.25mm时，应进行修复或更换新件。

定位球、互锁销磨损严重应更换；定位弹簧变软或折断应更换新弹簧。

三、手动操纵式变速器典型故障诊断

1. 变速器脱档

(1) 故障现象　汽车在某档行驶时，变速杆自动跳到空档位置。

(2) 故障原因　拨叉轴自锁装置失效；远距离操纵机构调整不当，或变速器与飞轮壳连接螺栓松动；齿轮磨损过度或第二轴上滑动齿轮与花键配合松动；拨叉弯曲、扭曲、磨损、松旷；第一轴轴承磨损过大而松旷；同步器磨损或损伤；变速器壳体不对中。

(3) 故障诊断及排除　当出现自动脱档时，按图5-4所示流程进行诊断，确定故障原因。然后根据不同故障原因，有针对性地予以排除（表5-1）。

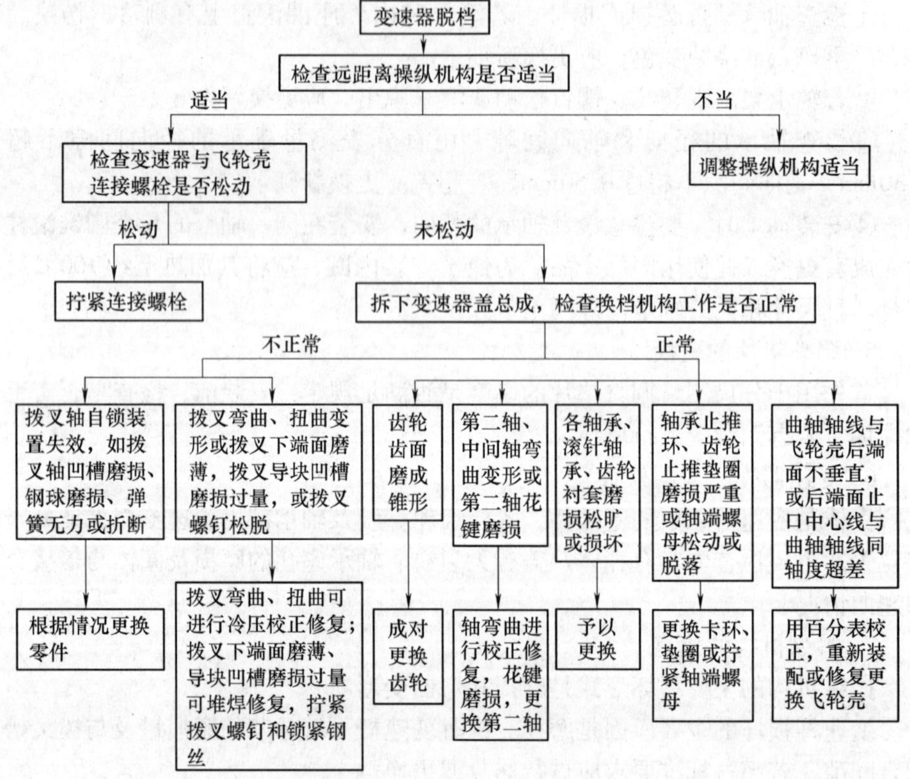

图5-4　变速器脱档故障诊断与排除流程

2. 变速器乱档

(1) 故障现象　变速杆挂不上所需档位；实际挂入档位与应挂入档位不符；

同时挂入两个档位；或挂入后不能退出。

表 5-1　变速器脱档故障排除方法

故 障 原 因	排 除 方 法
变速器远距离操纵机构，如拉杆长度、摆杆调整不当，使变速器内齿轮的啮合长度小，因行驶振动引起脱档	检查远距离操纵机构的拉杆长度是否合适，连接螺栓和接头是否松动，摇臂、摆杆运动行程是否足够，予以调整
变速器盖中拨叉轴自锁装置钢球、弹簧、拨叉轴凹槽磨损松旷，不能可靠锁止，引起脱档	拆下变速器盖，检查拨叉轴凹槽、钢球、弹簧是否磨损过量。根据检查结果，更换新件
拨叉弯曲变形，拨叉导块凹槽磨损或拨叉下端面磨薄，使齿轮啮合的稳定性不好，造成脱档	拨叉弯曲后进行校正，凹槽及拨叉下端面磨损可焊合后修复
拨叉固定螺钉脱落，齿轮前后窜动或晃动引起脱档	拧紧拨叉螺钉，穿好锁止钢丝
变速器齿轮沿齿长方向磨成锥形，啮合时产生轴向分力，当其大于自锁能力时，造成脱档	成对更换齿轮
轴承磨损松旷，引起第二轴与中间轴轴线不平行，齿轮倾斜，啮合不良，产生脱档	更换轴承
变速器第二轴与中间轴弯曲变形	冷压校正或更换新件
轴承止推卡环、齿轮止推垫圈磨损严重，轴端锁紧螺母松动或脱落	更换止推卡环、止推垫圈，拧紧轴端锁紧螺母
齿轮衬套及齿轮滚针轴承磨损松旷	更换零件
变速器与飞轮壳连接螺栓松动	拧紧连接螺栓

（2）故障原因　变速器互锁装置失效；选档拨头球头磨损严重或拨叉导块凹槽、变速杆下端球头磨损严重；第二轴前轴承烧结。

（3）故障诊断与排除　出现变速器乱档故障时，可按图 5-5 所示流程进行诊断，确定故障原因，然后根据不同故障原因，有针对性地予以排除（表 5-2）。

表 5-2　变速器乱档的故障排除方法

故 障 原 因	排 除 方 法
变速器盖中互锁装置失效，如互锁销、互锁钢球和叉轴上的互锁凹槽严重磨损，导致乱档或同时挂入两档	若发现挂入两档，应小心谨慎操作。拆下变速器盖，检查互锁装置，更换新件
拨叉上端导块凹槽磨损过量，或变速杆下端球头磨损过度	堆焊修复或更换新件
第二轴前端轴承烧结，使第二轴与第一轴连成一体转动，变速器在空档位置也能移动	更换第二轴前端滚针轴承

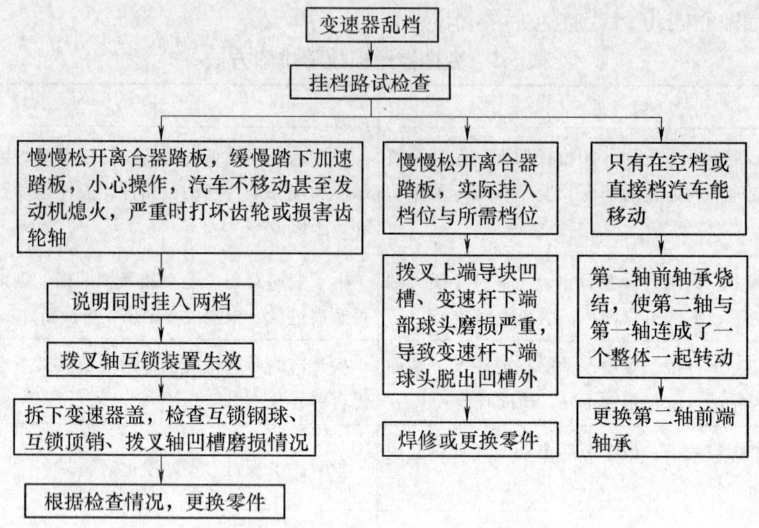

图 5-5　变速器乱档故障诊断与排除流程

3. 变速器换档困难

（1）故障现象　变速器挂不上档位；勉强挂上档位时产生齿轮撞击声；挂入档位后不易脱出。

（2）故障原因　远距离操纵机构不良；拨叉弯曲、固定螺钉松脱、拨叉下端磨损严重，变速杆头部、导块凹槽磨损过量；拨叉轴弯曲变形；变速器自锁装置失效；具有同步器的变速器，同步套同步键不良，弹簧弹力不足；严寒地区冬季，使用齿轮油牌号不对，产生凝固。

（3）故障诊断与排除　出现变速器换档困难故障时，可按图 5-6 所示流程进行诊断，确定故障原因，然后根据不同故障原因，有针对性地予以排除（表 5-3）。

表 5-3　换档困难的故障排除方法

故 障 原 因	排 除 方 法
离合器分离不彻底导致挂档困难	检查调整离合器
变速器远距离操纵机构调整不当，挂不上档位	检查调整远距离操纵机构
变速器盖紧固螺栓松动	拧紧螺栓
自锁装置卡死，如拨叉与钢球锈蚀、钢球破裂、弹簧过硬，使拨叉轴不能轴向移动，造成挂档困难	拆下变速器盖，检查拨叉轴的移动情况，根据检查结果进行修复或更换新件
拨叉轴弯曲变形，在变速器盖孔内移动困难，难以挂档	校正或更换拨叉轴
拨叉弯曲变形或松脱，或拨叉下端面严重磨损，使齿轮不能正确到位或脱开啮合，引起挂档或摘档困难	校正拨叉、堆焊下端面并修复，不能修复时应更换

（续）

故 障 原 因	排 除 方 法
变速杆下端部球头磨损，拨叉上端导块凹槽磨损引起换档困难	修复或更换
同步器磨损严重，失去锁止作用，导致换档困难	更换同步器
冬季使用齿轮油规格不对，难以换档	更换规定牌号的齿轮油

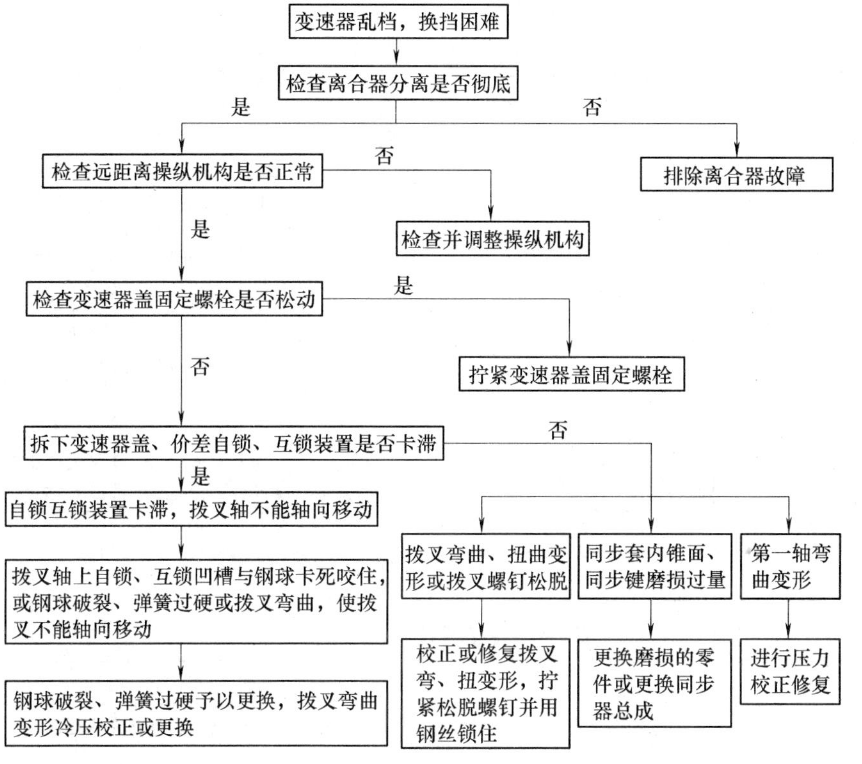

图 5-6　换档困难故障诊断与排除流程

4. 变速器异响

（1）故障现象　发动机怠速运转时，变速器处于空档时即有异响，踏离合器踏板后响声消失；挂直接档运行正常，而在其他档位运行时均有异响；低速档时有异响，高速档时响声消失或减轻；行驶中个别档有异响；在任一档行驶时，变速器均有异响，车速越高，响声越大。

（2）故障原因　变速器常啮合齿轮啮合不良；变速器第一轴前轴承损坏，第二轴后轴承损坏；齿轮磨损过大或啮合不良；中间轴轴承、第二轴前轴承损坏；第二轴花键与齿轮配合花键磨损严重，配合松旷，第二轴中间轴或变速器壳体变形；变速器轴线不平行，齿轮啮合时产生异响。

（3）故障诊断与排除　出现变速器换档困难故障时，可按图 5-7 所示流程进行诊断，确定故障原因。然后根据不同故障原因，用针对性方法予以排除（表 5-4）。

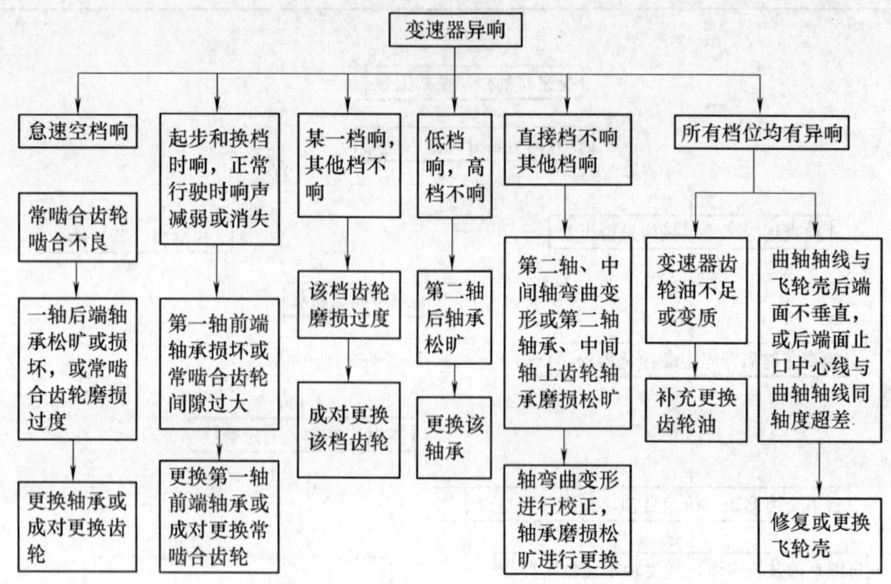

图 5-7　变速器异响故障诊断与排除流程

表 5-4　变速器异响故障排除方法

故障原因	排除方法
变速器内齿轮油不足或齿轮油变质	检查齿轮油量、质量，进行补充或更换
各连接部位螺栓松动	检查并拧紧螺栓
新更换的齿轮副不匹配	磨合或重新进行选配
常啮合齿轮磨损	更换常啮合齿轮
变速器齿轮磨损、齿隙过大	成对更换齿轮
变速器轴上轴承磨损或损坏	更换轴承
变速器第二轴、中间轴弯曲，引起两轴上齿轮间隙过大或过小	进行校正或更换
第二轴花键与滑动齿轮毂配合松旷	予以更换
变速器内掉入异物	检查并排除

（续）

故　障　原　因	排　除　方　法
拨叉弯曲或扭曲，使齿轮不能在正常位置上，发生齿轮端面与其他端面相碰擦	校正拨叉
飞轮壳后端面与曲轴轴线垂直度超差，飞轮壳后端面止口中心与曲轴同轴度超差	修复或更换飞轮壳体

5. 变速器漏油

变速器漏油表现在，变速器内的齿轮油从上盖、前后轴承盖或其他部位渗、漏油。其原因和排除方法见表 5-5。

表 5-5　变速器漏油故障原因和排除方法

故　障　原　因	排　除　方　法
油面太高或油质不佳	放掉多余的油或更换新油
衬垫、油封磨损或损坏	更换油封
轴承固定螺母松动	按规定力矩拧紧
变速器壳体有裂纹	检修壳体

第二节　自动操纵式变速器简介

自动变速器能够根据发动机负荷和车速等工况的变化自动变换传动比，调节或变换转矩输出特性，使汽车更好地适应外界负载与道路条件，获得良好的动力性和燃油经济性。

一、自动变速器的构成

液控自动变速器由变矩器（偶合器）、行星齿轮机构以及液压控制系统组成（图 5-8），其基本工作过程如图 5-9 所示；电子控制自动变速器由电子控制单元（ECU）、液力变矩器、行星齿轮变速系统、换档执行机构、及液压自动操纵系统组成，其构成及基本工作过程如图 5-10 所示。

二、液力变矩器的结构和工作原理

液力变矩器位于自动变速器最前端，其功能是将发动机的转矩增大后传给行星齿轮机构，同时驱动油泵工作。液力变矩器主要作用是自动无级变矩、变速，自动离合，减振隔振，使发动机转动平稳，过载保护和发动机制动。

典型的液力变矩器主要由封装在变矩器壳体中的泵轮、涡轮和导轮 3 个元件组成，如图 5-11 所示。此外，部分变矩器还具有锁止离合器。锁止离合器位于涡轮前端，是由电子控制器（ECU）控制的全自动离合器。可以根据发动机转速传感器和车速传感器输入的信号，由 ECU 控制电磁阀改变变矩器油道中变速器油的流向，使锁止离合器闭锁或分离。

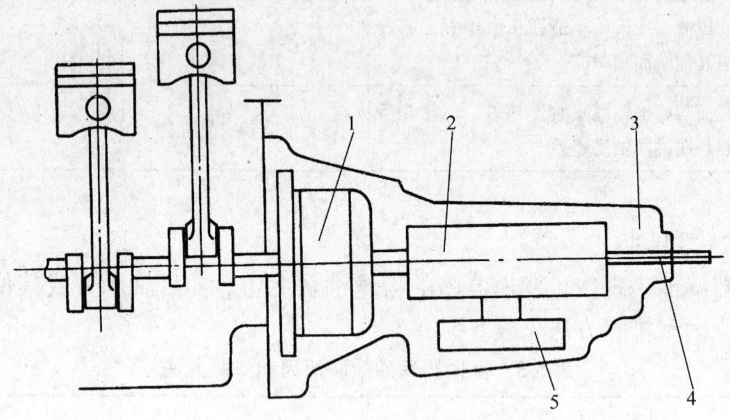

图 5-8　自动变速器的基本组成

1—液力变矩器　2—行星齿轮变速器　3—壳体　4—输出轴　5—液压控制装置

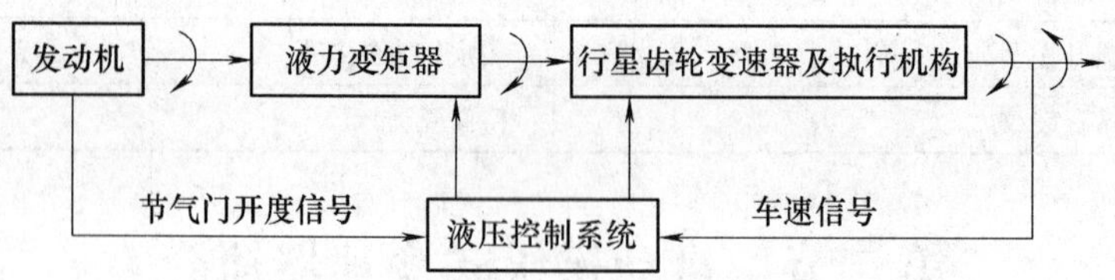

图 5-9　液力自动变速器的基本工作过程框图

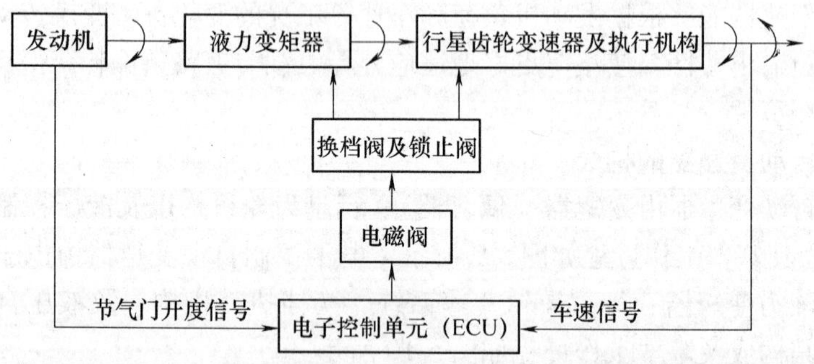

图 5-10　电子控制自动变速器的基本工作过程框图

变矩器外壳与泵轮作为整体固定在发动机飞轮上，涡轮用花键与行星齿轮变速器的输入轴（涡轮轴）相连，导轮用单向离合器保持固定不动。

变矩器内充满变速器油，泵轮用油液带动涡轮旋转。变矩器不但可以传递转矩，且能在输入转矩不变的情况下，随着涡轮的转速变化改变涡轮输出转矩。

液力变矩器具有自动适应性和变扭性能，其输出转矩（M_T）与输入转矩

（M_B）之比称为变矩系数 K。车辆起步、上坡或遇到较大阻力时，由于涡轮转速的降低，变矩系数 K 增大，输出较大转矩 M_T，使驱动车轮获得较大的驱动力。

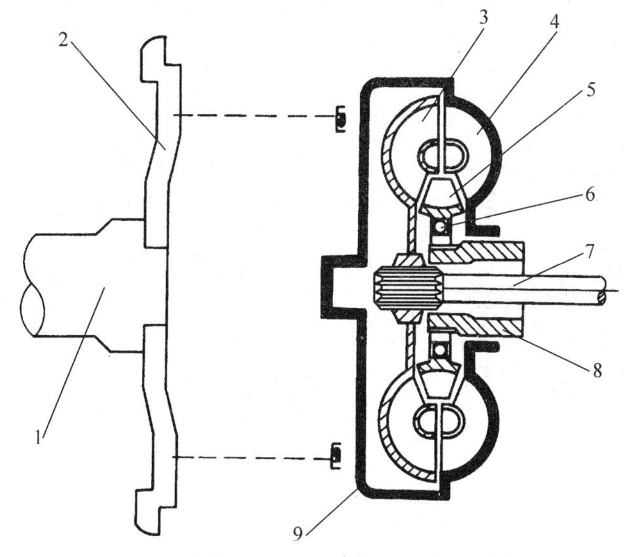

图 5-11　液力变矩器的组成

1—曲轴　2—驱动板　3—涡轮　4—泵轮　5—导轮　6—单向离合器　7—变速器输入轴　8—变速器壳体　9—变矩器壳体

在转矩传递过程中，因变速器油的摩擦、冲击会引起部分能量损失，且泵轮和涡轮之间有转速差。即变矩器并没有 100% 地传递发动机所产生的动力。为此，在液力变矩器中安装了锁止离合器。在某些工况下，可以用机械方式连接泵轮和涡轮，形成锁止型液力变矩器，实现动力的 100% 传递。

三、行星齿轮变速系统和换档执行器的结构与工作原理

行星齿轮变速器安装在液力变矩器后面，由行星齿轮变速系统和换档执行器构成，是自动变速器的主体部分，其传动比变换可通过分离与结合离合器或制动器而实现，特别便于自动换档。

1. 行星齿轮变速系统的构成和工作原理

简单行星齿轮机构由太阳轮、内齿圈和行星齿轮架 3 个元件组成。行星架连接各行星轮轴成为一体，行星轮既能绕其自身轴进行自转，又能在内齿圈内围绕太阳轮作公转。

A340E 型自动变速器是具有 4 个档位的电子控制自动变速器，主要由带锁止离合器的液力变矩器、超速档行星齿轮机构、辛普森复合行星齿轮机构、液压控制系统和电子控制系统等组成，其传动原理如图 5-12 所示。行星齿轮变速系统由两部分串联而成。前一部分为简单行星齿轮机构，用于超速档，即四档；后部分为辛普森复合行星齿轮机构。后者的结构特点是：前后两个单排行星轮装在同一轴上，公共空心太阳轮 7 与两行星排的行星轮啮合，输出轴 5 与前行星架 3 和后齿圈 6 相连。

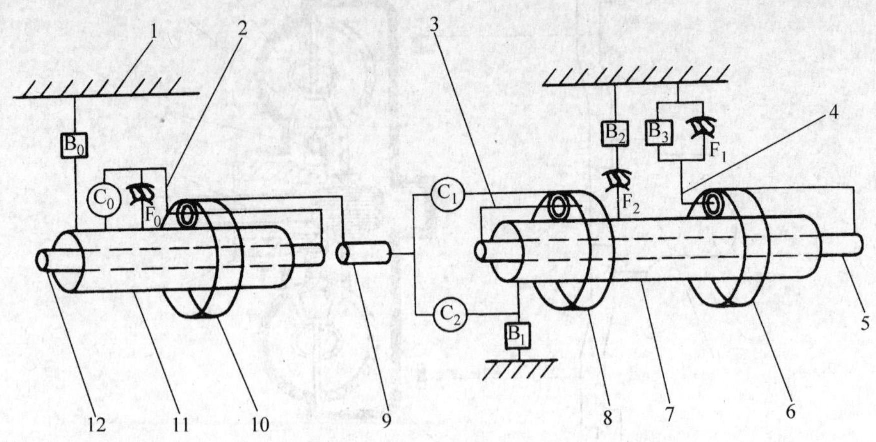

图 5-12　A340E 型自动操纵式变速器行星齿轮变速器传动原理

1—变速器壳体　2—超速行星架　3—前行星架　4—后行星架　5—输出轴　6—后齿圈
7—共用中心轮　8—前齿圈　9—输入轴　10—超速齿圈　11—超速中心轮　12—超速输入轴
C_0—超速离合器　C_1—前进档离合器　C_2—直接档离合器
B_0—超速制动器　B_1—二档滑行制动器　B_2—二档制动器　B_3—倒档制动器
F_0—超速单向离合器　F_1—档单向离合器　F_2—二档单向离合器

2. 换档执行机构的构成和工作原理

换档执行机构包括换档离合器、换档制动器和单向离合器。

换档离合器是若干交错排列的主、从动离合器片组成的湿式多片离合器，由液压控制其结合或分离（图 5-13）。当接合时，来自换档阀的油液通过特定油路进入液压缸内，推动活塞轴向移动，压缩回位弹簧使主从离合器摩擦片压紧，完成接合。当分离时，换档阀将液压缸供油通道与泄油通道接通，液压缸内油液被排空，活塞在回位弹簧的作用下复位，主从离合器摩擦片分离。

换档制动器也由液压控制，用于将行星齿轮变速器中某一元件（太阳轮、行星轮架或齿圈）固定，使其不能转动，构成新的的动力传递路线，以变换新档位和传动比。换档制动器也有湿式多片制动器和带式制动器两种形式。湿式多片制动器结构与湿式多片离合器相同，不同点是离合器连接两个转动构件并传递动力，而制动器连接的是转动机件与固定不动的变速器壳体，作用是制动转动机件。

单向离合器的作用是确保平顺换档，其结构与液力变矩器中的单向离合器结构相同，均由内、外圈及两者之间的楔块组成。常用滚柱斜槽式单向离合器的工作情况如图 5-14 所示。

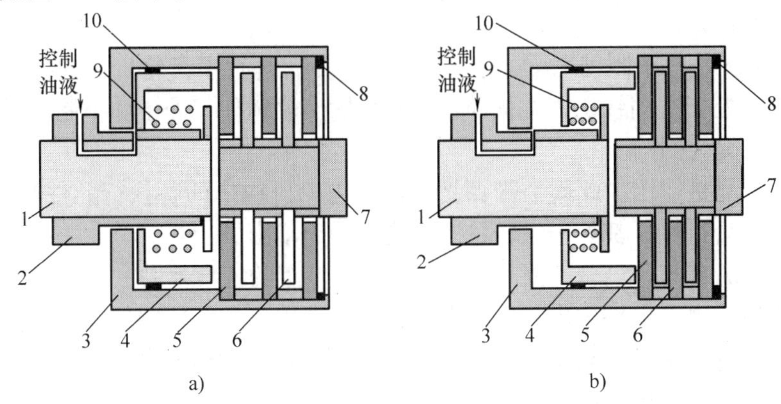

图 5-13　离合器结构简图

a）分离状态　b）接合状态

1—轴　2—壳体　3—元件 A　4—活塞　5—外齿钢片　6—内齿摩擦片

7—元件 B　8—挡圈　9—回位弹簧　10—油封

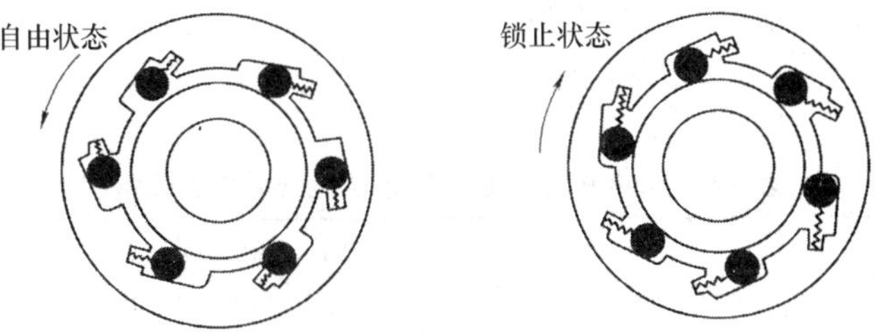

图 5-14　滚柱斜槽式单向离合器工作示意图

A340E 型自动变速器中（图 5-12），离合器有超速离合器、前进档离合器和直接档离合器。制动器有超速制动器、二档滑行制动器、二档制动器和倒档制动器。单向离合器有一档单向离合器和二档单向离合器。

前进档离合器 C_1 连接的是输入轴 9 和前齿圈 8，而直接档离合器 C_2 则将输入轴 9 和共用中心轮 7 连接在一起。二档滑行制动器 B_1 为带式制动器，位于变速器壳体 1 与共用中心轮 7 之间，用于夹持固定共用中心轮 7。二档制动器 B_2 和倒档制动器 B_3 都是多片式制动器，B_2 位于变速器壳体 1 与二档单向离合器 F_2 之间，通过与 F_2 的联合作用，防止共用中心轮逆时针方向转动；而 B_3 则位于壳体 1 与后行星架 4 之间，工作时可夹持固定后行星架 4，使其无法转动，单向离合器 F_1 与倒档制动器 B_3 并联安装，作用是防止后行星架的逆时针转动，单向离合器 F_2 则与二档制动器串联安装与变速器壳体 1 与共用中心轮 7 之间，其功能在于当二档制动器 B_2 起作用时，防止共用中心轮 7 逆时针转动。

3. 自动变速器的工况

A340E 型自动变速器有 6 个工况，即 P 工况、R 工况、N 工况、D 工况、2 工况和 L 工况。

①P 工况是驻车制动工况，也称停车档。辛普森行星齿轮机构的各执行元件都不工作，处于空档状态，机械锁止机构将输出轴锁住，处于驻车制动状态。

②R 工况为倒档。

③N 工况是空档。此刻辛普森复合行星齿轮机构中的各执行元件都不工作，所以其前、后行星排都处于空转状态，输出轴无动力。

④D 工况有一、二、三档和超速档，用于汽车的正常驾驶。一档时，动力经降速增扭后，由输出轴传出，汽车得以起步；二档时，变速器的降速增扭作用不及一档，所以汽车可在较小阻力下以较高车速行驶；三档为直接档；若汽车的行驶速度更高，则在按下超速开关后，汽车将自动地以 D 工况超速档行驶。

⑤2 工况是在交通量大的繁忙路段或山区道路上行驶时所使用的工况。此工况下，变速器只能在一档或二档这两个档位下工作。

⑥L 工况。汽车需要采用较强发动机制动时，采用 L 工况。此工况下，汽车可以一档起步，并始终保持在该档位上工作。

在以上各个工况下，A340E 型自动变速器参加工作的执行机构工作情况见表 5-6。

表 5-6　A340E 自动变速器各档执行机构工作情况

工况	档位	执行机构元件工作状态									
		C_0	C_1	C_2	B_0	B_1	B_2	B_3	F_0	F_1	F_2
P	驻车档	☆									
R	倒档	☆		☆				☆	☆		
N	空档	☆									
D	一档	☆	☆						☆	☆	
	二档	☆	☆						☆		☆
	三档	☆	☆	☆			☆		☆		
	超速档		☆	☆	☆		☆				☆
2	一档	☆	☆				☆		☆	☆	
	二档	☆	☆			☆	☆		☆		☆
L	一档	☆	☆					☆	☆	☆	

注：☆—该执行机构工作。

四、液压操纵系统的结构和工作原理

液压控制系统是自动变速器 ECU 指令的执行系统，是电子控制系统和机械系统间的中间环节。

液压控制系统的换档电磁阀和变矩器锁止电磁阀接收到换档指令及变矩器锁止指令之后，会控制液压系统的工作，改变液流走向来为相应的执行元件（离合器和制动器）供油，实现档位转换和变矩器的锁止控制。

液压操纵系统通常由供油系统、调压机构、换档控制机构、执行机构和辅助装置等部分组成。

1. 供油系统和油泵

供油系统主要由油泵、滤清器、油箱、变速器油、冷却器、单向阀等组成。其功用是为整个自动换档系统提供具有一定压力和流量的油液，供给换档操纵机构和润滑系统。

自动变速器一般安装在自动变速器壳体内的前部，由液力变矩器驱动，并通过集滤器自油底壳中抽取变速器油。发动机运转时，油泵处于工作状态并输出油液；而发动机不运转时油泵不工作。常用油泵类型有内啮合齿轮泵（图 5-15）和叶片泵（图 5-16）。

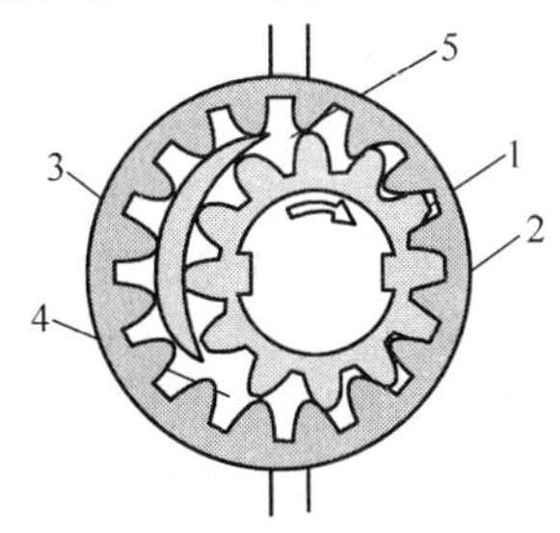

图 5-15 内啮合齿轮泵

1—小齿轮 2—内齿轮 3—月牙形隔板 4—吸油腔 5—出油腔

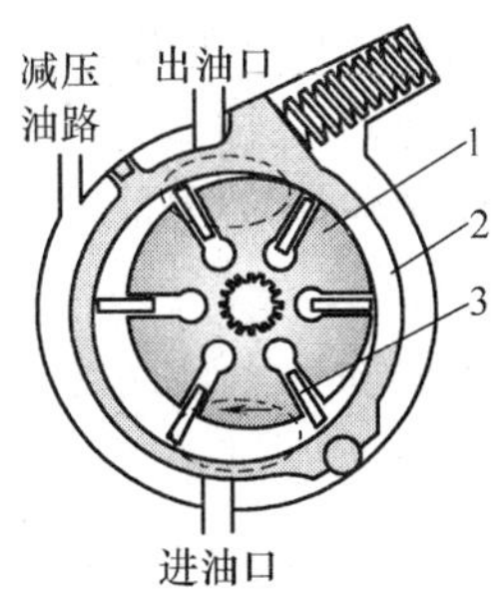

图 5-16 叶片泵

1—转子 2—定子 3—叶片

2. 油压调节机构

油压调节机构主要由主油路压力调节阀、速度调压阀、油门调压阀等构成，用于调节各控制油路的压力，保证各执行机构动作的完成。

主油路压力控制着自动变速器内多片离合器、制动器以及带式制动器能否可靠地工作。因而主油路压力是自动变速器内最基本、最关键的压力。主油路压力调节阀由调压阀阀体、反馈柱塞和调压弹簧等组成（图 5-17），对主油路压力进行精确调控。若主油路压力调节阀工作异常，主油路压力就会发生异常，导致自动变速器故障。例如，阀中滑动柱塞运动卡滞，会使主油路压力过高，引发换档冲击、部件损坏等问题；若油液脏污，使柱塞与阀孔表面磨损过度，配合副间隙过大导致油液泄漏，又会使主油路压力过低，引起离合器、制动器等打滑，甚至无法运行。为了测量方便，自动变速器的壳体上，都设有专门的主油路压力测量孔。

3. 换档控制机构

换档控制机构主要由手动选档阀、换档阀、强制降档阀等构成。其主要功用是根据车辆行驶条件和工况，如车速、节气门开度、道路等，根据 ECU 输出的换档指令，控制换档阀动作，将主压力油接通相应的离合器或制动器油缸，自动选择合适的档位，并保证换档连续可靠。

手动选档阀由换档杆操纵，作用是利用滑阀的移动，实现控制油路的转换，即根据换档杆所处的排档位置将液压油转换到 P、R、N、D、2 或 L 工况的油路。

换档阀是起换档作用的二位多路滑动柱塞阀。自动变速器中有若干个换档阀，以根据换档指令，控制各档离合器与制动器的动作。

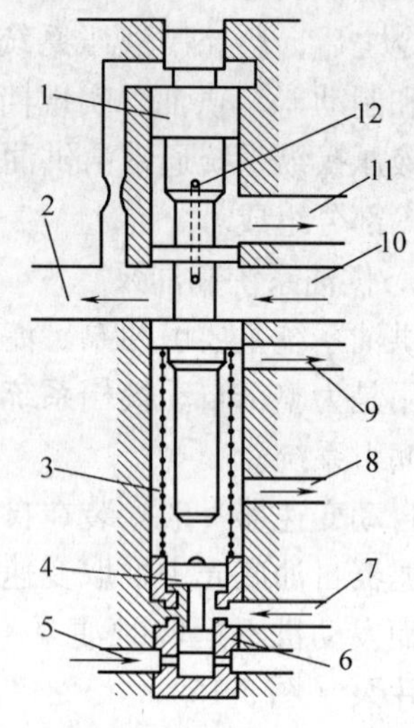

图 5-17　主调压阀

1—调压阀阀体　2—主油路　3—调压弹簧　4—反馈柱塞　5—油道(来自节气门阀)　6—反馈柱塞套筒　7—通手控阀(R 位)油道　8、9—回油油道　10—通液压泵油道　11—通次调压阀油道　12—节流孔

4. 执行机构

执行机构的功用是用油缸结合相应离合器和制动器，以便得到一定的排档。执行机构主要由离合器、制动器液压缸等组成。

除上述各组成外，为了改善控制系统的品质，在油路中常设有阻尼孔、蓄能器、节流阀等辅助装置以及一些安全装置。

五、电子控制系统的构成和工作原理

自动变速器的电子控制系统由输入装置、电子控制单元和执行机构三部分组成，基本结构如图 5-18 所示。

电子控制系统的作用是将车速、节气门开度等传感器产生的信号输入电子控制单元（ECU），并与存储在电子控制单元中的程序比较，由电子控制单元向相应电磁阀发出指令，通过换档阀等接通或切断相应油路的液压，控制执行机构的相应离合器和制动器动作，从而实现自动换档。此外，电子控制系统还具有自诊断功能和失效安全保护功能。

自动变速器电子控制系统的构成与发动机电子控制系统类似。自动变速器电子控制系统需要与其他系统互换相关信息，以实现各个控制系统的协调控制。某些车辆的自动变速器控制与发动机电子控制共用一个电控单元（ECU）进行控制（图 5-19），以使自动变速器和发动机的控制相互匹配得更好。

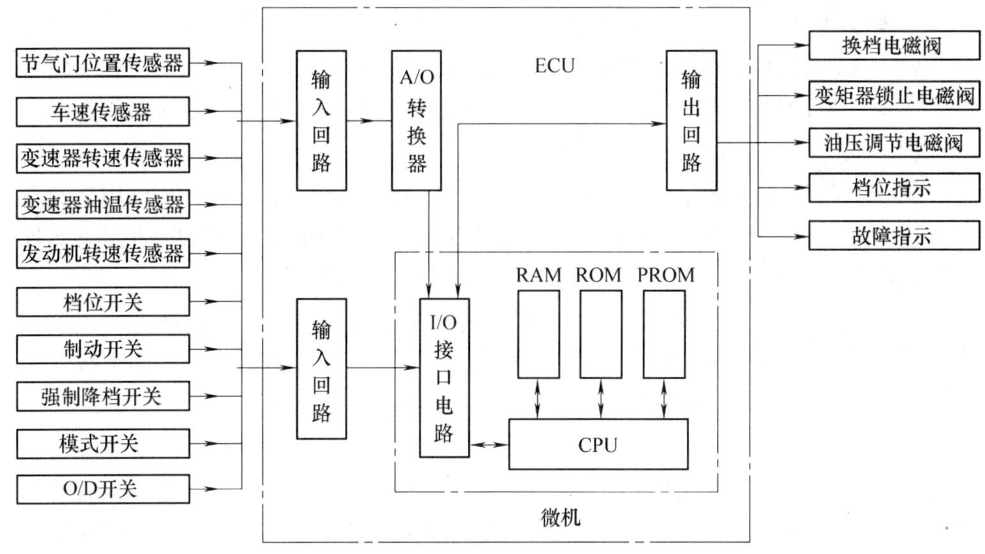

图 5-18　自动变速器电子控制系统

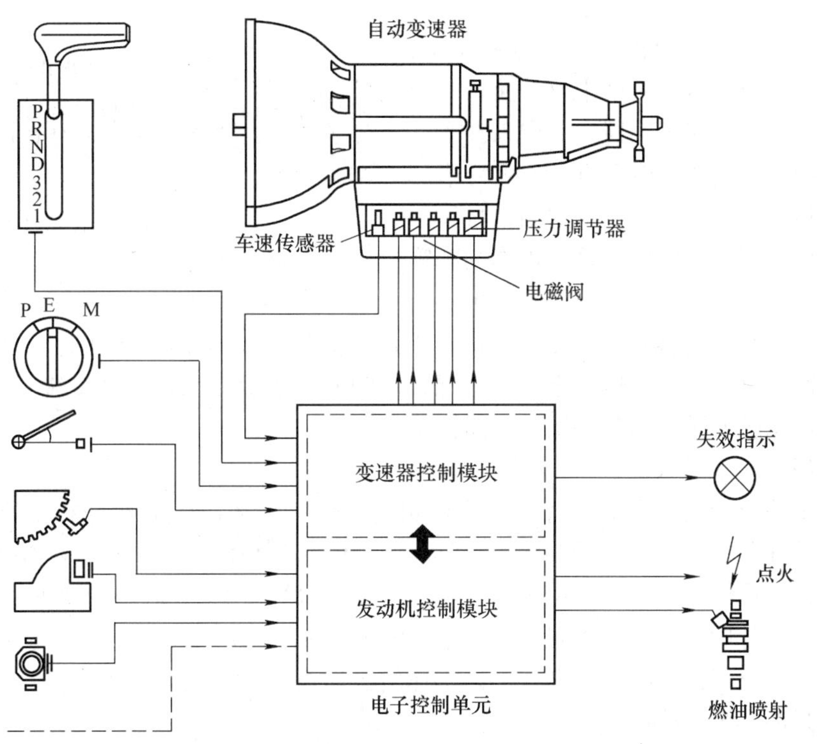

图 5-19　电子控制系统原理

1. 输入装置

输入装置包括各种传感器和开关，可为为电子控制单元提供诸如节气门开度、车速、发动机转速、冷却液温度、自动操纵式变速器档位等方面的信息。

(1) 传感器

①节气门位置传感器。安装在发动机节气门体上并与之联动，其作用是获取节气门开度信号，并给 ECU 提供发动机负荷信息。发动机负荷是自动变速器换档控制的重要参数。此外，该信号还用于控制怠速、喷油量、点火等。

②发动机转速传感器。测量发动机转速和曲轴角度位置。常用转速传感器是脉冲信号式转速传感器，装于分电器内，由信号转子、永久磁铁和线圈组成，其感应电压的频率与发动机转速成正比，经整形后输出。

③变速器油温传感器。是一个具有负温度系数的热敏电阻元件，安装在自动变速器油底壳内的液压阀阀体上，用于监控自动操纵式变速器中变速器油的温度。其信号作为电子控制单元进行换档控制、油压控制、闭锁离合控制的依据。

④变速器转速传感器。用于监控变速器转速，一般安装于变速器输出轴处，其工作原理如图 5-20 所示。

⑤车速传感器。用于监测车辆行驶速度。在自动变速器电子控制系统中，有两个车速信号，一个来自变速器输出轴处的第二车速传感器，一个来自车速表的第一车速传感器。ECU 利用第二车速传感器的信号来进行控制，将第一车速传感器作为备用信号，用作判断第二车速传感器的输入信号是否正确。

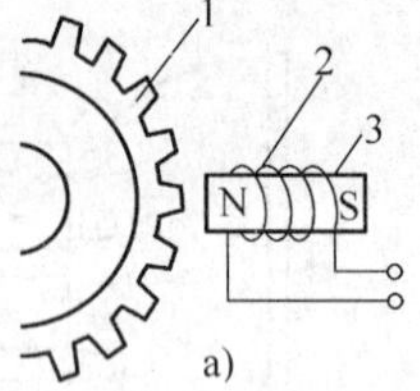

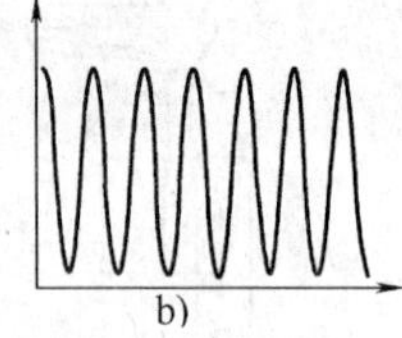

图 5-20 电磁感应式车速传感器

a) 结构图 b) 信号波形图

1—信号盘 2—感应线圈 3—永久磁铁

常见车速传感器是电磁感应式传感器（图 5-20），输出轴转动时，信号盘凸齿不断靠近或离开车速传感器，使感应线圈的磁通量变化，产生交流感应电压，感应电压脉冲频率的高低反映车速快慢。

(2) 控制开关

①档位开关。位于自动变速器手动阀摇臂轴上，用于检测变速杆的位置。同时，该开关也起安全开关的作用，只有在 P 位或 N 位时，起动控制才有效。

②超速档开关。通常位于变速杆上（图 5-21），用来控制自动变速器的超速档。当闭合后，超速档控制电路接通，电子控制单元允许变速器换至超速档；当断开后，超速档电磁阀断电，无论车速增至何值，自动变速器不能换至超速档，最多只能升至次高档。

③降档开关。用于监测加速踏板距离节气门全开的位置。节气门开度达到一定值时，此开关闭合，表示要求较高动力。自动变速器控制模块接到此信号后，

将降低一个档位或在较高转速时才升入下个高档。

④制动灯开关。安装在制动踏板支架上。其作用是向自动变速器电控单元输出制动灯开关信号，以判断车辆是否处于制动状态。车辆静止时，只有踩下制动踏板，电控单元接收到制动灯开关闭合信号，变速杆才能自P位或N位移出。如果制动灯开关信号中断，将失去变速杆锁止功能。

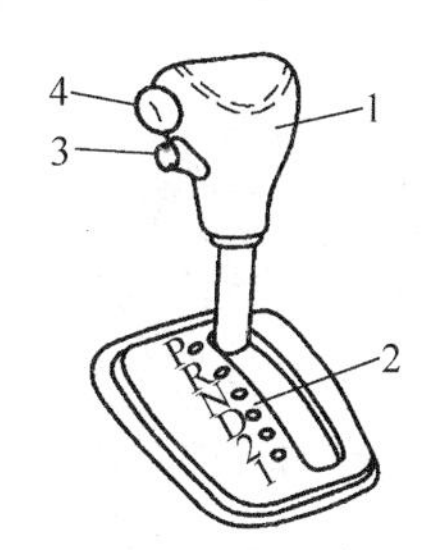

图5-21　超速档开关

1—变速杆　2—档位开关

3—超速档开关　4—锁止按钮

⑤模式开关。用来选择自动变速器的换档控制模式。常见控制模式如下：

a. 经济模式。当自动变速器在此模式状态下工作时，其换档规律应能使发动机转速经常处于经济转速范围内，换档时刻适当提前了，“升档早”为经济模式主要特征。

b. 运动模式。以汽车获得较大动力性为目标来确定换档时机。

c. 标准模式。指换档规律介于经济模式和运动模式之间的换档模式，兼顾动力性和经济性。

d. 雪地模式。适用于在雪地上行驶的方式。

上述控制模式并不是每一种电子控制自动变速器都必备的，通常自动变速器只具备这些模式中的几项，有些甚至没有单独的模式开关。

2. 电子控制单元

电子控制单元根据其程序的指令，对来自各传感器和开关的信号加以分析，然后向执行机构发出指令，以控制自动操纵式变速器换档和锁止离合器工作的时机。通常自动变速器和发动机共用一个电子控制单元（ECU）进行控制。

电子控制单元由微处理器（CPU）和存储器、输入接口电路（ADD）、输出接口电路（D/A）和稳定电源，软件构成。

（1）微处理器和存储器　微处理器又称为中央处理器（CPU）。其工作由程序控制，通过设定程序和数据实现特定功能要求。

存储器是存储程序和数据的内部电路，微处理器根据这些地址存取相应的数据，存储器分为随机存储器（RAM）和只读存储器（ROM）两种。随机存储器是可读写存储器，各种传感器数据，如车速信号、冷却液温度信号、节气门开度信号等存储在RAM中；ROM用于存储程序和数据，程序代码在制造时写入芯片，一般不能更改，微处理器只能读取ROM中的信息。

（2）输入接口电路（A/D）　输入接口电路是微处理器与外界联系的通道，一方面接收模拟信号，如连续变化的电压信号，同时能够进行模数转换；另一方面接收数字信号，诸如开关信号、脉冲信号等。但有些数字信号也要进行处理，通过电平转换，使之成为微处理器可以处理的信号。

(3) 输出接口电路（D/A） 其作用是将微处理器的输出信号处理成执行器所需的信号。

3. 执行机构

自动变速器的执行机构是电磁阀。电子控制单元根据各传感器和开关提供的输入信号，控制各电磁阀的接通与断路。自动变速器电子控制系统中一般采用3个或4个电磁阀。其中1号和2号电磁阀用于使各换档阀产生动作，以改变变速器档位。若为3个电磁阀的变速器，另一个电磁阀即锁止电磁阀，用于锁止离合器的接合与分离，同时还负责对锁止离合器的接合油压进行控制。若为4个电磁阀，则第4电磁阀用于控制执行机构中离合器和制动器的油压，以减小换档冲击，改善换档质量。

电磁阀由壳体、电磁线圈、滑阀及阀座等组成（图5-22）。电子控制单元发出指令控制电磁阀通电或断电，开启或关闭泄油口，控制油路压力。

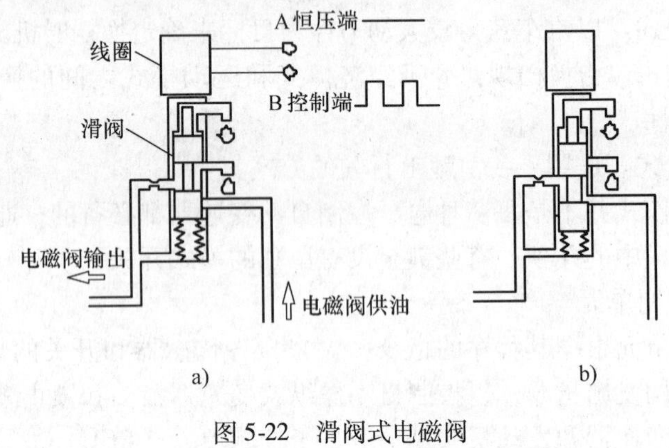

图5-22 滑阀式电磁阀

a）断电断油 b）通电通油

第三节 自动变速器的检验

自动变速器的检验分为基础检验、失速试验、档位试验、液压试验和道路试验等，其目的是判断故障原因，确定故障范围或所在部位。

一、基础检验

对自动变速器进行故障诊断，首先应进行基本检验与调整。一方面解决因维护不当引起的故障，还可以大致判断故障状况，为进一步故障诊断提供有用信息。基础检验应在发动机工作正常、底盘（特别是制动）性能良好的条件下进行。基础检验由一系列项目组成，其检验重点是自诊断检查和外观检查。

1. 自诊断检查

自动变速器发生故障时，电控 ECU 一般会储存故障码。读取故障信息，可以直接确定故障原因，或经进一步检查、判断确定故障原因和部位。现代汽车自诊断功能越来越强大，车载自诊断已成为故障诊断和维修的有力工具。

故障的出现有两种形式，一种是偶发的间歇性故障（也称为软故障），其主要特征是时好时坏；另一种是持续性故障（也称为硬故障）。

需要说明的是，当自动变速器发生故障时，不一定都产生故障码，同时受故障码设定条件所限，故障码并不一定能准确判定故障部位。所以要客观对待故障码，学会分析、判断故障。

2. 变速器油液位检查

即检查变速器油的液面高度是否在规定范围内，同时检查变速器油的状况。

进行液位检查时，将车停在水平路面上，拉紧驻车制动器。起动发动机，油温正常后（50～90℃）使之怠速运转。踩下制动踏板，分别将变速杆置于各档位片刻，然后置于 P 位或 N 位。拔出油尺检查，油位应在规定范围内。若油面过低，应向加油管中补充变速器油，直至液面高度符合标准。

有些自动变速器没有油尺。检查液位时要把汽车用举升机举起，起动车辆使油温达到 35～45℃，然后保持怠速运行。拆下自动变速器油底护板，拆下放油螺钉。如果没有油液流出，应进行添加，直到放油孔有油液流出为止。

自动变速器油的状态和工作温度是变速器工作状态的集中反映。应经常观察变速器油的颜色和气味的变化，判断变速器油的品质及能否继续使用。油温不正常的主要原因有液力变矩器故障，离合器、制动器打滑或分离不彻底，单向离合器打滑及油冷却器堵塞等。油温过高将使油液粘度下降、性能变坏、产生油膏沉淀物，堵塞油道、阻滞控制滑阀、降低润滑冷却效果、破坏密封件，最终导致故障。

3. 发动机怠速检验

发动机热机后，分别将变速杆置于 P 位或 N 位，关闭空调及其他所有用电设备，发动机的怠速转速应符合规定。通常，自动变速器汽车的发动机怠速转速为 750 r/min。

如果怠速过低，换档时容易引起车身振动或发动机熄火。

如果怠速过高，换档时容易产生冲击和振动。

当怠速超出规范要求时，应查明原因，怠速过高或过低均应调整。

4. 节气门阀拉索的检验

在自动变速器中，节气门阀拉索连接节气门阀与节气门，通过节气门阀的位移量变化，将节气门开度信号转换为油压信号。检查方法如下：

①目视检查法。主要观察拉索有无破损、弯折、连接是否良好等。

②手感试验法。松开加速踏板处于怠速位置，然后按动拉索，拉线不能过紧

或过松。

③记号检查法。有些自动变速器的节气门阀拉索在节气门端某处有一挡块或油漆记号，如图5-23所示。表示节气门处于怠速状态或全开状态时拉索的正确位置。一般橡胶防尘罩套末端与挡块标记间的距离应为0～1mm，若超出此范围，可用调节螺母调整拉索的长度。

5. 选档机构的检查

选档机构承担着传递选档命令的任务。选档机构不良，变速器也就不能正常工作。选档机构检查的方法有：

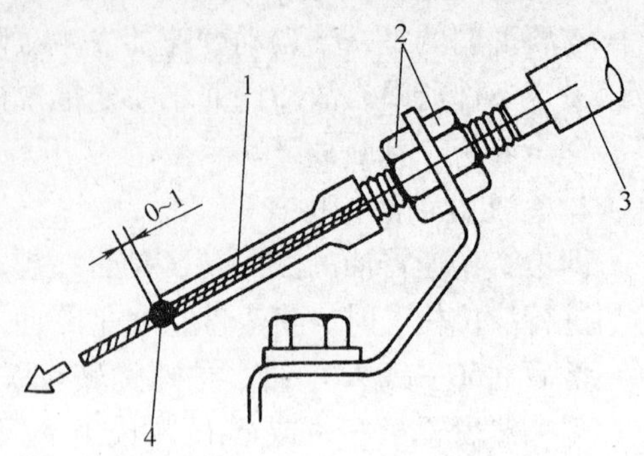

图5-23　节气门阀拉索检查

1—防尘罩套　2—调节与锁紧螺母　3—外拉索　4—挡块标记

①目视检查法。即观察选档机构连接传动系杆件等是否变形或有运动干涉，拉索是否弯曲、破损及折叠，各连接处是否固定良好、有无脱落等。

②变速杆试验法。将变速杆分别按正常操作方法挂入每个档位，通过操作时的感觉来判断选档机构工作是否正常。

③断开分段检查法。将选档机构的某些连接部位断开，然后分段进行检查。一般可采用两点断开式，即将选档机构的信号传递系统从两处断开，分为3段，逐段进行检查。一个断开点在变速器转轴上的摇柄与传动拉索（或拉杆）的连接处，将此处断开后用手扳动转轴上的摇柄，检查是否每个档位都能进入，且进入后能否被内部锁止弹簧正确锁住，在该位置能否轻易被扳入其他位置。通过此检查可判断出故障发生在变速器内部还是在变速器外部。另一个断开点在变速杆杠杆末端与拉索（或拉杆）连接处，从此处断开后按正常操作，扳动变速杆检查是否能正确完成选档工作。

一般选档机构的调节部位在变速器壳体外选档转轴摇柄的连接处和变速杆杠杆末端与拉索（或拉杆）的连接处。主要类型有锁紧螺母式、环槽式和锁紧螺钉式。图5-24所示为锁紧螺母式调节机构，同时移动两只锁紧螺母，改变杆系中传动杆件间的联系位置，即可实现调节。

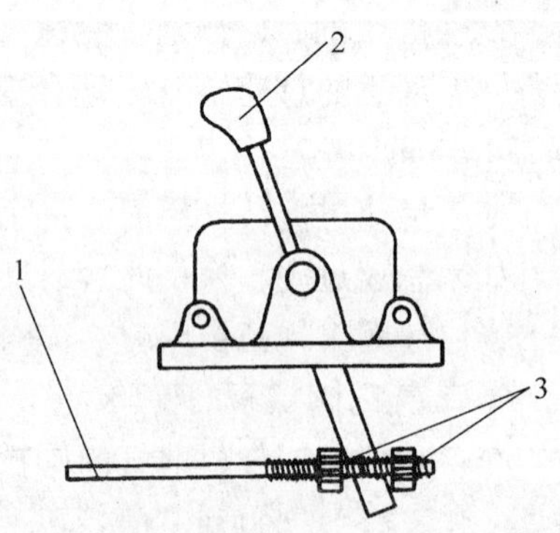

图5-24　锁紧螺母式调节机构

1—连杆　2—变速杆　3—调节螺母

6. 空档起动开关的检查

空档起动开关检查主要是确定其档位识别信号是否正确，如档位识别信号与实际档位不符，要对其进行调整。首先应检查发动机是否仅在变速杆处于 N 位或 P 位时方可起动；然后检查倒车灯是否仅在变速杆置于 R 位时才接通。若发现在变速杆置于除 N 位和 P 位以外的其他位置时也能起动，则应进行调整。调整方法如图 5-25 所示，拧松空档起动开关螺栓，然后将选档手柄设在 N 位，再将空档起动开关上的空档基准线与凹槽对齐，并保持其位置不动，拧紧螺栓至规定力矩。

7. 超速档控制开关检查

超速档开关检查的目的是确认自动变速器超速档是否正常。检查时，变速器油温应正常（70 ~ 80℃），发动机熄火，打开点火开关，按动超速档（O/D）控制开关，查听变速器内的相应电磁阀有无发生动作时的声响。如有“咔嗒”声响，说明超速档电控系统工作正常。

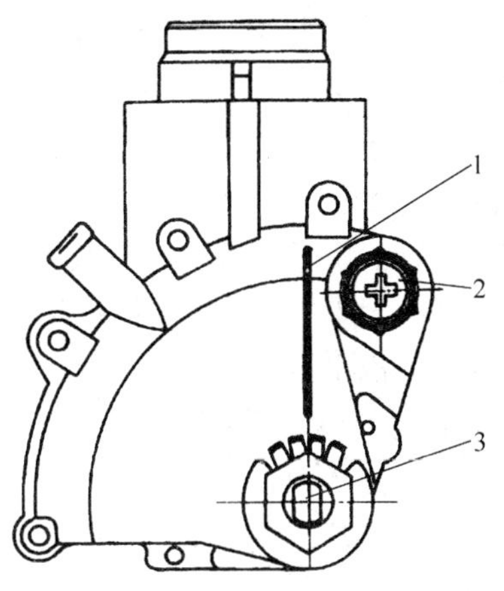

图 5-25　空档起动开关的调整
1—空档基准线　2—螺栓　3—凹槽

8. 强制降档开关检查

强制降档开关一般安装在加速踏板下面的底板上或加速踏板杠杆上端的支架上。首先检查强制降档开关的安装是否牢固，导线的连接是否良好。然后在加速踏板放松和踩到底两种情况下，用万用表检查开关的通断情况。正常情况下，开关的电阻值只有小阻值（3 ~ 10Ω）和大阻值（30Ω 以上）两种状态；电压值则因车型不同而异，但开关接通与断开时电压值应有明显的改变。

二、道路试验

道路试验就是通过路试全面检查自动变速器性能。试验时，汽车在道路上行驶，可以重现故障，以检验各制动器、离合器是否打滑，观察换档情况。道路试验是诊断、分析自动变速器故障的有效手段。

道路试验前，应检查汽车外观及安全性，并检查机油和变速器油。然后，以中低速行驶 5 ~ 10 min，达到正常工作温度。如无特殊要求，超速档开关置于 ON 位置，模式选择开关则置于普通模式或经济模式位置。

道路试验具体内容包括：换档点的测试、换档品质测试（发现打滑、冲击、振动、延迟等问题）、变矩器锁止与解锁测试等。当发现换档点异常时应检查节气门位置传感器、车速传感器、模式开关信号等。

1. 起步工况检验

踏住制动踏板，将变速杆置于前进档任一档（应对 D、2、L 位逐一进行检查）或 R 位，等 2 ~ 3s 松开驻车制动器与制动踏板，汽车应开始缓慢前行；再踩加速踏板，汽车应随之提高车速，不应有阻滞和延迟的感觉。

2. 加速驱动传动性能试验

正常起步后，踏下加速踏板，观察车速是否随发动机转速升高而增大。同时，观察高速时加速性能是否良好，急加速时是否有驱动打滑现象。

3. 匀速行驶传动性能试验

选择交通和道路状况良好的路段，用巡航系统设定在某一车速，使汽车以稳定速度行驶。此时，检查汽车行驶状况、发动机转速表变化情况、乘坐及驾驶的感觉、变速器自动换档情况和工作声响等。

4. 大负荷高速行驶传动性能试验

在坡道行驶或汽车重载情况下，加速发动机进入大负荷工况。检测发动机转速、声响、车速状况，判断变速器的传动机构有无打滑现象，以及汽车在坡道上能否用 2 档稳定行驶。也可以在道路状况良好（如高速公路上）情况下，以 100km/h 以上的车速行驶，通过发动机的转速、声响变化，以及车速情况来判断变速器的传动系统情况。

5. 减速滑行性能试验

将车速增大到 80km/h 以上，或让变速器进入超速档工作。然后，放松加速踏板自由滑行。先在 N 位滑行，检查行驶系统与传动系统是否正常。然后，将变速杆置于正常前进档位“D”或“3”，让汽车高速行驶。再放松加速踏板，观察自动换档动作是否平顺、发动机转速是否有明显的变化，滑行是否良好，且当再加速前进时是否存在冲击与打滑现象。

6. 自动换档试验

自动换档包括自动升档、自动降档及档位保持三种状态。自动换档试验有空负荷和带负荷两种方法。带负荷试验时，应选择适当路段，从零车速开始，按慢加速、正常加速和急加速三种状态加速行驶。加速过程中，观察发动机转速与车速、发动机负荷与车速的变化。若车速随发动机转速上升到某一数值时，发动机转速突然下跌 200 ~ 300r/min，而车速反而上升，表明发生了自动升档过程。随着车速上升，自动变速器档位自动升到最高档位。将加速踏板放松到怠速状态，当车速降低到某一数值时，便会出现发动机转速突然上升，而车速反而下降的现象，此时即表明发生了自动降档。

自动换档过程中应注意有无换档冲击或打滑、有无异常振动和噪声以及换档点是否满足要求。

7. 发动机制动性能试验

在汽车下坡时，将变速杆置于 L 位，观察汽车滑行情况。然后，在平路上将车速升高到 60km/h 左右，将变速杆置于 2 位，当车速为 40km/h 左右时再将变速杆置于 L 位，观察车速是否下降过多。或将变速杆拨至前进低档（S、L 或 2、1）位置，在汽车以 2 位或 1 位行驶时，突然松开加速踏板，检查是否有发动机制动作用。若松开加速踏板后车速即随之下降，则说明产生了发动机制动作用。否则，说明控制系统或前进档离合器有故障。

8. 强制降档功能检验

在交通情况较好的道路上，在节气门开度为一半以下时，使汽车在 D 位自动换入三档以上的档位工作。然后迅速将加速踏板踏到底，通过发动机转速变化情况检查自动变速器是否发生了强制降低一个档的情况。

在强制降档时，发动机转速会突然上升至 4000r/min 左右，并随着加速升档，转速逐渐下降。若踩下加速踏板后没有出现强制降档，则说明强制降档功能失效；若强制降档时，发动机转速升高反常，达 5000～6000r/min，并在升档时出现换档冲击，则说明换档执行元件打滑，应拆修自动变速器。

9. 液力变矩器锁止功能检验

保持发动机冷却液和自动操纵式变速器油温正常，在平坦道路上使汽车加速到 60～80km/h 以上，自动变速器自动换入三档或四档后，迅速踏下加速踏板，察看发动机转速是否有明显升高现象。若锁止离合器已经锁止，则发动机转速没有明显升高。

液力变矩器锁止离合器锁止后，微踩制动踏板，使制动开关接通但不使汽车制动，察看发动机转速是否下降为怠速转速。若下降为怠速转速，即表明锁止功能正常。

目前许多汽车自动变速器的自诊断系统已经相当完备，车辆运行之中如果连接故障分析仪，读取相关数据流可以确定当前档位和变矩器锁止信息，这为顺利完成道路试验提供了很好的帮助。

三、档位试验

档位试验即检查自动操纵式变速器各个档位的工作情况是否良好，包括手动进档试验、档位接合时滞试验、前进档换档试验、手动换档试验等。

1. 手动选档试验与时滞试验

手动选档试验检验变速杆的工作情况。检验时，按正常驾驶时操纵变速杆的方法，移动变速杆到正确的档位，应感到有明显的到位锁定感。

时滞试验检测从选档发出执行动作命令后，到变速器内部执行机构的活塞动作这一过程所需时间。时滞试验应在汽车的驻车制动和行车制动正常的情况下进行。

试验时，将汽车停在平地上，在变速器油温正常后，拉好驻车制动；变速杆在 N 位时起动发动机，踩住制动踏板，将变速杆推入 R 位或 D 位的瞬间按下秒表开始计时，直至感到有振动时按下秒表终止计时。然后将变速杆置于 N 位，放松制动踏板。反复进行几次，每次试验间隔时间 1min，取 3 次试验平均值作为测量结果。自动变速器时滞试验结果应符合规定，丰田 U540E 自动变速器 N 位→D 位和 N 位→R 位的标准时滞时间均少于 1s。

2. 手动换档试验

手动换档试验时，断开自动变速器的自动换档功能，转变成手动换档状态，以区分液压机械系统故障，还是电控系统故障。试验步骤如下：

①脱开电控变速器所有换档电磁阀线束插头，使之失去控制作用。

②起动发动机，将变速杆拨至不同位置，然后做道路试验（也可以在室内进行台架试验）。

③观察发动机转速与车速的对应关系，以判断自动变速器所处的档位。不同档位时发动机转速和车速的关系可参考表 5-7。

④变速杆位于不同位置时，若自动变速器所处档位与规定档位相同，则说明电控自动变速器的阀板及换档执行元件工作正常。否则，说明阀板或换档执行元件有故障。

表 5-7　不同档位时发动机转速与车速的对应参考值

档位	发动机转速/(r/min)	车速/$km \cdot h^{-1}$
1 档	2000	18~22
2 档	2000	34~38
3 档	2000	50~55
超速档	2000	70~75

⑤试验结束后，接上所有换档电磁阀的线束插头。

⑥清除 ECU 中的故障码，防止因脱开换档电磁阀线束插头而产生的故障码储存在 ECU 中，影响自诊断系统的工作。

若变速器有故障，但每一档的动作都正常，则说明故障出在电子控制系统；若某一档动作异常，则说明故障是机械或液压系统故障，应进一步进行试验。

3. 前进档换档试验

主要检查变速器内自动换档功能是否正常。试验可采用空负荷试验和负荷试验两种方式：

①空负荷试验。即将汽车用举升机举起，使驱动轮离地（有防滑装置则断开其防滑装置的作用），挂上前进档位，若是后驱动则松开驻车制动。使发动机转速和车速提高，并观察发动机转速与车速之间的变化关系。

②负荷试验。即让汽车在道路上行驶，观察发动机转速、负荷与车速之间的关系。

四、失速试验

失速试验指车轮完全抱死且发动机着车的情况下，将加速踏板猛踩到底（变速杆处于D位或R位）以获取失速转速的专项试验。失速试验是检查发动机功率大小、液力变矩器性能好坏及自动变速器中有关换档执行元件的工作是否正常的一种常用方法，其目的是通过测试变速杆置于D位或R位时的失速转速，诊断离合器、制动器的磨损情况和机械故障部位，检查自动变速器和发动机的整体性能。

1. 失速试验步骤

①平地停放车辆，用三角木楔入4个车轮。

②拉紧驻车制动，同时将脚制动踏板也踩到底。

③将变速杆置于D位或R位。

④起动发动机使变速器油温达到50～80℃。

⑤迅速将加速踏板踩到底，读取发动机最高转速值，该转速值即为失速转速。

2. 试验结果分析

失速转速的测试值应符合规定，丰田U540E自动变速器失速转速标准值见表5-8。

（1）失速转速过高的原因　自动变速器油压过低；离合器或制动器打滑，单向离合器损坏；变矩器损坏（机械磨损所致的传动效率下降）。

由于失速试验时车速为零，因此自动变速器并不升档。失速试验只能够检验与一档或倒档相关的执行元件是否打滑。

（2）失速转速过低的原因　发动机动力不足；变矩器导轮上的单向离合器打滑；变矩器损坏所致运动阻力增大。

在失速工况下，发动机和变速器均处于满负荷工况，所以严禁试验时间过长（一般不超过5s），如果要重复试验则要间隔数分钟。同时，试验时应倾听发动机及自动变速器的声响变化。在试验时，加速踏板踩下后，发动机和变矩器会发出很大轰鸣声，但不应有任何金属撞击声和尖锐杂声。

表5-8　丰田U540E自动变速器失速转速标准值

发动机类型	失速转速/(r/min)
5A-FE	2350±200
8A-FE	2250±200

五、液压试验

液压系统的压力是自动变速器可靠工作的重要保证。

液压试验通过测量液压控制系统各回路的工作压力，检查液压控制系统各管路及元件是否漏油及各元件（如液力变矩器、蓄能器等）的工作是否工作。

1. 液压试验方法

液压试验的基本方法：首先关闭发动机，将变速杆置于P位，拆下需要测试液压的接点堵头，再接上油压测试管接头，然后接上油压软管及油压表。起动发动机，使变速器处于液压被测状态，检查管接头及油管的连接是否可靠，有无漏油。待变速器的油温达到正常工作温度后，在各种工况下测试并记录液压标定数值，通过比较测量值与标准值的差异，判断系统的工作情况。测试项目如下：

（1）主油路压力　主油路压力包括怠速或发动机转速为1000r/min空负荷液压、行驶档位发动机怠速与零车速液压、主油路行驶档失速液压、主油路全负荷液压。不同自动变速器的主油路压力值不同，见表5-9。

表5-9　几种自动变速器的主油路压力值

<table>
<tr><th colspan="2">变速器类型</th><th>档位或测试条件</th><th>怠速时主油路压力/kPa</th><th>全负荷时主油路压力/kPa</th></tr>
<tr><td colspan="2" rowspan="2">福特4EAT</td><td>OD位、D位、L位</td><td>434～455</td><td>876～1041</td></tr>
<tr><td>R位</td><td>600～931</td><td>1655～2000</td></tr>
<tr><td colspan="2" rowspan="3">通用4T65-E</td><td>D位二、三、四档</td><td>512～592</td><td>1153～1400</td></tr>
<tr><td>D位一档</td><td>1005～1289</td><td>1005～1289</td></tr>
<tr><td>P位、N位、R位</td><td>542～696</td><td>1540～1869</td></tr>
<tr><td rowspan="6">丰田</td><td rowspan="2">A140E</td><td>D位</td><td>360～420</td><td>750～900</td></tr>
<tr><td>R位</td><td>620～715</td><td>1370～1600</td></tr>
<tr><td rowspan="2">A341E</td><td>D位</td><td>380～440</td><td>1260～1400</td></tr>
<tr><td>R位</td><td>640～715</td><td>1720～2080</td></tr>
<tr><td rowspan="2">A540E</td><td>D位</td><td>360～420</td><td>900～1050</td></tr>
<tr><td>R位</td><td>620～790</td><td>1600～1900</td></tr>
</table>

（2）发动机负荷信号液压测试　一些自动变速器上设有发动机负荷信号液压测试点。测试时，先改变节气门开度，观察压力是否相应变化，判断节流阀的调压作用是否正常，然后根据不同车型进行检测，读取数据。

（3）车速信号液压测试　汽车在道路行驶或在举升机上空负荷运转时，观察液压是否随车速变化而变化，判断调速阀是否作相应的动作。然后以该车型液压正常时的相应状态操作汽车，读取液压值。

（4）液力变矩器液压测试　在D位时，使发动机驱动车轮转动，在怠速状态、自动变速器从一档到最高档位的几种工作状态下，分别测取液压值，然后分别在R、N、2、L各档位进行测试。

2. 液压试验结果分析

一般而言，液压过低说明油泵状况不佳或油路有泄漏。液压低会导致离合器和制动器打滑。

如果液压过高，一般是压力调节阀故障所致。压力过高会导致换档冲击。

如果D位和R位测得的液压均较高，应检查主调压阀、主液压调节电磁阀和相关电路。

如果D位和R位测得的液压均较低，应检查油泵、主调压阀、主液压调节电磁阀。

若只有变速杆处于D位（或R位）时测得的液压低，应重点检查相关执行元件油路有无泄漏，如活塞及油路上的油封是否损坏等。

第四节　自动变速器的故障诊断

一、自动变速器故障诊断流程

自动变速器故障诊断的一般程序如图5-26所示。

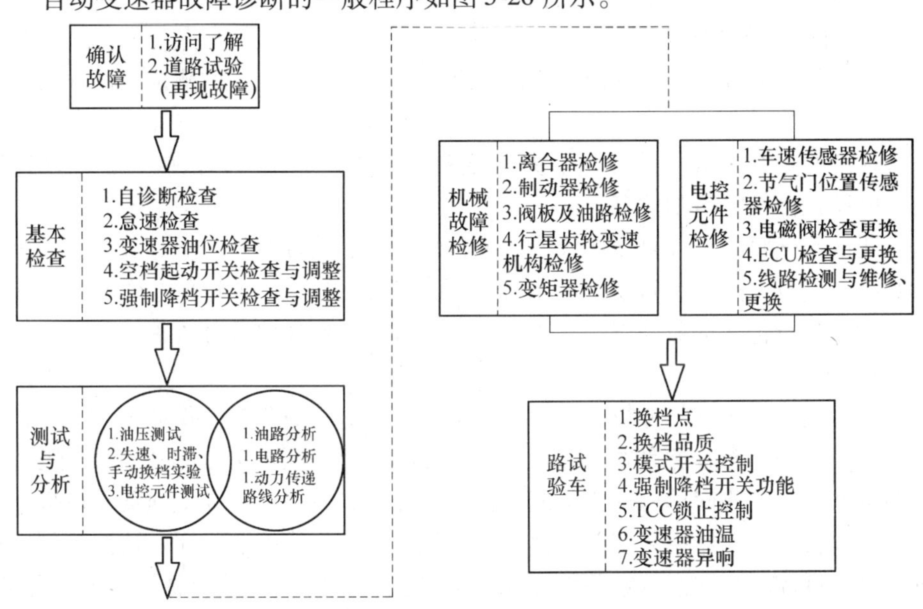

图5-26　自动变速器故障诊断流程

1. 确认故障内容

首先了解故障特征和故障发生的工况，对一些自动变速器的故障要经过路试来重现故障。比如，确认不升档故障时，就要驾驶车辆达到相应升档车速，观察车辆故障现象；而确认换档冲击故障，则要了解冲击发生在哪些特定档位和工况，据此制定路试方案。

2. 基本检查与调整

基本检查的重点是自诊断检查和外观检查。

自诊断检查即通过连接故障分析仪读取故障码和动态数据流。当 ECU 中有故障存储时，读取故障信息对迅速排除故障有直接帮助。动态数据流能够实时读取相关数据，当发现数据异常时，说明存在某些故障。

怠速不良会导致换档冲击和怠速熄火，应予以排除。

变速器油位过高会使油温过高，而油位过低会使油路中的油液混入空气，影响执行元件和变矩器工作。

档位开关调整不当或损坏时，ECU 将不能正确识别档位，车辆将不能起动或正确自动换档。

强制降档开关故障影响车辆在坡道上行驶时的动力性。当加速踏板踩到底不能自动减档时，应检查降档开关。

时滞试验检验执行元件的响应性。时滞时间过长的原因为：执行元件间隙过大、主液压过低或换档电磁阀性能不佳等。

3. 测试与故障分析

通过基本检查和调整不能够确认故障时，就要进行更深的测试、试验及故障分析。

常用的测试、试验手段包括失速试验、液压检测、道路试验、手动换档试验、电控元件及电路测试等。

测试和试验的内容要依据故障特征科学确定。故障分析应贯穿故障排除过程的始终。只有对故障进行了客观分析，检测和试验才具有明确的目标，有的放矢。故障分析包括电路分析、油路分析、档位动力传递路线分析等。

4. 故障排除作业

经过测试、试验与分析，确认故障部位后，进入故障排除作业环节。

（1）机械、液压系统故障排除　当确认自动变速器为机械故障，且经过外部的调整、换油或简单检修仍不能够排除故障时，就应将自动变速器总成拆下彻底检修。自动变速器拆装应严格遵守操作规程，要保证拆装有序、清洗到位、检查彻底。拆卸时要注意观察部件之间的装配关系，防止在进行总装时出现漏装、错装、反装等情况。

（2）电控系统故障排除　自动变速器电控系统的故障部位包括传感器、各类开关、执行器（电磁阀）、外部线路和插接器、电控 ECU 等。

电路检查应以检查传感器、各类开关、执行器（电磁阀）、外部的线路和插接器为主。当确认外部线路和元件均工作正常时，再检查电控 ECU。在检修 ECU 之前，首先检查其电源和接地情况是否正常。

插接器接触不良会引发故障。线路检测时，要注意保护插接器，确保针脚和插孔间接触良好。

5. 路试验车

路试验车的内容包括换档点、换档品质、换档模式切换功能、强制降档功能；变速器时滞时间、运转噪声、变速杆锁止功能等。

二、自动变速器故障自诊断

1. 自动变速器故障自诊断概述

装用车载自动诊断系统（OBD）的车辆，可以识别故障的类型以及故障的位置，并以故障码的形式将该信息储存在电控单元的存储器内。

电控自动变速器是在电控单元（ECU）控制下工作的，如果电控系统中的某些传感器（或执行器）及电路出现故障，会使变速器不能正常工作。为此，电控 ECU 设有专门的故障自诊断电路，监测自动变速器电子控制系统中所有传感器和执行器的工作情况，并将检测到的故障以故障码的形式储存在存储器内，同时点亮仪表板上的自动变速器故障警告灯。只出现一次的故障属于偶然故障，这种偶然故障作为附加故障识别。自动变速器控制单元按信号综合分析结果，区分偶然故障还是稳定故障，并将该故障存入存储器。车辆运行一定里程或时间（5km 或 6min，最多 20km 或 24min）后，如果故障不再出现，即是偶然故障。汽车行驶一定里程或时间（1000km 或 20h）后，偶然故障自动从故障存储器中清除。若故障仍然存在，则储存在存储器内的故障类型是稳定故障。

使用诊断仪器（解码器）通过诊断接口（图 3-54）从电控 ECU 中取出故障码，即可分析判断有关故障。

若自动变速器在进行初步检修后仍存在故障，可通过自诊断系统进行检测。车型不同，其故障自诊断方法也不相同。

2. 自动变速器故障自诊断方法

下面以捷达都市先锋轿车自动操纵式变速器为例，介绍用 V. A. G1551 故障阅读器进行故障自诊断的测试方法。其故障自诊断的流程如图 5-27 所示。

（1）故障阅读器的使用　捷达轿车自诊断系统存储的故障信息需借助 V. A. G1551 故障阅读器（图 5-28）解读。该故障阅读器由显示屏、键盘及打印机组成。

汽车的自诊断插口位于烟灰盒上方，护板后面。拆下烟灰盒，按箭头方向推动护板。断开点火装置，将故障阅读器 V. A. G1551 与诊断连线 V. A. G1551/3 连接起来，其接线上插头为 5 脚插头。该插头 3 脚接蓄电池负极。2 脚接蓄电池正极。

诊断连线 V. A. G1551/3 与自诊断插口的接线插头为 16 脚插头，其上 4 脚接蓄电池负极，16 脚接蓄电池正极。

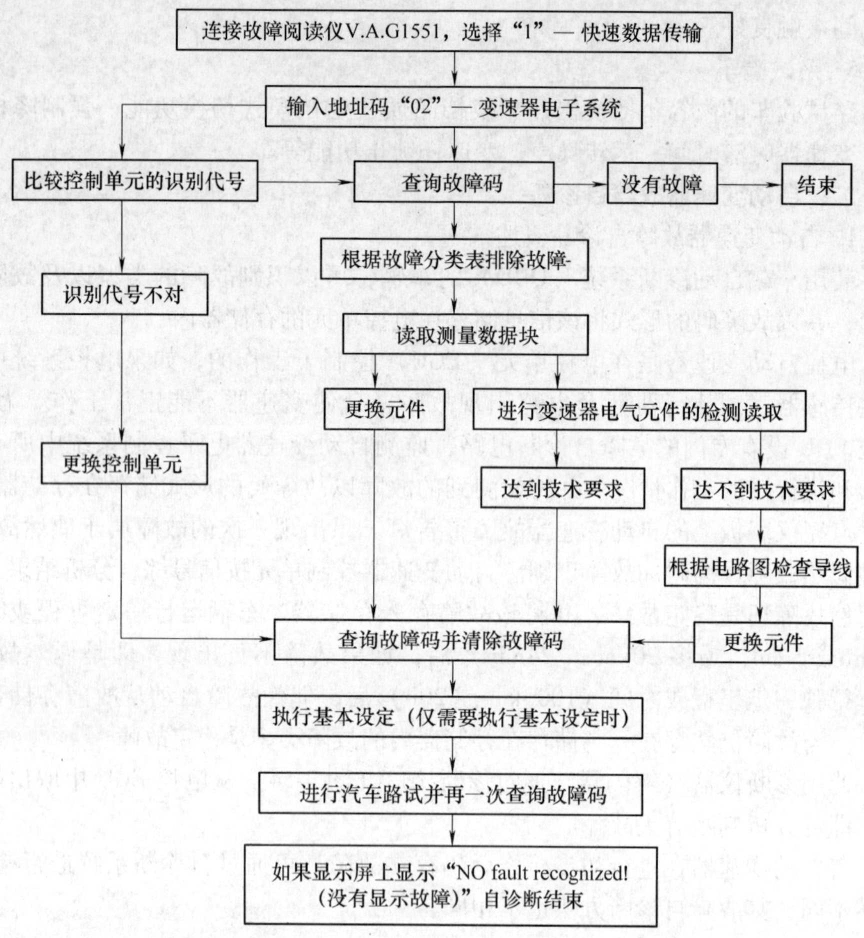

图 5-27　使用 V. A. G 故障阅读器的故障自诊断流程

连接故障阅读仪 V. A. G1551 和进行功能选择时，应注意以下事项：

①汽车电源电压正常。

②电控系统熔丝（14 和 21 号）正常。

③变速器、蓄电池接地良好，其间的搭铁线搭铁良好。

④变速杆置于 P 位，并拉紧驻车制动器。

用诊断连线 V. A. G1551/3 连接好自诊断插口与 V. A. G1551 故障阅读器后，根据 V. A. G1551 故障阅读器的使用手册，按步骤操作，即可查阅并在屏幕上显示出故障存储器中的故障码。

（2）故障码识别和故障排除　捷达都市先锋轿车自动变速器自诊断故障码的识别与故障排除方法见表 5-10。

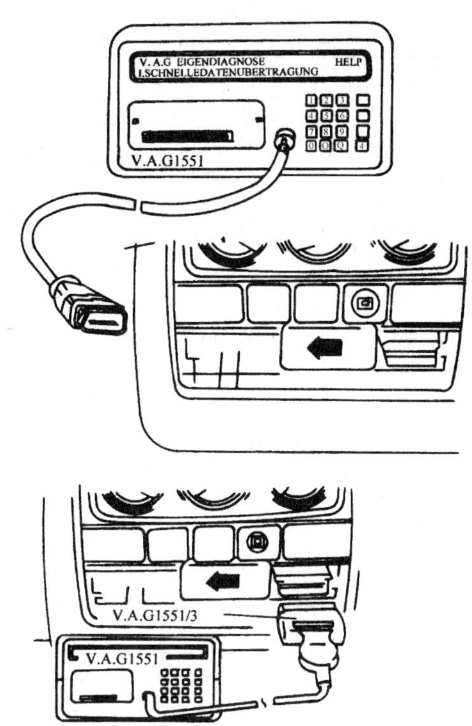

图 5-28　V. A. G1551 故障阅读器的外形

表 5-10　捷达都市先锋轿车自动变速器自诊断故障码识别与故障排除

V. A. G1551 打印出的信息	可能的故障原因	故障排除方法
00258 电磁阀 1（N88）断路、对搭铁短路	导线断路或对搭铁短路；电磁阀 1（N88）有故障	按电路图检查导线和插接器连接；读取测量数据块；进行电气检查
00260 电磁阀 2（N89）断路、对搭铁短路	导线断路或对搭铁短路；电磁阀 2（N89）有故障	按电路图检查导线和插接器连接；读取测量数据块；进行电气检查
00262 电磁阀 3（N90）断路、对搭铁短路	导线断路或对搭铁短路；电磁阀 3（N90）有故障	按电路图检查导线和插接器连接；读取测量数据块；进行电气检查
00264 电磁阀 4（N91）断路、对搭铁短路	导线断路或对搭铁短路；电磁阀 4（N91）有故障	按电路图检查导线和插接器连接；读取测量数据块；进行电气检查
00266 电磁阀 5（N92）断路、对搭铁短路	导线断路或对搭铁短路；电磁阀 5（N92）有故障	按电路图检查导线和插接器连接；读取测量数据块；进行电气检查
00268 电磁阀 6（N93）断路、对搭铁短路	导线断路或对搭铁短路；电磁阀 6（N93）有故障	按电路图检查导线和插接器连接；读取测量数据块；进行电气检查
00270 电磁阀 7（N94）断路、对搭铁短路	导线断路或对搭铁短路；电磁阀 7（N94）有故障	按电路图检查导线和插接器连接；读取测量数据块；进行电气检查

（续）

V. A. G1551 打印出的信息	可能的故障原因	故障排除方法
00281 车速传感器（G68）无信号	导线断路；车速传感器（G68）有故障	按电路图检查导线和插接器连接；读取测量数据块；进行电气检查；更换车速传感器（G68）
	主动齿轮上脉冲叶轮松动	更换主动齿轮
00293 多功能开关（F125）开关状态不确定	导线断路；多功能开关有故障	按电路图检查导线和插接器连接；读取测量数据块；进行电气检查；进行电气检查；更换多功能开关（F125）
00297 变速器转速传感器（G38）无信号	导线断路；变速器转速传感器（G38）有故障	按电路图检查导线和插接器连接；读取测量数据块；更换变速器转速传感器（G38）
00300 变速器机油温度传感器（G93）无法识别故障类型	导线断路；变速器机油温度传感器（G93）有故障	按电路图检查导线和插接器连接；读取测量数据块；进行电气检查
00518 节气门电位计（G69）信号超出允许值	导线断路或短路；节气门电位计（G69）损坏	如果还显示了故障 00638，则应先排除该故障；按电路图检查导线和插接器连接②；读取测量数据块；进行电气检查；更换节气门电位计（G69），对系统进行调整
00529 无转速信号	导线断路	按电路图检查导线和插接器连接；读取测量数据块；检查发动机控制单元；与当时发动机代码相应的修理
00532 电源电压低	蓄电池损坏；供给滑阀的电压过低	检查蓄电池；读取测量数据块；检查控制单元（J217）电压；进行电气检查
00545 发动机/变速器电气连接断路、对搭铁短路	导线断路或对搭铁短路；发动机/变速器控制单元未接上	按电路图检查导线和插接器连接；读取测量数据块；检查发动机控制单元；与当时发动机代码相应的修理
00596 滑阀箱导线间短路	传输线/滑阀箱和线束间的 10 孔插接器连接；接滑阀箱的传输线损坏	按电路图检查导线和插接器连接；进行电气检查；更换传输线
00638 发动机/变速器电气连接无信号	导线断路或对搭铁短路；发动机/变速器控制单元未接上；节气门信号未传至变速器控制单元	按电路图检查导线和插接器连接；读取测量数据块；检查发动机控制单元；如需要更换；与当时发动机代码相应的修理；对系统进行基本调整

（续）

V. A. G1551 打印出的信息	可能的故障原因	故障排除方法
00641 自动操纵式变速器机油温度信号过大	变速器太热，最高 148℃。自动操纵式变速器油温过高时，变速器自动换入相邻低档；汽车拖载过大；自动操纵式变速器油位不正常；变速器机油温度传感器损坏	检查油位；读取测量数据块；读取自动操纵式变速器机油温度；更换传输线
00652 档位监控不可靠信号	电气/液压故障；离合器或滑阀箱损坏	读取测量数据块；在行驶中确定哪一档有故障
00600 强制低速档开关/节气门电位计不可靠信号	导线断路；节气门电位计（G69）损坏；强制低速档开关 F8 损坏	按电路图检查导线和插接器连接；按“故障排除”00518—节气门电位计（G69）中所述进行修理；读取测量数据块；进行电气检查；调整或更换油门拉索
65535 控制单元损坏	控制单元（J217）损坏	更换控制单元，对系统进行基本调整

三、自动变速器电控系统电路检测

进行自动变速器电控系统检查前要确认蓄电池电压正常、ECU 电源和搭铁线路正常。当前许多车系已经配备了专用于电控单元 ECU 信号检测的检测盒。进行 ECU 信号检测之前，首先关闭点火开关，将检测盒 V. A. G1598/18 跨接于自动变速器 ECU 与 ECU 插接器之间，然后打开点火开关就可以进行在线测量。如果测量值与额定值不符，应按电路图查明故障。

下面以大众 01M 型自动变速器为例，说明电控系统电路检测分析方法，其电控系统如图 5-29 所示。

1. ECU 电源电路检测

（1）检测方法　检测 23 号端子与 1 号端子间电压。正常值应为蓄电池电压。

（2）故障分析　如果电压过低，检查点火开关是否打开，供电线路是否短路、断路。如果电压过低，而对搭铁之间电压正常，则应检查 1 号端子搭铁情况。

2. 变速杆锁止电磁阀电路检测

（1）检测方法　检测 29 号端子与 1 号端子间电压。踩下制动踏板时，正常值应为 0. 2V，放松时应为蓄电池电压。

（2）故障分析　如果测量值不符，应检查变速杆锁止电磁阀 N110 的供电线路、锁止电磁阀 N110、电磁阀 N110 与 ECU 的 29 号端子间的连接情况。

3. 制动灯开关电路检测

（1）检测方法　检测 15 号端子与 1 号端子间电压。踩下制动踏板时正常值应为蓄电池电压、放松时应为 0V。

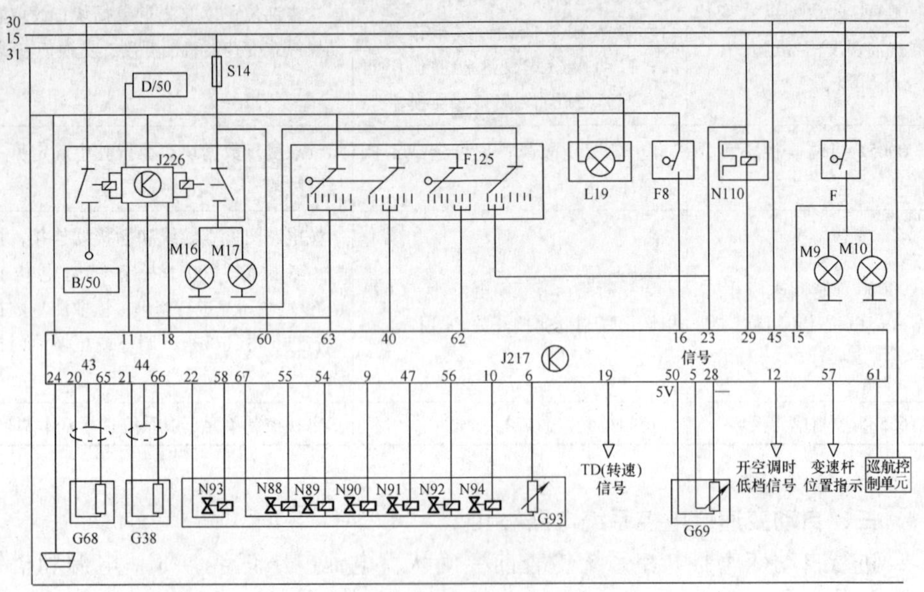

图 5-29　大众 01M 自动变速器电控系统

（2）故障分析　如果测量值不符，检查制动灯开关的电源、制动灯开关、制动灯开关 F 与 ECU 的 15 号端子间的连接情况。

4. 强制降档开关 F8 电路检测

（1）检测方法　检测 16 号端子对 1 号端子间电压。将加速踏板踩到底时，电压值应为 0V；踏板放松时，应为蓄电池电压。

（2）故障分析　如果测量值不符，应检查强制降档开关。踩下加速踏板，16 号端子与 1 号端子间电阻值应小于 1.5Ω，踏板放松时、电阻值应为∞。如果开关完好，应检查开关与自动变速器 ECU 间的导线连接是否有短路、断路情况。

5. 节气门电位计（G69）电路检测

（1）检测方法　检测 5 号信号端子对 1 号端子间电压。随着加速踏板的踩下、放松，信号电压应在 0.15 ~4.6V 范围内线性变化。

（2）故障分析　如果信号电压值恒为 5V 不变，应检查搭铁是否断路；如果信号电压值恒为 0V 不变，应检查信号线是否断路，对搭铁短路，电位计 G69 是否损坏。

6. 多功能开关 F125 电路检测

（1）检测方法　多功能开关用于档位识别，共有 63 号、40 号、62 号、18 号 4 个端子为 ECU 提供档位识别信号。检测上述端子与 1 号端子间电压，在不同档位时，信号电压应符合表 5-11 规定。

表 5-11　各档位对应的多功能开关信号　（单位：V）

检测端子	变速杆位置						
	F	R	N	D	3	2	1
63	0	12	12	12	12	12	12
40	12	12	0	0	0	12	12
62	12	12	12	12	0	0	0
18	12	12	12	0	0	0	0

（2）故障分析　如果测量值不符，应检查多功能开关 7 号端子是否有蓄电池电压、3 号端子搭铁是否良好、ECU 的端子与多功能开关间的导线连接。如果无异常，则应更换多功能开关。

7. 车速传感器、变速器转速传感器电路检测

（1）检测方法　用示波器检测 20 号与 65 号端子和 21 号与 66 号端子间信号电压波形波形。其波形为近似正弦波。

（2）故障分析　如果检测不到稳定的正弦波，则应进行如下检查。

①检测车速传感器 G68、变速器转速传感器 G38 的电阻值，正常值应为 0. 8 ~0. 9kΩ。

②检查传感器与自动变速器 ECU 间导线连接。

8. 油温传感器 G93 电路检测

（1）检测方法　用万用表检测 6 号与 67 号端子间电阻值。20℃时阻值约 0. 247MΩ；60℃约为 48. 8kΩ；120℃约为 7. 4kΩ。

（2）故障分析　如果检测结果不符，应进一步检查。

①检查 G93 与自动变速器 ECU 间导线连接。

②更换变速器油温传感器 G93。

9. 电磁阀电路检测

（1）检测方法　关闭点火开关，检测各电磁阀电阻。

01M 型自动变速器共有 7 个电磁阀，安装在阀板上。其中：电磁阀 N88 和 N90 控制离合器；电磁阀 N89 控制制动器；电磁阀 N91 控制变矩器锁止；电磁阀 N92 和 N94 控制升、降档，保证换档平稳；电磁阀 N93 控制液压系统主油路。

①电磁阀 N88 电阻检测：测量 55 号端子与 67 号端子间电阻，正常值为 55 ~65Ω。

②电磁阀 N89 电阻检测：测量 54 号端子与 67 号端子间电阻，正常值为 55 ~65Ω

③电磁阀 N90 电阻检测：测量 9 号端子与 67 号端子间电阻，正常值为 55 ~ 65Ω。

④电磁阀 N91 电阻检测：测量 47 号端子与 67 号端子间电阻，正常值为 55 ~65Ω。

⑤电磁阀 N92 电阻检测：测量 56 号端子与 67 号端子间电阻，正常值为 55 ~65Ω。

⑥电磁阀 N93 电阻检测：测量 58 号端子与 22 号端子间电阻，正常值为 4. 5 ~6. 5Ω。

⑦电磁阀 N94 电阻检测：测量 10 号端子与 67 号端子间电阻，正常值为 55 ~65Ω。

（2）故障分析　如果检测结果不符，应进一步检查。

①检查各电磁阀与自动变速器 ECU 间导线连接。

②更换电磁阀。

四、自动变速器电控系统元件故障诊断

电控系统线束及各插接件断路、短路、搭铁和接触不良，以及各电控元件损坏或失效等，都会使自动变速器不能正常工作。以下主要介绍通用元件的故障检查方法。

1. 车速传感器故障诊断

车速传感器损坏或有故障时，可能使自动变速器只能以 1 档行驶，不能升档；或有时能升档有时不能升档，严重时出现频繁跳档。

其损坏的形式及原因：由于受外力碰撞及挤压、自然老化等，造成感应线圈短路、断路或接触不良；维修时受伤、异物撞击等使传感器轮齿缺损；由于固定螺栓松动或轮齿摆动等，使传感器磁极与轮齿齿顶间的间隙发生变化。

检查时首先目测有无受伤变形等，然后用万用表测量传感器线圈电阻是否正常。其电阻值因车型不同有所不同，一般在几百欧至几千欧之间。

2. 换档电磁阀故障诊断

换档电磁阀有故障时，会引起不能升档或降档，使换档点不正确或缺档，或引起频繁换档的故障等。

换档电磁阀故障及其原因：受外力碰撞及挤压、自然老化等，造成感应线圈短路、断路或接触不良；自动变速器油中杂质太多或线圈老化，使电磁阀阀芯卡滞；由于阀球磨损、回位弹簧损坏等使电磁阀漏气。

检查时，要测量线圈两端的电阻值是否符合规定；在阀的进油口吹入压缩空气，比较在电磁阀两端加12V电压前后出油口气流的变化，以此检查阀芯是否卡滞、漏气，电磁阀不通电（关闭）时应不漏气，电磁阀通电（接通）时气流畅通，如图5-30所示。

3. 液压控制电磁阀故障诊断

液压控制电磁阀用于控制油路中的液压。在脉冲信号作用下，电磁阀反复开、关卸油孔，以控制油路压力。当其出现问题时，会引起油路的压力过高或过低。液压过高易引起换档冲击，过低则易引起自动变速器打滑，频繁跳档等故障。液压控制电磁阀损坏的原因有电磁阀电路断路、短路或接触不良；电磁阀阀芯卡滞及密封不严等。

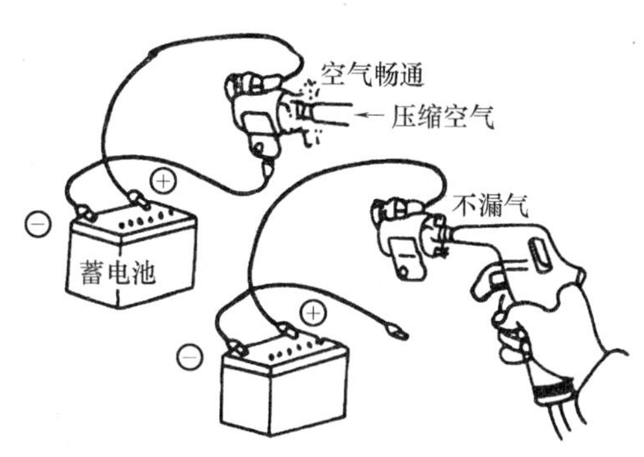

图5-30　电磁阀密封性的检查

检查时，测量电磁阀线圈两端的电阻值是否符合规定。在电磁阀线圈的两端接上可调电源，逐渐升高电压，电磁阀阀芯应向外移动，减小电压时，阀芯应向内移动，否则即表明电磁阀损坏。

4. 控制开关故障诊断

自动变速器的控制开关较多，有超速档开关、模式开关、档位开关、制动灯开关、强制降档开关等。

超速档开关故障会引起自动变速器无超速档。

模式开关故障则不能实现自动变速器经济模式和动力模式的转变。

档位开关的内部有多组触点，当其出现故障时能引起起动机不工作、倒车灯不亮，档位指示不准等。有些自动变速器的档位开关不良，还能引起不能升档的故障。

制动灯开关故障会引起选档手柄不能从P位跳出等故障。

强制降档开关不良会使自动变速器无强制降档功能。

造成这些开关故障的原因，一是开关安装位置不当，引起开关信号不正确；二是长期使用后，内部触点接触不良。

故障检查时，一般用万用表测量两端子的通、断情况即可。档位开关有多组触点，应分别测量。

5. 油温传感器

油温传感器的故障形式一般是断路或短路，以及传感器的电阻值、温度值与标准值不符。当出现这些情况后会影响自动变速器的换档品质、锁止离合器的工作，甚至有些变速器还会引起无超速档故障。

故障诊断时，将温度传感器放入专用的容器内加热，测量不同温度下的电阻值，并与标准值对比。若发生异常，则需更换温度传感器。

五、自动变速器常见故障诊断与排除

自动变速器常见故障有汽车不能行驶、自动变速器打滑、换档冲击、异响、不能升档、无超速档、无倒档等。下面介绍几种常见故障的现象、原因及诊断排除方法。

1. 汽车不能行驶

（1）故障现象　无论变速杆位于倒档、前进档或前进低档，汽车都不能行驶；冷车起动后不能行驶，待自动变速器油温上升后方可行驶；冷车起动后，汽车能行驶一小段路程，但稍一热车就不能行驶。

（2）故障原因　变矩器机械故障，如涡轮磨损、松旷，致使油液内泄严重等（影响前行、倒行），自动变速器没有动力输入；变速杆及手动滑阀摇臂之间的连杆或拉锁松脱，手动滑阀保持在空档或停车位置；空档起动开关损坏，ECU不能够正确识别档位；主液压过低，具体原因包括油泵磨损、主液压调节回路故障、油泵损坏、油泵滤网堵塞等（影响前行、倒行）；控制系统故障，包括电控和液控系统故障；执行元件损坏；行星变速机构机械性故障。

（3）故障诊断与排除　检查自动变速器液面高度，判断有无漏油；检查手动阀联动机构；检查空档起动开关；检查液压系统主油路液压，若液压过低，应检查油泵滤网有无堵塞，检查油泵磨损情况。

汽车不能行驶故障诊断与排除流程如图 5-31 所示。

2. 自动变速器打滑

（1）故障现象　自动变速器打滑是指离合器或制动器打滑。主要特征是加速时发动机转速升高很快，但车速升高缓慢；当车辆上坡时，汽车行驶无力，但发动机转速很高。

（2）故障原因　自动变速器油面太低；自动变速器油面太高，运转中被行星齿轮机构剧烈搅动后产生大量气泡；离合器或制动器摩擦片、制动带磨损过甚或烧焦；油泵磨损过度、滤清器不畅或主油路泄漏，造成供液压力过低；单向离合器打滑；换档油路泄漏，如离合器或制动器活塞密封圈损坏，单向阀关闭不严等，导致漏油。

（3）故障诊断与排除　检查自动变速器油液位和油品，不足时适当添加，如发现油品变质应更换；检测主油路液压；解体检查执行元件、油泵及相关控制油路。

出现变速器打滑时，首先对自动变速器作基本检查，然后按图 5-32 所示流程进行故障诊断与排除。

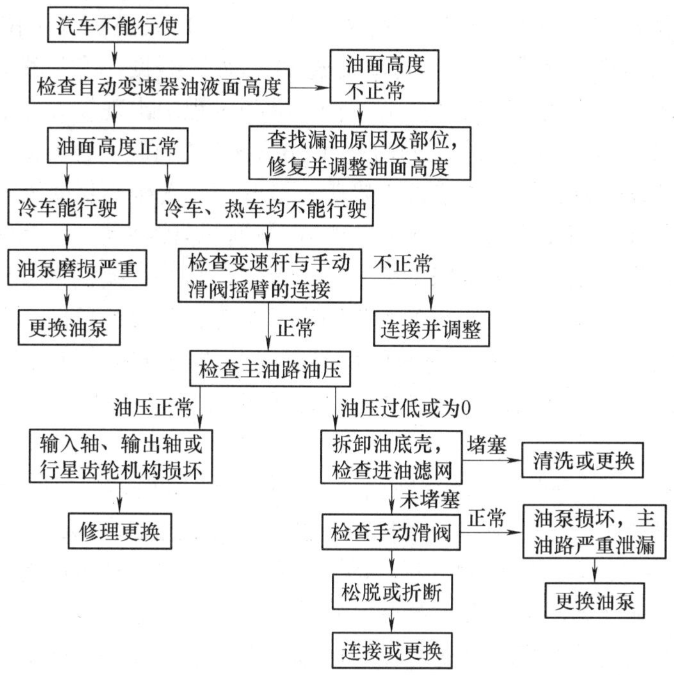

图 5-31　汽车不能行驶故障诊断流程

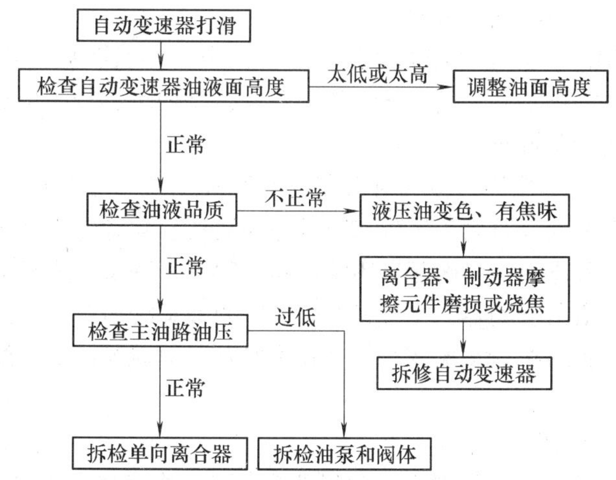

图 5-32　自动变速器打滑的故障诊断流程

3. 自动变速器换档冲击

（1）故障现象　汽车起步时，由停车档（P 位）或空档（N 位）挂入前进档（D 位）或倒档（R 位）时，自动变速器的动作不良，产生很大冲击振动；汽车行驶过程中，自动变速器各档的升档、降档过程中出现较大冲击。

（2）故障原因　发动机怠速过高；主油路液压偏高，具体原因包括液压调节电磁阀及线路故障、液压调节阀故障等；节气门位置传感器故障或节气门拉索调整不当；变速器与发动机的支承胶垫损坏、连接螺栓松动、传动系统的间隙过大或松旷；储能器故障，如活塞瞬间卡死、背压过高等；换档执行元件故障，如有关制动器、离合器的摩擦元件的工作间隙不正确，有关的单向离合器打滑或锁止不良而出现运动干涉，换档前的离合器或制动器的分离时间过长或分离不彻底；自动操纵式变速器的换档点不正确；电控部分故障，电控 ECU 故障及其他元件故障。

（3）故障诊断与排除　导致换档冲击的故障原因很多。故障原因可能是调整不当等，对此，只需作调整即可排除；也可能是变速器内部的控制电磁阀，或换档执行元件有故障，对此须分解自动变速器予以排除；也可能是自动变速器电子控制系统故障，则需对电控系统进行检修。因此，在故障诊断过程中，必须循序渐进，对自动变速器的各部分作认真诊断，在全面检查的基础上，有针对性地进行分解处理，切不可盲目地拆修。

故障诊断与排除流程如图 5-33 所示。

4. 自动变速器异响

（1）故障现象　汽车运转过程中，自动变速器内始终有异响；在行驶中有异响，而停车挂空档后异响消失。

（2）故障原因　自动变速器油面过低、过高；油泵磨损过度、各部间隙过大；液力变矩器的锁止离合器、导轮单向离合器等损坏；行星齿轮机构故障，润滑不良；换档执行元件异响。

（3）故障诊断与排除　检查油面高度、油液品质，必要时添加或更换变速器油；解体检查油泵、液力变矩器和行星齿轮机构、自动变速器异响主要发生在机械和液压两个系统上。异响源：齿轮机构、轴承、油泵、液流噪声，摩擦片及压板的振动声，液力变矩器、主减速差速器以及共振的轰鸣声。诊断时首先应确定异响的声源，然后进行相关零部件的故障排除。异响的故障诊断与排除流程如图 5-34 所示。

5. 汽车不能升档

（1）故障现象　汽车行驶中，达到升档车速不能完成升档过程。

（2）故障原因　节气门位置传感器、车速传感器或空档起动开关故障；换档阀卡滞，换档电磁阀及线路故障；离合器、制动器故障；ECU 故障。

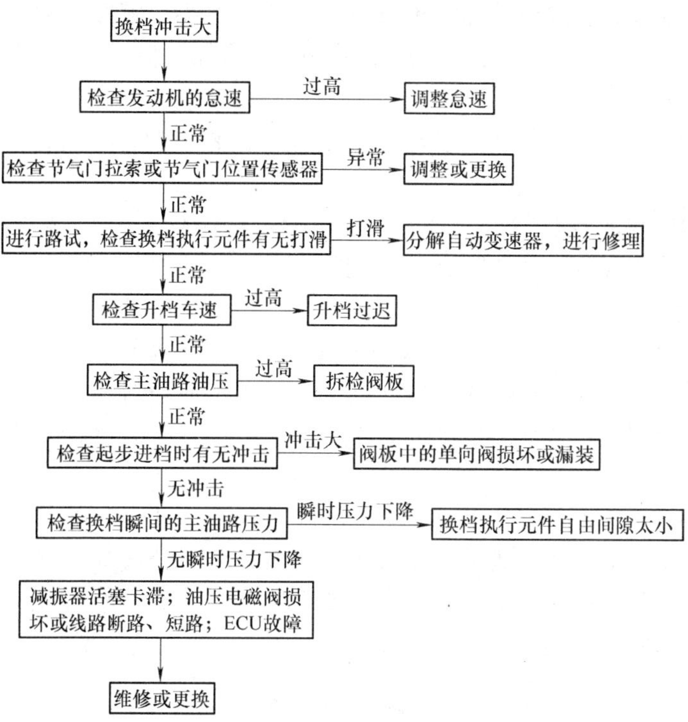

图 5-33　自动变速器换档冲击大故障诊断流程

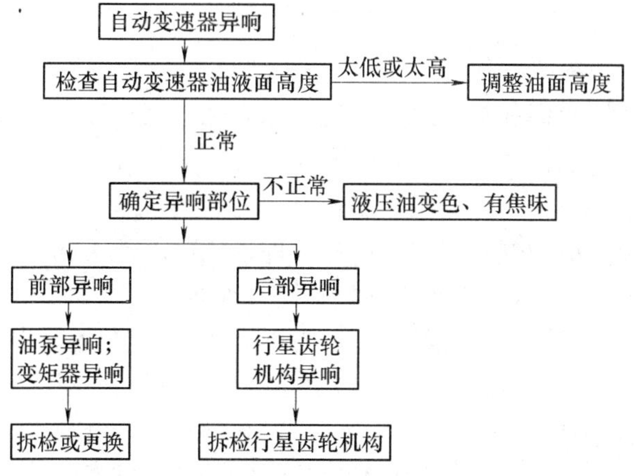

图 5-34　自动变速器异响诊断与排除流程

（3）故障诊断与排除　检查节气门位置传感器、车速传感器及相关线路；检查空档起动开关及线路故障；检查自动变速器 ECU；解体自动变速器，检查换档阀、换档电磁阀、离合器、制动器和单向离合器；检测主液压是否过低。

6. 无倒档

（1）故障原因　倒档离合器或制动器控制油路泄油；倒档离合器或制动器严重打滑。

（2）故障诊断与排除　检查变速杆位置，若有不当，予以调整；拆解变速器，检修倒档离合器与制动器及相关油路。

7. 无超速档

（1）故障原因　O/D 开关及线路故障；应急模式锁档，当自动变速器发生一些故障时，会进入应急模式，自动锁档；超速档制动器损坏（严重打滑）或控制油路泄漏严重；节气门位置传感器及线路故障；三、四档换档阀卡滞；空档起动开关故障。

（2）故障诊断与排除　检查空档起动开关、O/D 开关；连接故障诊断仪进行自诊断，依据 ECU 中存储的故障信息，排除电控系统故障，使 ECU 退出应急工作模式；解体变速器，检查三、四档换档阀；检查超速档制动器（或离合器）有无烧损；检查超速档制动器（或离合器）控制油路有无泄漏。

复　习　题

1. 手动操纵式变速器有几部分组成？变速原理是什么？
2. 同步器的作用是什么？锁环式同步器怎样实现换档的平稳结合？
3. 怎样进行手动变速器齿轮和轴的检查？
4. 同步器检查的主要项目有哪些？
5. 怎样进行操纵机构检查？
6. 手动变速器脱档和乱档故障产生的原因是什么？怎样诊断与排除？
7. 手动变速器换档困难故障产生的原因是什么？怎样诊断与排除？
8. 自动变速器的特点有哪些？主要有哪些种类？由哪些部件组成？
9. 自动变速器液力变矩器由哪些零部件组成？怎样实现动力传递？
10. 自动变速器行星齿轮变速系统怎样实现速度变换和换档控制？
11. 自动变速器液压自动操纵系统由哪几部分组成？怎样实现液压控制？
12. 自动变速器电子控制系统主要由几部分组成？其作用是什么？
13. 自动变速器电子控制系统输入装置由哪些元件构成？
14. 自动变速器电子控制系统控制单元的功能有哪些？
15. 为什么要进行自动变速器的基础检验？其基础检验主要有哪些项目？
16. 何谓自动变速器的道路试验？主要进行哪些项目检验？

17. 自动变速器档位试验主要有哪些项目？怎样进行？

18. 何谓自动变速器的失速试验？怎样进行？

19. 怎样进行自动变速器的液压试验？

20. 自动变速器故障检测诊断的程序是什么？

21. 怎样使用 V. A. G1551 故障阅读器进行自动变速器的故障自诊断？

22. 怎样对自动变速器电控系统电路进行检测？

23. 怎样对车速传感器、换档电磁阀、控制开关等自动变速器电控系统元件进行检测？

24. 自动变速器打滑故障的原因是什么？怎样诊断与排除？

25. 自动变速器换档冲击故障的原因是什么？怎样诊断与排除？

26. 自动变速器异响故障的原因是什么？怎样诊断与排除？

27. 自动变速器不能升档、无倒档、无超速档故障的原因是什么？怎样诊断与排除？

第六章　汽车制动系统故障诊断

科学诊断并及时排除汽车制动系统故障，对于保障汽车的安全运行具有重要意义。

第一节　汽车制动系统概述

一、制动系统的基本要求

为保证汽车的安全运行，制动系统应满足如下要求：

①具有良好的制动效能，即具有迅速减速直至停车的能力。

②制动稳定性良好，即行车制动不跑偏、不侧滑，制动时方向稳定性好。

③操纵轻便，即操纵制动系统的力不能过大。行车制动踏板力和驻车制动手操纵力应满足有关标准要求。

④工作可靠，即制动系统的零部件必须十分可靠，并保证在遇到特殊情况时能够有足够的应急制动性能。

二、制动系统的基本组成

任何制动系统都具有以下 4 个基本组成部分：

①供能装置：包括供给、调节制动所需能量以及改善传能介质状态的各种部件。

②控制装置：包括产生制动作用和控制制动效果的各种部件。

③传动装置：包括将制动能量传输到制动器的各个部件。

④制动器：产生阻止车辆的运动或运动趋势的力（制动力）的部件，其中也包括辅助制动系中的缓速装置。行车制动系统的制动器一般采用鼓式制动器和盘式制动器。

除上述基本部分外，较为完善的制动系还具有制动力调节装置、报警装置、压力保护装置等附加装置。

三、制动系统的基本类型

制动系统有多种分类方式。

按制动能源不同可分为人力制动系统、动力制动系统和伺服制动系统。

按驱动装置制动能量的传输方式，可分为机械式、液压式、气压式和电磁式等。同时采用两种以上的能量传输方式的制动系统称为组合式制动系统，如气液综合式驱动装置制动系统。

按传动系统的回路，制动系统可分为单回路制动系统和双回路制动系统。单回路制动系统的传动装置采用单一的气压回路或液压回路，在这种制动系统中，只要有一处损坏而漏气（油），整个系统即失效。双回路制动系统在一侧回路失效时，仍能提供部分制动力。

伴随着电子技术的进步，电子控制防抱死制动系统（ABS）得到广泛应用。为进一步提高汽车行驶和制动的综合性能，很多车辆装备了与防抱死制动系统配套使用的驱动防滑调节系统（ASR）和电子差速锁闭系统（EDS）等。

本章主要介绍气压制动系统、液压制动系统和电子控制防抱死制动系统（ABS）的故障诊断与排除方法。

第二节　气压制动系统故障诊断与排除

一、气压制动系统的基本组成

气压制动传动系统的制动能量源是压缩空气，其控制装置由制动踏板机构和制动阀等气压控制元件组成，通过制动踏板操纵气压控制元件，使气压回路打开或关闭，给制动器提供动力，产生制动力矩。

目前，汽车使用的气压制动系统大多数为双管路气压制动系统，即前、后桥的制动回路独立。当一个回路发生故障时，另一回路仍能继续工作，以维持汽车的制动能力。

气压制动系统通常由空气压缩机、储气筒、调压阀、制动控制阀、制动气室以及其他辅助装置及管路等组成，如图6-1所示。气压制动系统的车轮制动器一般采用鼓式制动器。

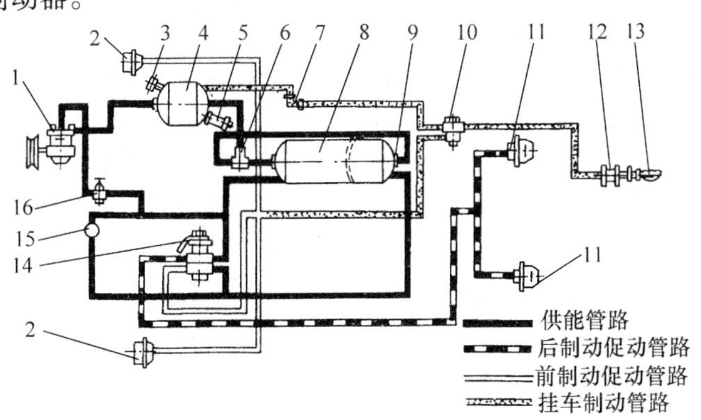

图6-1　解放CA1091型汽车的双回路气压制动系统示意图

1—空气压缩机　2—前制动气室　3—放气阀　4—湿储气筒　5—安全阀　6—三通管　7—管接头　8—储气筒　9—单向阀　10—挂车制动阀　11—后制动气室　12—分离开关　13—连接头　14—串列双腔活塞式制动阀　15—气压表　16—气压调节器

1. 制动器

鼓式制动器有多种类型，图 6-2 所示为凸轮式制动器。制动鼓随车轮旋转，制动蹄安装在固定制动底板上。制动时，制动调整臂在制动器室推杆作用下，带动凸轮轴转动，使两制动蹄压靠在制动鼓上产生制动作用。

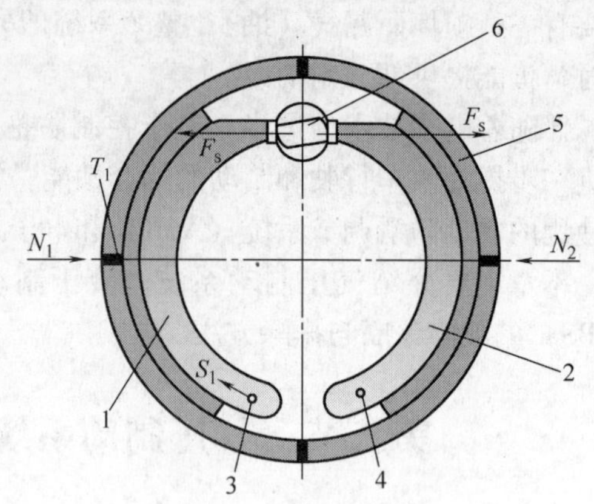

图 6-2　凸轮式制动器原理

1—前制动蹄　2—后制动蹄　3、4—前、后制动蹄支点　5—制动鼓　6—凸轮

2. 制动阀

制动阀是气压行车制动系统中的主要控制装置，其结构如图 6-3 所示。

驾驶人将制动踏板踩下一定距离，通过连杆机构使摇臂绕销轴转动，其上端通过滚轮 3、推杆 4 使平衡弹簧 5 及上腔活塞 8 向下移动，消除排气间隙而推开上腔阀门 11，此时从储气筒前腔来的压缩空气经阀门 11 与中阀体 10 上的进气阀座间的进气间隙进入 G 腔，并经出气口 B_1 进入后制动气室，使后轮制动。同时，进入 G 腔的压缩空气通过通气孔 F 进入大活塞 2 及下腔小活塞 12 的上方，使其下移推开下腔阀门 14，此时从储气筒后腔来的压缩空气经下腔阀门 14 与下体 13 的阀座之间形成的进气间隙进入 H 腔，并经出气口 B_2 充入前制动气室，使前轮制动。

3. 制动气室

制动气室将输入的气压能转换为机械能输出。

制动气室主要有膜片式和活塞式两大类。解放 CA1091 等车型采用膜片式制动气室（图 6-4）。踩下制动踏板时，压缩空气自制动阀充入制动气室工作腔，膜片将推杆推出，使制动调整臂和制动凸轮转动而实现制动。放开制动踏板，工作腔则经由制动阀的排气口通大气。膜片与推杆都在弹簧作用下复位而解除制动。

对于活塞式制动气室，压缩空气自制动阀充入壳体与活塞间的工作腔，推动活塞伸出，产生制动。活塞式制动气室的推杆行程比膜片式大。

二、气压制动系统的常见故障部位

气压制动系统故障主要是制动管路接头不严密或管道破裂、扭曲、凹瘪、堵塞或制动器软管老化通气不畅。此外，一些主要部件的故障如下：

（1）空气压缩机　空气压缩机是产生气源的装置。常见故障原因：气缸盖变形；出气室积炭过多，出气管接头积炭堵塞；出气阀与阀座密封不良或阀片弹

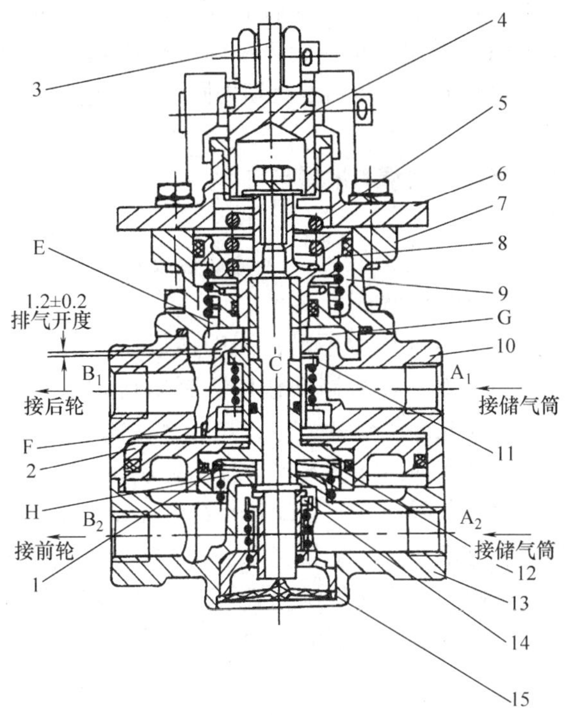

图 6-3　解放 CA1091 型汽车制动阀

1—下腔小活塞复位弹簧　2—下腔大活塞　3—滚轮　4—推杆　5—平衡弹簧　6—上盖　7—上阀体　8—上腔活塞　9—上腔活塞复位弹簧　10—中阀体　11—上腔阀门　12—下腔小活塞　13—下阀体　14—下腔阀门　15—防尘片　A_1、A_2—进气口　B_1、B_2—出气口　C—排气口　D—上腔排气孔　E、F—通气孔

簧过软；空气滤清器滤网堵塞，或壳与盖接触且压紧过甚；带轮槽磨损过度使传动带打滑；活塞及活塞环与缸壁磨损过度等。

（2）制动阀　制动阀有多种形式。主要故障：阀门有积存物粘附或关闭不严；各种弹簧的弹力不符合技术条件要求或弹簧损坏；运动部件发卡，膜片损坏、变形；制动阀壳体上有裂纹或壳体变形等。

（3）制动气室及调整臂　常见故障：膜片破裂；推杆外露过长；制动软管老化发胀或破裂；弹簧严重变形、定位钢球及弹簧失效；制动气室的壳体和盖有裂纹，顶杆孔磨损过度等。

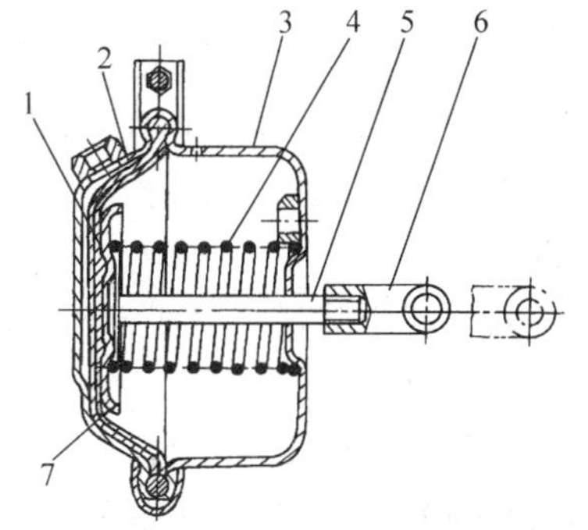

图 6-4　膜片式制动气室

1—橡胶膜片　2—盖　3—壳体　4—弹簧　5—推杆　6—连接叉　7—支承盘

(4) 制动器　常见故障：制动蹄翘曲，制动蹄回位弹簧过软或过硬；制动蹄摩擦片与制动鼓接触的面积太小或趋于中间部位或表面油污、硬化、铆钉外露、质量不佳，偏心调整不当；制动鼓磨损失圆或鼓壁过薄；制动蹄销调整螺钉调整不当等。

三、气压制动系统常见故障的诊断与排除

1. 制动效能不足

(1) 故障现象　踏下制动踏板后，制动减速度小或反应迟缓；紧急制动时各轮均无拖印，制动距离明显增长。

(2) 故障原因　压缩空气压力不足；制动踏板自由行程过大；双管路制动系统的某一制动管路断裂而不产生制动作用；制动阀故障，如调整螺钉调整不当，排气阀回位弹簧过硬或调整垫片太厚，进、排气阀与摇杆接触端磨损过甚，摇杆弯曲、膜片破裂，平衡弹簧弹力不符合技术要求等；车轮制动器故障，如制动鼓与制动蹄片间隙不当，制动鼓与制动蹄片接触面积太小，制动蹄片质量不佳或有油污，制动蹄片铆钉松动，制动鼓变形、产生沟槽磨损或失圆，制动凸轮轴和轴套、制动蹄和偏心销轴等连接件锈死或磨损松旷，制动蹄衬片过薄，制动凸轮转角过大，制动管路破裂漏气、制动软管老化发胀通气不畅，制动气室皮碗破裂等。

(3) 故障诊断与排除　气压制动效能不足，大多数与压缩空气压力有关，因此首先应检查气压表的状况。

①若气压过低，应查明故障部位是空气压缩机还是管路。

发动机长时间运转后，气压不上升；熄火后，气压也不下降，则大多为空气压缩机故障。如传动带打滑、泵气不足、调压阀调节压力过低及储气筒安全阀放气压力过低等。

发动机长时间运转后，气压上升缓慢；熄火后，气压不断下降，则说明系统存在漏气处。如：储气筒安全阀漏气；空气压缩机与储气筒间管路漏气；制动踏行程过小，导致进气阀不能关闭而漏气；进气阀密封不严等。

②若气压表指示值符合要求，将制动踏板踩到底后，观察气压表气压的下降情况。

若气压下降过小（低于 50kPa），说明制动阀不良。如进气阀开度过小或平衡弹簧过软等。

若气压不断下降，说明有漏气处。如：排气阀关闭不严；制动气室漏气；制动管路及软管或接头漏气等。可踩下制动踏板，检查漏气部位。

③若踏下制动踏板后，气压下降值正常，但制动效能仍不足，则应检查制动气室推杆伸张情况。

制动气室推杆外伸过短，说明制动管道堵塞或者凸轮轴锈蚀卡滞。

若制动气室推杆外伸过长，可能是制动器间隙过大，应进行调整。

若制动气室推杆外伸正常，故障原因可能在制动器。应顶起车轮检查制动器的间隙并进行必要的调整。调整后，制动效能仍不良，则应拆检制动器。

制动效能不足的诊断检测流程如图 6-5 所示。

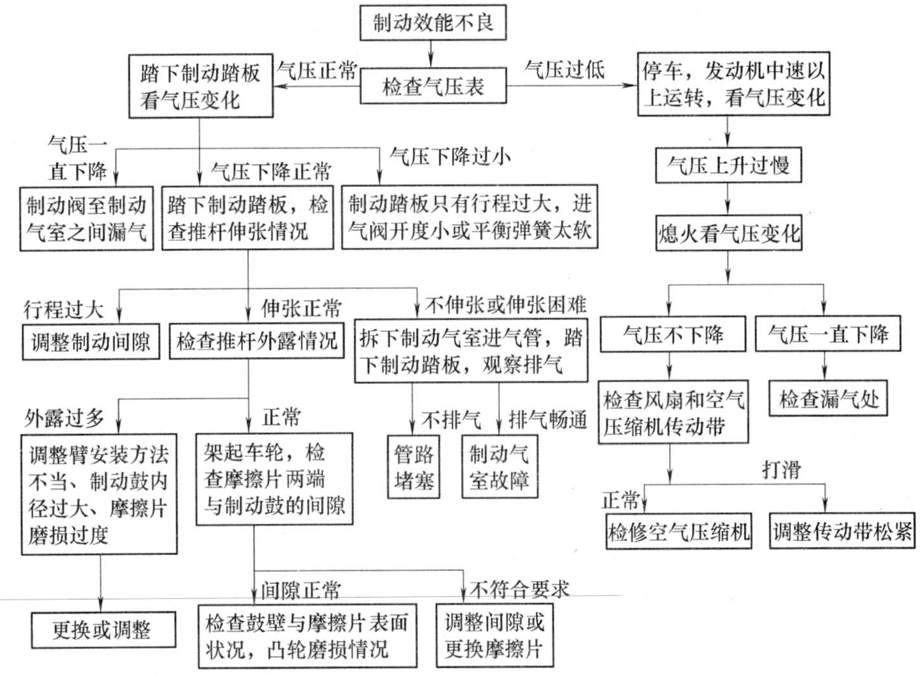

图 6-5　气压制动效能不足的故障诊断流程

2. 制动失效

(1) 故障现象　汽车行驶中使用制动时，汽车不能减速或停车；在使用一次或几次制动后，制动突然不起作用。

(2) 故障原因　空气压缩机损坏，空气压缩机传动带断裂或传动带严重打滑，空气压缩机至储气筒或储气筒至制动控制阀间的管路或接头漏气；制动踏板至制动控制阀间的拉臂脱落，制动踏板自由行程过大；制动控制阀推杆卡死；制动器内进水且没有及时将水分排除干净，导致制动失灵。

(3) 故障诊断与排除

①首先检查气压表有无指示及储气筒内有无压缩空气。

若气压表指示为零且储气筒内无压缩空气，则应拆下空气压缩机的出气管，起动发动机，检查空气压缩机的压气情况。若空气压缩机不压气，则应检查传动带是否断裂、打滑；检查进气阀密封是否良好、弹簧是否折断、松压阀是否失效。

若空气压缩机良好，则应检查空气压缩机至储气筒、储气筒至制动控制阀之间的管路是否漏气。

②若气压表指示正常，储气筒内有压缩空气，则应检查制动控制装置。

踩下制动踏板试验。若气压表读数不下降或下降很小，则应检查制动踏板与制动阀拉臂是否脱落、制动踏板自由行程是否过大、制动阀推杆是否卡死。

③若涉水后突然制动失效，则故障是由制动器进水而没有及时地排除干净所导致。

3. 制动跑偏

（1）故障现象　制动时，汽车运动方向发生偏斜；紧急制动时，方向急转或车辆甩尾。

（2）故障原因　主要因两侧车轮的制动力或制动时间不一致所致，具体原因：左右车轮摩擦片与制动鼓间隙不均；个别车轮的摩擦片上有油、硬化、或铆钉头露出；左右车轮摩擦片材料不一致，或接触不良；某个车轮制动凸轮轴被卡住，或调整不当使凸轮转角相差太大，回位弹簧变软、损坏等；某个车轮制动气室膜片硬度不同，推杆外露不等，或伸张速度不等；某制动软管通气不畅；两前轮轮胎气压不一致，两前轮钢板弹簧弹力相差太多，或车架及前轴变形严重等；前轮负前束，前轮定位不当；感载比例阀故障。

（3）故障诊断与排除

①应首先进行路试。进行紧急制动试验，若两侧车轮拖印基本一致，而在不踩制动时也出现跑偏的现象，则应检查左右车轮的轮胎气压、花纹和磨损程度是否一致；检查前悬架弹簧是否有折断或弹力不等现象；检查前后桥的轴距是否一致；检查车架是否变形。

②若在汽车制动时，忽而向左跑偏，忽而向右跑偏，则应测量前束，若前束不符合规定，应进行调整；检查转向横直拉杆球头销是否松旷，若松旷，则说明球头销调整过松或磨损过甚，应进行调整或更换。

③若制动时各车轮拖印不一致，汽车向一侧跑偏，则另一侧车轮制动力不足或制动过晚。可在踩制动踏板的同时，检查该车轮制动气室的工作状况。

若制动气室有漏气声，说明膜片破裂、气管或接头漏气。

检查推杆伸缩情况，若推杆弯曲或发卡，应进行修理。

④若制动气室工作状况良好，应检查制动器。若制动器间隙过大，应进行调整；若制动蹄摩擦片上有油污，应进行清洗。

⑤经上述检查正常，但制动跑偏，则应拆卸检修车轮制动器。

检查制动蹄摩擦片状况，若摩擦片磨损过甚、硬化或铆钉外露，应进行更换。

检查制动蹄回位弹簧的状况，若有折断或弹力减弱，应进行更换。

测量制动鼓的圆度和圆柱度，若已超差，应镗削。

检查制动臂和制动蹄转动是否灵活，若有发卡现象，应进行润滑。

⑥若在制动时，车辆出现甩尾现象，应检查感载比例阀是否有故障。

4. 制动拖滞

（1）故障现象　抬起制动踏板后，不能立即解除制动；汽车行驶中，制动鼓发热，滑行距离短。

（2）故障原因　制动踏板自由行程过小，或制动鼓与摩擦片的间隙过小；制动阀排气阀调整垫片过薄，或回位弹簧过软、折断和橡胶阀座老化发胀；制动踏板至制动阀拉臂之间的传动零件卡滞，或制动器凸轮轴、制动蹄支承销锈滞；制动回位弹簧过软或折断；制动蹄摩擦片碎裂等；制动间隙调整不当，放松制动踏板后，制动蹄摩擦片与制动鼓仍局部摩擦；其他方面原因，如轮毂轴承松动、半轴套管松动等。

（3）故障诊断与排除　首先确定是全部车轮制动拖滞或是个别车轮制动拖滞，若是全部车轮制动拖滞，多是制动阀的故障，或者制动踏板自由行程不足。制动阀的故障一般是阀门粘住、弹簧折断等。若是某一车轮拖滞，则故障多在制动器，应本着由易到难的原则，逐一检查排除。

第三节　液压制动系统故障诊断与排除

一、液压制动系统概述

液压制动系统是利用制动液作为传力介质的制动系统。常见的液压制动有人力液压制动、气顶液制动、全液压动力制动以及伺服制动等。

现代汽车较多采用液压伺服制动。伺服制动在人力液压制动系统的基础上加装了一套加力装置。正常情况下，制动能量主要由动力伺服系统供给，而在伺服系统失效时，则由驾驶人供给。

伺服制动系统分为助力式（直接操纵式）和增压式（间接操纵式）两类。根据伺服能量不同分为气压式、真空式和液压式。常用的液压制动系统有真空增压式液压制动系统、真空助力式液压制动系统、空气增压式液力制动系统等。

1. 真空增压液压制动系统

真空增压液压制动系统主要由车轮制动器、制动主缸、辅助缸、加力气室、真空筒等组成（图 6-6）。

制动主缸由制动踏板控制，用油管与真空增压器的辅助缸相连。真空增压器辅助缸的出油管与双活塞安全缸进油口相连，安装在安全缸的出油管分别与前后轮缸相连，发动机进气歧管通过单向阀与真空筒相连，真空筒则与真空增压器的加力气室相连。

制动时，踩下制动踏板，从制动主缸压出的油液进入辅助缸，由此一路进入双活塞安全缸再进入前、后制动轮缸，另一路进入真空增压器上的控制阀，使控制阀打开真空增压器的加力气室。这时，发动机进气歧管产生真空度，使真空增压器加力气室中的推杆推动辅助缸中的活塞，将制动液一起压往前、后轮缸。当真空增压器失效时，从制动主缸输出的油液仍能通过辅助缸进入前、后制动轮缸，整个液压制动系统仍能工作，只是所需踏板力要大一些。

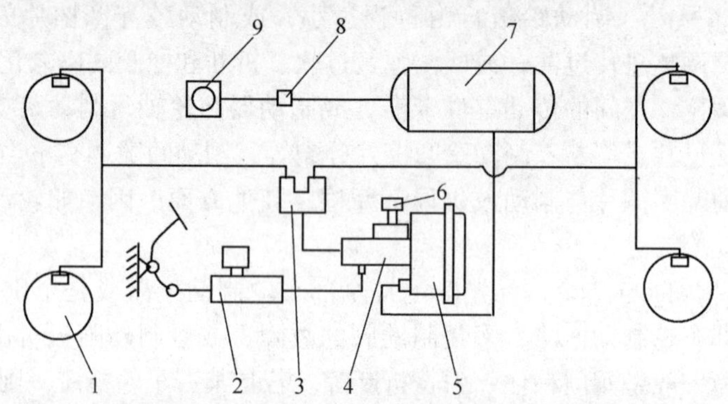

图 6-6　真空增压液压制动系统示意图

1—车轮制动器　2—制动主缸　3—双活塞安全缸　4—辅助缸　5—加力气室
6—控制阀　7—真空筒　8—单向阀　9—发动机进气管

2. 真空助力式液压制动系统

真空助力式液压制动系统主要由车轮制动器、制动主缸、真空助力器等组成。

奥迪 100 型轿车的双管路真空助力式液压制动传动装置如图 6-7 所示。串联双腔制动主缸的前腔通向左前轮制轮器的轮缸，并经感载比例阀通向右后轮制动器的轮缸。制动主缸的后腔通向右前轮制动器的轮缸，并经感载比例阀通向左后轮制动器轮缸。真空伺服气室和控制阀组成一个整体部件，称为真空助力器。制动主缸直接装在真空伺服气室的前端，真空单向阀装在真空伺服气室上。真空伺服气室工作时产生的推力也同踏板力一样直接作用在制动主缸的活塞推杆上。

3. 气压增压式液压制动系统

气压增压式制动系统（图 6-8）多用于重型载货汽车，其制动管路的连接方式与真空增压式基本相同，所不同的是供能装置为压缩空气，而制动助力装置是由控制阀、气压伺服气室和辅助缸构成气压增压器。空气压缩机产生的压缩空气输入储气筒，储气筒与气压增压器相连。气体增压器的控制阀由制动主缸控制，调节储气筒向气压增压器输出压缩空气，起制动助力作用。气压增压器之后的液压促动管路中分别装设有一个单腔安全缸，可以实现局部双管路。

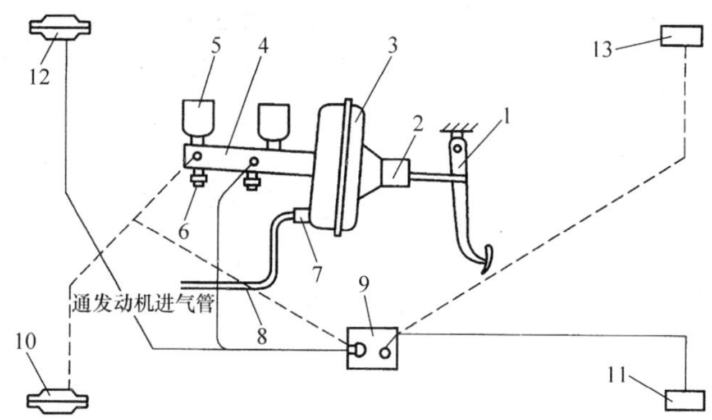

图 6-7　奥迪 100 型轿车的双管路真空助力式液压制动传动装置

1—制动踏板机构　2—控制阀　3—真空伺服气室　4—制动主缸　5—储液罐　6—制动信号灯液压开关　7—真空单向阀　8—真空供能管路　9—感载比例阀　10—左前轮缸　11—左后轮缸　12—右前轮缸　13—右后轮缸

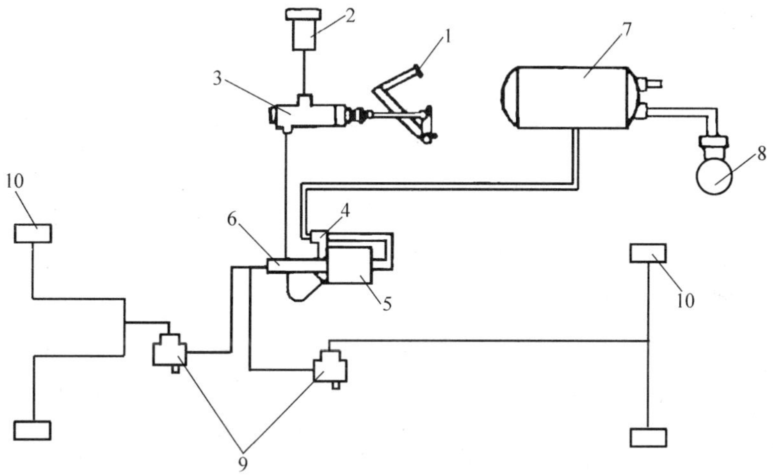

图 6-8　气压增压式液压制动系统示意图

1—制动踏板　2—储液罐　3—制动主缸　4—控制阀　5—气压伺服气室　6—辅助缸　7—储气筒　8—空气压缩机　9—单腔安全缸　10—制动轮缸

二、液压制动系统的主要部件

1. 车轮制动器和制动轮缸

液压制动系统即可用鼓式制动器也可用盘式制动器。

液压鼓式制动器如图 6-9 所示。不制动时，制动鼓与摩擦片之间有间隙，制动鼓可以随车轮一起旋转。制动时，踩下制动踏板，主缸推杆便推动制动主缸内的活塞前移，迫使制动液经管路进入制动轮缸，推动轮缸的活塞向外移动，使制动蹄克服回位弹簧的拉力绕支承销转动而张开，消除制动蹄与制动鼓之间的间隙后压紧在制动鼓上，产生制动力矩。

常用浮钳盘式制动器的工作原理如图 6-10 所示。制动时，来自制动主缸的制动液通过油道进入制动轮缸，推动活塞及其制动块移动压到制动盘上，于是制动盘给活塞一个向右的反作用力 p_2，使得活塞连同制动钳体沿导向销反方向移动，直到制动盘另一侧的制动块也压到制动盘上。此时，两侧的制动块都压在制动盘上，夹住制动盘产生制动力矩。

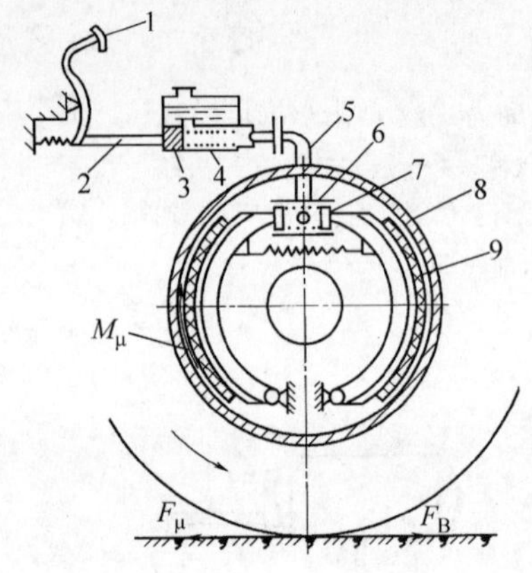

图 6-9　制动系统的组成及工作原理

1—制动踏板　2—主缸推杆　3—制动主缸活塞　4—制动主缸　5—制动油管　6—制动轮缸　7—轮缸活塞　8—制动鼓　9—制动蹄片

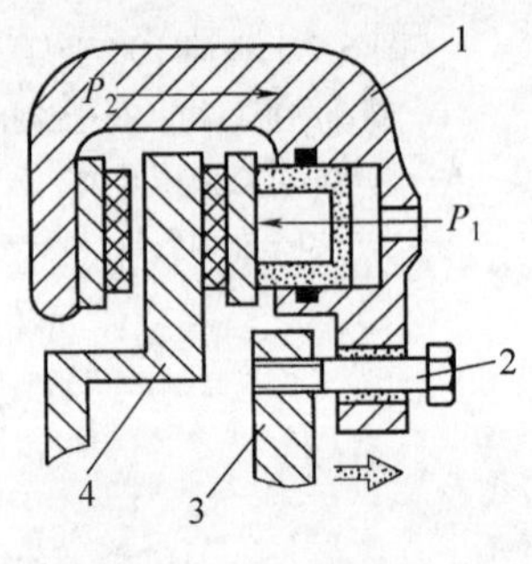

图 6-10　浮钳盘式制动器的工作原理

1—制动钳体　2—导向销　3—车桥　4—制动盘

制动轮缸有单活塞式和双活塞式两种。图 6-10 所示盘式制动器所用制动轮缸是单活塞式。图 6-9 所示鼓式制动器所用制动轮缸是双活塞式。

双活塞式制动轮缸的结构如图 6-11 所示。缸体用螺栓固定在制动底板上。缸内有两个活塞。二活塞之间的间隙形成轮缸内腔。制动时，制动液自油管接头和进油孔进入内腔，活塞在液压作用下外移，通过顶块和支承盖推动制动蹄，使车轮制动。

2. 制动主缸

制动主缸的作用是将踏板力转变成液压力。现代汽车液压制动系统采用双回路制动系统，因此必须采用串联式双腔制动主缸。

串联式双腔制动主缸由储液罐、制动主缸外壳、前活塞、后活塞及前后活塞弹簧、推杆、皮碗等组成，如图 6-12 所示。制动主缸壳体内装有前活塞、后活塞及回位弹簧，前、后活塞分别用皮碗密封，前活塞用限位螺钉保证其正确位

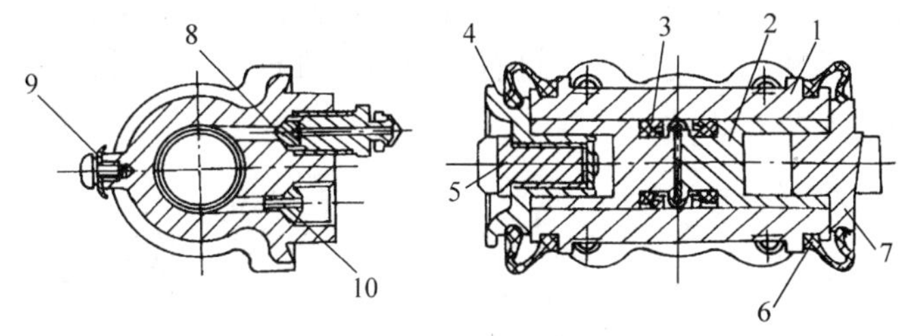

图 6-11 双活塞制动轮缸

1—缸体 2—活塞 3—皮圈 4—调整轮 5—调整螺钉（顶块） 6—防护罩 7—支承盖 8—放气螺钉 9—调整轮锁片 10—进油孔

置。储油罐分别与制动主缸的前、后腔相通，前出油口、后出油口分别与制动轮缸相通，前活塞靠后活塞的液力推动，而后活塞直接由推杆推动。

不制动时，两活塞前部皮碗均遮盖不住其旁通孔，制动液由储液罐进入制动主缸。制动时，踩下制动踏板，经推杆推动后活塞左移，在其皮碗遮盖住旁通孔之后，后腔制动液压力升高，一方面经出油阀流入制动管路，一方面推动前活塞左移。在后腔液压和弹簧弹力的作用下，前活塞向左移动，前腔制动液压力也随之升高，制动液推开出油阀流入管路，于是两制动管路在等压下对汽车制动。

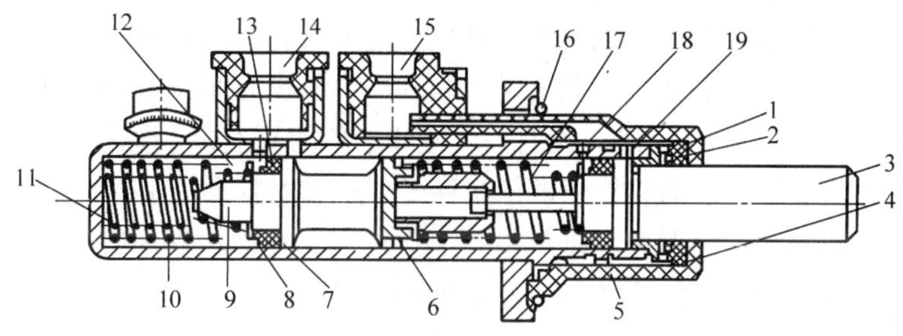

图 6-12 串联式双腔制动主缸

1—隔套 2—密封圈 3—后活塞（带推杆） 4—防尘罩 5—防动圈 6、13—密封圈 7—垫圈 8—皮碗护圈 9—前活塞 10—前活塞弹簧 11—缸体 12—前腔 14、15—进油孔 16—定位圈 17—后腔 18—补偿孔 19—回油孔

3. 真空增压器

真空增压液压制动系统以真空增压器作为制动助力装置。真空增压器由辅助缸、控制阀和伺服气室等组成（图 6-13）。其功能：使制动主缸输出的液力增压，再输入各制动轮缸，增大制动力。辅助缸是将低压制动液变为高压的装置；控制阀是控制伺服气室起作用的随动机构；伺服气室是将进气歧管产生的真空度与大气压力的压力差转变为机械推力的总成。

未制动时，空气阀关闭，真空阀开启。控制阀的气室相通且具有相等的真空度，推杆在回位弹簧的作用下处于最右端位置，推杆前部的球阀与阀座之间保持一定距离，辅助缸两腔相通。

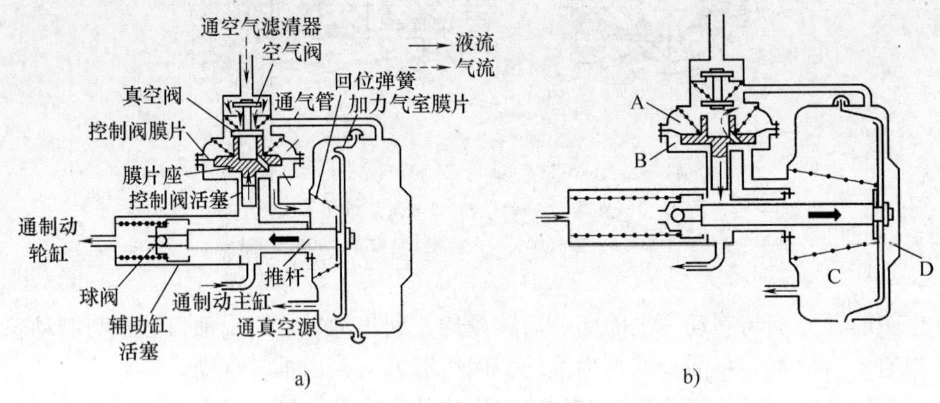

图 6-13　真空增压器的结构及工作原理

a）结构　b）工作原理

制动时，踩下制动踏板，制动主缸的制动油液输入到辅助缸体中，一部分油液经活塞中间的小孔进入各制动轮缸，轮缸液压等于主缸液压。与此同时，液压还作用在控制阀活塞上，当油压力上升到一定值时，活塞连同膜片上移，首先关闭真空阀，同时关闭 C 腔、D 腔通道，膜片座继续上移将空气阀打开，于是空气经空气阀进入 A 腔并到 D 腔。此时，气室 B、C 的真空度仍保持不变，这样 D、C 两腔产生压力差，推动膜片使推杆左移，球阀关闭辅助缸活塞中孔，制动主缸与辅助缸左腔隔绝。此时在辅助缸活塞上作用着主缸液压作用力和伺服气室输出的推杆力。因此，辅助缸左腔及各轮缸的压力高于主缸压力。

4. 真空助力器

真空助力式液压制动系统以真空助力器（图 6-14）作为制动助力装置。

真空助力器不工作时，弹簧将推杆连同控制阀柱塞推到后极限位置（即真空阀开启），橡胶阀门则被弹簧压紧在空气阀座上（即空气阀关闭）。伺服气室前、后腔互相连通，并与空气隔绝。在发动机开始工作且真空单向阀被吸开后，伺服气室左右两腔内都产生一定的真空度。当制动踏板被踩下时，起初气室膜片座固定不动，来自踏板机构的操纵力推动控制阀推杆和控制阀柱塞相对于膜片座前移。当柱塞与橡胶反作用盘间的间隙消除后，操纵力便经反作用盘传给制动主缸推杆。同时橡胶阀门随同控制阀柱塞前移，直到与膜片座上的真空阀座接触为止。此时，伺服气室前、后腔隔绝。控制阀推杆继续推动控制阀柱塞前移，到其上的空气阀座离开橡胶阀门一定距离。外界空气充入伺服气室后腔，使其真空度

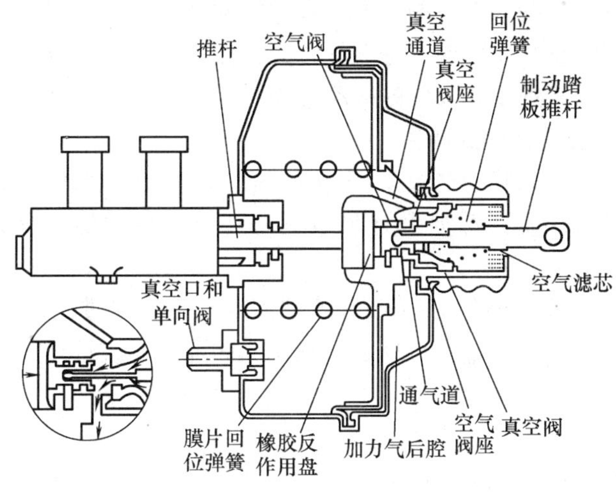

a)

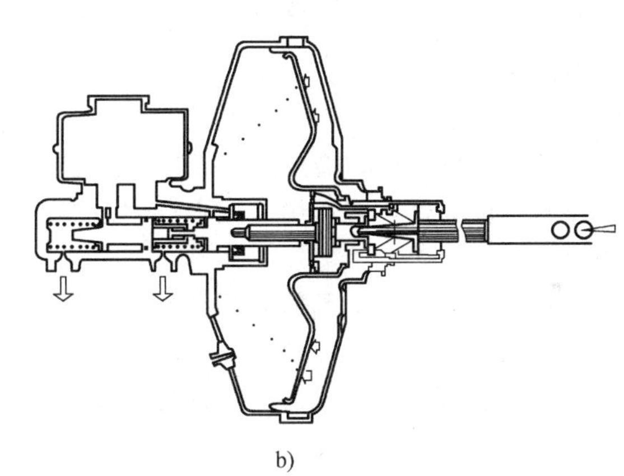

b)

图 6-14　单膜片式真空助力器

a）结构　b）工作原理

降低。在此过程中，膜片与阀座也不断前移，直到阀门重新与空气阀座接触为止。

伺服气室两腔真空度差值造成的作用力，除一部分来平衡复位弹簧的力外，其余部分都作用在反作用盘上。因此制动主缸推杆所受的力为膜片座和控制阀柱塞二者所施作用力之和，起到制动助力作用。

5. 气体增压器

气压增压式液压制动系统采用气体增压器作为制动助力装置。

气压增压器的结构与真空增压器基本相似，所不同的是气压增压器的大气气室和压缩空气气室分别与真空增压器的真空气室和大气气室相当。即气压增压器所用的高压是压缩空气压力而不是大气压力，低压是大气压力而不是真空度。

三、液压制动系统主要部件的故障诊断

1. 制动踏板自由行程的调整

发动机停止时，踩制动踏板 2～3 次，消除制动助力器内的残余真空度。然后，踩下制动踏板，直到感觉出有明显阻力（推动助力器气阀）为止。此时，踏板的行程即为自由行程。

制动踏板自由行程应在 5～15mm 范围内。自由行程过大，说明制动助力器推杆与制动主缸活塞间隙过大。反之，则说明间隙过小或行车制动灯开关调整不当。

2. 制动储液罐液面检查与调整

制动主缸储液罐应保证足够的制动液。当制动液面过低时，储液罐中的液面传感器会及时报警。加注制动液需注意：旋开储液罐旋盖前，先要进行清理，以免尘土进入储液罐；储液罐的加注量不得超过最高加注液面；拧好旋盖。

3. 真空助力器的检查

（1）真空助力器的一般检查

①发动机静止状态下，踩下制动踏板并保持其位置不变。起动发动机后，如踏板高度无变化，则真空助力器不起作用。如真空助力器良好，发动机起动后，踏板应进一步往下沉。

②发动机运转状态下，踩下制动踏板并保持其位置不变，停止发动机，30s 内踏板高度如有变化，则真空助力器可能有漏气处。

（2）真空助力器的深入检查　把真空表通过真空软管与发动机真空接头连接。

未制动时检查密封性，起动发动机，当真空表读数达到约 65kPa 时，发动机熄火。等待约 30s，观察真空表读数的下降情况，如果下降值超过 3kPa，则说明密封性不良。

制动时检查密封性。起动发动机，以 200N 的力踩下制动踏板，当真空表读数达到约 65kPa 时，发动机熄火，等待约 30s。观察真空表读数的下降情况，如下降值超过 3kPa，则说明密封性不良。

（3）真空助力器性能检测

①无助力作用的情况。停止发动机，待真空表读数为零时，以 100N 的力踩下制动踏板，制动管路压力表读数应在 0.2MPa 以上，当踩制动踏板的力为 300N 时，压力表读数应在 2MPa 以上。

②有助力作用的情况。起动发动机，当真空表读数达到 65kPa 时，以 100N 和 300N 的力分别踩下制动踏板，压力表读数的标准值分别为 2.8～4.3MPa 和

9.83～11.33MPa。

4. 真空增压器的检查

真空增压液压制动系统以真空增压器作为制动助力装置。检查前，首先检查真空增压器的外部，调好制动间隙，排尽液压管路中的空气，并检查各部管道是否漏油、漏气和损坏。检查方法如下：

①起动发动机，直到进气管有足够的真空度后，踩下制动踏板，测出并记下踏板至驾驶室底板之间的距离。将发动机熄火，并将制动踏板踩下和松开数次，直到气压缸内的真空度为0时，再用同样方法踩下制动踏板，测出上述距离。若两次测得的距离没有差别，说明真空增压器工作不良。

②在发动机工作但不踩制动踏板时，若真空增压器空气滤清器侧的进气口有吸力，表明增压器控制阀的空气阀漏气；若不踩制动踏板时无吸力，但踩制动踏板时有吸力，说明增压器控制阀的作用良好。

③起动发动机，踩下制动踏板，拔出真空增压器后面的橡皮塞，用手捂住加油口，如果感到有吸力，说明可能是控制阀的真空阀漏气、控制阀膜片破裂或加力气室膜片破裂。

5. 制动主缸的检查

在检查之前用制动液或酒精对零件进行清洗。

①主缸缸体与活塞检查。检查缸体与活塞有无磨损、刮伤、锈蚀等，存在上述缺陷应予更换；缸体与活塞的配合间隙超过极限值（如BJ1041轻型汽车的此间隙使用极限是0.2mm）时也应更换。主缸的补偿孔和回油孔若有堵塞，可用压缩空气疏通。

②活塞回位弹簧检查。弹簧过软、变形、折断应更换。

③橡胶件及其他检查。活塞皮碗、密封圈、进出油阀等橡胶件的配合面磨损、开裂、膨胀等，应予更换。其他零件若有损坏、变形时同时更换。

6. 盘式制动器的检查

将盘式制动器拆卸分解后，进行制动盘、摩擦块及制动钳的检查。

制动盘不应有裂纹或凹凸不平现象。

检查制动盘厚度时，可用游标卡尺或千分尺直接测量。在制动盘的4个点或更多点测出制动盘的厚度，以检查制动盘的厚度偏差。厚度变化大于0.01mm的制动盘，制动时会导致制动踏板抖动和前端振动。

检查制动盘端面圆跳动可用百分表进行。轴向跳动量应不大于0.06mm。对不符合要求的制动盘可进行机加工修复（加工后的厚度不得小于规定值）或更换。

摩擦块的厚度小于规定极限值（桑塔纳2000GSi轿车的摩擦块厚度极限值为7mm）时，必须更换新的摩擦块。

检查活塞和缸筒间隙，若间隙大于规定值时，或缸筒壁有较深划痕，应更换制动钳总成。

7. 鼓式制动器的检查

①制动鼓的检查。测量制动鼓内径的磨损量和圆度差，在不影响使用的情况下，允许有轻微的擦伤和细小沟痕。若圆度误差超过规定值时，应在车床或制动鼓镗削机上进行镗削；更换新摩擦片时应检查制动鼓的内径；当磨损量超过规定值时应更换新件。

②摩擦片检查。检查制动蹄摩擦片有无伤痕、磨损、开裂或过热而烧焦变质，有上述缺陷时应予修理或更换；磨损是否超限、有无被制动液或油污污损，如有应更换新件。测量铆钉头沉入摩擦片表面的深度，若小于规定值，则应更换。更换摩擦片时可以连同制动蹄一起更换，也可只换摩擦片。修理或更换摩擦片后应检查摩擦片与制动鼓的贴合面面积，此值应大于70%，且两端接触较重，中间较轻，这样制动效果最好。

③制动轮缸检查。检查橡胶皮碗是否完好，轮缸有无泄漏。皮碗有工作刃口磨损、开裂等损伤时应予更换；缸壁有拉伤、锈蚀、内径磨损，放气螺钉密封锥面损伤，螺孔、螺纹滑丝、乱牙等应更换；缸体内径磨损超过极限值应更换；活塞有拉伤、锈蚀以及磨损过量，与缸体配合间隙超过极限值应更换；活塞弹簧弹力不足或折断应更换。

四、液压制动系统常见故障诊断与排除

1. 制动失效

（1）故障原因　制动踏板至制动主缸的连接松脱；制动储液室制动液量不足；制动管路断裂漏油；制动主缸或制动轮缸皮碗破裂。

（2）故障诊断与排除　首先检查制动储液罐内的制动液储量是否符合规定要求，再检查制动主缸推杆连接销是否可靠；检查管路、接头等处有无漏油；上述检查均正常时，应拆检制动主缸，若完好应拆检制动轮缸。

2. 制动一脚不灵

（1）故障现象　汽车行驶中制动时，踩一脚制动踏板不能制动，要连续踩几次制动踏板，才起制动作用。

（2）故障原因　踏板自由行程过大，制动蹄片与制动鼓间隙过大，制动主缸皮碗、出油阀损坏。

（3）故障诊断与排除　检查制动踏板自由行程是否符合要求；检查主缸皮碗是否损坏，若主缸的皮碗损坏，则踏制动踏板时每次出油较少，压力也低，会使一脚制动不灵；检查主缸出油阀；出油阀损坏会使管路内的剩余压力过低，管路内制动液回流主缸过多，主缸动作一次压出的制动液不能起作用，须多踩几次踏板才能制动。

3. 制动效能不足

（1）故障原因

①制动踏板自由行程太大；制动管路内进入空气或制动液汽化产生了气阻；制动液变质（变稀或变稠）或管路内壁积垢太厚。

②制动主缸故障。储液室内制动液不足；皮碗老化、发胀或破损；活塞与缸壁磨损过甚而配合松旷等。

③真空增压器或助力器故障。主要包括：各真空管接头连接不紧密或管子破裂、凹瘪或扭曲不畅通；单向阀密封不严；控制阀活塞和皮碗密封不良或膜片破裂；控制阀中的空气阀或真空阀与其座表面损坏、不洁而使密封不良；加力气室膜片破裂；辅助缸活塞、皮碗磨损过甚；单向球阀不密封。

对装用气压增压式液压制动系统的汽车，则可能是气压增压器发生故障。主要包括：控制阀的故障，开启间隙过小，活塞皮圈破损或活塞磨损，大气阀密封不良或膜片破裂，进油孔堵塞；气压伺服气室故障，活塞密封不良或运动卡滞，回位弹簧扭曲变形，控制管通气不畅，推杆弯曲；辅助缸故障，液压活塞损伤而卡滞，球阀不能开启或出油孔堵塞，辅助缸进油道堵塞。

④制动器故障。如：制动蹄摩擦片与制动鼓间隙过大，摩擦片油污、水湿、硬化或铆钉外露，制动鼓磨损过度，出现沟槽、失圆等；制动分泵皮碗老化发胀、活塞与缸壁配合松旷、活塞回位弹簧过软或折断等。

（2）故障诊断与排除　踩动制动踏板做制动试验，根据踩制动踏板时的感觉，检查相应的部位。

①踩下制动踏板时，无反力或感觉阻力很小，则应检查储液室中制动液液面高度是否符合要求。

②连续几次踩制动踏板时，踏板高度仍过低，且有制动主缸与活塞碰击响声，则应检查活塞回位弹簧是否过软，皮碗是否破裂。如连续踩几次制动踏板时，踏板高度低且阻力很小，则应检查制动主缸的进油孔或储液室的通气孔是否堵塞。踩下制动踏板时，踏板高度过低，连续几次踩下制动踏板时，踏板高度稍有增高，并有弹性感，则应检查系统内是否存有气体。

③踩下制动踏板时，踏板高度较低；连续几次踩下制动踏板时，踏板高度随之增高且制动效能好转，则应检查制动踏板的自由行程及制动器的制动间隙。

④维持制动踏板高度时，若踏板缓慢或迅速下降，则应检查制动管路是否破裂、管接头是否密封不良；检查制动主缸、制动轮缸皮碗或皮圈密封是否良好。

⑤安装真空增压器或助力器的车辆，踩下制动踏板时，若阻力太大而且制动不灵，则应检查真空增压器或助力器的工作情况；检查制动系统油管是否有老化、凹瘪，制动液粘度是否太大。而当踩制动踏板感到有弹力，但制动力不足，

则应检查真空增压器的辅助缸活塞磨损是否过度，辅助缸活塞、皮碗是否密封不良，辅助缸单向球阀是否密封不良。

⑥对装用气压增压式液压制动系统的汽车，可以根据以下现象进行诊断。

制动时发硬，抬起制动踏板时排气声微弱或无排气声，表明控制阀压缩空气阀（进气阀）开度不足或气压缸控制管路堵塞。

抬起制动踏板时排气声强，压缩空气阀（进气阀）开度正常，气压活塞亦可正常推进。若制动时踏板高、硬，则可能是由于辅助缸液压活塞出油孔不畅通和球阀不能开启，使制动液不能顺利进入液压室所致。

制动时感到踏板高、硬，制动起作用迟缓，抬起制动踏板后排气声强，但制动解除缓慢，各车轮制动鼓发热，表明气压活塞进退困难。若排气声缓慢，各车轮均有拖滞现象，表明控制阀活塞和补偿活塞进退困难。应分别检查气压活塞密封装置是否发胀、推杆是否弯曲、缸筒润滑是否良好，控制阀活塞皮碗是否发胀、补偿活塞是否变形卡滞及其密封装置是否发胀等。若制动效能良好，仅各车轮均有制动拖滞，则应检查气压活塞回位弹簧和控制阀活塞或补偿活塞回位弹簧是否过软，以及以上各活塞密封装置是否轻微发胀，致使回位不及时。

发动机怠速时踏下制动踏板感到高、硬，但制动无效，而当缓慢制动时尚可生效。此时应检查气压活塞回位弹簧是否扭曲变形、液压活塞是否损伤和卡滞。

踏下制动踏板即有排气声，说明控制阀大气阀密封不良（补偿活塞总管与进气阀接触不良）或膜片破裂损坏。若良好，则应检查气压伺服气室活塞密封装置是否漏气。

⑦路试车辆时，观察各车轮的制动情况。若个别车轮制动不良，则应检查该车轮的制动软管是否老化；摩擦片与制动鼓间的间隙是否不当；摩擦片是否有硬化、油污、铆钉外露现象；制动鼓内壁是否磨损成沟槽；摩擦片与制动鼓的接触面积是否过小，制动轮缸是否磨损过度或皮碗损坏。

4. 制动跑偏

（1）故障原因　与装用气压制动系统汽车制动跑偏的故障原因相比，除了轮胎、车轮轴承、前轮定位、悬架系统、车架、车桥、车轮制动器等部件发生故障的共同原因外，还有以下故障原因：左右车轮制动轮缸的技术状况不同；单边制动管路凹瘪、阻塞或漏油；单边制动管路或制动轮缸内有气阻。

（2）故障诊断与排除　除应检查排除与气压制动系统汽车制动跑偏的相同故障原因外，还应进行如下检查。

①首先对该车轮制动器进行放气，若无制动液喷出，则说明该轮制动管路堵塞，应进行更换。若放出的制动液中有空气，则说明该轮制动管路中混入空气，应进行排放。

②检查制动轮缸或制动钳活塞，若有漏油或发卡现象，应进行更换。

5. 制动拖滞

（1）故障原因　除了与装用气压制动系统汽车制动拖滞故障的共同原因外，还有以下原因：制动主缸回位弹簧折断或失效；制动主缸回油孔被污物堵塞，密封圈发胀或发粘与缸体卡死；通往制动轮缸的油管凹瘪或堵塞；盘式制动器的制动盘摆差过大；鼓式制动器的制动鼓严重失圆。

（2）故障诊断与排除

①个别车轮制动器拖滞。首先旋松该车轮制动轮缸的放气螺钉，若制动液急速喷出，随即车轮能旋转自如，说明该车轮制动管路堵塞，制动轮缸未能回油，应更换制动管路。若旋松放气螺钉后车轮仍转不动，则应拆下车轮，解体检查制动器。

对于盘式制动器：检查制动盘的轴向圆跳动量。若误差过大，应磨削或更换拆检制动轮缸。若轮缸活塞发卡或密封圈损坏，应进行更换。

对于鼓式制动器：检查制动蹄摩擦片状况，若摩擦片破裂或铆钉松动，应更换摩擦片。检查制动器间隙自调装置，若有损坏，应进行更换。检查制动鼓状况，若制动鼓圆度误差过大，应磨削或更换；检查制动蹄回位弹簧，若折断或弹力减弱，应更换。检查制动轮缸，若轮缸活塞发卡或密封圈损坏，应进行更换。

②全部车轮制动器拖滞。首先检查制动踏板自由行程是否符合要求，若自由行程过小，应进行调整。检查制动踏板回位情况，将制动踏板踩到底并迅速抬起，若踏板回位缓慢，说明制动踏板回位弹簧失效或踏板轴发卡，应进行更换或修复。

检查制动主缸的工作情况。打开制动液储液室盖，踩制动踏板并观察制动主缸的回油情况。若不回油，说明制动主缸回油孔堵塞；若回油缓慢，说明制动液过脏或变质，应进行更换。

第四节　防抱死制动系统故障诊断

一、防抱死制动系统的基本组成

防抱死制动系统在传统制动系统的基础上增设轮速传感器、电子控制系统（ECU）、执行机构（制动压力调节器）而组成，如图 6-15 所示。

1. 轮速传感器

轮速传感器是 ABS 控制系统的感知元件，常用类型有电磁式和霍尔式轮速传感器，一般装在制动器的轮毂内，如图 6-16 所示。

电磁式轮速传感器（图 6-17）由磁感应传感头与齿圈组成。传感头由永久磁铁、电磁线圈和磁极等构成，安装在每个车轮的托架上；齿圈安装在轮毂上或

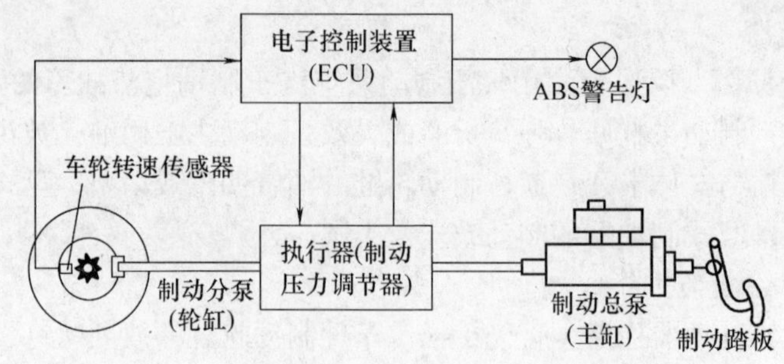

图 6-15　防抱死制动系统（ABS）的基本组成

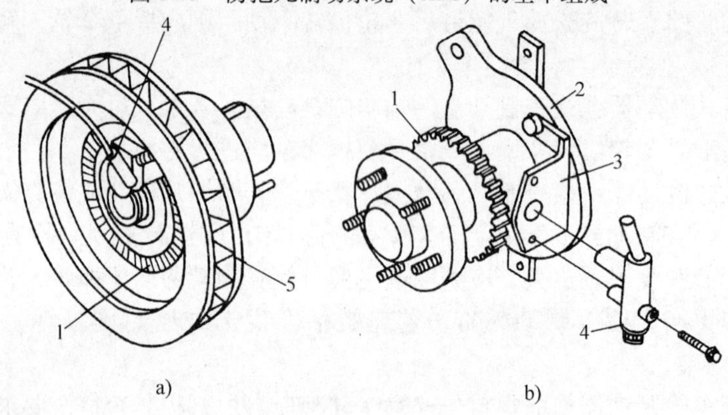

图 6-16　车轮转速传感器的安装位置

a）典型的前轮传感器　b）典型的后轮传感器

1—齿圈　2—轴座　3—托架　4—转速传感器　5—轮毂

轮轴上与车轮一起旋转。齿圈旋转时，齿顶不断地接近和离开永久磁极，使电磁线圈中的磁通发生周期性变化而产生感应电压。该感应电压信号通过线圈末端的导线输入到 ECU，其变化频率取决于齿圈的转速，因此反映车轮速度的变化。

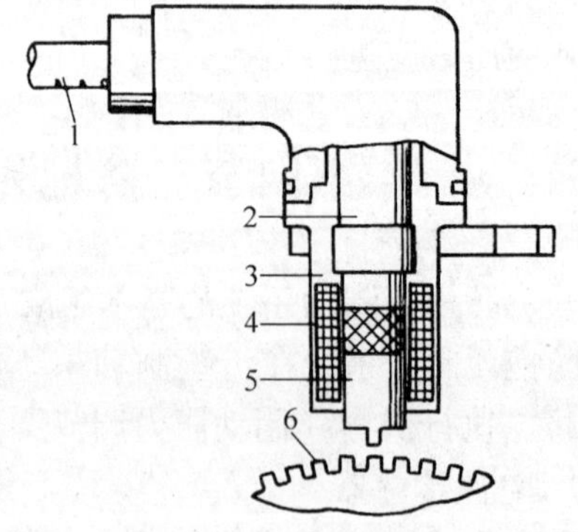

图 6-17　车轮速度传感器的结构

1—导线　2—永久磁铁　3—传感头外壳

4—电磁线圈　5—磁极　6—齿圈

霍尔式轮速传感器（图 6-18）也由传感头和齿圈组成，但传感头是由永久磁体、霍尔元件和电子电路等组成，其永久磁体的磁力线穿过霍尔元件通向齿轮。当齿轮位于图 6-18a 所示的位置时，穿过霍尔元件的磁力线分散，磁场相对较弱；当齿轮位于图

6-18b 的位置时，穿过霍尔元件的磁力线集中，磁场相对较强。齿轮转动时，使穿过霍尔元件的磁力线密度发生变化，因而引起霍尔电压的变化，该脉冲信号电压输入 ECU，其脉动频率反映车轮速度的变化。

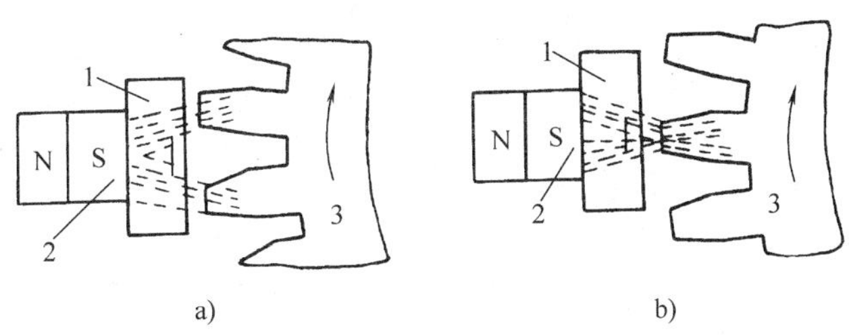

图 6-18　霍尔式车轮转速传感器磁路
a）霍尔元件磁场较弱　b）霍尔元件磁场较强
1—霍尔元件　2—磁体　3—齿圈

2. 电子控制系统

电子控制系统（ECU）是整个 ABS 的控制中枢。其功能包括：连续监测、接收各个车轮的转速传感器传输的脉冲信号，并进行测量比较、分析放大和判断处理，计算出车轮转速、减速度及制动滑移率；与存储于存储元件的最佳滑移率进行逻辑比较分析；依据比较结果，对执行机构发出指令，调节制动压力。同时，对系统的主要部件和电子器件进行监控。当 ABS 产生故障时，如车轮速度信号消失、液压压力降低等，ECU 发出指令关闭 ABS，转换到常规制动方式，并存储故障信息，点亮 ABS 故障警告灯发出警示信号。

ABS 的控制单元（图 6-19）由以下几个基本电路组成：

（1）输入电路　主要由低通滤波器和输入放大器组成，其功用是抑制干扰并放大车轮速度传感器送来的轮速信号。输入电路多为 4 个轮速传感器和 4 个输入放大电路。

（2）微机运算电路　其功用是连续检测 4 个轮速传感器的脉冲信号，并处理、转换成与轮速成正比的数值，区别各车轮速度快慢，据此实施防抱死制动控制，向液压调节器输出幅值为 12V 的脉冲控制电压，以控制制动轮缸油路的通、断，调节制动力大小防止车轮抱死。

（3）输出及电磁阀控制电路　其功能是接收运算电路输入的电磁阀控制参数信号，控制大功率晶体管向电磁阀线圈提供控制电流。

（4）安全保护电路　其功能：将汽车电源（蓄电池、发电机）提供的 12V 或 14V 的电压变为 ECU 所需的 5V 标准稳定电压，并对电源电路的电压进行监控；对输入放大电路、运算电路和输出级电路的故障信号进行监控，当出现故障信号时，关闭继动阀停止 ABS 工作，转为传统制动状态；同时将仪表板上的

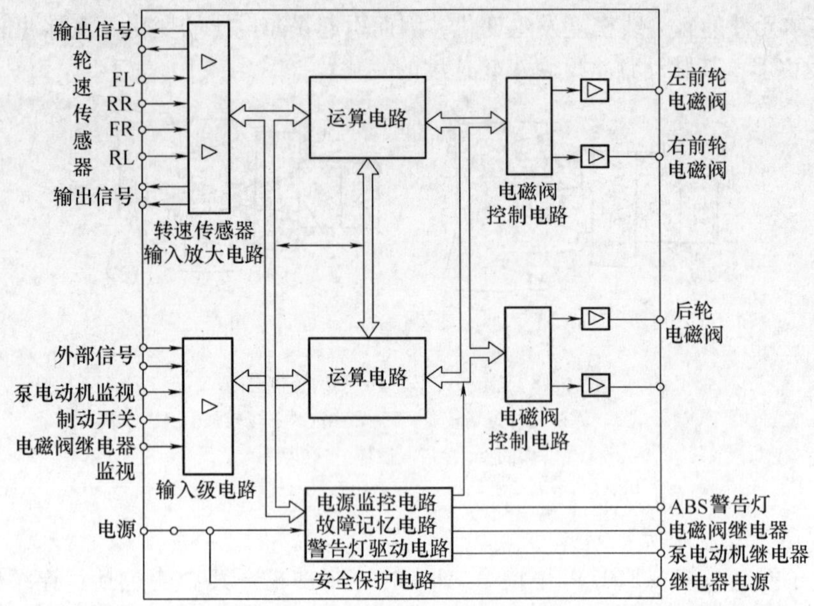

图 6-19　四传感器四通道系统 ECU 框图

ABS 警告灯点亮，向操作者提示 ABS 出现故障，并将故障信息以故障码的形式存储在存储器中。

不同车型的 ABS 电路不尽相同，捷达都市先锋轿车 ABS 电控单元（ECU）的导线插接器端子功能见表 6-1。

表 6-1　捷达都市先锋轿车 ABS 控制电脑导线插接器端子功能

端子号	针 脚 用 途	端子号	针 脚 用 途
1	搭铁	11	搭铁
2	点火开关电源	12	制动灯开关
3	ABS 继电器控制电源	13	未用
4	右后轮转速传感器	14	油压泵继电器控制
5	左前轮转速传感器	15	右前轮油路进油阀控制
6	左后轮转速传感器	16	左前轮油路出油阀控制
7	右前轮转速传感器	17	后轮油路进油阀控制
8	ABS 继电器控制	18	ABS 主电磁阀控制
9	制动油压低报警开关	19	未用
10	制动油压低报警开关	20	ABS 继电器回路

（续）

端子号	针脚用途	端子号	针脚用途
21	未用	29	未用
22	右后轮转速传感器	30	未用
23	左前轮转速传感器	31	未用
24	左后轮转速传感器	32	液压泵电机电源监视
25	右前轮转速传感器	33	后轮油路出油阀控制
26	ABS 故障码警示/自诊断	34	右前轮油路出油阀控制
27	ABS 故障报警	35	左前轮油路进油阀控制
28	未用		

3. 制动压力调节器

制动压力调节器串接在制动主缸与轮缸之间，是 ABS 的执行机构。

制动压力调节器主要由油压控制电磁阀、回油泵和储液器等组成（图 6-20）。电磁阀的作用是根据 ECU 的指令，接通或断开通向制动轮缸的油路，实现车轮制动力的自动调节。回油泵的功用是在电磁阀在减压过程中，使制动轮缸流出的制动液经储液器泵回到制动主缸。储液器的功用是当电磁阀在减压过程中，暂时存储从制动轮缸流出的制动液，然后再由回油泵泵回主缸。

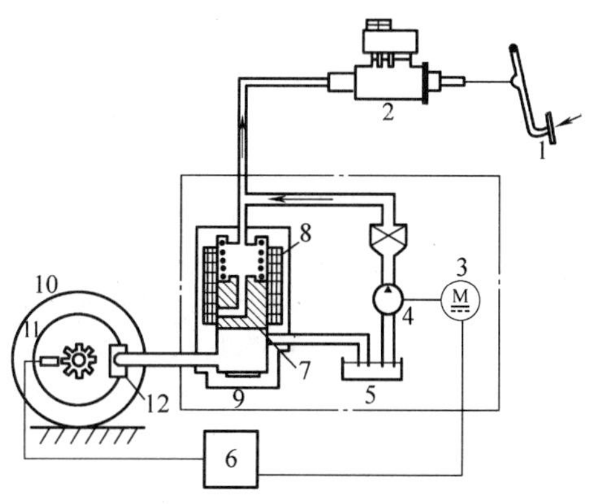

图 6-20　制动压力调节器的系统原理

1—制动踏板　2—制动主缸　3—电动机　4—回油泵　5—储液器　6—ECU　7—柱塞　8—电磁线圈　9—电磁阀　10—车轮　11—轮速传感器　12—制动轮缸

常用电磁阀的结构形式有三位三通阀（3/3）和两位三通阀（2/3），可处于保压、减压和增压三种工作状态。在桑塔纳 2000GSi 轿车和捷达都市先锋轿车的防抱死制动系统中，液压控制单元（HCU）的阀体内有 8 个电磁阀，每个回路各一对，其中一个进油阀常开，一个出油阀常闭，用于在制动主缸、制动轮缸和回油路之间建立联系，实现压力升高、压力保持和压力降低的功能。制动压力调节过程（以捷达都市先锋轿车为例）如下：

（1）常规制动过程　踩下制动踏板，制动主缸驱动制动液通过常开阀（进油阀）流向制动轮缸，制动压力迅速建立起来，如图 6-21a 所示。此时 ABS 没有参与控制，整个制动过程与常规制动系统相同。

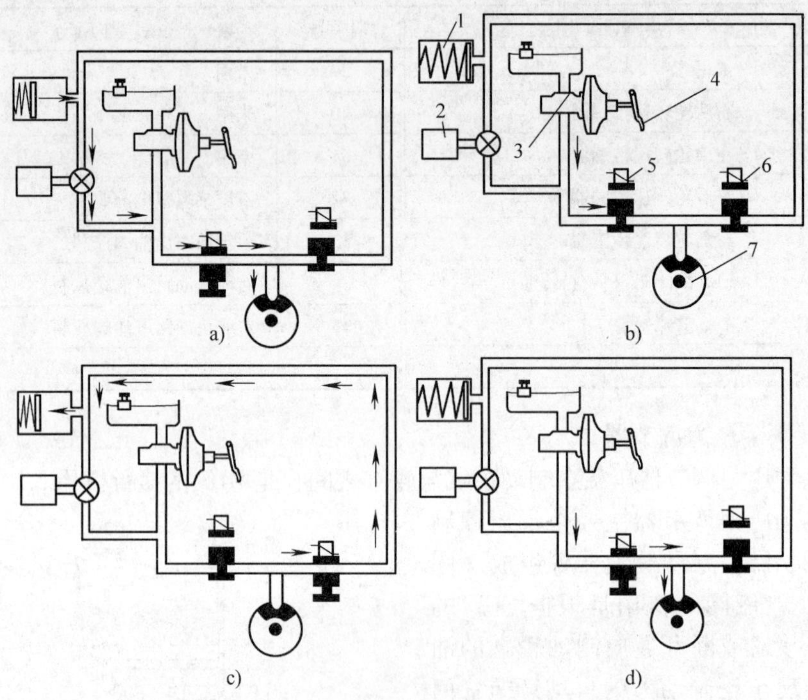

图 6-21　捷达都市先锋轿车液压调节器的工作原理

a）常规制动　b）油压保持　c）油压降低　d）油压增大

1—液压储能室　2—电动机　3—制动主缸　4—制动踏板

5—常开阀　6—常闭阀　7—制动轮缸

（2）保压制动过程　继续踩下制动踏板，当车轮趋于抱死时，轮速传感器发出抱死危险信号，ECU 向液压控制单元发出“保持压力”指令，使常开阀通电而关闭阀门，制动液通向轮缸的通道被切断。而常闭阀（出油阀）仍保持关闭，系统内油压保持不变，如图 6-21b 所示。

（3）减压制动过程　若制动压力保持不变，车轮有抱死趋势时，ABS 的 ECU 发出指令，常闭阀通电使其开启，制动液流入液压储能室使系统降压。此时，常开阀继续通电，保持关闭状态，因而有抱死趋势的车轮被释放，车轮转速开始上升。与此同时，电动液压泵开始起动，将制动液由储液室送至制动主缸，如图 6-21c 所示。

（4）增压制动过程　车轮转速增加到一定值后，ECU 发出指令，常闭阀断电使其关闭，常开阀断电而开启，电动液压泵继续从储液室中吸取制动液泵入液压制动系统，如图 6-21d 所示。随着制动压力的增大，车轮转速又降低。这样反复循环地控制，压力波动式地进行调整，工作频率在 5 ~ 10 次/s。以保证各车轮经常处于趋近抱死的临界状态，将车轮的滑移率控制在 20% 左右，从而最大限度地发挥制动效能。

若 ABS 出现故障，常开阀始终处于打开状态，常闭阀处于关闭状态，则传统液压制动系统正常工作。

4. ABS 的布置方式

根据传感器数量和控制通道数不同，ABS 可以分为不同的结构形式，主要如下：

（1）四传感器四通道式　两个前轮传感器信号分别控制汽车的两个前轮；而后轮可采用两种方式进行控制：一种是分别控制；另一种是综合处理两个后轮传感器的信号，进行同步控制。

①四轮独立控制：如图 6-22a 所示，具有 4 个传感器和 4 个控制通道，各个车轮独立控制。即根据各车轮的需要分别控制制动压力。

②前轮独立-后轮选择控制方式：如图 6-22b 所示，以容易抱死的车轮即转矩较小的车轮为标准，给两个后轮施加相等的制动力矩控制车轮转动。

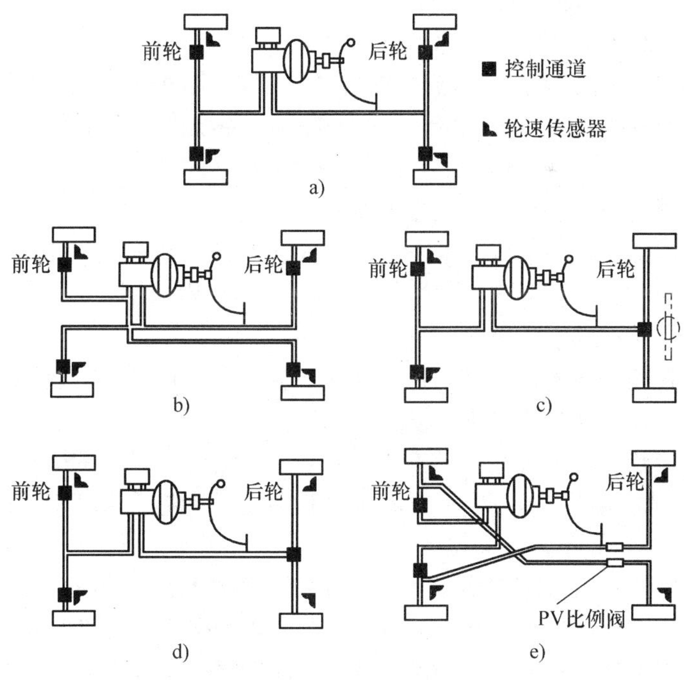

图 6-22　ABS 的布置方式

a）四传感器四通道，四轮独立控制　b）四传感器四通道，四轮低选控制

c）三传感器三通道式　d）四传感器三通道式　e）四传感器两通道式

（2）三传感器三通道式　如图6-22c所示，采用两个传感器分别控制汽车两前轮，用一个传感器（装于差速器上）和同一条液压管路控制两后轮。

（3）四传感器四通道式　如图6-22d所示，采用两个传感器分别控制汽车的两前轮，把后轮的两个传感器信号加以综合处理后，用同一条液压管路控制两后轮。

（4）四传感器二通道式　如图6-22e所示，采用两个传感器分别控制汽车的两个前轮，根据后轮的两个传感器信号计算出基准速度，利用对角前轮的制动液压力控制后轮。

二、防抱死制动系统故障诊断注意事项

①ABS与常规制动系统是不可分割的。当制动系统出现故障时，应首先判断是常规制动系统的故障还是ABS的故障。不能仅将注意力集中在传感器、电子控制器和压力调节器上。

②ABS的控制装置对电压、静电非常敏感。因此，在点火开关处于接通位置时不要插拔ABS线路的插接器。在车上进行电焊作业时，要戴好静电器，拔下ECU插接器后再进行焊接。用外接电源给蓄电池充电时，要断开蓄电池正（负）极柱上的电缆线，以免损坏ECU。

③进行ABS作业时，应释放储液器中的压力并切断电源，以免高压制动液喷出伤人。卸压方法是：关闭点火开关，反复踩制动踏板，直至感觉不到阻力为止，有的车型可能要踩三四十下，以便彻底排出系统内的液压力。

④ABS的ECU对高温环境很敏感。对汽车进行烤漆作业时，应将ABS的ECU从车上拆卸下来，以防止高温损坏。

⑤注意传感器的保护。拆卸时，不要碰撞和敲击传感器头和齿圈，防止损坏和变形；安装时，位置要正确适当；避免沾染油污或其他脏污，必要时可涂上一薄层防锈油，保护其不受损伤。

⑥注意各插接件连接可靠。这是因为，大多数ABS的电气故障的主要原因并不是元件失效，而是连接不良或脏污所致。

⑦若更换轮胎时，应选用生产厂家推荐的轮胎。更换ABS制动管路或橡胶件时，应按规定使用标准件（高压耐腐蚀件），以免管路破损使制动突然失效。

⑧大多数ABS中的轮速传感器、电子控制装置和压力调节器都不可修复的，若发生损坏，则应选用本车型高质量的配件，以确保维修质量；对制动系统进行维修后，或者使用中感到制动踏板变软时，应对制动系统中的空气进行排除。

三、制动液的更换和制动系统排气

装用ABS的车辆制动失效或异常时，同普通制动系统一样，也应从检查制动总泵油室内液面高度开始，逐步查找故障原因，并视需要更换制动液和进行制

动系统排气作业。

1. 制动液的更换与补充

制动液具有较强吸湿性，当含有水分后，其沸点降低，制动时容易产生“气阻”，使制动性能下降。因此应按规定更换制动液。很多ABS具有液压助力，由于储液器可能蓄积制动液，因此在更换或补充制动液时应按一定的程序进行。

①先将新制动液加至储液器的最高液位标记处。

②如果需要对制动系统中的空气进行排除，应按规定的程序进行空气排除。

③将点火开关置于ON位置，反复踩下和放松制动踏板，直到电动泵开始运转为止。

④待电动泵停止运转后，再对储液器中的液位进行检查。

⑤如果储液器中的制动液液位在最高液位标记以上，先不要泄放过多的制动液，而应重复步骤③和④，再检查。

⑥如果储液器中的制动液液位在最高液位标记以下，应再次补充新的制动液，使液位达到最高标记处，但切不可超过储液器最高标记，否则当蓄液器中的制动液排出时，制动液可能会溢出储液罐。

2. ABS的排气

液压制动系统有空气渗入时，会感到制动踏板无力且行程过长，致使制动力不足，甚至制动失灵。当ABS的液压回路内混入空气后，同样会引起制动效能不良。因此，当检修、更换制动器、打开制动管路更换液压部件时，或由于管路中出现空气使制动踏板发软或变低时，以及更换制动液之后，需要对制动系统进行排气。

（1）排气操作注意事项　制动系统排气操作，要遵循一定的要领和注意事项，否则不但浪费操作时间，且使空气排除不彻底。排气操作时应注意：

①在定期保养时，对大部分装有ABS的汽车来说，通常可使用助力放气器、真空放气器，或按手动放气方法将系统中的空气放出，或更换调压器总成。

②有些ABS放气时，需要使用扫描工具轮流接通ABS调压器中的电磁阀。否则，很难将调压器中的空气放尽。

③若ABS警告灯亮启，应在系统放气之前，先诊断和修理故障，然后再进行排气操作。否则在修理中要更换液压部件或打开某一管路时，则不得不对系统进行二次放气。

（2）排气操作方法　在排除空气之前，应检查液压制动系统中的管路及其接头是否破裂或松动，检查储液罐的液位是否符合要求。

ABS液压系统的排气有仪器排气和手动排气两种，应根据不同的车型和条件进行选择。

1）仪器排气方法

①将车辆停放在水平地面上，抵住前后车轮，将自动变速器的变速杆置于P位，松开驻车制动器。

②将制动增力器控制装置断开，使制动系统处于无增力状态。

③然后再把ABS的控制器断开。在排气过程中，使ABS不起作用。否则制动系统内的液压将按着“减压-保压-增压”的规律，并以7次/s～8次/s的频率快速变化，对排气不利。同时解除ABS的作用，也有利于故障的判断。

④安装ABS检测仪（具有排气的控制功能）或专用排气试验器的接线端子。ABS检测仪或专用排气试验器用于代替ABS的ECU对电动液压泵进行控制。

⑤向用于制动主缸和液压组件的储液罐加注制动液到最大液面高度。

⑤起动发动机并以怠速运转几分钟。

⑥缓慢且稳稳地踩下制动踏板，使检测仪器进入排气程序，此时会感到制动踏板有反冲力。

⑦按规定的顺序打开放气螺钉。

有的车型要求必须对ABS和常规制动系统分别进行排气，排气分为3个步骤进行，即先给常规制动系统排气，然后利用仪器对液压控制系统排气，最后再对常规制动系统排气。

ABS的排气操作比普通制动系统排气的操作时间长，制动液消耗也较多。所以，在操作过程中要一边排气，一边向制动主缸储液器添加制动液，使储液室液面保持在“MAX”（最多）与“MIN”（最少）之间。

2）手动排气方法。前3个步骤与“仪器排气方法”相同，在完成上述①、②、③个步骤后可按以下步骤进行手动排气：

④清洗并拆下储液器盖，检查储液罐中的液面高度，必要时加注到正确的液面高度，然后安装储液罐盖。

⑤将排气软管的一端装到后排气阀上，将软管的另一端放在装有一些制动液的清洁容器中。踩下制动踏板并保持一定的踏板力，缓慢拧开后排气阀1/2～3/4圈，直到制动液开始流出。关闭该阀后松开制动踏板。重复进行以上步骤，直到流出的制动液内没有气泡为止。

⑥拆下储液罐盖，检查储液罐中的液面高度，必要时，加注到正确的液面高度。

⑦按右后轮→左后轮→右前轮→左前轮的排气顺序，在其他车轮上进行排气操作。

四、ABS的故障诊断方法

诊断ABS故障时，应按一般检查、警告灯诊断和读取故障码的方法和步骤进行。

1. 装备 ABS 车辆的特殊现象

对 ABS 进行故障诊断时，下面情况属于 ABS 的正常反应或特殊现象。

①系统自检声音：发动机起动后，有时会从发动机机舱中传出类似撞击的声音，这是 ABS 进行自检的声音，并非不正常。

②某些汽车在发动机起动时，踩下制动踏板会弹起；而发动机熄火时，制动踏板会下沉。

③制动时 ABS 起作用的声音：表现为 ABS 液压单元内电动机的声音和制动踏板的振动声音，ABS 工作时因制动而引起悬架碰击声或轮胎与地面接触发出的吱嘎声。

④制动时，有时会感到制动踏板有轻微下沉或轻微振动。这是由于制动轮缸高速收放时，高压的制动液被频繁挤压而产生的；高速转弯或在冰滑路面上行驶时，有时出现制动警告灯亮启的现象；ABS 起作用，但在积雪或是砂石路面上制动距离过长；在制动后期，车轮也会抱死，在地面留下拖滑印痕。

2. 一般检查

当防抱死制动系统出现故障时，ABS 的故障警告灯亮，应进行一般性检查。检查内容：制动液面是否在规定范围内；继电器、熔丝是否完好，插接是否牢固；电子控制装置的插头、插座的连接情况，搭铁是否良好；蓄电池容量和电压是否符合规定，连接是否牢靠；控制单元、车轮轮速传感器、电磁阀体、制动液面指示灯开关导线插头、插座和导线的连接是否良好；车轮轮速传感器的传感头与齿圈顶间的间隙是否符合规定，传感器头有无脏污；驻车制动是否完全释放；轮胎规格、花纹高度、气压是否符合要求，轮毂轴承及其间隙是否正常；常规制动系统工作是否正常。

3. 警告灯诊断

装有 ABS 的汽车在仪表板上设有制动警告灯（红色）和 ABS 警告灯（黄色）。利用两种警告灯的闪亮规律，可以粗略判断 ABS 发生故障的部位。

正常情况下，在发动机起动的瞬间，黄色警告灯和红色制动警告灯一般都应亮启（驻车制动在释放位置），一旦发动机运转起来后，两个警告灯应先后熄灭。汽车行驶过程中，两个警告灯都不应点亮。若是上述情况，一般可以说明 ABS 处于正常状态，否则说明 ABS 有故障或液压系统不正常。

在点火开关接通（ON）时，黄色警告灯闪亮（约 4s 左右），如果制动液不足，红色警告灯也亮启；若储能器压力低于规定值、驻车制动未释放，红色警告灯也会点亮；而当蓄能器压力、制动液面符合规定且驻车制动完全释放时，红色警告灯应熄灭。不同车型所装备的 ABS 也有所不同，其警告灯的闪亮规律也有差异。表 6-2 所示为桑塔纳 2000GSi 轿车的故障警告灯诊断表。

表 6-2　桑塔纳 2000GSi 轿车的故障警告灯诊断

ABS 警告灯情况	故障现象	可能的故障原因
ABS 故障警告灯亮	ABS 不起作用	①车轮转速传感器不良 ②液压控制单元不良 ③ABS 的 ECU 不良
ABS 故障警告灯不亮	踩制动时，制动踏板振动强烈	①制动开关失效或调整不当 ②制动开关线断路或插头脱落 ③制动鼓失圆 ④ABS 的 ECU 不良 ⑤车轮转速传感器信号不良 ⑥液压控制单元不良
ABS 故障警告灯偶尔或间歇点亮	ABS 作用正常，只要点火开关关闭后再打开，ABS 警告灯即可熄灭	①ABS 的 ECU 插接器松动 ②车轮转速传感器电线受干扰 ③车轮转速传感器内部工作不良 ④车轮轴承松旷 ⑤油管内有空气 ⑥制动轮缸动作不良
制动装置警告灯亮	制动液缺少或驻车制动拖滞	①制动没有松开 ②驻车制动调整不良 ③制动油管或轮缸漏油 ④制动装置警告灯搭铁
ABS 故障警告灯和制动装置警告灯亮	ABS 不起作用	①两个以上车轮转速传感器故障 ②ABS 的 ECU 故障 ③液压控制单元工作不良

4. 故障码诊断

大多数 ABS 具有自诊断和失效保护功能，其实质是以 ABS ECU 中标准的正常运行状况为准，将非正常的运行故障用某种符号形式记录在存储器中，这种符号即故障码。因此，读取并分析故障码，可以方便地确定故障点，可以对 ABS 的故障进行快速诊断。

故障码诊断的前提：一般检查的各项均正常；自诊断应在停车时及打开点火开关（或发动机运转）的情况下进行，在车速超过 2. 75km/h 时不能进入自诊断系统，因此自诊断时 4 个车轮必须均处于静止状态；在检测 ABS、ABS/EDS 以及 ASR 系统时，应避免汽车电气系统受到电磁干扰。

（1）故障码的读取　故障码的读取方法有人工读取和仪器读取两种，应根据车载电子控制单元的功能及诊断设备条件选择。

1）人工读取故障码。人工读取故障码的方式有：通过 ABS 警告灯闪烁读取、通过 ECU 盒上的发光二极管读取、通过自制的发光二极管读取和通过自动空调面板读取等几种。读取故障码的一般程序：将点火开关置于 OFF 位置；用跨接线跨接诊断插座中的相应端子；将点火开关置于 ON 位置，以正确的方法计数警告灯或发光二极管的闪烁次数，确定故障码；从维修手册中查找故障码所代表的故障情况；排除故障后，按规定程序清除故障码。

利用 ABS 警告灯闪烁读取丰田车系 ABS 故障码的方法如下：

用跨接线连接发动机室内的故障诊断座的 T_C 与 E_1 端子，接通点火开关，将仪表板上的 ABS 警告灯即闪烁出故障码。

如果 ECU 存储有故障码，ABS 警告灯先以 0. 5s 的间隔闪烁显示故障码的十位数，在十位数闪烁显示结束后，再隔 1. 5s 开始以 0. 5s 的间隔闪烁显示个位数。两个故障码之间的闪烁间隔为 2. 5s。如果 ECU 中没有故障码，则 ABS 警告灯以 0. 25s 的间隔连续闪烁。

图 6-23 所示为正常码及故障码 11 和 12 的闪烁方式。大众车系 ABS 的故障码见表 6-3。

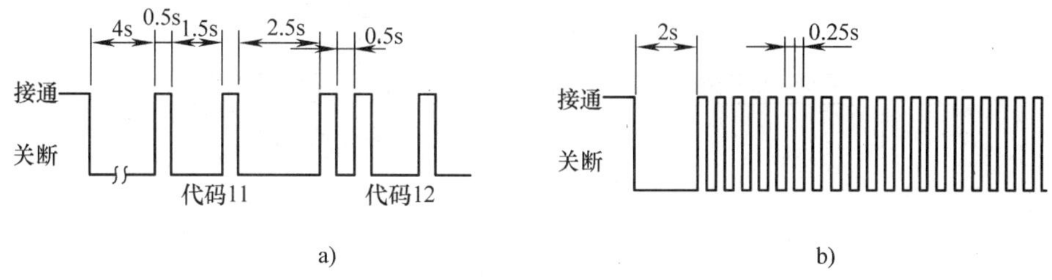

图 6-23　正常码及故障码 11 和 12 的闪烁方式

a）故障码 11 和 12　b）正常码

表 6-3　大众车系 ABS 故障码

故障码	故 障 内 容	故障码	故 障 内 容
一直亮	ABS 控制单元（ECU）不良	1222	主电磁阀不良
1111	ABS 控制单元内部或搭铁不良	1223	左前轮速传感器不良
1112	左前轮输入电磁阀不良	1224	右前轮速传感器不良
1114	右前轮输入电磁阀不良	1234	右后轮速传感器不良
1122	后轮输入电磁阀不良	1311	左后轮速传感器不良
1132	左前轮输出电磁阀不良	1312	制动液面开关或低压报警开关不良
1134	右前轮输出电磁阀不良	4444	系统正常
1142	后轮输出电磁阀不良	0000	自诊断输出结束

2）仪器读取故障码。故障诊断仪可以从 ABS 的 ECU 存储器中读取故障码，同时还有翻译故障码、指导诊断步骤和提供基本判断参数等功能。

目前常用的故障诊断仪主要有大众公司的 V. A. G1551 专用诊断仪、大众公司的 V. A. S5052 专用诊断仪、丰田车系专用诊断测试仪、修车王电脑诊断仪等。

车型不同时，其自诊断系统的功能不尽相同，诊断方法也有所不同。

使用 V. A. G1551 或 V. A. G1552 型故障诊断仪对桑塔纳 2000GSi 轿车的 ABS 进行故障诊断的程序如图 6-24 所示。

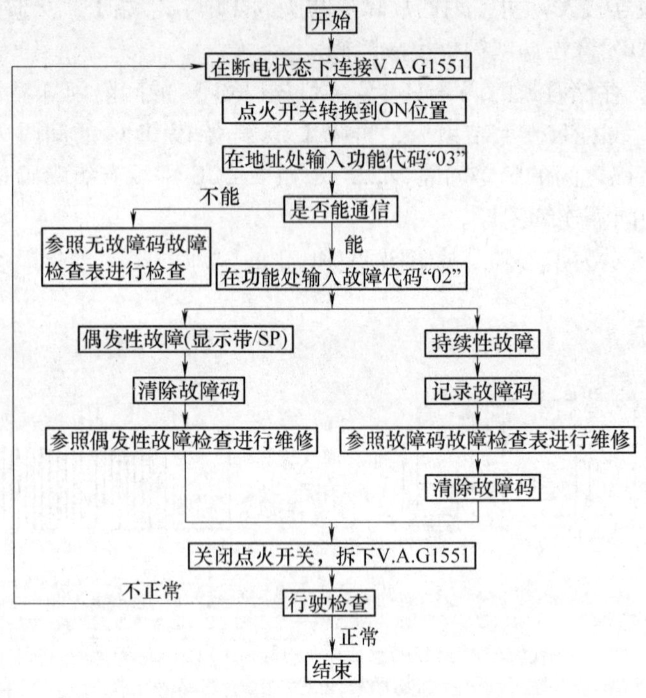

图 6-24　使用故障诊断仪进行 ABS 故障诊断程序

读取故障码的方法如下：

①在断电的情况下，将故障诊断仪 V. A. G1551 或 V. A. G1552 与 ABS 的诊断插座连接（图 6-25）。

②将点火开关转至 ON 位置。

③在地址（Addresswort）处键入功能代码“03”，按“Q”键确认，这时屏幕上将显示：

ECU 版本号：3A0907379　ABSITTAE20GIV100。

编号（Codierung）：×××××。

工厂编号（WSC）：×××××。

④在功能选择（Funktionanwahlen）处输入功能代码“02”，按“Q”键确认，将显示故障的数量。之后按“→”键将依次显示每一故障的故障码和内容。

在读取 ABS 故障码或检修 ABS 后，应清除存储器内的故障码。其方法是，在点火开关处于“ON”位置时，在功能选择处输入功能代码“05”，按“Q”键确认，即可消除故障码。若故障码无法消除，表明此故障码代表的故障一直存在，必须在排除故障后予以清除。

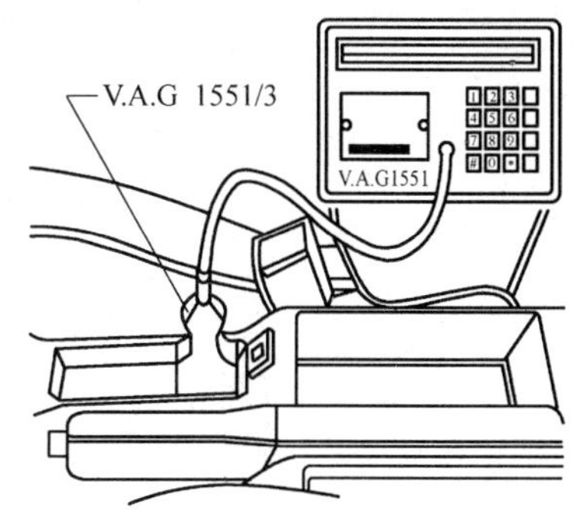

图 6-25　V. A. G1551 故障诊断仪的连接

（2）对照故障码表对 ABS 故障进行分析

故障码表示了故障的性质和范围，这些内容一般由汽车制造厂提供，列入维修手册中。表 6-4 列出了桑塔纳 2000Gsi 轿车 ABS 故障码的内容。

表 6-4　桑塔纳 2000Gsi 轿车 ABS 故障码表

V. A. G1552 显示屏显示	可能的故障原因	故障排除方法
未发现故障	如果在维修完毕后，用 V. A. G1552 查询故障后未发现故障，自诊断结束。如果显示屏显示“未发现故障”，但 ABS 不能正常工作，则应按以下步骤操作： ①以大于 20km/h 的车速，进行紧急制动试车 ②重新用 V. A. G1552 查询故障，仍无故障显示 ③在无自诊断的情况下，全面进行电气检查	
00668 汽车 30 号线终端电压信号超差	电压供应线路、连接插头、熔丝故障	检查 ECU 供电线路、熔丝和连接插头
01276 ABS 液压泵（V64）信号超差	电动机与 ECU 连接线路对正极或对搭铁短路、断路；液压泵电动机故障	检查线路、进行执行元件诊断
65535 电控单元	ECU 故障	更换 ECU
01044 ECU 编码不正确	ECU 的 25 针插头端子 6 和端子 22 之间断路或短路	检查线路、线束的插头
01130 ABS 工作信号超差	与外界干涉信号源发生电气干涉	①检查所有线路连接对正极或对搭铁是否短路 ②清除故障码 ③在车速大于 20km/h 时，进行紧急制动试车 ④再次查询故障码

（续）

V. A. G1552 显示屏显示	可能的故障原因	故障排除方法
00283 左前轮速传感器（G47）	轮速传感器导线、传感器线圈、传感器的线路短路或断路；连接插头松动；传感器头和齿圈的间隙超差	①检查轮速传感器与 ECU 之间的线路和连接插头 ②检查传感器头和齿圈的安装间隙 ③读取数据流
00285 右前轮速传感器（G45）	轮速传感器导线、传感器线圈、传感器的线路短路或断路；连接插头松动；传感器头和齿圈的间隙超差	①检查轮速传感器与 ECU 之间的线路和连接插头 ②检查传感器头和齿圈的安装间隙 ③读取数据流
00287 右后轮速传感器（G44）	轮速传感器导线、传感器线圈、传感器的线路短路或断路；连接插头松动；传感器头和齿圈的间隙超差	①检查轮速传感器与 ECU 之间的线路和连接插头 ②检查传感器头和齿圈的安装间隙 ③读取数据流
00290 左后轮速传感器（G46）	轮速传感器导线、传感器线圈、传感器的线路短路或断路；连接插头松动；传感器头和齿圈的间隙超差	①检查轮速传感器与 ECU 之间的线路和连接插头 ②检查传感器头和齿圈的安装间隙 ③读取数据流

五、ABS 典型故障诊断

不同车型 ABS 故障诊断的具体方法尽管有所不同，但基本方法类似。下面以桑塔纳 2000Gsi 轿车为例进行介绍。

ABS 的典型故障可归为三种类型，即偶发性故障、有故障码故障、无故障码故障。

1. 偶发性故障

在电子控制系统中，电气线路和信号输入、输出接口可能出现瞬时接触不良问题，从而导致偶发性故障或在 ABS 自检时留下故障码。若故障持续存在，则按有故障码故障进行检查。若故障自行消失，则不易找出故障原因。在此情况下，可按下述方法模拟故障，检查故障是否再现。

（1）当振动可能是主要原因时　将各接头、各线束、各传感器上下、左右轻轻摇动；将其他的运动件轻轻摇动，如车轮轴承等。

若线束扭断或因拉得太紧而断裂，则需更换新件。因为传感器在车辆运动时由于悬架系统的上下移动，可能会造成短暂的断路或短路。所以检查传感器信号时，必须进行实车行驶试验。

（2）当过热或过冷是主要原因时　用电热吹风机加热怀疑有故障的部件；用冷喷雾剂检查是否有冷焊现象。

（3）当电源回路接触电阻过大可能是主要原因时　打开所有电气开关，包括前照灯和后除霜开关。若故障没有再现，就必须等到下次故障再现时才能诊断和维修。通常偶发性故障只能愈变愈严重，不会向好的方面发展。

2. 有故障码故障诊断

故障码能够显示故障的性质和范围，因而可根据故障码的提示迅速、准确地确定故障的性质和部位，有针对性地检查有关部位、元件和线路，排除故障。

利用故障诊断仪读取 ABS 的故障码（表 6-4）后，应对照维修手册查看故障码的含义，结合该车电路和有关元件的检测方法，按相应步骤诊断和排除故障。

（1）故障码 01276 的分析诊断

1）故障原因。车速超过 20km/h 时，ABS 的 ECU 监控到电动机不能正常工作，就会记录此故障码。用 V. A. G1552 的液压元件测试功能可以驱动电动机进行此项测试。造成该故障的可能原因是：电源线路短路或搭铁；电动机线束松脱；电动机损坏。

2）故障诊断方法。先确认蓄电池电压是否正常，因为若蓄电池过度放电，电动机将无法驱动，在测试电动机时车辆应在静止状态。故障诊断流程如图 6-26。

（2）故障码 00283、00285、00290 和 00287 的分析诊断

1）故障原因。出现该组故障码的情况较为复杂，一般有以下几个方面：

①检查不到回路开路，但车速达到 20km/h 以上仍没有信号输出时，即出现此故障码，其原因：传感器漏装，传感器线圈或线束短路，传感器与齿圈之间间隙过大或是齿圈损坏所引起，或是由于 ABS 的 ECU 故障引起。

②车速高于 20km/h 时，若传感器信号超出公差范围，即出现此故障码。其原因：传感器线圈或线束间歇性接触不良或短路，传感器与齿圈间的间隙过大或过小，齿圈损齿损坏，轴承间隙过大或 ABS 的 ECU 故障。

③传感器存在可识别的断路、短路等故障时，出现此故障码。其原因：传感器插接器或线圈开路，传感器线圈短路，传感器插头或线束与搭铁或电源短路，ABS 的 ECU 传感器信号处理电路有故障，或传感器漏装、间隙过大等。

2）故障诊断方法。上述第①、②种情况时，可按图 6-27 所示程序进行检查；第③种情况按图 6-28 所示程序进行检查。

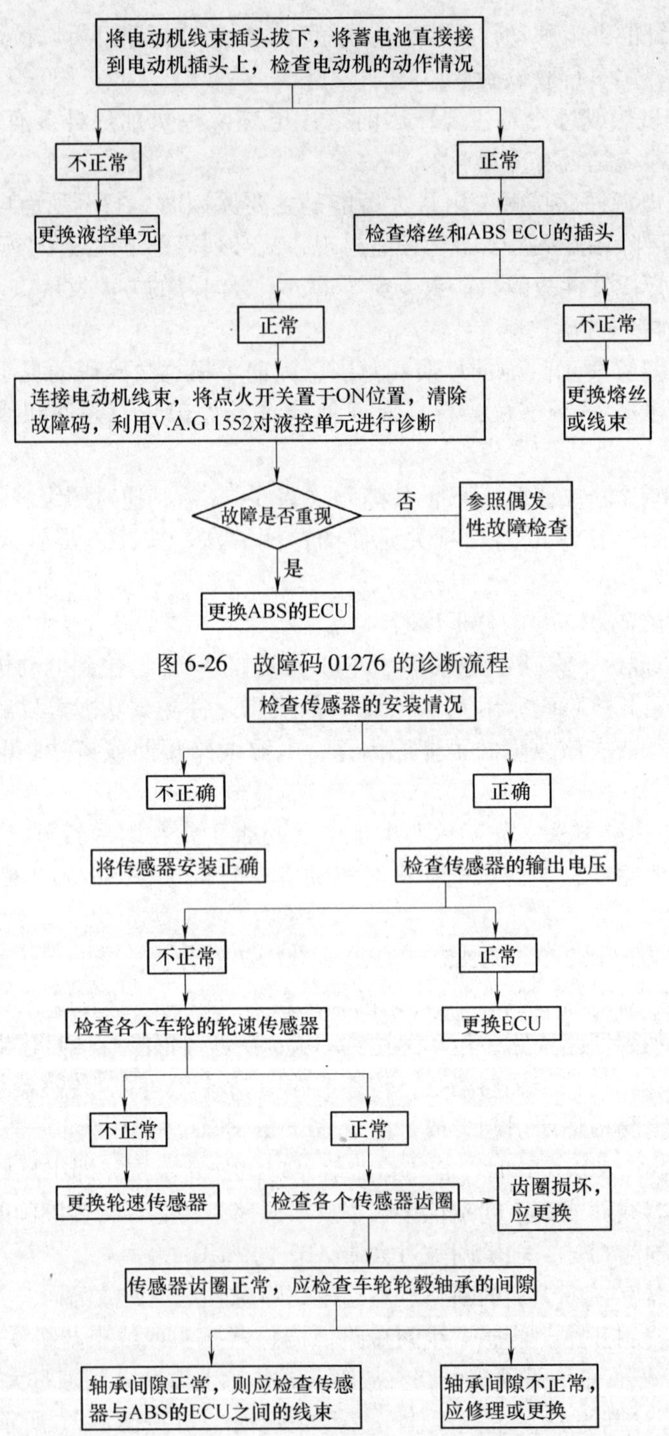

图 6-26　故障码 01276 的诊断流程

图 6-27　故障码 00283、00285、00290 和 00287 的诊断程序（一）

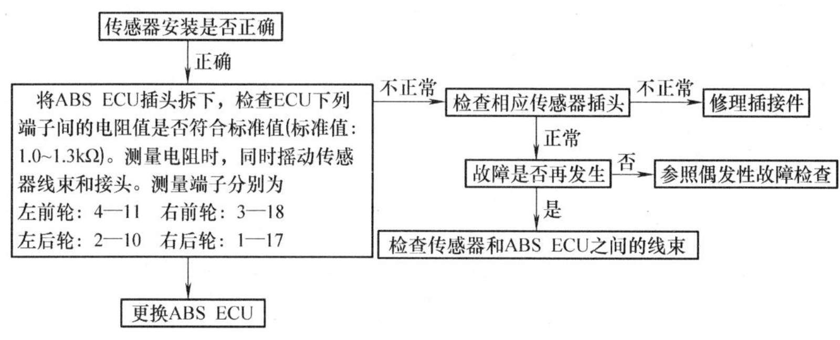

图 6-28 故障码 00283、00285、00290 和 00287 的诊断程序（二）

（3）故障码 01044 的分析诊断

1）故障原因。当 ECU 的软件编号与 ABS 线束的端子连接不一致时，出现此故障码。可能原因：在 ABS 线束内端子连接错误；ABS 的 ECU 编码错误。

2）故障诊断方法。出现此故障码时，可按图 6-29 所示的程序进行诊断。

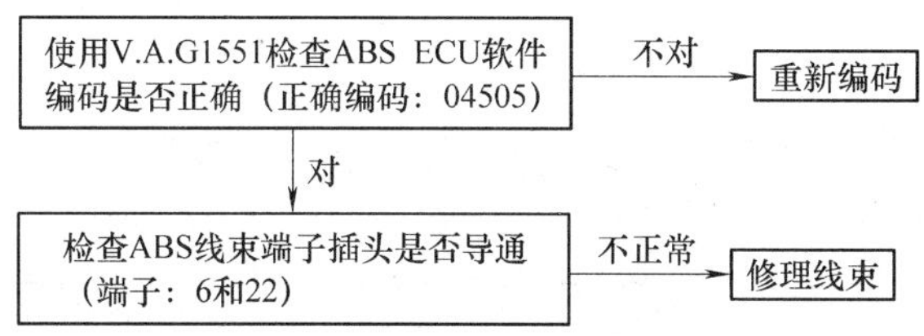

图 6-29 故障码 01044 的诊断程

（4）故障码 00668 的分析诊断

1）故障原因。当供电端子 30 未提供电压或电压太高时，出现此故障码。其原因：ABS 的熔丝烧断；蓄电池电压太低或太高；ABS 的电线线束插接件损坏；ABS 的 ECU 损坏。

2）故障诊断方法。故障码为 00668 时可参照图 6-30 的流程进行诊断。

（5）故障码 01130 的分析诊断

1）故障原因。当 ABS 受高频电磁波干扰或微处理器认为输入车速信号不可信时，出现该故障码。其原因：高频电磁波干扰；传感器损坏或其电线线束损坏；ABS 的 ECU 损坏。

2）故障诊断方法。故障码 01130 的诊断程序如图 6-31 所示。

3. 无故障码故障诊断

ABS 有故障，但又不能利用故障诊断仪读取故障码，常见的故障形式、产生

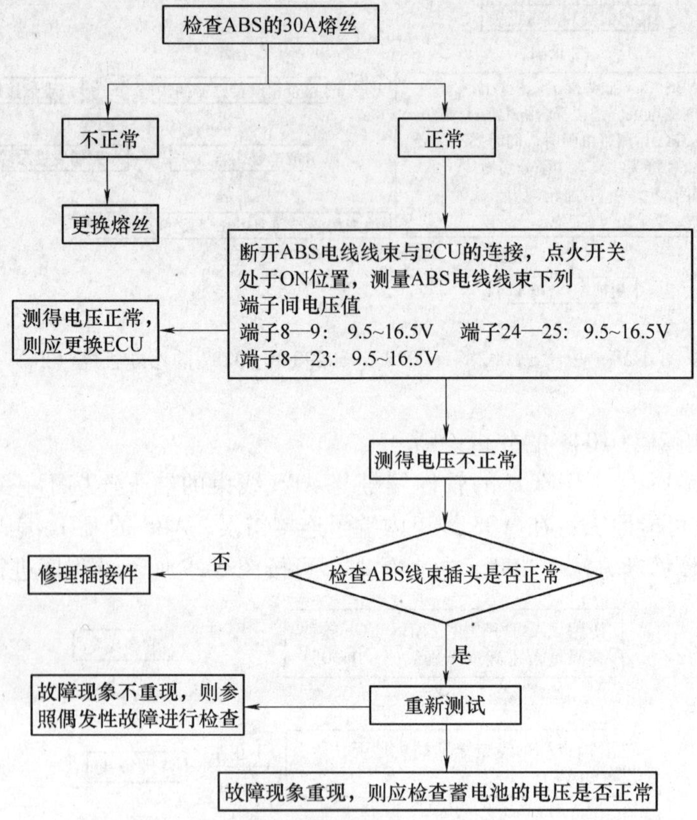

图 6-30 故障码 00668 的诊断流程

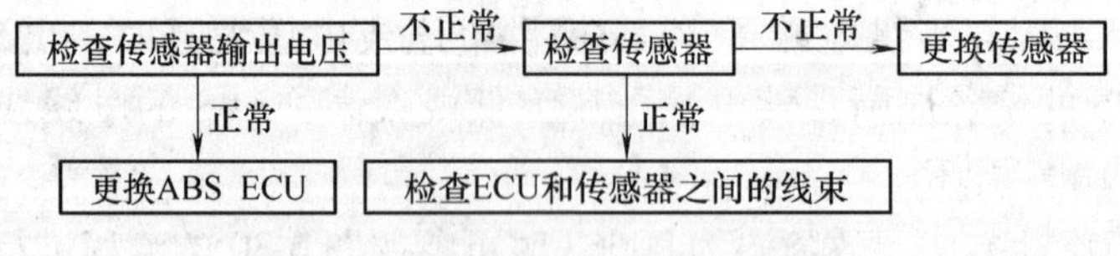

图 6-31 故障码 01130 的诊断程序

的原因及诊断的方法分述如下。

（1）点火开关在“ON”位置但 ABS 警告灯不亮

1）故障原因。熔丝烧断；ABS 故障警告灯灯泡烧坏；电源线路断路；ABS 警告灯控制器损坏。

2）故障诊断方法。出现此故障时，可按图 6-32 所示流程进行检查和诊断。

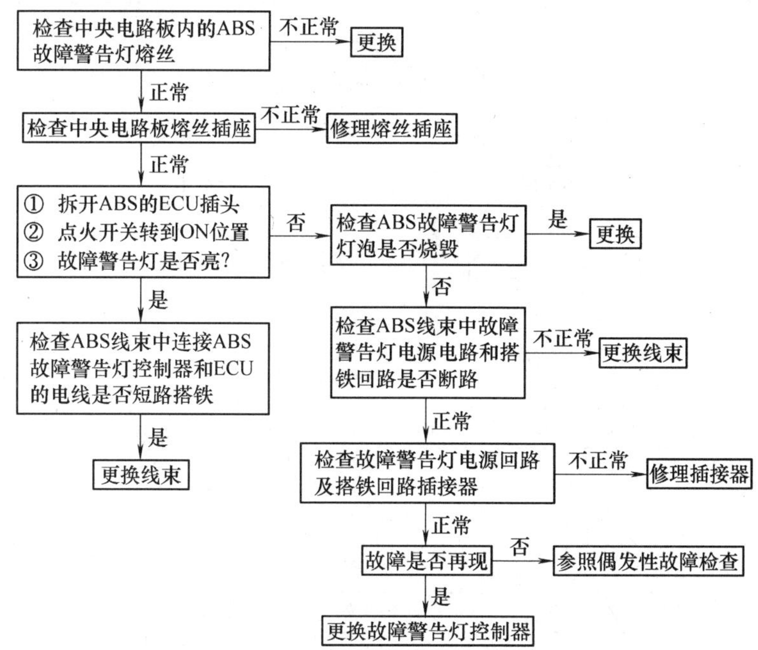

图 6-32　点火开关 ON 位置，ABS 警告灯不亮的诊断流程

（2）发动机起动后，ABS 故障警告灯常亮

1）故障原因。故障警告灯控制器损坏；ABS 故障警告灯控制器回路断路；ABS 的 ECU 损坏。

2）故障诊断方法。此故障仅限于系统可与 V. A. G1551 通信（ABS 的 ECU 电源供应正常），且无故障码的情况。诊断步骤如下：

①首先检查 ECU 和故障警告灯控制器之间的电线是否断路，若断路应更换线束。

②若没有断路，再检查 ABS 警告灯控制器，不正常时进行更换，若正常则应更换 ABS 的 ECU。

（3）ABS 工作异常

1）故障原因。此故障与驾驶状况及路面条件密切相关，故障产生的原因可能包括：传感器安装不当；传感器线束有问题；传感器损坏；齿圈损坏；传感器粘附异物；车轮轴承损坏；液压控制单元损坏；ABS 的 ECU 损坏等。

2）故障诊断方法。ABS 工作异常时，可按图 6-33 所示步骤进行检查诊断。

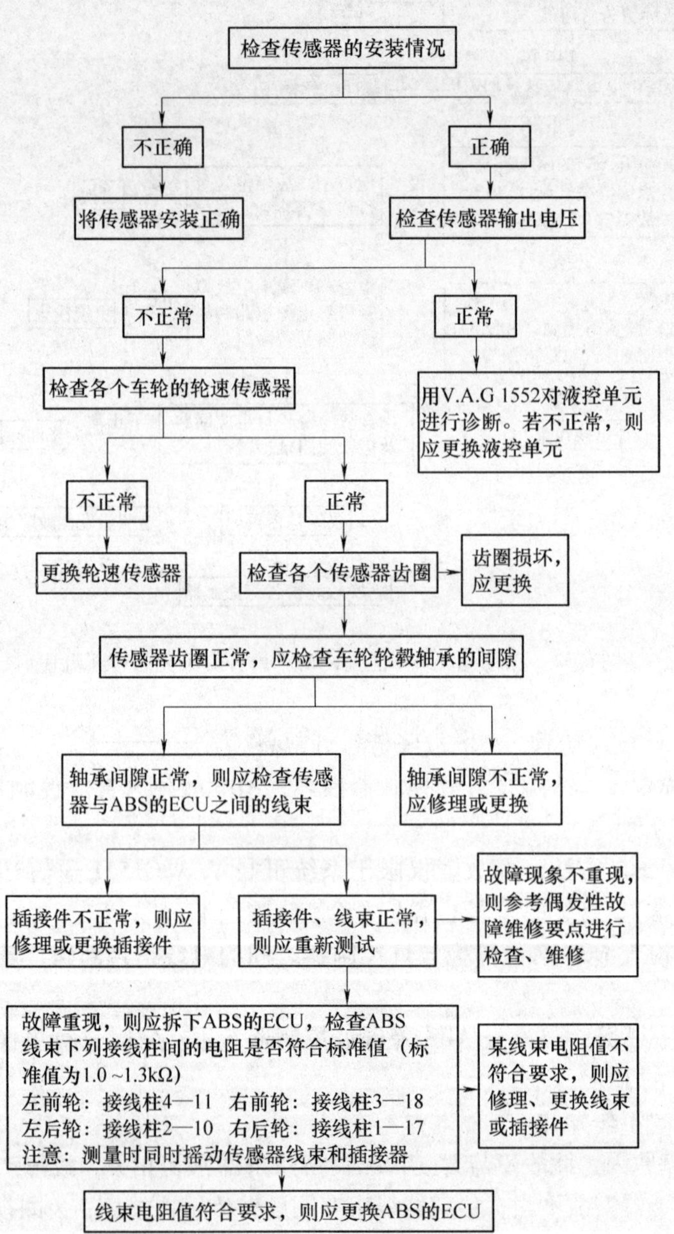

图 6-33 ABS 工作异常的故障诊断流程

（4）制动踏板行程过长

1）故障原因。制动液渗漏；出油阀泄漏；系统中有空气；制动盘严重磨损；驻车制动器调整不当。

2）故障诊断方法。制动踏板行程过长的诊断流程如图 6-34 所示。

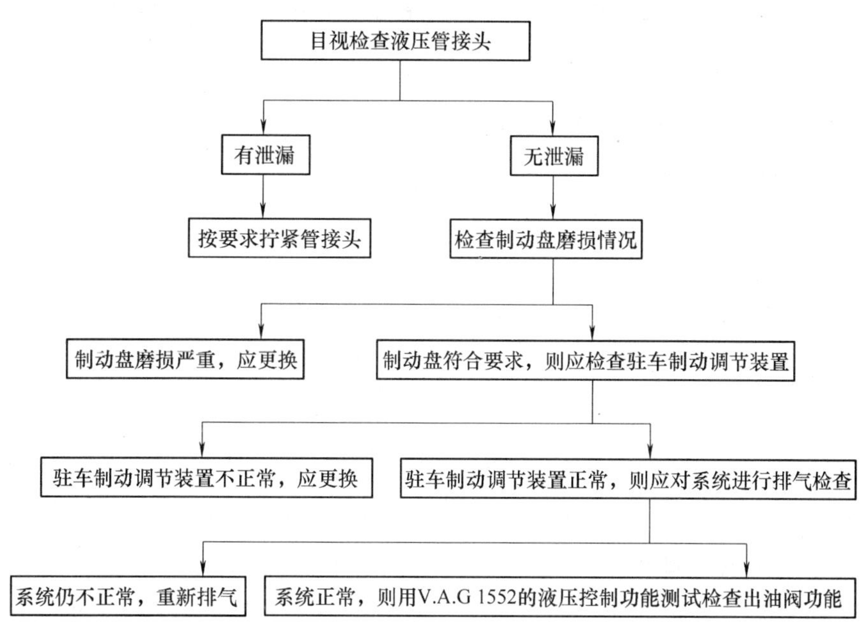

图 6-34　制动踏板行程过长诊断流程

（5）无法与 V. A. G1551 通信，无故障码输出

1）故障原因。无法与故障诊断仪 V. A. G1551 通信时，可能是 ABS 的 ECU 电源回路或是诊断线回路断路造成。如熔丝烧毁、诊断线断裂或插头松脱等。也可能是 ABS 的 ECU 损坏，或 V. A. G1551 故障诊断仪工作不正常。

2）故障诊断方法。无故障码输出时，可按图 6-35 所示流程进行诊断。

六、ABS 主要部件的检测

ABS 发生故障后，应对线路和主要部件进行检查。车型不同时，其检测的内容和要求虽然不尽相同，但基本项目类似。捷达都市先锋轿车 ABS 控制单元 ECU 的导线插接器的测试内容及要求（表中给出的端子号参见表 6-1）见附录 C。

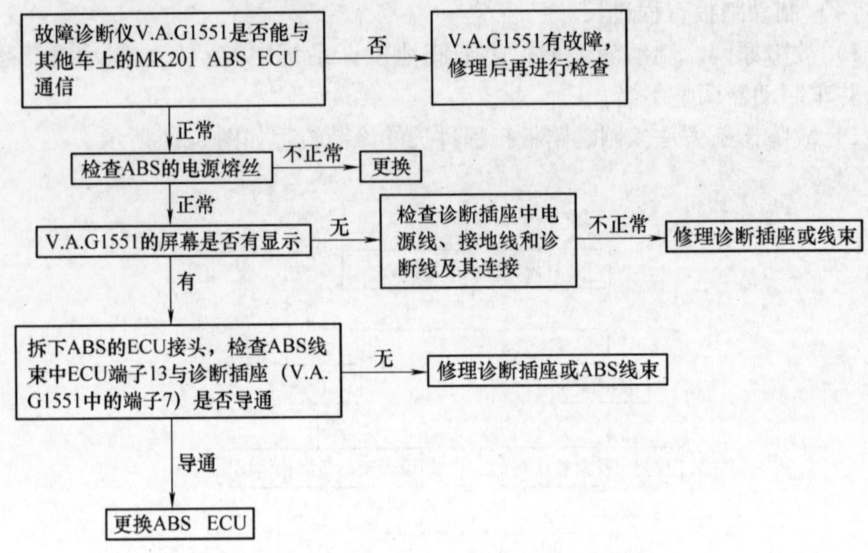

图6-35　无故障码输出的故障诊断流程

复　习　题

1. 对汽车制动系统的基本要求有哪些？其基本组成有哪些？

2. 制动系统有哪些类型？

3. 气压制动系统由哪些部件构成？

4. 气压制动系统制动效能不足和制动失效故障的原因是什么？怎样诊断排除这些故障？

5. 气压制动系统制动跑偏和制动拖滞故障的原因是什么？怎样诊断排除这些故障？

6. 真空增压式、真空助力式、气压增压式液压制动系统各由哪些部件构成？分别简介其工作原理。

7. 怎样进行液压制动系统真空助力器的检查？

8. 怎样进行液压制动系统真空助力器和真空增压器的检查？

9. 怎样进行液压制动系统盘式制动器和鼓式制动器的检查？

10. 怎样诊断液压制动系统制动失效和制动一脚不灵故障？

11. 怎样诊断液压制动系统制动效能不足故障？

12. 怎样诊断液压制动系统制动跑偏和制动拖滞故障？

13. 防抱死制动系统有哪几部分组成？

14. ABS 的电子控制系统的基本功能是什么？

15. ABS 执行机构怎样对制动力进行调节？调节过程分为哪几步？
16. 常见的 ABS 布置方式有哪些？
17. ABS 检查、检修的注意事项是什么？
18. ABS 排气操作的要领有哪些？
19. 哪些现象不是 ABS 自身的故障？
20. ABS 一般检查的内容有哪些？
21. 怎样利用 ABS 警告灯进行故障诊断？
22. 进行 ABS 故障自诊断应保证哪些一般条件？
23. 利用 V. A. G1551 故障诊断仪诊断的程序是什么？
24. 怎样利用跨接端子进行典型车辆故障码读取与清除？
25. 怎样进行 ABS 的偶发性故障诊断？
26. 怎样根据故障码进行故障诊断与排除？

第七章　汽车转向系统和巡航控制系统故障诊断

第一节　汽车转向系统故障诊断

汽车转向是通过转向轮偏转一定角度来实现的。汽车按驾驶人的操纵使转向轮偏转以实现转向行驶的一整套机构，称为汽车转向系统。转向系统的基本类型分为机械转向系统和动力转向系统两大类。

一、汽车转向系统的结构

1. 机械转向系统

机械转向系统一般由转向操纵机构、转向传动机构和转向器三部分组成，其结构如图 7-1 所示。转向操纵机构由转向盘、转向传动轴等组成；转向传动机构由转向拉杆和球销等组成；常用齿轮齿条式机械转向器的结构如图 7-2 所示。

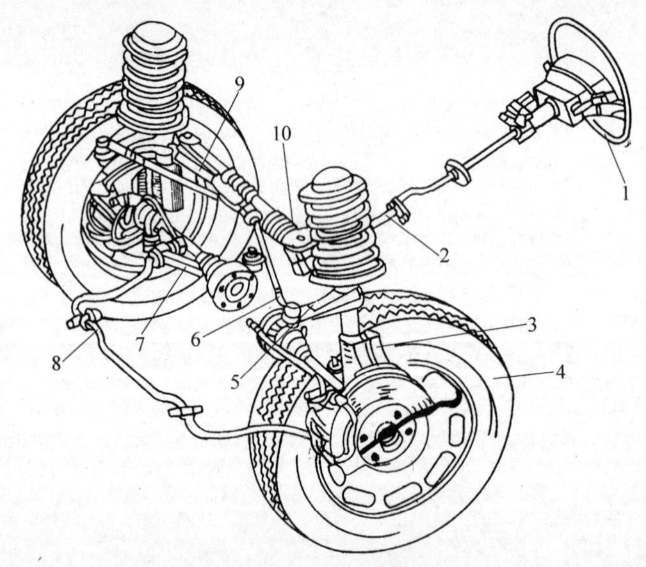

图 7-1　机械转向系统

1—转向盘　2—安全转向柱　3—转向节　4—车轮　5—转向节臂　6—右横拉杆
7—下控制臂　8—横向稳定杆　9—转向减振器　10—转向器

汽车转向时，驾驶人转动转向盘，通过转向柱带动转向器中的转向齿轮一起转动，使转向器中的转向齿条横向移动；转向齿条带动左、右转向横拉杆移动，并使与横拉杆相连的转向节臂转动；转向节臂与转向节固定在一起，转向节上装有转向车轮，于是转向车轮被带动而偏转，使汽车改变行驶方向。

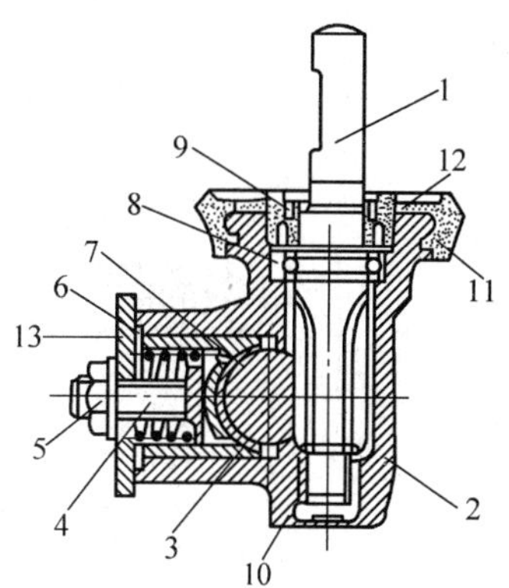

图 7-2　齿轮齿条式机械转向器结构

1—主动齿轮　2—转向器壳　3—齿条　4—调节螺栓　5—锁紧螺母　6—补偿弹簧　7—压板　8—无内圈单列向心球轴承　9—油封　10—滚针轴承　11—密封罩　12—螺母盖　13—盖

2. 动力转向系统

动力转向系统是利用一定的动力助力方式，帮助执行转向操作的转向总成。动力转向系统是在机械转向系统的基础上加设一套转向加力装置构成的。按动力不同可分为液力式和电力式两类；根据控制机构的工作原理，可分为普通动力转向系统和电子控制动力转向系统。动力转向系统可以在保证转向灵敏性的前提下，有效地提高转向操纵轻便性，保证高速行车安全，减小转向盘的冲击。电子控制动力转向系统能随转向条件的不同来控制转向助力。在停车、低速行驶转向、或快速转向时产生较大的助力，以使转向轻便；在中、高速行驶转向时，产生的助力相对较小，以使驾驶人有较强路感。

（1）普通液力式动力转向系统　普通液力式动力转向系统由动力转向器、储液罐、液压泵、进回油管及横拉杆等组成。常用动力转向器为整体式动力转向器，即把机械转向器、转向动力缸和控制阀设计成整体结构。普通液力式动力转向系统在汽车上的布置如图 7-3 所示；其工作原理如图 7-4 所示。

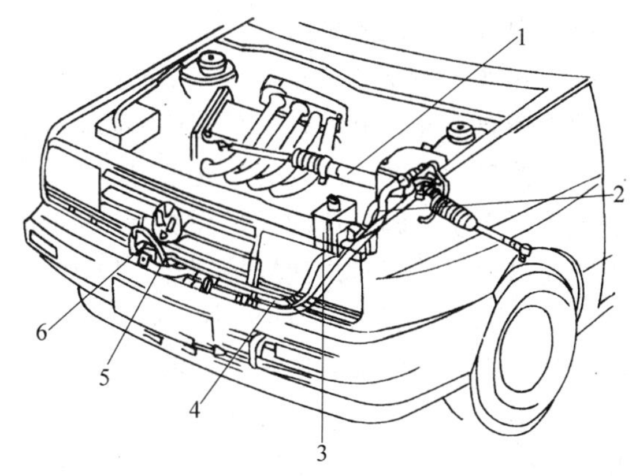

图 7-3　普通动力转向系统在汽车上的布置

1—动力转向器总成　2—高压油管　3—储液罐　4—回油管　5—吸油管　6—液压泵

发动机工作时，带动叶片泵旋转，把液压油从储液罐泵入转向器阀体。动力转向器的分配阀为旋转阀，由其上装有扭杆的小齿轮、阀套及阀芯组成。阀芯上有经过磨削加工的控制槽，并通过销子与连在小齿轮上的扭杆相连。阀芯上端部通过花键与转向轴下端的万

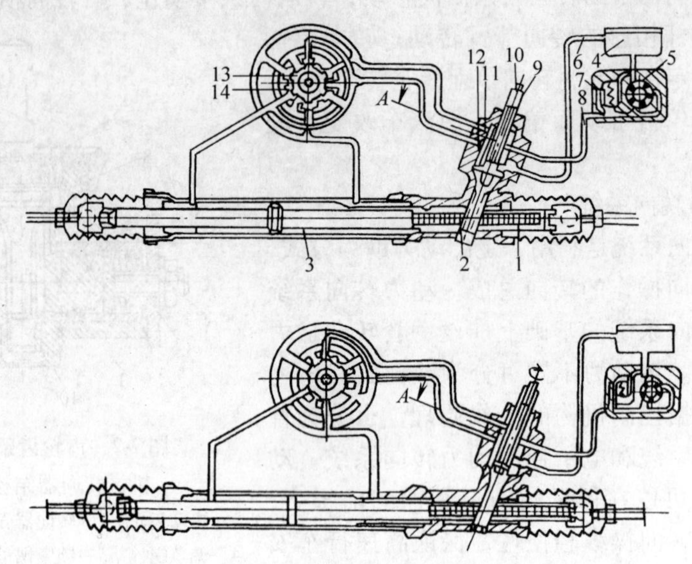

图 7-4　液力式动力转向系统工作原理示意图

1—齿条　2—小齿轮　3—工作油缸　4—储液罐　5—液压泵　6—回油管　7—溢流阀和安全阀　8—高压油管　9—转向轴　10—扭力杆　11、12—径向切槽　13—阀芯　14—阀套

向节叉相连。旋转阀有 4 个通道，当转向盘转动时，阀芯上控制槽连接通向助力油缸的通道，使之产生转向助力作用；而当不转向时，液压油流经阀体返回储液罐。由于阀芯下端与转向小齿轮相连，因此当转向助力失效后，小齿轮仍可带动齿条以实现汽车的机械转向。

（2）电子控制液力式动力转向系统　电子控制液力式动力转向系统通常由液压动力转向系统、电磁阀、车速传感器和电控单元（ECU）组成，如图 7-5 所示。其电控单元根据检测到的车速信号，控制电磁阀以调节系统压力，使转向助力放大倍率连续可调，从而满足高、低速时的转向助力要求。另外，一些动力转向系统还增设了转向盘角速度传感器，以满足快速转动转向盘时的增力要求。

1）动力转向液压泵。即液力式动力转向系统的动力源，由发动机驱动。工作时，从动力转向储液罐中吸入油液，并产生液压能；而后，通过液压软管将液压油输入转向助力装置。动力转向液压泵分为齿轮泵、柱塞泵、叶片泵等不同的类型。

2）转向助力装置。其作用是将转向盘的操控力放大，利用液压泵产生的液力驱动转向车轮。转向助力装置一般由液压缸、液压控制阀等组成。转向助力装置的类型不同时，其具体组成部件与工作原理有所差别。

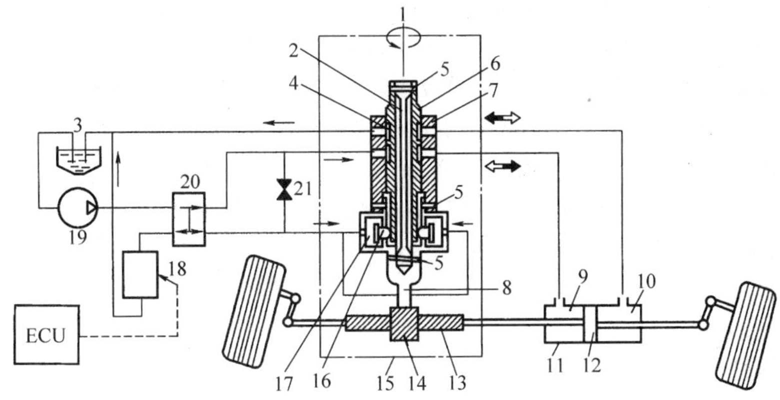

图 7-5 电子控制液力式动力转向系统

1—转向盘 2—扭杆 3—储油器 4—接口 5—销钉 6—控制阀轴 7—回转阀 8—小齿轮轴 9—左室 10—右室 11—转向动力缸 12—活塞 13—齿条 14—小齿轮 15—转向齿轮箱 16—柱塞 17—液压反力室 18—电磁阀 19—液压泵 20—分流阀 21—小节流孔

如图 7-5 所示，转向齿轮箱中的扭杆上端用销钉与控制阀轴连接，下端与驱动小齿轮轴连接，小齿轮轴的上端与回转阀相连接，转向盘则通过转向轴与控制阀轴相连。因此，转向盘的转向力就通过扭杆以及控制阀轴传到驱动小齿轮轴。

当扭杆产生扭转变形时，控制阀和回转阀就会分别产生相对转动，引起各个接口连通状态的变化，实现对转向动力缸中油液量的控制，完成对动力缸左、右室油路的切换。

3）电磁阀。在电子控制器的控制下产生相应动作，适时地调节控制液压或液流量，以使转向助力装置产生适宜的转向动力。

4）车速传感器。用以检测汽车的行驶速度，通常与制动防抱死控制系统、自动变速器控制系统等控制系统共用。动力转向电控单元（ECU）需要根据车速传感器传递的车速信号确定转向助力的大小。

5）电子控制器。动力转向电控单元（ECU）根据车速传感器的输入信号，判别汽车的行驶工况，做出最佳转向助力判断后，输出控制信号，通过电磁阀驱动电路控制电磁阀的开度。这样，转向助力装置产生适当的转向驱动力，使动力转向系统产生的动力转向放大倍率始终与车速相适应。

（3）电子控制电力式动力转向系统 其控制机构由转速传感器、车速传感器、电子控制器、电动机、电磁离合器等组成，如图 7-6 所示。

电子控制电力式转向系统以电动机作为助力源，根据转向参数和车速等，由微机完成助力控制。操纵转向盘时，装在转向盘轴上的转向传感器（也称转矩传感器）不断测出转向轴上的转矩，并由此产生一个电压信号。电子控制器（ECU）接收该信号和车速信号，进行运算处理，确定助力转矩的大小和转向，选定电动机的电流和转向。电动机转矩通过电磁离合器并经减速机构增矩后，施加在汽车的转向机构上以产生与工况相适应的转向作用力。

图 7-7 所示为电磁离合器的工作原理。当电流通过集电环进入离合器线圈时，主动轮产生电磁吸力带花健的压板被吸引与主动轮压紧，电动机的动力经过轴、主动轮、压板、花键、从动轴传给执行机构。

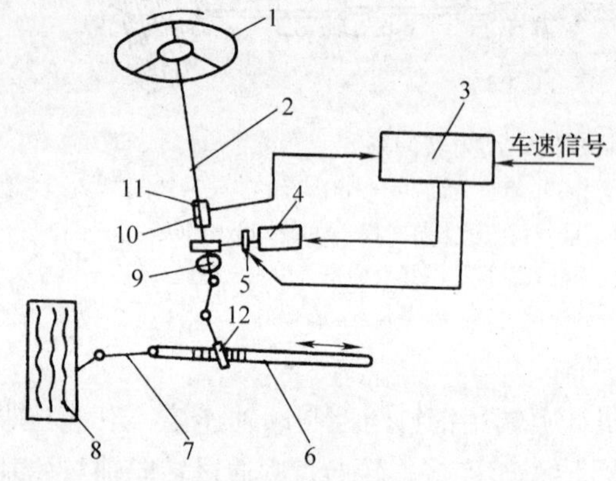

图 7-6　电子控制电力式动力转向系统示意图

1—转向盘　2—输入轴（转向轴）　3—电子控制器（ECU）　4—助力电动机　5—电磁离合器　6—转向齿条　7—横拉杆　8—轮胎　9—输出轴　10—扭力杆　11—转矩传感器　12—转向齿轮

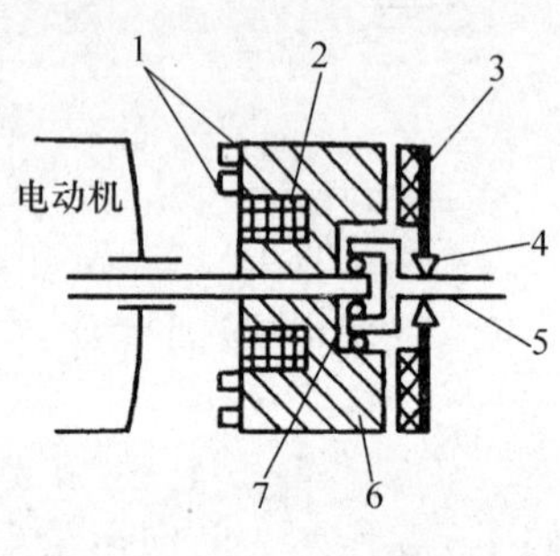

图 7-7　电磁离合器工作原理

1—集电环　2—线圈　3—压板　4—花键　5—从动轴　6—主动轮　7—滚子轴承

二、机械转向系统常见故障诊断

转向系统的技术状况常用转向盘自由转动量、转向盘转向力来反映，其检测方法见本书上册第四章第一节。

机械转向系统的常见故障主要包括转向沉重和转向不灵敏。下面以广泛采用的齿轮齿条式机械转向系统为例说明其诊断方法。

1. 转向沉重

（1）故障现象　驾驶人转动转向盘使汽车转向时感到沉重费力。

（2）故障原因　转向器齿轮与齿条啮合间隙过小或齿轮、齿条损坏；齿条顶块调节过紧；或转向器齿条弯曲；转向器齿轮轴轴承调整过紧或损坏；转向器壳体变形；转向器、转向轴、万向节、转向拉杆球头润滑不良及润滑油脏污或调节过紧；转向轴或转向柱管弯曲；转向节止推轴承润滑不良或损坏；主销内倾角、主销后倾角过大或前轮前束不符合要求；车架、前轴或前悬架变形而导致前轮定位失准；前轮胎气压不足，转向阻力过大。

（3）故障诊断方法

①顶起汽车前部，使两前轮悬空后转动转向盘。若所需转向力较小时，则故障部位可能在前轮、前桥或前悬架。此时应检查如下内容：前轮胎气压、前轴或前悬架杆件是否变形；必要时还须检查主销后倾角、主销内倾角、前束值。

②顶起汽车前部后，若转向仍感沉重，则说明故障部位位于转向器和转向传动机构。此时，将转向横拉杆从转向节臂上拆下，再转动转向盘进行检查。若转向盘从一个极限位置转到另一个极限位置，感到轻便灵活，则故障在横拉杆至前轮的连接及支承部位，应检查各球头销或止推轴承的装配是否过紧或损坏。

③若拆下拉杆后转向仍然沉重，则故障位于转向器或转向柱管。此时应依次检查如下内容：转向器润滑状况，并转动转向盘倾听转向轴与柱管是否碰擦，以确定转向柱管是否弯曲；调整转向器齿条顶块，使转向齿条与转向齿轮的间隙适当；若转向仍然沉重，则应拆下转向器进行检查。此时应重点察看转向器齿轮与齿条是否损坏、齿条是否弯曲严重、齿轮轴轴承是否过紧或损坏、转向器壳体是否变形等。

2. 转向不灵敏

（1）故障现象　汽车转向时，需用较大的幅度转动转向盘；而直线行驶时，行驶方向不稳定。

（2）故障原因　转向盘自由转动量过大是转向不灵敏的根本原因，具体原因如下：转向器固定螺栓松动；转向轴与转向盘配合松动；转向器内齿轮与齿条的啮合间隙过大；转向机构各连接部件间隙过大，或连接松动；转向节主销与衬套磨损松旷；前轮毂轴承间隙过大。

（3）故障诊断方法　诊断时，应先检查转向盘自由转动量。若转向盘自由转动的角度正常，则故障原因可能是：前轮毂轴承间隙过大、主销与转向节衬套间隙过大。此时应进一步支起前桥，而后用手转动前轮以检查轮毂轴承间隙、转向节主销与衬套的配合间隙，确定故障部位。若转向盘自由转动角度过大，则故障部位在转向器内部或转向传动机构，应采取分段检查法确定具体故障位置。分段检查时，先使转向横拉杆（即与转向齿条相连接的拉杆）固定不动，然后转动转向盘。若自由转动量仍过大，则说明其转向器内部间隙过大。若转向盘自由转动量不大，可放松转向横拉杆，再转动转向盘，并观察各拉杆球头销是否松旷。此时，若转向盘自由转动量过大，则说明转向传动机构连接部件间隙过大或连接松动。

当汽车行驶方向不稳定，并伴有前轮胎异常磨损时，还应检查前轮定位值是否符合标准。

三、普通液力式动力转向系统检测与故障诊断

1. 液力式动力转向系统的检查

(1) 储液罐液面检查　合理的液面高度和良好的油质是保证液压动力转向系统正常工作的前提，其检查方法和步骤如下：

①将汽车停放在平坦的地面上。

②发动机怠速时，转动转向盘至左右极限位置数次，使转向液液温度达到80℃左右后，关闭发动机并使转向轮处于直行位置。

③检查转向液是否起泡或乳化，转向液起泡或乳化说明已渗入空气，应进行排气操作。

④检查转向液油质，若转向液变质或到达使用期限，则应更换。

⑤检查储液罐液位高度是否在规定的液位上、下限之间。若油液没有变质且没有渗入空气，仅油面高度低于液位下限，则可能有泄漏。此时，应检查并修理泄漏部位，按需添加推荐使用的油液，使液位升至上限附近。

(2) 动力转向液压系统中气体检查　动力转向液压系统渗入空气后，因其具有可压缩性，易引起转向系统内的液压波动，汽车转向操作不稳，影响汽车的转向安全性。因此，应对动力转向液压系统是否渗入空气进行检查。

检查时，发动机怠速运转。先查看转向盘居中时的转向储液罐液位，然后查看转向盘向左或向右转到极限位置时的转向储液罐液位有无变化。若系统内有空气，转向盘转动时，系统内液压升高，空气被压缩，则储液罐的液位将明显降低；若系统内无空气，由于液体不可压缩，则储液罐的液位变化很小。另外，如系统内有空气，当转向盘向左或向右转到极限位置时，泵内或转向器内有时会产生异常响声。当转向液压系统内有空气时，应将空气予以排出。

(3) 转向液的更换

①放油。支起汽车前部，使两前轮离开地面；拧下转向储液罐盖，拆下转向液压泵回油管，然后将转向液放入容器内。放油时，发动机怠速运转，左、右转动转向盘。

②加油与排气。发动机停止运转，支起汽车前部，连续从左到右转动转向盘若干次，将转向系统中多余的空气排出。

检查转向储液罐中液面高度，视需要把符合规定的转向液加至液面标记上限。

降下汽车前部，起动发动机并怠速运转，连续转动转向盘，注意液面高度的变化，当液面下降时应不断加注转向液，直到液面高度稳定在液面标记上限处，并在转动转向盘后，储液罐中不再出现气泡为止。

(4) 动力转向液压泵传动带张紧度检查　动力转向液压泵的动力来自发动机，通过传动带传递。传动带过松易打滑，会导致液压泵供油量降低，动力转向

液压系统的液压过低，转向沉重；传动带过紧，泵轴及轴承受力增大，零件磨损加快，机件及传动带的使用寿命降低，同时发动机功率损失相应提高。因此动力转向泵传动带的松紧度应适当。其检测方法如下：

①传动带张紧力规检测法。在液压泵的传动带上安装传动带张紧力规，测量其张紧力。其张紧力应符合各自车型的规定，否则应予以调整。

②传动带静挠度检测法。在液压泵传动带的中部施加100N的重力，测量静挠度。其挠度值（一般为10mm）应符合各自车型的规定，否则应予以调整。

③传动带运转检测法。油液升至正常温度后，左右转动转向盘。当转向盘转到极限位置时，转向液压泵输出液压最高，负荷最大，此时如果传动带打滑，则说明其张紧度不够或液压泵有故障。

（5）动力转向液压泵输出压力检测　检测动力转向泵的输出液压，可判定动力转向泵或转向器是否有故障。检测时，首先应使储液罐液位正常且传动带的张紧力符合规定。由于结构形式不同，因而检测动力转向泵输出压力时应采用厂家推荐的检测步骤，并根据压力规定值对检测结果进行评价。其一般检测步骤如下。

①准备工作。将压力表连接在动力转向泵与转向控制阀的压力管道之间（图7-8），完全开启压力表阀门；然后起动发动机使其怠速运转；将转向盘在左、右转动极限位置之间连续转动3～4次，以提高转向液温度并排出系统内的空气。检测中应确保转向液温度升至80℃以上。

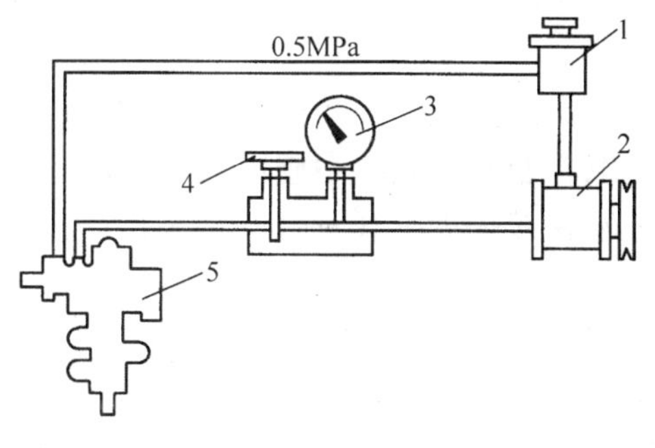

图7-8　转向泵输出压力检测

1—储液罐　2—转向液压泵　3—压力表

4—检测阀　5—转向器

②输出压力检测。发动机怠速运转，关闭压力表阀门，观察压力表读数，其压力应不低于规定值。否则说明动力转向泵有故障。

③转速变化时输出压力差检测。将压力表阀门全开，分别检测发动机在规定的低转速（如1000r/min）和某一高转速（如3000r/min）时动力转向泵的输出压力，两者之差不应超过规定值。否则说明动力转向泵的流量控制阀有故障。

④极限位置时输出压力检测。发动机怠速运转且压力表阀门全开，在转向盘转至左、右极限位置时，测试动力转向泵的输出压力，并与规定值比较。若压力太低，则意味着转向器有内部泄漏故障。

2. 液力式动力转向系统常见故障诊断

液力式动力转向系统的常见故障有转向沉重、行驶方向发飘和转向噪声等。诊断重点为液力转向助力系统，涉及机械转向系统的故障诊断参见本节前述有关内容。

（1）转向沉重

1）故障原因。采用动力转向的汽车，转向应很轻便。若转向困难、沉重，一般是由于液压转向助力系统失效、助力不足、机械传动机构损坏或调整不当所致。

具体原因如下：储液罐液面高度低于规定要求；油管接头处密封不良，有泄漏；液压回路中渗入空气；油管变形、油路堵塞；动力转向泵传动带张紧力不足，传动带打滑；动力转向泵内部磨损、泄漏严重，输出压力降低；转向泵内调压阀失效，使输出压力过低；转向控制阀、动力液压缸内部泄漏；转向齿轮机构损坏或调整不当。

2）故障诊断方法

①检查轮胎气压是否正常，按规定气压充气。

②检查液压转向系统各油管接头是否泄漏，检查油管有无损坏、变形或裂纹。油管有缺陷应予以更换；若油管接头泄漏，应予以拧紧，必要时更换、重接油管。

③检查储液罐内的转向液质量和液面高度。若转向液变质，则应重新更换；若液面低于规定高度，则应找出并排除液面过低的原因后，重新加注使液面达到规定的液面高度。

④检查油路中是否渗入空气。若储液罐油液中气泡时，应检查空气渗入系统内的原因。检查内容包括油管接头是否松动、油管裂纹、密封件损坏、储液罐液面过低等，并排除故障。然后对液压系统进行排气操作，最后加注转向液至规定的液面高度。

⑤检查动力转向泵传动带的张紧程度，按规定调整皮带紧度或更换传动带。

⑥就车复检。起动发动机，将转向盘在左、右极限位置间往返转动。若转向轻便，说明故障已经排除；若转向仍然沉重，则故障可能在动力转向泵、动力液压缸或转向传动机构中；若左、右转向助力不同，则故障可能在转向控制阀中。

⑦检测动力转向泵输出液压，确诊故障部位。发动机怠速运转时，转动转向盘至左或右位置，测量转向液泵的输出液压。若液压低于规定压力，且在逐步关闭压力表阀门时，液压也不能提高，则说明动力转向泵有故障；若液压虽低，但逐步关闭压力表阀门的过程中液压有所提高，且可达到规定值，则说明动力转向泵良好，故障位于转向控制阀或动力液压缸；若检测时液压正常，则故障部位在转向传动机构或转向器。

⑧检查转向传动机构和转向器。转动转向盘，检查与转向柱轴相连的部件转

动是否灵活；转向万向节、各传动杆件球头连接部位是否过紧；转向节止推轴承是否损坏和润滑不良；检查齿轮齿条转向器，调整齿条顶块的压紧力，使齿条与齿轮的侧向间隙正常，保证齿条移动自如，对弯曲的齿条应予以更换。

（2）行驶方向发飘

1）故障现象。转向盘居中，汽车行驶时难以保持直线前行，行驶方向从一侧偏向另一侧。

2）故障原因。转向控制阀扭力杆弹簧损坏或太软，难以克服转向器逆传动阻力，使控制阀不能及时回位；油液脏污使阀芯相对于阀套的运动受到阻滞；转向控制阀阀芯偏离中间位置，或与阀套槽肩两边的缝隙大小不一致；流量控制阀卡滞，使转向液压泵流量过大；或者液压管路布置不合理，使液压系统管路节流损失过大，液压缸左、右腔室的压力差过大；转向传动机构连接处间隙过大，或连接件松动；车轮定位不当；轮胎压力或尺寸不正确。

3）故障诊断方法。首先检查转向传动机构的连接件是否松动，间隙是否过大，排除转向传动机构的故障；检查轮胎尺寸，调节轮胎气压；检查转向液，油液脏污时应更换；检查转向控制阀，在不起动发动机的情况下转动转向盘，感觉判断转向控制阀是否开启或运动自如；排除以上原因后，若仍然发飘，则应检查悬架零部件是否损坏、车轮定位是否正确、车轮转动是否阻滞。

（3）转向噪声

1）故障现象。汽车转向时出现过大噪声。

2）故障原因。转向传动机构松动；储液罐液面太低，转向液压泵工作时渗入空气；动力转向泵损坏或磨损严重；动力转向泵传动带轮松动或打滑；转向控制阀性能不良；油管接头松动或油管破裂，液压系统渗入空气；滤清器滤网堵塞或液压回路中沉积物过多。

3）故障诊断方法

①若转向噪声呈“咔嗒”声，通常是转向柱轴接头松动、横拉杆松动或球形接头松动、转向器安装过松所致。应检查上述部位，发现故障时应进行紧固或更换损坏的部件；另外，转向泵带轮松动也会发出“咔嗒”声。

②若转向噪声呈“嘎嘎”声，且转向盘从一侧极限位置转到另一侧极限位置时噪声更大，通常是动力转向泵传动带打滑所致。此时可检查传动带张紧程度及磨损情况，视需要张紧或更换传动带。

③若转向噪声呈“咯咯”声，则可能是因转向液中有气泡，油液流动时产生的气动噪声。此时首先应检查液面高度，若液面过低，则应加注转向液并检查、排除泄漏故障；然后检查软管是否破损或卡箍是否松动。确定动力转向液压系统内有空气渗入后，应进行排除，以消除气动噪声。若转向泵发出“嘶嘶”声或尖叫声，而转向液压系统无漏气现象，且传动带张紧度正常，则油路可能堵

塞或转向泵严重磨损及损坏。

④当转向盘处于极限位置或原地慢慢转动转向盘时，若转向器发出严重的“嘶嘶”声异响，则可能为转向控制阀性能不良。应更换控制阀进行对比检查，以确诊故障。

(4) 转向盘回正不良

1）故障现象。汽车完成转向后，转向盘不能回到中间行驶位置（直线行驶位置）。

2）故障原因。转向液压泵输出液压低；液压回路中渗入空气；回油软管扭曲阻塞；转向控制阀或转向动力缸发卡；转向控制阀定中不良。

四、电子控制液力式动力转向系统检测与故障诊断

1. 电子控制液力式动力转向系统检测

电控液力式动力转向系统通过控制系统的液压来控制转向助力。因此，可以用转向液压和转向盘转向力反映其电控组件的技术状况。电控动力转向系统的形式不同时，其检测方法和标准不尽相同。下面用皇冠轿车的电控动力转向系统为例，说明其基本检测原理。

(1) 液压检测

1）检测前的准备。先将压力表连接在动力转向泵与转向控制阀之间的压力管道中（图7-9)，使压力表阀门全开；起动发动机，使其怠速运转；将转向盘在左、右极限位置之间连续转动3～4次，以提高转向液液温度并排出系统内的空气。使转向液温度升至80℃以上，确保液面高度正常。

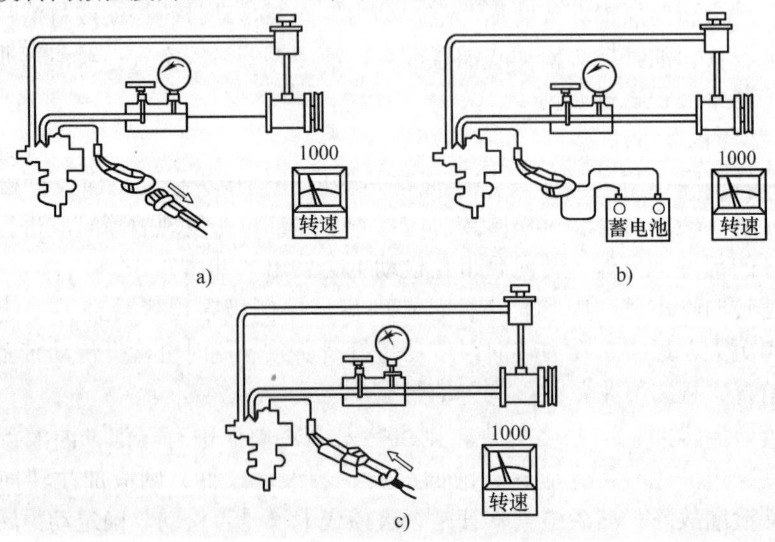

a)　b)　c)

图7-9　电子控制动力转向系统的液压检测

a）拔下电磁阀插接器检测液压　b）电磁阀通电检测液压　c）装电磁阀插接器检测液压

2）动力转向液压泵输出压力检测。检测方法如前述，在确定动力转向泵的输出液压正常时，再进行以下步骤的检测。

3）转向盘转至极限位置时的液压检测。将转向盘转至极限位置，拔下电磁阀插接器（图 7-9a）。然后使发动机转速稳定在 1000r/min，测量动力转向泵的输出液压，其最低压力应为 7355kPa。否则，说明转向器内部有泄漏或电磁阀有故障。

按图 7-9b 所示方法，把蓄电池电压加在电磁阀两接线端，再测量动力转向泵的输出液压，其最大液压应为 3924kPa。压力过高时，说明电磁阀有故障。应注意的是：给电磁阀线圈加蓄电池电压的时间不要超过 30s，以防烧毁电磁阀线圈；重新测试时，则应在电磁阀线圈降温后进行。

按图 7-9c 所示方法插好电磁阀插接器，重新测量动力转向泵输出液压，其最低压力应为 7355kPa。若压力过低，则说明电子控制动力转向系统有故障。

（2）转向盘转向力检测

①转向盘位于汽车直线行驶位置，发动机怠速运转。

②电磁阀线圈断电情况下，用测力计测量转向盘沿两个方向转动时的转向阻力，最大转向阻力不应大于 39N。

③电磁阀线圈通电情况下，再用测力计重测沿两个方向的转向阻力，其最大转向阻力约为 118N，或应满足规定。

正常情况下，电磁阀线圈通电后，节流面积增大，转向助力减少。因而转向盘转向力增大。通电后，若转向阻力没有增大，则说明电磁阀存在故障。

2. 电子控制液力式动力转向系统的故障诊断

（1）故障自诊断　电控动力转向系统一般具有故障自诊断功能，以监测、诊断系统的工作情况和系统故障。电了控制系统出现故障时，其普通转向系统仍能正常工作，但电子控制系统将停止转向助力的控制。同时，其电控单元则将故障信息以代码的形式储存于存储器内备查。故障诊断时，可通过专用解码器或人工方法读取故障码，快速、准确地确定故障类型和故障部位。不同的车型，其故障码的含义也各不相同。表 7-1 所示为三菱轿车电子控制动力转向系统的故障码及含义。

表 7-1　三菱轿车电子控制动力转向系统故障码表

故障码	11	12	13	14
故障可能部位	主计算机电源不良	车速信号不良	电磁阀工作不良	主计算机故障

（2）常见故障诊断　电子控制动力转向系统的机械及液压管路的故障诊断，可参考普通动力转向系统的故障诊断方法进行。下面以皇冠轿车电子控制动力转向系统为例进行说明其电控部分的故障诊断方法，图 7-10 为控制电路和电控单

元（ECU）插接器示意图。

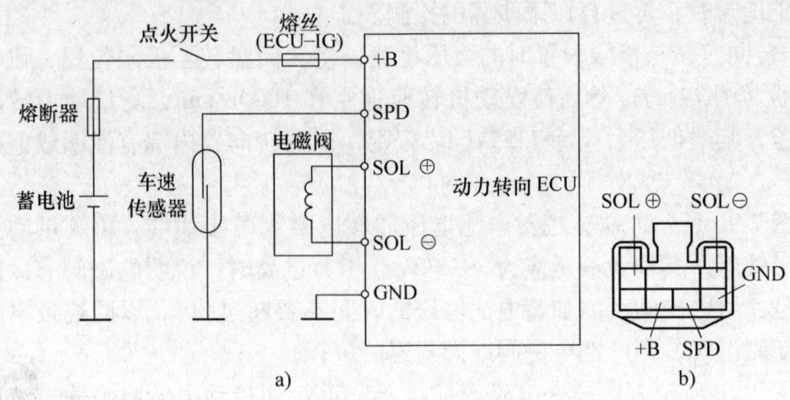

图 7-10　电子控制动力转向系统控制电路及 ECU 插接器

a）控制电路　b）ECU 插接器

电控液力式动力转向系统的常见故障：怠速或低速行车时转向沉重；高速行驶时转向太灵敏。

1）故障原因。动力转向系统机械及油路故障；动力转向系统的 ECU-IG 熔丝烧毁；动力转向系统的 ECU 插接器接触不良；车速传感器线束有断路或短路故障；动力转向电磁阀线圈有断路或短路故障；动力转向系统 ECU 故障。

2）故障诊断方法

①首先检查转向系统的机械及油路故障。如轮胎气压、前轮定位、悬架与转向连接件之间的连接情况，以及动力转向泵的输出液压等。机械及油路正常或排除故障后仍不能消除故障现象，则应进行以下检查。

②点火开关处于 ON 位置，检查 ECU-IG 熔丝是否完好。若熔丝烧毁，应更换后重新检查。若熔丝再次烧毁，则表明此熔丝与动力转向系统 ECU 的 + B 端子之间的电路是否有搭铁故障；若熔丝完好，则进行下一步检查。

③拔下动力转向系统 ECU 插接器，按图 7-11a 所示方法，检查动力转向系统 ECU 插接器的 + B 端子与车身搭铁间的电压是否为正常值（10 ~ 14V）。若无电压，则表明二者间的线束有断路故障；若电压正常，则进行下一步检查。

④按图 7-11b 所示方法，检查动力转向系统 ECU 插接器的 GND 端子与车身搭铁间的电阻是否为零。若电阻不为零，则表明二者间线束断路或接触不良；若电阻为零，则应进行下一步检查。

⑤顶起汽车一侧前轮并使之转动，用万用表测量 ECU 插接器的 SPD 端子与 GND 端子之间的电阻（图 7-11c）。车轮转动时，其正常的电阻值应在 0 ~ ∞ 之间交替变化；否则，说明 ECU 的 SPD 端子与车速传感器之间的线束有断路或短

路故障，或车速传感器有故障。若电阻值正常，则应进行下一步检查。

⑥按图7-11d所示方法，检查动力转向系统ECU插接器的SOL（+）端子或SOL（-）端子与GND端子之间是否导通。若相通，则表明SOL（+）端子或SOL（-）端子与GND端子之间的线路发生短路，或电磁阀有故障；若不导通，则进行下一步检查。

⑦按图7-11e所示方法，用万用表检查SOL（+）端子与SOL（-）端子之间的电阻，其正常值应为6～11Ω。若阻值不正常，则表明二者间的线路有断路故障，或电磁阀有故障；若阻值正常，则可能是动力转向系统ECU故障，必要时可对ECU进行替换检查。

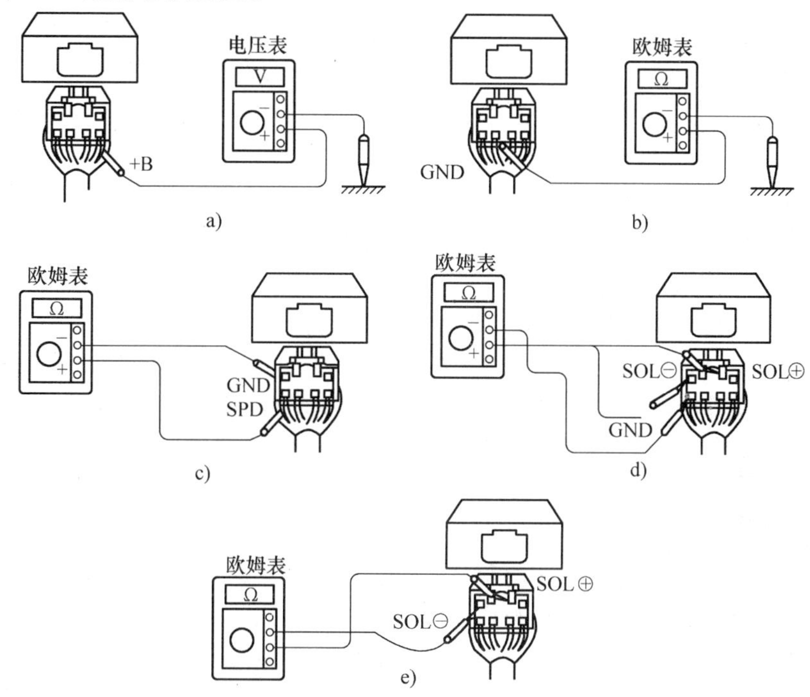

图7-11　电子控制动力转向系统故障诊断

a）检查+B端子与车身搭铁间电压；b）检查GND端子与车身搭铁间的电阻　c）检查SPD端子与搭铁间电阻　d）检查SOL（+）或SOL（-）端子与GND端子间电阻　e）检查SOL（+）端子与SOL（-）端子间电阻

（3）电磁阀和电控单元（ECU）故障诊断

1）电磁阀故障诊断。电磁阀主要由线圈、针阀、固定孔和流动孔等组成，是动力转向电控部分的执行元件，其技术状况直接关系到电控动力转向系统的性能。电磁阀的节流面积由针阀开启程度决定。针阀开启时，油道中的电磁阀起旁路作用，使转向助力发生变化。其开启程度依据车速传感器的信号，由动力转向系统 ECU 进行控制。车速越高，流过电磁阀电磁线圈的电流越强，开启程度就越大，旁路液压油的流量越大，从而液压转向助力减小，以适应转向要求。因此，电磁阀常见故障是电磁线圈短路或断路，及其针阀位置不当，其诊断方法和步骤如下：

①检测电磁线圈电阻。拆下线束插接器，用万用表测量两端子之间的电阻。其阻值应为 6.0 ~ 11.0Ω。否则，说明电磁阀有故障，应予以更换。

②检测电磁阀工作状况。从转向器上拆下电磁阀，其 SOL（+）端子接蓄电池正极，SOL（-）端子接蓄电池负极。此时电磁阀的针阀应缩回 2mm。否则，电磁阀存在故障，应子以更换。

2）电控单元（ECU）的故障诊断。电控单元是电控动力转向系统的核心部件，其损坏会导致系统功能完全丧失。其故障诊断的方法和步骤如下：

①顶起汽车并稳固地支承，拆下 ECU，起动发动机。

②连接好 ECU 插接器，发动机怠速运转，用电压表测量 SOL（-）端子和 GND 端子间的电压。而后使发动机驱动车轮以 60km/h 的车速转动，再次测量该两端子间电压，其电压值应比第一次的测量值提高 0.07 ~ 0.22V。若所测电压值为零，则应更换 ECU 重试，以便确诊。

五、电子控制电力式动力转向系统的特点、评价参数和自诊断

电控电力式动力转向系统的主要特点：电动机、减速装置、转向器等装配成一个整体，既无管路也无控制阀，因而结构紧凑、重量轻；没有液力式动力转向所必需的常转液压泵，电动机仅在需转向时接通电源转动，因而节省发动机动力；没有液压系统，不需补充液压油，不必担心漏油，工作可靠；能根据不同情况产生适应各种车速的动力转向，不受发动机停止运转的影响。

电力式动力转向的性能评价参数：最大操纵力、操纵力特性、动力转向作用系数（即动力转向不起作用与起作用时的操纵力之比，一般约为 1.5 ~ 1.7）、助力的左右对称性和转向盘空程（动力开始起作用时转向盘的转角）等，以操纵力特性和动力转向作用系数评价为主。

控制装置是电控电力式动力转向系统的核心，其结构原理如图 7-12 所示。

转向盘转矩信号和车速信号经过接口输入微机，随着车速升高，微机控制相应地减小助力电动机电流，以减小助力力矩。发动机转速信号也被送入微机，发动机处于怠速时，因供电不足，助力电动机和离合器不工作。点火开关的通、断信号经 A/D 转换接口送入微机。点火开关断开时，电动机和离合器不能工作，微机控制指令经 D/A 转换接口送入电动机和离合器的驱动放大电路，控制电动机的旋转转向和离合器的离合。电动机的电流经驱动放大回路、电流表 A 和 A/D 转换接口反馈给微机，比较电动机的实际电流和按微机指令提供的电流，并调节电动机的实际电流，使二者趋于一致。

电控电力式动力转向系统的基本功能是根据转向作用力产生助力转矩，同时系统还具有自诊断和安全功能。当出现任何一种故障时，系统均可显示出相应的故障码。通常电控电力式动力转向系统有 30 多种故障检查项目，如果系统同时出现两个以上故障时，可依次显示其故障码。系统的安全功能可确保转向系统正常工作，即使当转向系统的某些部分出现故障时，也能连续安全运行。系统能迅速地检测出故障，以便采取相应的安全措施。通常采用的安全措施是停止助力转矩控制或限制助力转矩控制。

停止助力转矩控制指当系统的基本部件，如转矩传感器、电流传感器、动力装置及其连接线等出现故障时，离合器断开，电源继电器释放，从而停止助力转矩控制。

限制助力转矩控制功能的作用为防止系统可能出现的故障。一旦出现蓄电池电压降低、动力装置过热等易于导致系统故障的现象，系统就会执行该功能。此外，为防止过热，系统对连续几分钟之内的电流消耗进行监督，且保持电流消耗不超过预先规定数值，当平均电流消耗过大时，系统也会执行该功能。

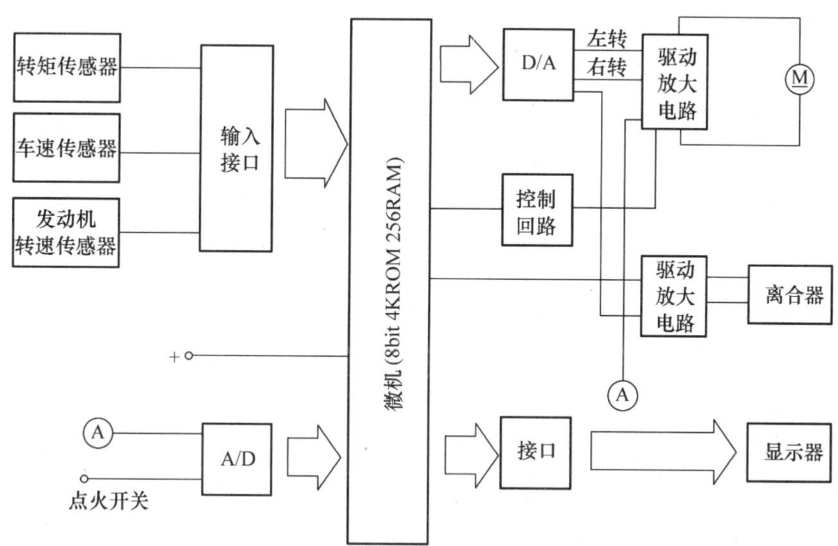

图 7-12　电子控制动力转向的控制装置原理

第二节　汽车巡航控制系统故障诊断

汽车巡航控制系统指对汽车行驶速度进行自动调节，从而实现以预先设定速度行驶的电子控制装置。汽车在一定条件下恒速行驶，可减轻驾驶人的劳动强度；避免不必要的加速踏板人为变动，从而改善汽车的燃油经济性和排放性能。

一、电子控制巡航控制系统的基本原理和构成

1. 基本控制原理

图 7-13 为典型的电子巡航控制系统原理框图，电子控制器是该系统的核心。

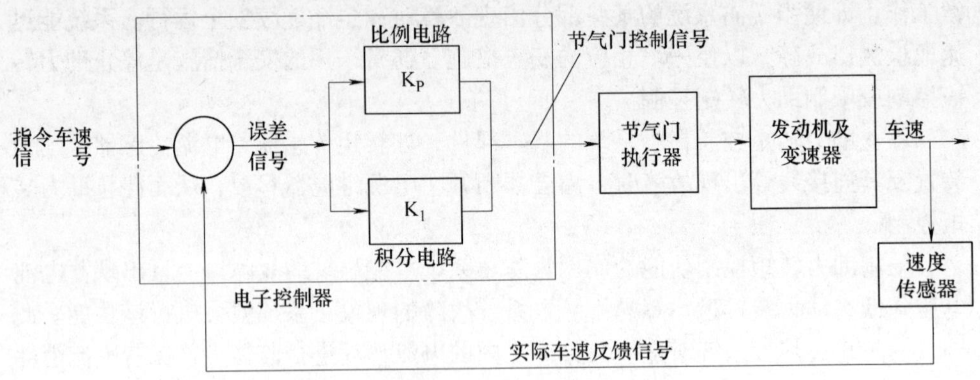

图 7-13　电子巡航控制系统原理框图

电子控制器有两个输入信号，其一为驾驶人设定的指令车速信号，其二为实际车速反馈信号。当速度传感器测出的实际车速高于或低于驾驶人设定的车速时，电子控制器比较这两种车速信号，得到两信号之差，即误差信号。误差信号经放大、处理后成为发动机节气门的控制信号，并输送至节气门执行器，驱动节气门执行器调节发动机节气门的开度，修正两输入车速信号的误差，从而使实际车速恢复到预先设定的车速，以保持车速恒定。

2. 巡航控制系统的构成

电子巡航控制系统主要由巡航控制开关、车速传感器、电子控制器和执行器 4 部分构成。

（1）巡航控制开关　也称主控制开关。大多数巡航控制开关有设置/巡航（SET/COAST）、取消（CANCEL）和复位加速（RES/ACC）3 个档位。

当开关处于“设置/巡航”档位时，若按下开关按钮，汽车就会不断加速。达到所要求的车速后松开按钮，巡航控制系统就会使汽车按松开按钮时的实际车速保持恒速行驶。若把控制开关转换到“取消”档，即停止恒速行驶。“复位/加速”档位用于制动或换档时断开电路后，使车辆重新按预先设定的速度行驶。巡航控制开关一般是杆式开关，通常安装在转向柱上驾驶人易于接近的位置。控制开关位于不同档位时，电流由巡航控制 ECU 流出，经过不同阻值的电阻后搭铁，从而给 ECU 提供不同的电压信号。ECU 根据接受的电压信号即可判定被操作的开关位置。

（2）车速传感器　用于产生一个与汽车实际行驶车速成比例的交变振荡脉冲信号，输入电子控制器，作为实际车速的反馈信号。

车速传感器有磁感应式、霍尔式、光电式、磁阻式等多种类型，一般安装在变速器的输出轴上。图 7-14 所示为常用的磁感应式车速传感器的结构原理。

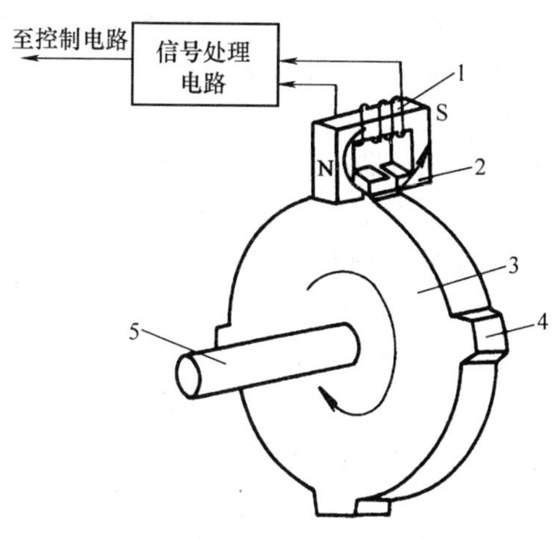

图 7-14　磁感应式车速传感器结构原理
1—传感线圈　2—磁铁　3—钢盘
4—凸齿　5—变速器输出轴

（3）电子控制器　其作用是接收来自车速传感器、巡航控制开关、制动开关等的信号，按照所存储的程序进行计算、记忆、放大及信号转换等处理，输出控制信号驱动执行器动作，使实际车速与预先设定的车速一致。

电子控制器由微处理器、输入输出电路、执行器驱动电路及保护电路组成。图 7-15 为采用微处理器的巡航控制系统的电路框图。

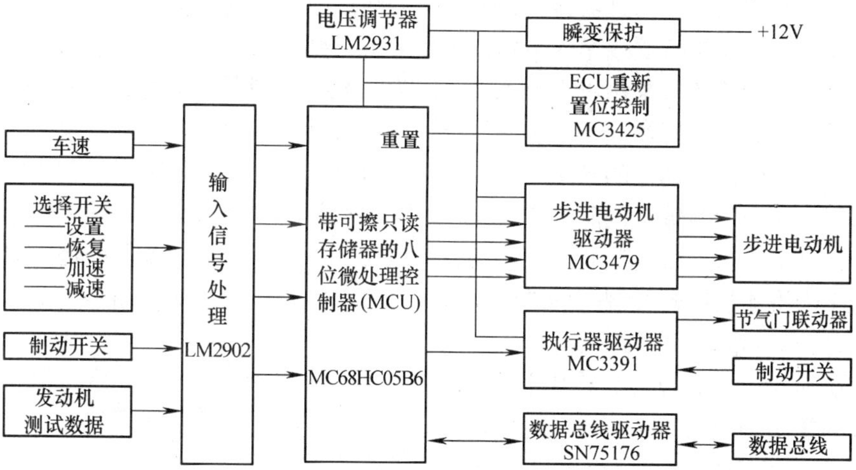

电压调节器 LM2931
瞬变保护　+12V
ECU重新置位控制 MC3425
车速
选择开关 ——设置 ——恢复 ——加速 ——减速
制动开关
发动机测试数据
输入信号处理 LM2902
重置
带可擦只读存储器的八位微处理控制器(MCU) MC68HC05B6
步进电动机驱动器 MC3479
步进电动机
节气门联动器
执行器驱动器 MC3391
制动开关
数据总线驱动器 SN75176
数据总线

图 7-15　采用数字式微处理控制器的巡航控制系统框图

在该系统中，所有输入指令均以数字形式直接存储和处理。微处理控制器根据指令车速、实际车速及其他输入信号，按给定程序对所有数据进行处理后产生输出信号驱动节气门执行器，改变节气门的开度。每种车型的最佳速度和减速度由设计者编程确定。从安全角度考虑，制动开关与节气门执行器直接相连。当踩下制动踏板，在断开巡航控制程序的同时，把执行器的动力源断开，从而完全关闭节气门。此外，为确保安全，在手动变速器车辆的离合器踏板上装有一个开关，在踩下踏板时切断控制系统的电源，以防止换档时发动机超速运转。因为踩下离合器换档时，车速会降低，若不切断电源，巡航控制系统就会指令发动机提高转速。

（4）执行器　其作用是接收电子控制器发出的控制指令信号，操纵节气门，改变节气门开度，使车辆作加速、减速及定速行驶。

1）电动式执行器。主要由电动机、电磁离合器和位置传感器构成（图7-16）。巡航控制ECU输出增大或减小节气门开度控制信号时，通过驱动电路使电动机顺时针或逆时针转动，经蜗轮（电磁离合器壳外圆）蜗杆（电动机输出轴）、主减速器传动使控制摇臂转动，再通过拉索带动节气门转动。为限定控制臂转动角度，电动机电路装有限位开关。在电动机与控制臂间装有安全电磁离合器，当进行巡航控制时，离合器接合，电动机旋转以改变节气门的开度。若在巡航控制行驶过程中，执行器或车速传感器发生故障，则离合器分离。

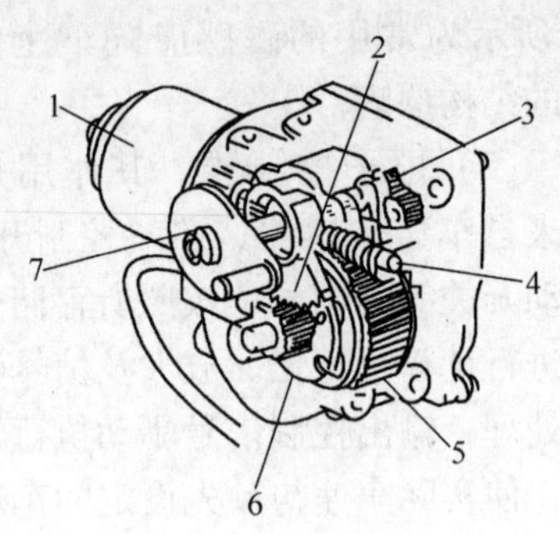

图7-16　电动式巡航控制执行器
1—电动机　2—主减速器　3—电位计主动齿轮　4—蜗轮　5—电磁离合器　6—离合器片　7—控制摇臂

电动执行器还可采用步进电动机，因为它能把控制器输出的数字信号转变为一定量的角位移。每输入一个脉冲，电动机就带动节气门转过一个小角度，这就保证了节气门开闭动作的平顺与准确。步进电动机转过的角度决定了节气门转过的角度，该角度与输入的脉冲数成正比。电动机的转向由分配脉冲的相序而定。

在电动执行器中还装有位置传感器，该传感器是一个由滑变电阻构成的电位计，用于检测执行器控制臂的转动位置，并把信号反馈到电子控制器中。

2）真空电磁膜片式执行器。由真空驱动膜片、真空阀（让膜片室连接真空源的常闭型电磁阀）、空气阀（让膜片室通至大气的常开型空气电磁阀）、可变电感式位置传感器和节气门拉索等组成（图7-17）。可变电感式位置传感器的作用是提供一组不间断的伺服位置的电压信号给ECU，与车速信号进行连续比较，以确定恒速装置是否校正了车速误差。

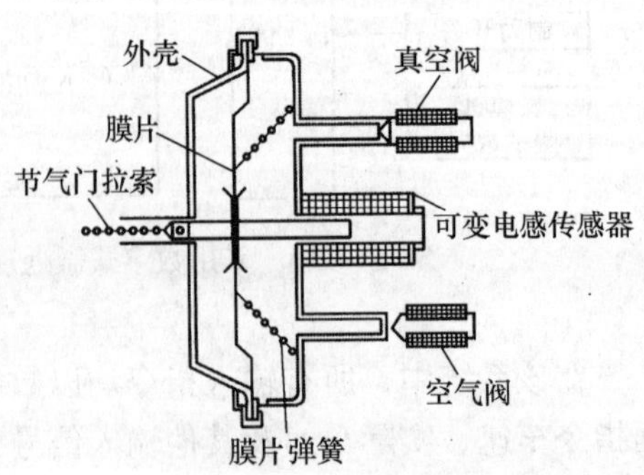

图7-17　真空膜片式执行机构

汽车在巡航行驶状态时，真空电磁阀与空气电磁阀均关闭，膜片室内真空度恒定。膜片及节气门拉索使节气门保持在一定位置，车速恒定。如果车速低于设定速度，则电控单元发出指令使真空阀开启，增大膜片室真空度，吸动膜片及拉索克服节气门回位弹簧弹力，增大节气门开度，使汽车加速。当车速超过设定车速时，电控单元发出指令使空气阀打开，膜片室真空度下降，节气门在回位弹簧的作用下开度减小，使汽车减速。解除巡航控制时，真空阀关闭，空气阀打开，膜片与大气相通。

二、巡航控制系统的故障诊断

下面以丰田雷克萨斯轿车的巡航控制系统为例介绍其故障诊断方法。

1. 巡航控制系统的自诊断

巡航控制系统出现故障时，电子控制器除自动中断巡航控制外，指示灯会闪烁，控制器储存故障码。

（1）系统故障　跨接故障码检测插接器（TDCL）的 T_c 端子与 T_1 端子，根据仪表板上的“CRUISE MAIN”指示灯的闪烁情况即可读取故障码。指示灯首先闪烁故障码的十位数，指示灯通、断电间隔 0.5s；显示完十位数后，再断电 1.5s，显示故障码个位数，显示时通、断电间隔与十位数相同。若系统有多个故障码，则按故障码由小到大的顺序显示，相邻故障码之间的时间间隔为 2.5s。表 7-2 所示为雷克萨斯轿车巡航控制系统故障码。

系统故障检查完毕后，断开 T_c 和 E_1 端子，关闭点火开关。

表 7-2　雷克萨斯轿车巡航控制系统故障码

故障码	CRUISE MAIN 指示灯灯光闪烁图形	诊断结论
—		正　常
11		电动机电路或安全电磁离合器电路不正常
12		安全电磁离合器电路不正常
13		电动机电路或位置传感器电路不正常
21		车速传感器电路不正常

（续）

故障码	CRUISE MAIN 指示灯灯光闪烁图形	诊断结论
23		汽车实际行驶速度低于设定速度 16km/h 或更多
31		控制开关电路不正常
32		控制开关电路不正常
34		控制开关电路不正常

（2）信号输入装置故障　信号输入装置包括主开关、制动灯开关、驻车制动开关、离合器开关、空档起动开关和车速传感器等，其工作状况和连接情况关系到所输入的信号是否正常。表 7-3 所示为雷克萨斯轿车巡航控制系统信号输入部分的检查操作方法及故障码。

表 7-3　雷克萨斯轿车巡航控制系统信号输入部分的检查及故障码

序　号	操作方法	故障码	故障部位
1	将 CANCEL 开关转到 ON	1	CANCEL 电路正常
2	将 SET/COAST 开关转到 ON	2	SET/COAST 电路正常
3	将 RES/ACC 开关转到 ON	3	RES/ACC 电路正常
4	踩下制动踏板，将制动灯开关置 ON	6	停车灯开关电路正常
5	拉紧驻车制动，使其开关置 ON	7	驻车制动开关电路正常
6	将变速器置空档，使其开关置 ON	8	空档起动开关电路正常
7	以高于 40km/h 的速度行驶	闪烁	车速传感器正常
8	以低于 40km/h 的速度行驶	保持亮	

具体部位的故障码为一位数，指示灯闪烁方式也不同，通常为连续闪烁，通、断时间间隔为 0.25s，断电 1s 后第二次显示相同的故障码。若有两个以上的故障码可能出现时，只显示最小的代码。

（3）信号消除部分的故障　诊断信号消除部分可确定巡航控制系统的自动或人为取消过程中发出及传输的信号是否正常。

诊断时，首先接通点火开关，将主开关置于关闭位置，操作手柄置于 CANCEL 位置，然后按下主开关，根据指示灯（CRUISE MAIN）的闪烁情况读取故障码。诊断结束后，关闭主开关。表 7-4 所示为信号输出部分的故障码。

表 7-4　信号输出部分的故障码

故障码	故 障 诊 断	故障码	故 障 诊 断
1	出现除故障码 23 以外的故障	5	接收到空档起动开关信号
2	出现故障码为 23 的故障	6	接收到驻车制动开关信号
3	接收到 CANCEL 的开关信号	7	车速传感器的信号降到 40km/h 以下
4	接收到停车灯开关信号	保持亮	除上述以外的故障（如电源脱开等）

2. 利用故障码诊断巡航控制系统故障

在对巡航控制系统进行故障诊断时，在读取系统的故障码、读出信号输出和输入部分的故障码后，经过综合对比分析、初步判断，就可进入到故障诊断排除阶段。表 7-5 所示为故障诊断排除的优先顺序，数字小的应优先检查诊断，更换电子控制器的步骤，应放在最后。

表 7-5　巡航控制系统检修优先顺序

现象 \ 可能部位		驱动电动机	安全电磁离合器	位置传感器电路	车速传感器	控制开关电路	执行器控制拉索	巡航控制 ECU
巡航控制“运行”故障或“消除”故障	11	1	2					3
	12		1					2
	13	2		1				3
	21				1			2
	23	3			2		1	4
	31					1		2
	32					1		2
	34					1		2

（1）显示故障码 11 或 12 时的故障诊断　当指示灯显示故障码 11 时，故障原因可能是驱动电动机或电磁离合器的电流过大；当显示故障码 12 时，故障原因可能为电磁离合器电路断路。

1）驱动电动机电路的检查。驱动电动机电路包括驱动电动机、节气门位置传感器及连接线路等。驱动电动机电路电流过大的原因有控制器提供给电动机的电源电压高且不能调节、电动机短路等。

检查驱动电动机电路时，应首先脱开电动机与控制器间的插接器；把蓄电池正极与插接器端子 5 连接，负极与插接器端子 4 连接，使电磁离合器通电；若把蓄电池电压加在其余的每对端子间，电动机应转动，控制臂应摆动且摆动平稳；当控制臂摆动到加速或减速的限位点时，电动机、控制臂应停止相应运动。驱动电动机电路检查线路连接如图 7-18 所示。

2）电磁离合器电路的检查。检查电磁离合器电路时，应脱开电子控制器的插接器；用万用表测量插接器接线端子 3 与车身之间的电阻时，若测量值约为 40Ω，则说明电磁离合器线圈正常；在电磁离合器断电时，控制臂应能用手转动，而当电磁离合器通电时，则不能用手转动；踩下制动踏板时，插接器端子 1 和端子 3 之间应能导通（阻值小），而抬起制动踏板时，端子 2 和端子 4 之间应导通。

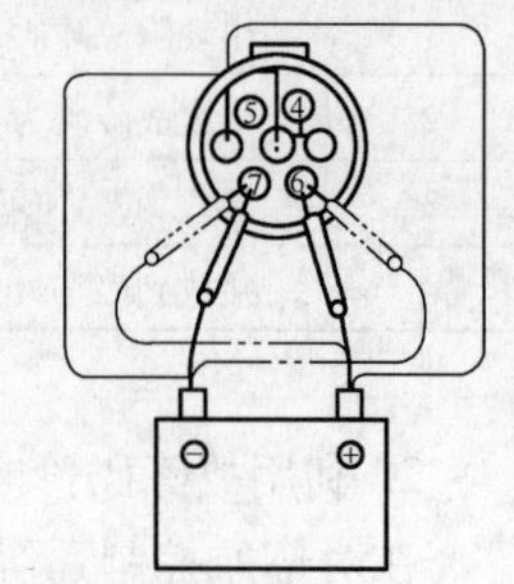

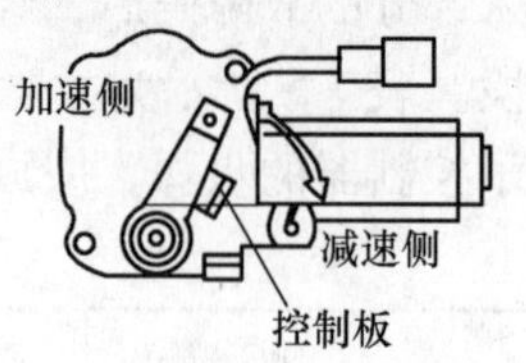

图 7-18　驱动电动机电路的检查

（2）显示故障码 13 时的故障诊断　当指示灯显示故障码 13 时，故障部位可能在位置传感器电路或驱动电动机电路。

位置传感器的故障原因有线路连接接触不良、传感器损坏等。

对位置传感器进行诊断时，在脱开电子控制器的情况下，接通点火开关，慢慢转动节气门控制臂，并用万用表测量位置传感器的中间滑动端与电子控制器搭铁间的电压。控制臂使节气门开度最大时，电压应约为 4.2V；控制臂使节气门开度最小时，电压应约为 1.1V；控制臂转动时，电压变化应连续平稳。

也可通过测量中间滑动端与中央控制器搭铁间的电阻检查位置传感器的技术状况。在脱开电子控制器的情况下，慢慢转动节气门控制臂。节气门开度最大时，其电阻值约为 1.8Ω；节气门开度最小时，其阻值约为 530Ω；控制臂转动时，阻值的变化应连续平稳。

驱动电动机电路的检查方法见（1）。

（3）显示故障码 21 时的故障诊断　当指示灯显示故障码 21 时，故障部位可能在车速的信号电路，包括车速传感器、组合仪表板、仪表板与车速传感器和电子控制器间的配线等。

车速信号电路是否存在故障应通过对车速信号的检查来判断。若打开巡航控制系统，当车速高于 40km/h 时，巡航控制指示灯闪烁，而当车速低于 40km/h 时，指示灯保持常亮，则说明车速信号正常；否则，说明出现故障，应检查配线和仪表板等连接是否可靠。

（4）显示故障码 23 时的故障诊断　当指示灯显示故障码 23 时，故障部位可能在执行器控制拉索、车速传感器或驱动电动机电路。控制拉索与节气门的接头安装应正确，拉索与节气门的动作应平衡，其松紧度应适中，过松会使汽车上坡的车速损失过大，过紧则会使发动机的怠速增高。

车速传感器和驱动电动机电路的检查分别见（3）和（1）。

（5）显示故障码31、32、34时的故障诊断　当指示灯显示故障码31、32、34时，表明巡航控制系统的控制开关电路存在故障。显示故障码31时，故障原因为RES/ACC开关一直给电子控制器输入信号；显示故障码32时，一般说明控制开关内部短路；显示故障码34时，一般为SET/COAST、RES/ACC开关同时输入信号。

对各控制开关的信号进行检查时，分别接通SET/COAST、RES/ACC和CANCEL开关，同时观察仪表板上巡航控制指示灯的闪烁，其正常闪烁形式见表7-6。

表7-6　指示灯的正常闪烁形式

开关接通状态	指示灯的闪烁形式	备　　注
CANCEL(取消)开关	亮 灭	当每一开关接通时，指示灯应如表内方式闪烁；当开关断开后，停止闪烁，表示开关与电控单元联系正常
SET/COAST(设定)开关	亮 灭	
RESUME/ACC(恢复)开关	亮 灭	

也可以通过测试控制开关电阻检测其技术状况。控制开关内有3个不同阻值的电阻。检测时，拆下转向盘中心衬垫，脱开控制开关插接器，在控制开关接通时，用万用表测量插接器端子3和端子4之间的电阻值。开关正常时，各个开关位置的电阻值见表7-7。

表7-7　控制开关电阻检查

开 关 位 置	电　阻　值	备　　注
各开关均关断	无穷大	各个开关分别接通时，测量端子3和端子4电阻值，阻值如表内数据时，开关为良好，否则开关电路有故障
RES/ACC(恢复)通	约70Ω	
SET/COAST(设定)通	约200Ω	
CANCEL(取消)通	约420Ω	

（6）制动灯开关电路的检查　在巡航控制系统起作用时，若踩下制动踏板，应给电子控制器输入取消巡航控制状态的信号，断开电磁离合器的电流，取消巡航控制。

制动灯开关的信号检查过程中，踩下制动踏板时，观察仪表板上巡航控制指示灯的闪烁形式。制动灯开关电路与电子控制器连接正常时，巡航指示灯应闪烁6次；否则说明出现故障，应对制动灯电路与电子控制器配线和插接器接触是否可靠进行检查。

3. 巡航控制系统常见故障诊断

（1）巡航控制系统不工作　首先检查所有的熔丝，然后检查电气线路连接点有无脱接触、端子腐蚀生锈、线路绝缘损坏以及真空管路变形、扭结和泄漏等。如果正常，则可参考下列步骤继续诊断。

①踩住制动踏板，观察制动灯是否正常发光。如果制动灯不亮且并非灯泡损坏，则检查制动灯开关及与巡航控制系统的相关电路。

②如果车辆装备的是手动变速器，则需要检查离合器开关的工作是否正常。用万用表检测电阻和电压并判断其工作情况。

③检查执行器操纵杆和节气门拉索动作是否正常。

④如果巡航控制系统采用的是气动式的结构，则需要检查执行器的止回阀是否良好。断开止回阀和执行器之间的真空管（在执行器侧边的止回阀），在管子的开口端施加60kPa的真空，止回阀应能保持住真空，否则需更换止回阀。

⑤检查真空泄放阀工作是否正常。

⑥检测控制开关和相关线路，对照电路图检查线路连接是否正确可靠，对照开关连通图检查开关端子之间的对应关系是否正确。

⑦检测执行器的工作情况；检测车速传感器的工作情况。

⑧如果上述所有检测均正常，但巡航控制系统还不能工作，则需更换电控单元。

（2）巡航控制系统控制车速不能稳定　进入巡航控制状态并且设置好巡航车速之后，车速却忽高忽低。

除进行故障自诊断外，还可进行以下检查：检查执行器连杆机构操作是否平稳，有无间隙过大等松旷情况；检查车速表软轴走向是否适当，并检查软轴上有无扭结；检测伺服机构动作是否正常可靠；检查车速传感器工作是否正常；检查真空泄放阀的动作是否正常；检查所有的电气连接是否正确、可靠；如果所有检测均正常，但巡航控制系统还不能工作，则需更换电控单元。

（3）巡航控制系统间歇性工作　巡航控制系统工作时的间歇性动作，通常由电气连接或真空连接松动引起。应在汽车行驶过程中出现故障时进行辨别。如果在正常巡航中出现故障，就从下列步骤①开始检查；如果在控制键操作时或转动转向盘时出现故障，则从下列步骤③开始检查。

①检测气动式执行器，将真空表连接到执行器的入口管处，应该至少有80kPa的真空度。

②检测执行器的工作是否正常。

③利用维修手册中的开关连通性图表和系统原理图，检测开关的动作，转动转向盘到最大角度的同时检测开关。

如果转向盘转动时万用表检测到的电阻值有增减变化，则可能原因是接触滑环脏污。如果阻值超出技术要求值，就需检查开关和搭铁回路。

如果行驶（或道路检测）检测不能识别故障，应在模拟道路试验的同时晃动电气线路、插接器和真空管路、阀体的连接处，以便找出故障隐患。

复　习　题

1. 简述液力式和电力式动力转向系统的工作原理。
2. 与普通动力转向系统比较，电子控制动力转向系统有何优点？
3. 电子控制液力式动力转向系统由哪些部件组成？
4. 如何诊断机械转向系统的转向沉重故障？
5. 如何检测液力式动力转向系统储液罐的液面高度？
6. 如何检测液力式动力转向系统转向泵的输出压力？
7. 如何检测液力式动力转向系统的转向沉重故障和行驶方向发飘故障？
8. 如何检测电子控制液力式动力转向系统的转向液压和转向盘操纵力？
9. 电子控制液力式动力转向系统的常见故障是什么？如何诊断？
10. 如何检测电磁阀故障和电控单元故障？
11. 简述汽车电子巡航控制系统的基本原理和构成。
12. 简述汽车电子巡航控制系统驱动电动机电路的检查方法。
13. 简述电磁离合器电路的检查方法。
14. 如何诊断电子巡航控制系统车速传感器和车速信号电路的故障？
15. 巡航控制系统控制常见故障有哪些？如何诊断？

第八章　汽车悬架系统故障诊断

第一节　汽车悬架系统的种类和工作原理

悬架主要由弹性元件、减振器和导向机构三部分组成。悬架实现了车身与车轮之间的弹性支承，因此当汽车在路面上行驶时，可降低车身和车轮的振动，从而改善汽车的行驶平顺性、操纵稳定性和乘坐舒适性。

按结构特点，悬架分为非独立悬架和独立悬架；按阻尼和刚度是否随行驶条件而变化，汽车悬架系统通常分为传统被动式、半主动式和主动式三类。

一、传统被动悬架

被动悬架因其具有固定的悬架刚度和阻尼系数，只能保证在特定道路状态下达到性能最优。被动悬架分为独立悬架和非独立悬架两大类。非独立悬架结构上的特点是两侧车轮由一根整体式车桥相连，车轮连同车桥通过弹性元件悬挂在车架（或车身）下面。独立悬架则是每一侧的车轮单独地通过弹性元件支承在车身下面，采用独立悬架时，车桥都做成断开式的。

被动悬架常用的弹性元件通常有钢板弹簧、螺旋弹簧、扭杆弹簧等。

二、半主动悬架

半主动悬架是指悬架元件中的弹簧刚度或减振器阻尼系数之一可根据需要进行调节。常用半主动悬架主要调节减振器的阻尼。

图 8-1 为无级半主动式悬架系统的结构简图，其控制原理如图 8-2 所示。该系统以车身振动加速度的均方根值作为控制的目标量，而以阻尼为控制量。图中 m_2 为车身的当量质量，m_1 为车轮和车轴的当量质量；加速度传感器安装于车身，用于检测车身的振动加速度；传感器输出的振动加速度信号经放大器放大并经 A/D 转换器转换为数字量后，输送至外部存储单元和微机；微机对信号进行处理后，对放大驱动单元发出指令，驱动步进电动机，调节阻尼系数 c_2。

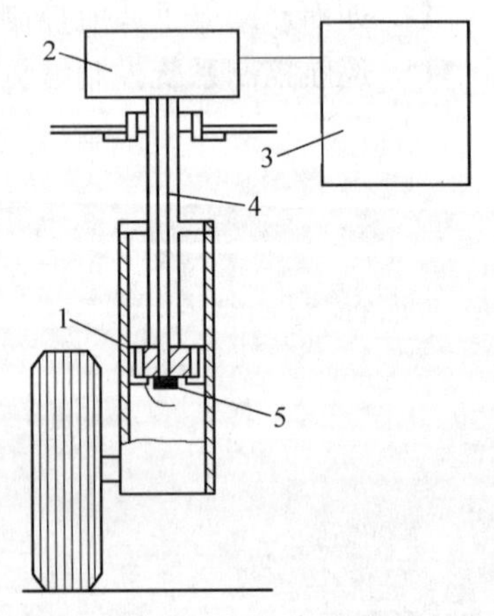

图 8-1　无级半主动悬架结构简图

1—节流孔　2—步进电动机

3—微机　4—阀杆　5—阀门

阻尼可控制减振器的结构原理如图 8-3 所示，其阻尼的改变由电子控制的步进电动机推动可变截面阻尼器来实现。驱动杆和空心活塞一同上下运动，减振器油被压时则通过驱动杆和空心活塞的小孔，并利用小孔的节流作用起减振作用。步进电动机带动驱动杆转动时，可改变驱动杆与空心活塞的相对角度位置，从而使阻尼孔实际通过截面积的大小发生改变。截面积变大时，阻尼减弱；反之，阻尼增强。对于有多个阻尼孔的减振器，驱动杆与空心活塞相对角度位置的改变使通过油液的阻尼孔数量发生变化，每增加一个阻尼孔，油液流过的总截面积相应增加，阻尼相应减弱。

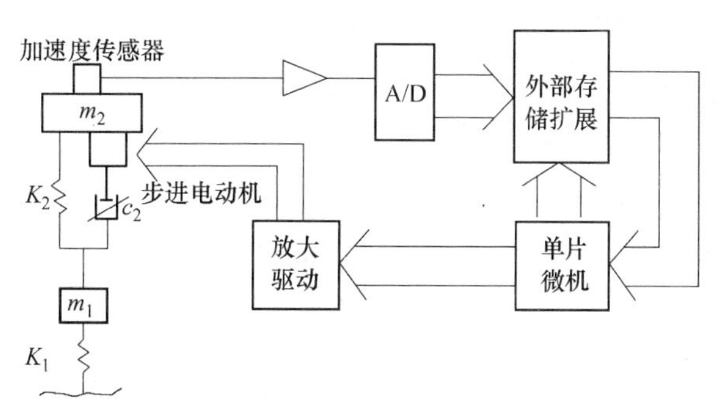

图 8-2　无级半主动悬架系统控制原理

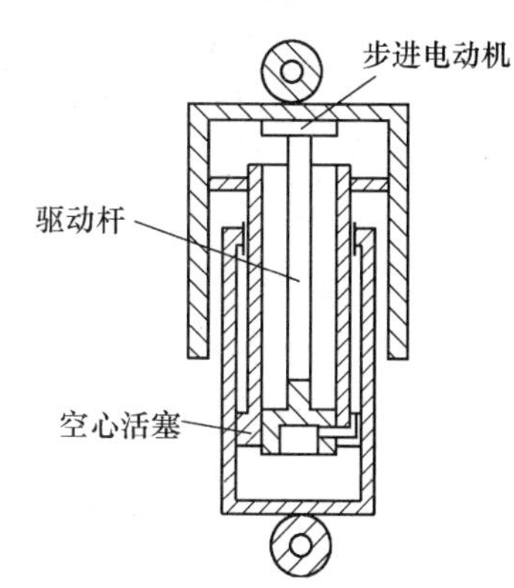

图 8-3　阻尼可控制的减振器示意图

三、主动悬架

主动悬架系统能根据车身高度、车速、转向角度及速率、制动等信号，由电子控制单元控制悬架执行机构，从而改变悬架系统的刚度、减振器的阻尼及车身高度等参数，使汽车具有良好的行驶平顺性、乘坐舒适性和操纵稳定性。目前，常用主动悬架为电磁阀驱动的油气悬架和步进电动机驱动的空气悬架两类。

(1) 主动式油气悬架系统工作原理　油气悬架系统中的油气弹簧以气体作为弹性介质，以油液作为传力介质。在结构上，一般由气体弹簧和相当于液力减振器的液压缸组成，如图 8-4 所示。当载荷增加时，活塞上移使工作缸容积减小，油压升高顶开阻尼阀进入球形室，推动隔膜向气室方向移动，使气室容积减少，氮气压力升高，油气弹簧的刚度增大。当载荷减小时，在高压氮气的作用下隔膜向

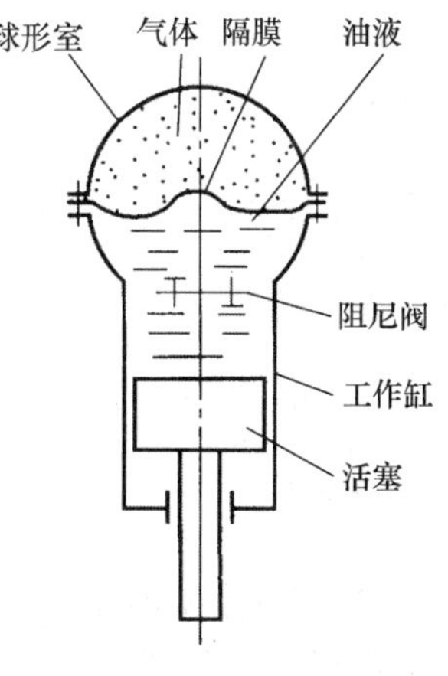

图 8-4　油气弹簧

油室方向移动，室内油液经阻尼阀流回工作缸，推动活塞下移，这时气室容积增大，氮气压力下降，弹簧刚度减小。图 8-5 所示为某型轿车主动式油气悬架系统布置形式，该系统所采用的 5 个基本行车状态传感器见表 8-1。

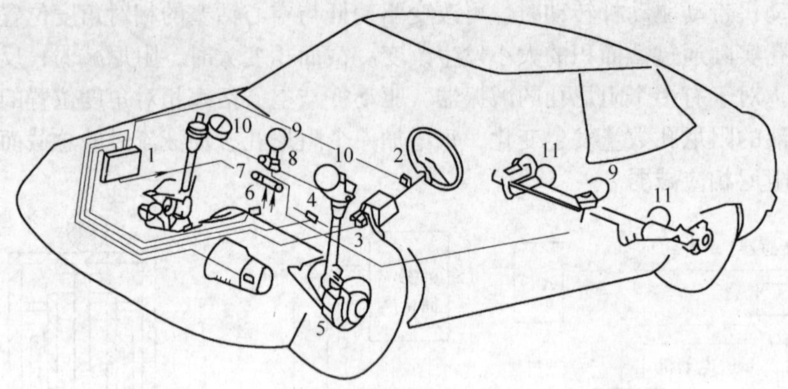

图 8-5　某型轿车主动式油气悬架系统布置示意图

1—微机　2—转向盘转角传感器　3—加速度传感器　4—制动压力传感器　5—车速传感器　6—车身高度传感器　7—电磁阀　8—辅助液压阀　9—刚度调节器　10—前油气室　11—后油气室

表 8-1　传感器种类、安装位置和作用

序号	传感器名称	安装位置	作　用
1	转向盘转角传感器	转向柱上	测量转向盘转角信号，并输送至微机
2	加速度传感器	与加速踏板相连	测试加速动作信号，并输送至微机
3	制动压力传感器	制动管路中	制动时向微机发送一个表示制动的阶跃信号，使微机产生一个抑制“点头”的信号输出
4	车速传感器	车轮上	测试车速，输送与车轮转速成正比的脉冲至微机，处理器据该信号和转向盘转角信号计算车身的侧倾程度
5	车身位移传感器	车身与车桥之间	测量车身与车桥的相对高度，其变化频率和幅度可反映车身的平顺性，同时用于车身高度自动调节

油气悬架系统的控制原理如图 8-6 所示。汽车在良好路面上低速正常行驶时，微机接收并处理各传感器所输送的信号，向电磁阀发出指令使其向右移动，接通压力油路，使辅助液压阀的阀芯左移，刚度调节器与主油气室连通，总气室

容积增加，气压降低，从而使悬架刚度减小，系统处于“软”状态，如图 8-6a 所示。图中节流孔 a 和 b 为阻尼器。汽车处于高速、转向、起动和制动工况时，电磁阀无电流通过，在弹簧作用下阀芯左移并关闭压力油路，原用于推动液压阀的压力油经电磁阀左边油路排出，辅助液压阀阀芯右移，关闭刚度调节器，气室总容积减小，刚度增大，系统处于“硬”状态，如图 8-6b 所示。

有些主动式油气悬架系统具有路况预测传感器，从而可以在汽车到达之前对路面情况进行预测处理，因而大大改善悬架的工作性能。

(2) 主动式空气悬架系统的工作原理　该系统主要由空气压缩机、干燥器、排气阀，带有减振器的空气弹簧和控制微机等组成。系统也有前述 5 个基本传感器，所不同的是加速度传感器用于测量节气门开度。此外，车门传感器为防止行车过程中车门未关闭而设置，模式选择开关用于手动选择“软”或“硬”两种模式。其基本工作原理如图 8-7 所示。

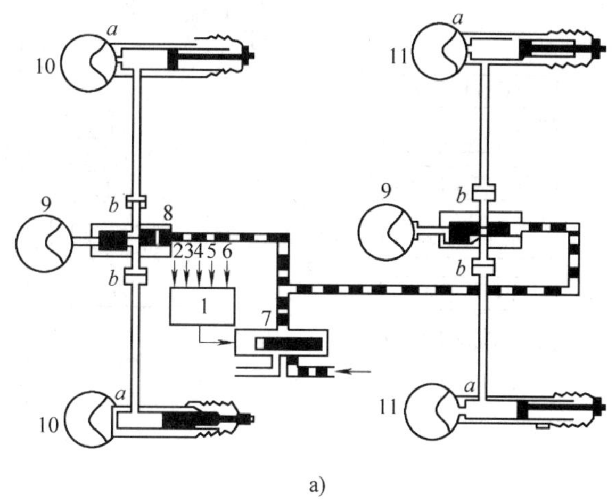

a)

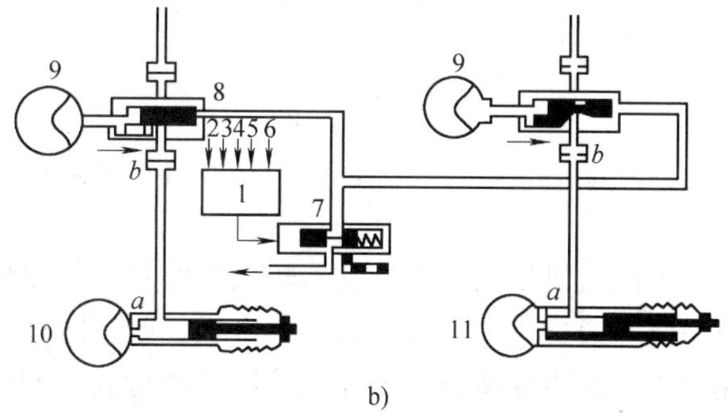

b)

图 8-6　油气主动悬架系统工作原理

a) 汽车于良好路面低速正常行驶

b) 汽车处于高速、转向、起动和制动工况

1—ECU　2—转向盘转角传感器　3—加速度传感器　4—制动压力传感器　5—车速传感器　6—车身位移传感器　7—电磁阀　8—辅助液压阀　9—刚度调节器　10—前油气室　11—后油气室

主动式空气悬架系统工作时，直流电动机驱动空气压缩机产生压缩空气。高度控制阀及排气阀根据控制微机发出的指令，通过阀的开闭改变空气悬架主气室的充气量，以改变车身的高度。需增高时，高度控制阀打开，向主气室供给压缩空气；需降低时，高度控制阀与排气阀同时打开，主气室的压缩空气排入大气。调压阀使空气压缩机输出的压缩空气压力保持稳定，干燥器则利用填充的干燥剂硅胶吸收压缩空气中的水分。

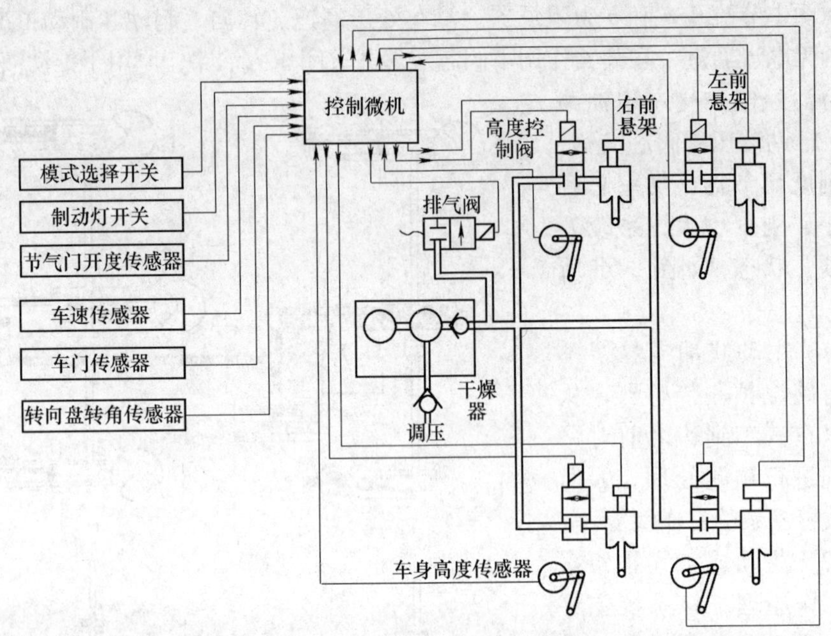

图 8-7　主动式空气悬架的工作原理

控制微机根据各个传感器输入的信号，经分析、处理后向悬架发出指令，悬架据此并通过步进电动机转动等方式，改变刚度、阻尼系数和车身高度，使车辆在行驶过程中保持良好的操纵稳定性和行驶平顺性，并把车身的振动响应控制在许可程度内。

第二节　汽车悬架系统故障诊断

汽车悬架系统的故障，特别是前悬架及操纵系统内的故障，不但影响汽车转向的稳定性和行驶平顺性，而且直接影响汽车的行驶安全。汽车悬架系统的主要故障现象有轮胎磨损不正常、悬架发生刚性撞击、异响、车身横向歪斜、电控悬架系统有关传感和控制元件故障等。钢板弹簧被动悬架常见故障部位如图 8-8 所示，电控悬架系统常见故障部位见表 8-2。

一、前悬架常见故障诊断

1. 前轮胎工作不正常、磨损快

(1) 故障原因　前轮胎工作不正常、磨损快的主要故障原因：前悬架与车

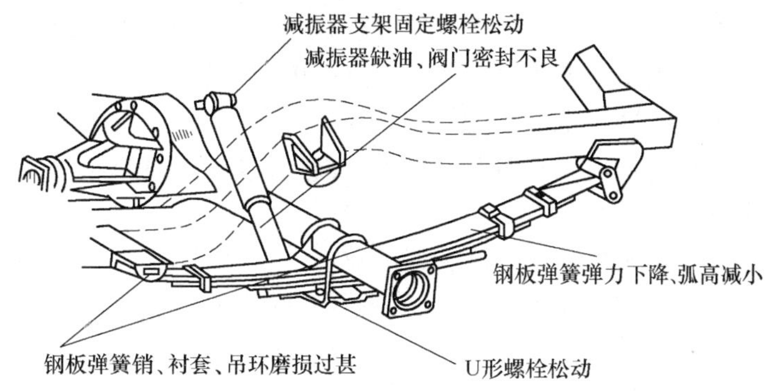

图 8-8　悬架常见故障部位示意图

体连接不牢固，各杆件接头松动；前减振器工作不正常或损坏；前转向节内车轮轴承松动或损坏；前轮不平衡量过大；制动盘与制动钳间隙过小，旋转时产生制动拖滞作用；前轮定位不准确；悬架稳定杆、前轴摆臂和转向球头的连接处松旷或衬套磨损或损坏；左、右前轮直径有差异或气压不正常。

（2）故障诊断方法　首先检查前轮胎气压是否正常，并调整到规定值，同时检查左、右轮胎的尺寸规格是否一致；检查钢板弹簧 U 形螺栓是否松动以及悬架杆系的连接螺栓、螺母是否松动；检查减振器和弹性元件是否损坏、失效；检查前轮外倾角、前束是否符合要求；上述检查若正常，则应检查转向节主销与衬套间隙、轮毂轴承间隙是否符合规定，并对前轮进行动平衡检查。

2. 前悬架发生刚性碰撞

（1）故障原因　钢板弹簧或螺旋弹簧产生塑性变形或损坏；减振垫、限位挡块损坏或减振器失效。

（2）故障诊断方法　对上述涉及的部件进行检查，特别应检查：钢板弹簧销、衬套、吊环等是否磨损过度、间隙增大；钢板弹簧或螺旋弹簧是否发生疲劳变形；螺旋弹簧或个别钢板是否折断，减振器是否失效。

3. 悬架摆动并产生异响

（1）故障原因　导致悬架摆动并产生异响的主要原因：前悬架杆系连接处松动或减振器上支座松动；减振垫润滑不良；弹性元件支座部分损坏、变形或前悬架杆系变形。

（2）故障诊断方法　对采用钢板弹簧悬架的汽车，应首先在把汽车支起使钢板弹簧处于自由状态的情况下，检查钢板弹簧销、吊环支架是否间隙过大。对采用螺旋弹簧的汽车，则应检查其支座是否损伤，同时检查悬架杆系是否变形或松动。此外，还应检查减振垫的润滑情况，必要时加注润滑脂。

4. 前轮跑偏

前轮跑偏故障的主要原因：两轮胎气压不一致；两前轮轮胎磨损过度；左右螺旋弹簧损坏或发生永久变形；左右减振器损坏或变形；前轮定位不正确；横向稳定杆橡胶套损坏或固定螺栓松动。

检查上述各项，视需要对有关部件进行调整、紧固或更换。

5. 减振器失效

无论是前悬架还是后悬架，减振器失效均是导致其发生故障的重要原因。减振器失效引起的故障现象是汽车在不平路面上行驶时，车身强烈振动并连续跳动。

减振器失效故障的主要原因：减振器连接销脱落，橡胶衬套磨损破裂；减振器油量不足或内有空气；减振器阀与阀座贴合不良，密封不佳；减振器活塞与缸壁过度磨损。

故障诊断时，应首先检查减振器连接销、连接杆、橡胶衬套连接孔是否损坏、脱焊、脱落、破裂，同时观察减振器外部有无渗漏油迹。若有渗漏痕迹，应进一步查明渗漏原因。拆下减振器并向外拉动活塞杆，若无阻力或卡滞，说明减振器失效。

二、后悬架常见故障诊断

1. 车身横向歪斜

车身产生横向歪斜的主要原因是弹性元件（钢板弹簧或螺旋弹簧）折断或产生塑性变形，弹簧弹力下降，使其对车身的支承高度不够。

诊断时，应在汽车正常装载情况下测量钢板弹簧的弧高（图 8-9）或螺旋弹簧的高度。

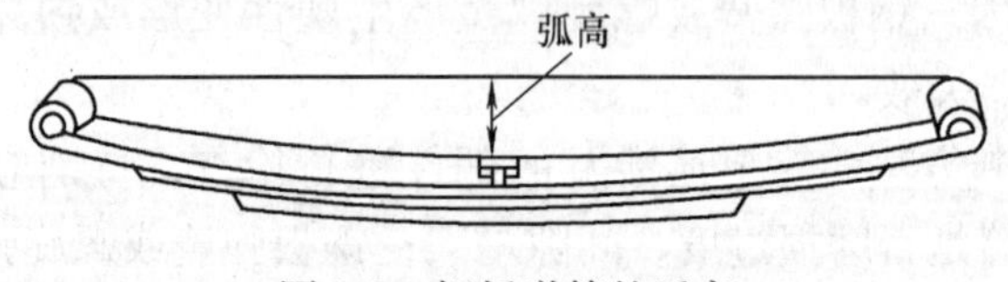

图 8-9　钢板弹簧的弧高

2. 后悬架经常发生刚性撞击

后悬架经常发生刚性撞击的主要原因：弹性元件变形或损坏，减振器失效，车辆超载等。

诊断时，在排除了车辆超载原因后，应着重检查弹性元件是否发生了塑性变形或折断，减振器是否起减振作用等。

3. 后轮胎不正常磨损

导致后轮胎不正常磨损的主要原因：车轮轴承止推间隙过大，悬架与车体连接处松动，侧向拉杆变形或衬套损坏。

主要检查内容：检查车轮轴承止推间隙，超过使用极限时应更换轴承；松开制动器并旋转车轮，检查车轮转动是否灵活，若轴承发响或有卡滞现象时，说明轴承损坏；检查悬架各连接部位是否松动，并按规定力矩紧固，同时检查侧向拉杆和衬套是否变形或损坏。

4. 后悬架噪声

后悬架发出噪声的主要原因：后减振器漏油或损坏；后减振器端缓冲套损坏；后轮毂轴承损坏；后悬架各紧固螺栓松动；螺旋弹簧损坏；扭杆与纵摆臂、后轴管支架总成的花键磨损松动；纵摆臂、后轴管支架之间的滚针轴承损坏。

检查上述各项，视需要对有关部件进行调整、紧固或更换。

三、电子控制悬架系统的故障自诊断

电子控制悬架系统一般都设有故障自诊断系统，以监测系统的工作情况及诊断系统所出现的故障。当系统处于故障状态时，微机根据故障信息把故障以代码形式存入存储器，并通过仪表板上的悬架系统故障警告灯，提示驾驶人。读出存储器中的故障码，可快速准确地诊断出故障类型、部位及故障原因。

读取故障码时，首先要进入故障自诊断状态，诊断并排除故障后应清除故障码。不同种类的汽车，其进入故障自诊断状态和清除故障码的方法也不相同，因此应按汽车使用说明书的要求进行操作。下面以雷克萨斯 LS400 型汽车为例，介绍其电控悬架系统故障的自诊断系统。

1. 故障码的读取

读取故障码应按以下步骤进行：

①接通点火开关。

②用跨接线连接故障码检测插接器 TDCL 或检查插接器的端子 T_c 与 E_1。

③根据仪表板高度控制 NORM 指示灯的闪烁情况读取故障码。

2. 故障分析

对照故障码表可以对电子控制悬架系统故障的性质和范围进行分析。故障码表一般由汽车制造厂提供，列入维修手册中。雷克萨斯 LS400 型汽车电控悬架系统的故障码见表 8-2。

表 8-2 雷克萨斯 LS400 电控悬架系统故障码

故障码	故障部位	故障原因
11	右前高度传感器电路	高度传感器电路断路或短路
12	左前高度传感器电路	
13	右后高度传感器电路	
14	左后高度传感器电路	

（续）

故 障 码	故 障 部 位	故 障 原 因
21	前悬架控制执行器电路	悬架控制执行器电路断路或短路
22	后悬架控制执行器电路	
31	1 号高度控制阀电路	高度控制阀电路断路或短路
33	2 号高度控制阀电路(用于后悬架)	
34	2 号高度控制阀电路(用于左悬架)	
35	排气阀电路	排气阀电路断路或短路
41	1 号高度控制继电器电路	1 号高度控制继电器电路断路或短路
42	压缩机电动机电路	压缩机电动机短路；压缩机电动机被锁住
51	至 1 号高度控制继电器的持续电流	供至 1 号高度控制继电器的电流约通电 8.5min 以上
52	至排气阀的持续电流	供至排气阀的电流约通电 6min 以上
61	悬架控制信号	ECU 失灵
71	悬架控制执行器电源电路	悬架控制执行器电源电路断路 AIR SUS 熔丝烧断
72	高度控制 ON/OFF 开关电路	高度控制 ON/OFF 开关在 OFF 位置 高度控制 ON/OFF 开关电路断路

3. 故障码的清除

可以用以下两种方法之一清除故障码：

①关闭点火开关，拆下 1 号接线盒中的 ECU-B 熔丝 10s 以上。

②关闭点火开关，用跨接线把高度控制插接器的端子 9 与端子 8 连接，同时连接检查插接器的端子 T_c 与端子 E_1。保持该状态 10s 以上，然后接通点火开关并脱开以上各端子。

图 8-10 和图 8-11 分别为雷克萨斯 LS400 悬架系统电控单元（ECU）插接器示意图和线路连接图，图中的插接器各接线端子与 ECU 连接对象的对应关系见表 8-3。

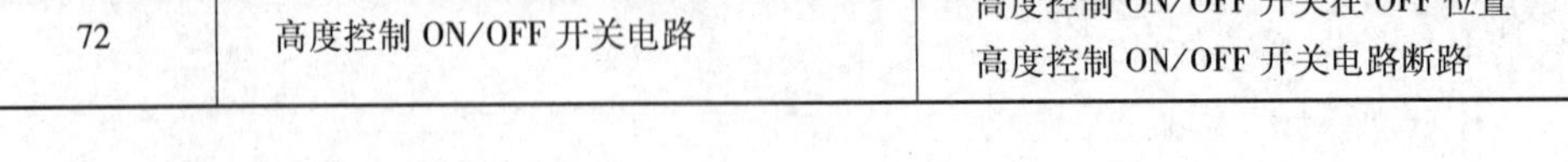

51 50 49 48 47 46 45 44 43 42 41 40 39　30 29 28 27 26 25 24 23　11 10 9 8 7 6 5 4 3 2 1
64 63 62 61 60 59 58 57 56 55 54 53 52　38 37 36 35 34 33 32 31　22 21 20 19 18 17 16 15 14 13 12

图 8-10　悬架系统电控单元插接器

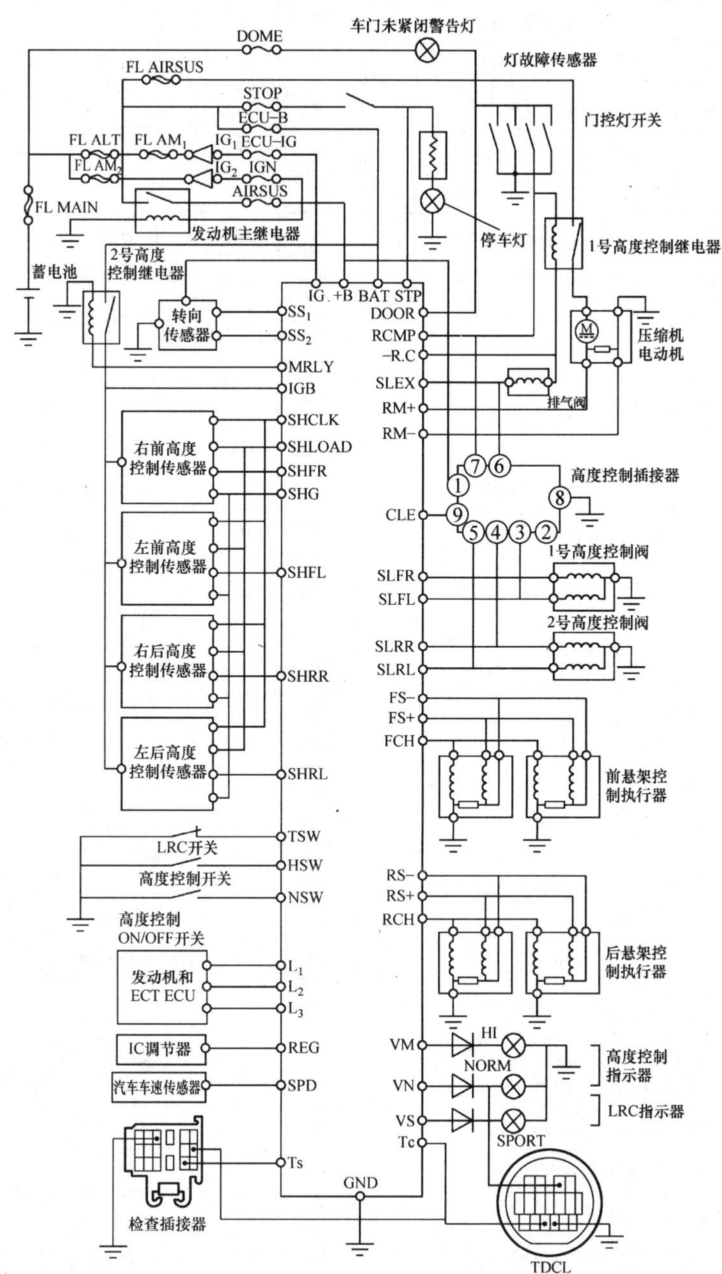

图 8-11 LS400 电子控制空气悬架系统的线路连接

表 8-3 插接器各接线端子与 ECU 连接对象的对应关系

序号	代号	连接对象	序号	代号	连接对象
1	SLFR	1 号右高度控制阀	33	—	—
2	SLRR	2 号右高度控制阀	34	CLE	高度控制插接器
3	RCMP	1 号高度控制继电器	35	—	—
4	SHRL	左后高度控制传感器	36	—	—
5	SHRR	右后高度控制传感器	37	—	—
6	SHFL	左前高度控制传感器	38	RM -	压缩机电动机
7	SHFR	右前高度控制传感器	39	+ B	悬架控制执行器电源
8	NSW	高度控制 ON/OFF 开关	40	IGB	高度控制电源
9	—	—	41	BATT	备用电源
10	TSW	LRC 开关	42	—	—
11	STP	停车灯开关	43	SHLOAD	高度控制传感器
12	SLFL	1 号左高度控制阀	44	SHCLK	高度控制传感器
13	SLRL	2 号左高度控制阀	45	MRLY	2 号高度控制继电器
14	—	—	46	VH	高度控制 High 指示灯
15	—	—	47	VN	高度控制 Normal 指示灯
16	—	—	48	—	—
17	—	—	49	FS +	前悬架控制执行器
18	—	—	50	FS -	前悬架控制执行器
19	—	—	51	FCH	前悬架控制执行器
20	DOOR	门控灯开关	52	IG	点火开关
21	HSW	高度控制开关	53	GND	ECU 搭铁
22	SLEX	排气阀	54	- RC	1 号高度控制继电器
23	L_1	发动机和 ECT ECU	55	SHG	高度控制传感器
24	L_3	发动机和 ECT ECU	56	—	—
25	T_c	TDCL 和检查插接器	57	—	—
26	T_s	检查插接器	58	—	—
27	SPD	汽车车速传感器	59	VS	LRC 指示灯
28	SS_2	转向传感器	60	—	—
29	SS_1	转向传感器	61	—	—
30	RM +	压缩机传感器	62	RS +	后悬架控制执行器
31	L_2	发动机和 ECT ECU	63	RS -	后悬架控制执行器
32	REG	IG 调节器	64	RCH	后悬架控制执行器

复 习 题

1. 悬架有什么作用？相对于传统被动悬架，电控主动悬架系统有何优点？
2. 简述阻尼可控制减振器的结构原理。
3. 简述油气悬架系统的工作原理。
4. 简述主动式空气悬架系统的工作原理。
5. 前悬架常见故障现象有哪些？怎样诊断？
6. 后悬架常见故障现象有哪些？怎样诊断？
7. 电子控制悬架系统常见故障部位和故障原因有哪些？
8. 如何进行电子控制悬架系统的故障自诊断？

附录

附录A　L型发动机电子控制系统故障诊断表

征兆 \ 怀疑部位		开关状态信号电路	点火信号电路(火花试验)	空燃比过高/过低主氧传感器①	冷却液温度传感器电路	进气温度传感器电路	副氧传感器电路①	空气流量计电路	节气门位置传感器电路	起动机信号电路	爆燃传感器电路	空档起动开关电路	EFI主继电器电源	备用电源电路	喷油器电路
不能起动	发动机不能转动												3		
	起动机带不动发动机														
	无初始燃烧		2										1		5
	燃烧不完全		5		9			6							6
起动困难	发动机转动缓慢														
	常温起动困难		13		11	14				1					8
	冷态起动困难				9	10				1					4
	热态起动困难				10	11				1					5
怠速运转不好	开始怠速不正确	1													
	怠速转速太高	1										5	4	6	
	怠速转速太低	3			9			7				4		8	6
	怠速运转不柔和	1	7	18	17			3						13	4
	缺火(怠速不稳)	1			7			3					4		
驾驶性能不良	加速时发抖/加速性差	1	6					2							3
	回火				4	5		7	6						9
	消声器放炮	1			7	8		10	9						5
	发动机喘振	1			8	9									6
	爆燃										2				4
发动机失速	起动后不久失速				6			2							
	在踩下加速踏板后失速	1						2							
	在松开加速踏板后失速														1
	在A/C工作时失速														
	从N位换到D位时失速											1			
	旋转转向机构时失速														
	起动或停机时失速														
其他故障	燃油消耗过多			18	6	7	19		8			17			13
	发动机过热														
	发动机过冷														
	润滑油消耗过高														
	机油压力太高														
	机油压力太低														
	起动机运转不停														
	蓄电池经常放电														

（续）

征兆 \ 怀疑部位		冷起动喷油电路	ISC阀电路	燃油泵电路	燃油压力控制VSV电路	EGR系统电路①	可变电阻器电路②	A/C信号电路（空调）	燃油质量	漏燃油	漏冷却液	漏润滑油	漏真空	起动机和继电器
不能起动	发动机不能转动													
	起动机带不动发动机													
	无初始燃烧			3										
	燃烧不完全	11	7	10									1	
起动困难	发动机转动缓慢							2						
	常温起动困难	12	2	3		10			9					
	冷态起动困难	8	2	3										
	热态起动困难	7	2	4	3	12			13				14	
怠速运转不好	开始怠速不正确		2											
	怠速转速太高		2					3						
	怠速转速太低		1	5		10		2						
	怠速运转不柔和	16	2	9	2	5	6		15				14	
	缺火（怠速不稳）		2	5					6				8	
驾驶性能不良	加速时发抖/加速性差			4			5						11	
	回火			8		2	3						1	
	消声器放炮			11			6							
	发动机喘振			2			3						7	
	爆燃					5			1					
发动机失速	起动后不久失速		3	1					5				4	
	在踩下加速踏板后失速													
	在松开加速踏板后失速			2				3						
	在A/C工作时失速		1					2						
	从N位换到D位时失速		2											
	旋转转向机构时失速													
	起动或停机时失速													
其他故障	燃油消耗过多	15	16	12	14				2	1				
	发动机过热										1			
	发动机过冷													
	润滑油消耗过高											1		
	机油压力太高											1		
	机油压力太低													
	起动机运转不停													1
	蓄电池经常放电													

（续）

征兆 \ 怀疑部位		空档起动开关	点火线圈	火花塞	分电器	加速踏板拉杆	冷却风扇系统	动力转向怠速提升装置	气缸压缩不良	松开制动踏板后制动器仍抱死	变速器故障	防盗和门锁控制ECU[③]	发动机机械部分和其他故障	发动机和变速器ECU
不能起动	发动机不能转动	1										2		
	起动机带不动发动机		1										2	
	无初始燃烧			4									6	
	燃烧不完全		2	4	3				8				12	13
起动困难	发动机转动缓慢		1										3	
	常温起动困难		4	6	5				7				15	16
	冷态起动困难		5	7	6									11
	热态起动困难		6	9	8									15
怠速运转不好	开始怠速不正确													3
	怠速转速太高													7
	怠速转速太低													11
	怠速运转不柔和		10	12	11				8				19	20
	缺火（怠速不稳）												9	10
驾驶性能不良	加速时发抖/加速性差		7	9	8	12				13	10		14	15
	回火												10	11
	消声器放炮		2	4	3								12	13
	发动机喘振			5	4								10	11
	爆燃			3									6	7
发动机失速	起动后不久失速													
	在踩下加速踏板后失速													
	在松开加速踏板后失速													4
	在 A/C 工作时失速													3
	从 N 位换到 D 位时失速													
	旋转转向机构时失速							1						
	起动或停机时失速										1			
其他故障	燃油消耗过多			9	10	4	5		11	3	20		21	22
	发动机过热						2						3	
	发动机过冷						1						2	
	润滑油消耗过高												2	
	机油压力太高												2	
	机油压力太低												1	
	起动机运转不停													
	蓄电池经常放电												1	

① 仅欧洲、澳大利亚和中国香港规格汽车。

② 一般国家规格汽车。

③ 仅指带防盗系统汽车。

附录 B　D 型发动机电子控制系统故障诊断表

征兆	怀疑部位	开关状态信号电路	点火信号电路（火花试验）	冷却液温度传感器电路	进气温度传感器电路	进气压力传感器电路	节气门位置传感器电路	起动机信号电路	爆燃传感器电路	空档起动开关电路	A/C信号电路（空调）	燃油泵电路
不能起动	发动机不能转动											
	起动机带不动发动机											
	无初始燃烧	12	2			5						6
	燃烧不完全			4		1						
起动困难	发动机转动缓慢										2	
	常温起动困难	11	12	4	13							6
	冷态起动困难			1	5			2				7
	热态起动困难			1	4							6
怠速运转不好	开始怠速不正确			2								
	怠速转速太高			2	5		6			8	7	
	怠速转速太低			1		3						
	怠速运转不柔和		16	2		11						6
	缺火（怠速不稳）		3	5		7						
驾驶性能不良	加速时发抖/加速性差			9	10	8	7					12
	回火			2	5	4	3					7
	消声器放炮			3	7	5	6					
	发动机喘振											
	爆燃								1			
发动机失速	起动后不久失速			7		6						3
	在踩下加速踏板后失速					1	2					
	在松开加速踏板后失速					2						
	在 A/C 工作时失速										1	
	从 N 位换到 D 位时失速									1		
其他故障	燃油消耗过多			13	18	15	14			16	17	
	发动机过热								9			
	发动机过冷											
	润滑油消耗过高											
	机油压力太高											
	机油压力太低											
	起动机运转不停											

（续）

征兆 \ 怀疑部位		油压调节器	油管	喷油器	ISC阀电路	EFI主继电器电源	缓冲器节气门减速	燃油切断系统	发动机和变速器ECU	燃油质量	漏燃油	漏冷却液
不能起动	发动机不能转动											
	起动机带不动发动机											
	无初始燃烧				8	3			13	7		
	燃烧不完全	3		9	2				10			
起动困难	发动机转动缓慢											
	常温起动困难	5	7	15	3				16	1		
	冷态起动困难	6	8	9	4				10	3		
	热态起动困难	5	7	8	3				9	2		
怠速运转不好	开始怠速不正确				3		4		5			
	怠速转速太高			9	3		4		10			
	怠速转速太低			4	2				5			
	怠速运转不柔和	5	7	15	8				17	1		
	缺火(怠速不稳)			8					9	1		
驾驶性能不良	加速时发抖/加速性差	11	13	16					17	3		
	回火	6	8	9					10			
	消声器放炮	4		8				1	9			
	发动机喘振	1		4					5			
	爆燃								9	2		
发动机失速	起动后不久失速	2	4	8	5				9	1		
	在踩下加速踏板后失速	4	5	6					7			
	在松开加速踏板后失速				1				3			
	在A/C工作时失速				2				3			
	从N位换到D位时失速				2				3			
其他故障	燃油消耗过多			12				6		2	1	
	发动机过热											1
	发动机过冷											
	润滑油消耗过高											
	机油压力太高											
	机油压力太低											
	起动机运转不停											

（续）

征兆＼怀疑部位		漏润滑油	起动机继电器	空档起动开关	起动机	火花塞	分电器	加速踏板拉杆	松开后制动器仍抱死	冷却风扇系统	离合器	气缸压缩不良
不能起动	发动机不能转动		1	3	2							
	起动机带不动发动机				1							
	无初始燃烧						1					9
	燃烧不完全											5
起动困难	发动机转动缓慢				1							
	常温起动困难					2	14					8
	冷态起动困难											
	热态起动困难											
怠速运转不好	开始怠速不正确							1				
	怠速转速太高							1				
	怠速转速太低											
	怠速运转不柔和					3	4					9
	缺火（怠速不稳）					2	4					6
驾驶性能不良	加速时发抖/加速性差					4	5		2		1	6
	回火											
	消声器放炮											
	发动机喘振					2	3					
	爆燃					3				6		
发动机失速	起动后不久失速											
	在踩下加速踏板后失速					3						
	在松开加速踏板后失速											
	在 A/C 工作时失速											
	从 N 位换到 D 位时失速											
其他故障	燃油消耗过多					7	8	3	5		4	9
	发动机过热					8				2		
	发动机过冷									1		
	润滑油消耗过高	1										3
	机油压力太高											
	机油压力太低	1										
	起动机运转不停		1		2							

附录C 捷达都市先锋轿车ABS ECU导线插接器的测试内容及要求

序号	接端子号	被测试部件	测试要求	测试结果	检查内容
1	2和1	ABS电源	点火开关ON	约为蓄电池电压	1. 检查端子1与搭铁间线路 2. 检查端子2与接线柱4（油压泵继电器板）间线路
2	3和1	ABS继电器功能	1. 点火开关ON 2. 拆下熔丝S16 3. 桥接插座端子2和8测试后： ①拆下插座端子2和8的桥接线 ②安装上熔丝	约为蓄电池电压	1. 检查端子1与搭铁间线路 2. 检查端子1并经过ABS继电器与蓄电池正极间线路 3. 执行第9步检查 4. 执行第24步检查
3	12和1	制动灯功能	1. 点火开关ON 2. 踏制动踏板	约为蓄电池电压	1. 检查熔丝S20和制动灯开关 2. 检查端子1与搭铁间线路 3. 检查端子2与接线柱W-4（断电器板）间线路
4	32和1	液压泵用ABS继电器功能	1. 点火开关ON 2. 从液压泵拔下插头T_2 3. 把制动踏板踏至底20次，然后进行测试并接上T_2 4. 点火开关ON，测试后重新接好插头T_2	约为蓄电池电压	1. 检测端子1与搭铁间线路 2. 检测接线柱32，经过液压泵和熔丝S53与蓄电池正极间线路 3. 执行第12步的检测 4. 执行第32步的检测
5	4和22	右后轮转速传感器电压	1. 点火开关ON 2. 提升起车辆并支承好 3. 转动右后轮（每秒约1转）	最小75mV（交流）	1. 检查传感器的安装情况 2. 检查插头接线柱T_2 3. 执行第16步的检测 4. 执行第20步的检测
6	6和24	左后轮转速传感器电压	1. 点火开关ON 2. 提升起车辆并支承好 3. 转动左后轮（每秒约1转）	最小75mV（交流）	1. 检查传感器的安装情况 2. 检查插头接线柱T_2 3. 执行第17步的检测 4. 执行第21步的检测

（续）

序号	接端子号	被测试部件	测试要求	测试结果	检查内容
7	7和25	右前轮转速传感器电压	1. 点火开关ON 2. 提升起车辆并支承好 3. 转动右前轮（每秒约1转）	最小75mV（交流）	1. 检查传感器的安装情况 2. 检查插头接线柱 T_2 3. 执行第18步的检测 4. 执行第22步的检测
8	5和23	左前轮转速传感器电压	1. 点火开关ON 2. 提升起车辆并支承好 3. 转动左前轮（每秒约1转）	最小75mV（交流）	1. 检查传感器的安装情况 2. 检查插头接线柱 T_2 3. 执行第19步的检测 4. 执行第23步的检测
9	1和3	ABS继电器	点火开关OFF	最大1.5Ω	1. 检查端子1经过ABS继电器与液压装置搭铁间电路 2. 检查端子1与搭铁间电路 3. 若电路没有断路问题，电阻仍不合格则更换ABS继电器
10	1和20	ABS继电器	点火开关OFF	最大1.5Ω	1. 检查端子20通过ABS继电器与液压装置搭铁间电压 2. 检查端子1与搭铁间的电路 3. 未发现断路时，则更换ABS继电器
11	1和11	1. 输入电磁阀（常开阀）搭铁 2. 输出电磁阀（常闭阀）搭铁	点火开关OFF	最大1.5Ω	1. 检查端子11通过液压装置与搭铁间电路 2. 检测端子1与搭铁间电路 3. 检查高压开关
12	1和14	液压泵断电器，搭铁通过高压开关电路	1. 点火开关ON 2. 制动踏板踏到底20次	最大1.5Ω	1. 检测端子14至液压泵/液压泵断电器和通过高压开关至搭铁间电路 2. 检查端子1与搭铁间电路 3. 检查高压开关
13	9和10	低压报警开关	1. 点火 开关ON 2. 直至泵开关OFF为止	最大1.5Ω	1. 检查端子9通过低压报警开关至端子10间的电路 2. 执行第14步检测 3. 执行第15步检测

（续）

序号	接端子号	被测试部件	测试要求	测试结果	检查内容
14	9 和 10	低压报警开关	1. 点火开关 ON 2. 制动踏板踏到底 20 次	最小 100kΩ	1. 若在液压装置 5 端子插头的端子 3 与端子 5 间导通，则更换低压报警开关 2. 执行第 15 步的检测
15	9 和 10	制动液报警开关	1. 点火开关 ON 2. 直到泵开关 OFF 为止 3. 从储液罐拆开报警开关	最小 20kΩ（在报警开关浮子离开液面时）	拆下后检测制动液报警开关，若存在有故障，则应更换
16	4 和 22	右后轮转速传感器电阻值	点火开关 OFF	0.8～1.4kΩ	1. 检测插头 T_2 2. 检测传感器电阻值 3. 检查传感器电路 4. 执行第 20 步的检测
17	6 和 24	左后轮转速传感器电阻值	点火开关 OFF	0.8～1.4kΩ	1. 检测插头 T_2 2. 检测传感器电阻值 3. 检查传感器电路 4. 执行第 21 步的检测
18	7 和 25	右前轮转速传感器电阻值	点火开关 OFF	0.8～1.4kΩ	1. 检测插头 T_2 2. 检测传感器电阻值 3. 检查传感器电路 4. 执行第 22 步的检测
19	5 和 23	左前轮转速传感器电阻值	点火开关 OFF	0.8～1.4kΩ	1. 检测插头 T_2 2. 检测传感器电阻值 3. 检查传感器电路 4. 执行第 23 步的检测
20	1 和 4	至右后轮转速传感器屏蔽线绝缘电阻	点火开关 OFF	最小 2MΩ	检查绝缘是否损坏
21	1 和 6	至左后轮转速传感器屏蔽线绝缘电阻	点火开关 OFF	最小 2MΩ	检查绝缘是否损坏

（续）

序号	接端子号	被测试部件	测试要求	测试结果	检查内容
22	1 和 7	至右前轮转速传感器屏蔽线绝缘电阻	点火开关 OFF	最小 2MΩ	检查绝缘是否损坏
23	1 和 5	至左前轮转速传感器屏蔽线绝缘电阻	点火开关 OFF	最小 2MΩ	检查绝缘是否损坏
24	1 和 8	ABS 继电器电阻	点火开关 OFF	50～100Ω	1. 检查端子 8，通过 ABS 继电器至搭铁间电路 2. 检测线圈电阻（50～100Ω），必要时更换 ABS 继电器
25	1 和 18	ABS 主电磁阀电阻	点火开关 OFF	2～5Ω	1. 检测端子 18，通过 ABS 主阀至搭铁间电路 2. 检测 ABS 主电磁阀线圈电阻值（2～5Ω），若有故障，更换液压装置 3. 执行第 33 步检测
26	11 和 17	后输入电磁阀电阻	点火开关 OFF	5～7Ω	1. 检测端子 17，通过后输入电磁阀至搭铁间电路 2. 检测后输入电磁阀电阻值（5～7Ω），否则更换液压装置
27	11 和 15	。右前输入电磁阀电阻	点火开关 OFF	5～7Ω	1. 检测端子 15，通过右前输入电磁阀至搭铁间电路 2. 检测右前输入电磁阀电阻值（5～7Ω），否则更换液压装置
28	11 和 35	左前输入电磁阀电阻	点火开关 OFF	5～7Ω	1. 检测端子 35，通过左前输入电磁阀至搭铁间电路 2. 检测左前输入电磁阀电阻值（5～7Ω），否则更换液压装置

（续）

序号	接端子号	被测试部件	测试要求	测试结果	检查内容
29	11和33	后输出电磁阀电阻	点火开关OFF	3~5Ω	1. 检测端子33，通过后输出电磁阀至搭铁间电路 2. 检测后输出电磁阀电阻值（3~5Ω），否则更换液压装置
30	11和34	右前输出电磁阀电阻	点火开关OFF	3~5Ω	1. 检测端子34，通过右前输出电磁阀至搭铁间电路 2. 检测右前输出电磁阀电阻值（3~5Ω），否则更换液压装置
31	11和16	左前输出电磁阀电阻	点火开关OFF	3~5Ω	1. 检测端子16，通过左前输出电磁阀至搭铁间电路 2. 检测左前输出电磁阀电阻值（3~5Ω），否则更换液压装置
32	2和14	ABS液压泵继电器电阻	点火开关OFF	50~100Ω	1. 检测端子2，通过ABS液压泵继电器至开关14间电路 2. 检测线圈电阻值（50~100Ω），否则更换ABS液压泵继电器
33	桥接2-18	ABS主电磁阀	1. 点火开关OFF 2. 制动踏板踏到底并保持住 3. 点火开关ON	脚提起时，随脚一起提起	若ABS主电磁阀存有故障，则更换液压装置
34		ABS液压泵功能	1. 点火开关OFF 2. 制动踏板踏到底20次，以使制动储液罐泄漏 3. 标出制动储液罐中液位 4. 点火开关ON	储液罐中的液位应下降10mm	检查蓄电池正极，通过熔丝S53，液压泵继电器和ABS液压泵，返回到蓄电池电路，如果未发现电路断路，则更换ABS液压泵

（续）

序号	接端子号	被测试部件	测试要求	测试结果	检查内容
35	桥接 2-17-33	后轮输入、输出电磁阀功能	1. 提升并支承好车辆 2. 点火开关 OFF 3. 压低制动踏板	后轮必须抱死	更换有故障的液压装置
			1. 点火开关 ON 2. 压低制动踏板	后轮必须转动自如	
36	桥接 2-15-34	右前轮输入、输出电磁阀功能	1. 提升并支承好车辆 2. 点火开关 OFF 3. 压低制动踏板	右前轮必须抱死	更换有故障的液压装置
			1. 点火开关 ON 2. 压低制动踏板	右前轮必须转动自如	
37	桥接 2-16-35	左前轮输入、输出电磁阀功能	1. 提升并支承好车辆 2. 点火开关 OFF 3. 压低制动踏板	左前轮必须抱死	更换有故障的液压装置
			1. 点火开关 ON 2. 压低制动踏板	左前轮必须转动自如	

参考文献

[1] 陈焕江．汽车检测与诊断（上册）[M]．3 版．北京：机械工业出版社，2012.

[2] 陈焕江．汽车检测与诊断（下册）[M]．2 版．北京：机械工业出版社，2009.

[3] 王盛良．汽车发动机电控技术与检修 [M]．2 版．北京：机械工业出版社，2013.

[4] 熊强，侯志军．汽车电气设备 [M]．北京：国防工业出版社，2012.

[5] 麻友良．汽车电气系统结构与故障诊断精解 [M]．北京：机械工业出版社，2012.

[6] 陈帮陆，等．汽车发动机电控系统检修 [M]．北京：国防工业出版社，2012.

[7] 杨玲玲．汽车转向、行驶与制动系统检测与维修 [M]．北京：机械工业出版社，2012.

[8] 赵国富，管恩进．自动变速器结构原理与维修 [M]．北京：机械工业出版社，2012.

[9] 张建俊．汽车检测与诊断技术 [M]．3 版．北京：机械工业出版社，2010.

[10] 赵英勋．汽车检测与诊断技术 [M]．3 版．北京：机械工业出版社，2012.

[11] 赵英勋．现代汽车检测与故障诊断 [M]．北京：国防工业出版社，2007.

[12] 麻友良．汽车电器与电子控制系统 [M]．2 版．北京：机械工业出版社，2007.

[13] 陈家瑞．汽车构造 [M]．5 版．北京：人民交通出版社，2007.

[14] 沈锦．汽车底盘构造与检修 [M]．北京：机械工业出版社，2007.

[15] 麻友良．汽车电路分析与故障诊断 [M]．北京：机械工业出版社，2007.

[16] 付百学．汽车电子控制技术 [M]．北京：机械工业出版社，2000.

[17] 陈盛象．汽车电子设备修理 [M]．北京：机械工业出版社，2000.

[18] 冯崇毅．汽车电子控制技术 [M]．北京：机械工业出版社，2001.

[19] 李冠峰，等．汽车电器及电子系统的原理与维修 [M]．郑州：河南科学技术出版社，1997.

[20] 唐明，等．自动变速器故障诊断手册 [M]．沈阳：辽宁科学技术出版社，2001.

[21] 王遂双，等．汽车电子控制系统的原理与检修 [M]．北京：北京理工大学出版社，1998.

[22] 周大森，王利荣．汽车自动变速器原理与维修 [M]．北京：国防工业出版社，1998.

[23] 邹长庚．现代汽车电子控制系统构造原理与故障诊断（下册）[M]．北京：北京理工大学出版社，2006.

[24] 胡光辉．汽车自动变速器原理与检修 [M]．北京：机械工业出版社，2006.

[25] 胡光辉．汽车检测与诊断技术 [M]．北京：电子工业出版社，2005.

[26] 张子波．汽车发动机构造与维修 [M]．北京：高等教育出版社，2006.

[27] 董继明．汽车检测与诊断技术 [M]．北京：机械工业出版社，2006.

[28] 邹小明．汽车检测与诊断技术 [M]．北京：机械工业出版社，2004.